ÖLBEBEN

Heike Buchter berichtet seit 2001 von der Wall Street. Heute ist sie Wirtschaftskorrespondentin für *Die Zeit* in New York. Sie war die Erste, die ihrer Redaktion 2007 die Finanzkrise vorhersagte. 2015 war sie mit ihrem Buch *BlackRock. Eine heimliche Weltmacht greift nach unserem Geld* wiederum die Erste, die den amerikanischen Vermögensverwalter konsequent ins Licht der Öffentlichkeit gerückt hat.

Heike Buchter

ÖLBEBEN

Wie die USA unsere Existenz gefährden

Campus Verlag
Frankfurt/New York

ISBN 978-3-593-51091-0 Print
ISBN 978-3-593-44198-6 E-Book (PDF)
ISBN 978-3-593-44199-3 E-Book (EPUB)

Copyright © 2019 Campus Verlag GmbH, Frankfurt am Main
Umschlaggestaltung: total italic, Thierry Wijnberg, Amsterdam/Berlin
nach einer Idee von hauser lacour
Umschlagmotiv: Design Weltkugel von Mahmoud Fathy
Redaktion: Andrea Dietrich
Satz: DeinSatz Marburg | lf
Gesetzt aus der Scala und der Scala Sans
Druck und Bindung: Beltz Grafische Betriebe GmbH, Bad Langensalza
Printed in Germany

www.campus.de

Für meinen Vater Heinz Buchter

Und ein dickes Danke an meine »Jungs« Jens und Max,
ohne deren Unterstützung ich dieses Buch
nie zustande gebracht hätte.

INHALT

Grün ist die Hoffnung 11

    Paris: Der Anfang vom Ende 13

    Katastrophe 6.0? 15

1 Mit Vollgas ins neue Ölzeitalter 17

    Die Schieferrevolution 19

    Das heißeste Ölfeld der Welt 22

    Alles begann mit dem Rosenwunder 25

    Einmal Boomtown und zurück 28

    The Texan Way: Boom and Bust 34

2 Fracking, bis die Erde bebt 37

    S. H. Griffin Estate #4 37

    Mit Torpedos in den Untergrund 40

    Der Schieferkönig 44

    Wall Streets neue Geldmaschine 53

    Texaner gegen Saudis 59

    Welcome to Superfracking 65

3 Öl – Schmierstoff der Moderne 70

    Die erste erfolgreiche Erdölbohrung – in Deutschland! 70

    Rockefeller: Der Vater der Kartelle 74

    Der falsche Colonel und Onkel Billy 78

    »Diese giftige Frau« 83

Deutschlands verzweifelte Suche nach
dem wichtigsten Rohstoff der Welt 85

Der Napoleon des Öls 88

Very British Petroleum 90

Treibstoff für Hitlers Krieg 93

Peak Oil: Die Angst vor dem Ende 95

4 Trumps brandheiße Freundschaften 101

Eine Krawatte für den Ölkönig 101

Drill, Baby, Drill 107

Alles für die Kohle 115

Aufstand der Milliardäre 119

»The Kochtopus« 128

5 Röhren, die die Welt beherrschen 134

Hungerstreik gegen die Pipeline 134

Alles für das Öl 136

Weg der Tränen 142

Kanadas schmutziges Geheimnis 145

Der Sockel, auf dem die Götter sitzen 148

Vier Badewannen für eine Tankfüllung 154

Mit den Waffen eines Businessman 158

6 Kalter (Energie)Krieger 160

Krach um Nordstream 2 160

Angriff bei Orangensaft und Toast 166

Trump, der Ölflüsterer 172

Kein Ausweg für den Iran 178

7 Unter Hochdruck – Risse im Ölkartell 183

Das Haus Saud 183

Anfang vom Ende der OPEC 194

Der Dollar ist alternativlos – bis der Renminbi kommt 196

Lieber NOPEC statt OPEC 202

Liebesgrüße aus Moskau 204

Die Auferstehung von Corpus Christi 205

Jobs, Jobs, Jobs 213

8 Deutschland – Industrieland ohne Kohle? 217

Schicht im Schacht 217

Gegen den Wind 221

Am Anfang war das Unglück. 223

Im Reformstau. 228

Autobauerdämmerung 229

9 Chinas Öko-Ehrgeiz 232

Auf der technologischen Überholspur 232

Chinas Teerseite 235

10 Flammende Vorboten 238

Amerikas Klimaflüchtlinge 238

Risiko? Welches Risiko? 247

11 Werben um die Wall Street 255

Die einstigen Börsenlieblinge müssen Klinken putzen 255

Stranded Assets: Die Hoffnung der Klimaschützer 259

Money makes the world go green? 264

ETF: Die erfolgreichste Innovation seit dem Geldautomaten . . 271

Und was jetzt? 273

2019 273

2050 274

Anmerkungen 278

Quellen und weitere Literatur 297

GRÜN IST DIE HOFFNUNG

Wer sich 2019 in Deutschland umschaut, kann leicht zu dem Schluss kommen, Deutschland sei ein grünes Wunderland. Auf allen Kanälen läuft die Klimawende. Von *Stern* bis *Brigitte* gibt es Tipps, »wie wir jetzt leben sollen«. Und sogar die *Bild* liefert hilfreich »Klima-Fakten zu Stoffbeutel, Bio, Ökostrom«. Ein YouTuber mit blau gefärbten Haaren und dem Namen Rezo mischt überraschend den Europawahlkampf auf, in einem Video geißelt er die CDU als »zukunftzerstörend, umweltzerstörend und damit lebensverachtend«. Die »Zerstörung der CDU« des 26-Jährigen wurde mehr als 11 Millionen Mal gesehen.

Bei der Europawahl erhielten die Grünen die zweitmeisten Stimmen in Deutschland – mehr als die SPD. Bei einer innerdeutschen Umfrage kurz darauf lag die Partei, die einst als zu radikal für den Bundestag galt, noch vor der CDU. Grünen-Vorsitzender Robert Habeck wird multimedial die Kanzlerfrage gestellt. Fast noch unglaublicher: Bei den Landtagswahlen in Bayern im Herbst 2018 waren die Grünen zweitstärkste Kraft. Dort gewann das Volksbegehren »Rettet die Bienen« zur Artenvielfalt über eine Million Unterschriften. Schließlich summte sogar CSU-Ministerpräsident Markus Söder mit, der zuvor – mehr ein Freund der Bauern – gegen den Gesetzesvorschlag gewesen war. Nach der herben Niederlage ihrer Partei bei der Europawahl schwört die Kanzlerin in einer Fraktionssitzung, es dürfe »kein Pillepalle« mehr geben, sondern Beschlüsse, die zu »disruptiven« Veränderungen führten.

Die deutschen Unternehmen haben das Thema schon längst für sich entdeckt. Vom Sportartikler Adidas, der laut Webseite eine

»Nachhaltigkeits-Roadmap für 2020«[1] voller »ehrgeiziger Ziele« für die Umweltbilanz des Unternehmens angefertigt hat, bis zum Onlineversandhändler Zalando, der zur Müllvermeidung bald Schuhe und Kleidung in Mehrwegverpackungen an den Kunden schicken will.[2] Nivea-Hersteller Beiersdorf hat die – was sonst – »We care«-Nachhaltigkeitsstrategie verbunden mit der eingängigen Alliteration »Products, Planet, People« als Motto.[3] Als Flugreisenanbieter sieht sich die Lufthansa vor besonders hohe Herausforderungen in Sachen CO_2 gestellt, aber das Unternehmen wird laut Webseite »wertorientiert mit zentraler Verantwortung für Klima und Umwelt«[4] gesteuert. Haribo will künftig offenbar nicht nur die Kinder froh machen und sucht eine/n »Assistent/in Corporate Social Responsibility, die sich nicht zuletzt um »Umwelt- und Klimaschutzstrategien«[5] kümmern soll. Banken bieten grüne Anleihen, mit denen sich nachhaltige Projekte finanzieren lassen, und auch sonst finden von der kompostierbaren Windel bis zur Ökobestattung deutsche Verbraucher für so gut wie alle Bedürfnisse grüne Alternativen.

Doch es gibt noch ein anderes Deutschland. Dieses Land hängt nach wie vor zu 80 Prozent von fossilen Brennstoffen ab. Ohne sie kein Strom aus der Steckdose, kein Sprit an der Zapfsäule und im Winter keine wohlige Wärme. Zwar ist der Anteil der erneuerbaren Energien bei der Stromerzeugung im Jahr 2018 auf 40 Prozent gestiegen[6], doch Kohle und Kernkraft liefern nach wie vor rund 50 Prozent.[7] Die besonders umweltschädliche Braunkohle, die nach Ansicht von Klimaforschern überhaupt nicht mehr verbrannt werden sollte, hat dabei einen Anteil von 24 Prozent.[8] In einem Viertel der privaten Haushalte wird noch immer mit Öl geheizt.[9]

Beim Verkehr klaffen Anspruch und Wirklichkeit noch dramatischer auseinander. Es werden immer mehr Güter – Onlineshopping sei Dank – transportiert und immer mehr davon per Lkw. Wer regelmäßig auf der Autobahn im Stau steht, kann das bestätigen. Der Anteil der Elektroautos dümpelt bei einem Prozent und da sind Hybridfahrzeuge noch mit eingerechnet. Das Auto mit Verbrennungsmotor ist nach wie vor das wichtigste Exportprodukt Deutschlands. Es ist überhaupt das wichtigste Produkt. In der Branche arbeiten in Deutschland direkt oder indirekt über zwei Millionen Menschen, das entspricht etwa vier Prozent der Erwerbstätigen.

Und die von der Regierung versprochene drastische Senkung des CO_2-Ausstoßes, um die ehrgeizigen Klimaziele zu erreichen? Fehlanzeige. Zwischen 2010 und 2018 kam es praktisch zu keiner Reduzierung.

Paris: Der Anfang vom Ende

Doch selbst wenn Deutschland es schaffen sollte, den versprochenen fundamentalen Wandel von Wirtschaft und Gesellschaft tatsächlich zu vollziehen, braucht es für den nachhaltigen Erfolg den Rest der Welt.

Im Dezember 2015 sah es danach aus, als ob die Klimakrise mit globaler Anstrengung zu meistern sein würde. Nach 20 Jahren vergeblicher Bemühungen kam in Paris ein Abkommen zustande, das die unterzeichnenden 195 Nationen zu einer Senkung ihrer Emissionen verpflichtete, um die Erderwärmung auf 1,5 Grad Celsius über den vorindustriellen Temperaturen zu begrenzen. Eine Erwärmung, die laut den Wissenschaftlern gerade noch verkraftbar wäre. Zudem versprachen die reichen Länder in dem Abkommen, 100 Milliarden Dollar jährlich an Hilfen für Entwicklungsländer bereit zu stellen, die bei der Bewältigung des Klimawandels helfen sollen. Anders als bei den Vereinbarungen etwa in Kyoto schien dieses Mal bei den beiden größten Verschmutzern der Welt der notwendige politische Wille vorhanden. Im September darauf ratifizierten US-Präsident Obama und sein chinesischer Amtskollege Xi Jinping beim G20-Treffen in Hangzouh den Vertrag. Obama nannte es einen »Wendepunkt für unseren Planeten«. Xi stand dem US-Präsidenten mit bedeutungsschweren Worten nicht nach. »Unser Kampf gegen den Klimawandel wird die Zukunft unserer Völker und der Menschheit bestimmen«, sagte der chinesische Staatslenker.

Das Pariser Klimaabkommen war der Höhepunkt einer Weltordnung, die von den USA und den westlichen Industrienationen aufgebaut worden war. Sie schien nun auch die Chinesen mit einzubeziehen, um das drängendste Problem der Menschheitsgeschichte, die Vernichtung der Natur und der eigenen Spezies zu verhindern. Von

Umweltverbänden weltweit wurde der Durchbruch gefeiert. »Wenn die beiden größten Treibhausgasemittenten sich verbünden, um den Klimawandel zu bekämpfen, dann sind wir endlich auf dem richtigen Weg«, sagte etwa David Waskow, Direktor des Washingtoner Umwelt-Thinktanks World Resources Institute, gegenüber dem britischen *Guardian*. Niemals zuvor hätten diese beiden Nationen so eng zusammengearbeitet, um ein globales Problem anzugehen. »Keine Frage, diese historische Partnerschaft wird das Erbe von Obamas Präsidentschaft prägen«.[10]

Tatsächlich war es der Anfang vom Ende. Nur vier Jahre später scheint das Auseinanderbrechen der Welt in eine chinesisch dominierte und eine US-geführte Sphäre nicht mehr aufzuhalten.

Vor allem aber bereitete Obamas diplomatischer Triumph in Paris der Wahl seines Nachfolgers Donald Trump den Boden. Dessen Wähler hatten Paris als eine Niederlage ihres Amerikas erlebt. In ihren Städten und Gemeinden im Heartland, jenen Bundesstaaten, die von der selbsterklärten US-amerikanischen Küstenelite gerne als Fly-over-States bezeichnet werden, über die man am besten schnell hinweg jettet, waren die Jobs in den Stahlwerken und den Autofabriken schon lange verschwunden. Um die Pariser Ziele einhalten zu können, hatte Obama nun auch noch das Aus für die Kohlekraftwerke im eigenen Land verkündet. Zwar fiel die Nachfrage nach Kohle vor allem, weil Erdgas billiger wurde. Doch in den Augen der Kohlekumpels und ihrer Familien hatte ihr Präsident ihnen den Krieg erklärt. »Obama's War on Coal«. Von den liberalen Politikern wurde das als Argument unaufgeklärter Hinterwäldler abgetan. Die entlassenen Minenarbeiter müssten sich eben nach Jobs umsehen, für die es im modernen Amerika Bedarf gibt: etwa Softwareprogrammierer oder Krankenpfleger. Es muss den Kumpels vorgekommen sein wie Marie Antoinettes angeblicher Rat, die hungernden Pariser sollten doch Kuchen essen, wenn es kein Brot gebe. Nicht genug damit, Obama machte ausgerechnet mit den Chinesen gemeinsame Sache, mit deren billigen Löhnen und staatlichen subventionierten Dumpingpreisen die US-amerikanischen Fabriken nicht mehr mithalten konnten.

Die Menschen in den betroffenen Regionen wussten sich schon lange abgehängt. Nun fühlten sie sich auch noch verachtet. Hillary

Clinton, die bei den Küsteneliten und dem Rest der westlichen Welt als designierte Nachfolgerin Obamas galt, beschrieb sie 2016 bei einem Dinner in New York. Das Publikum: wohlhabende Spender für ihren Wahlkampf. 50 000 Dollar kostete das Gedeck an diesem Abend, eingeladen hatte Barbra Streisand. Ihren Gönnern erklärte Clinton, wie sie die Millionen Trump-Anhänger im Land sah. Diese bestünden zur Hälfte aus einem »Haufen von Erbärmlichen«. Sie seien »rassistisch, sexistisch, ausländerfeindlich, islamfeindlich und so weiter«.

Und die Kandidatin fügte noch hinzu, diese Menschen seien schlicht »nicht zu retten«. Ihr Publikum an jenem Abend lachte.

Zuletzt lachte dann allerdings der Mann, den Clinton und das Establishment als Made-for-Television-Boss und Pleitier abtaten. Donald Trump hatte die Gefühle der »Erbärmlichen« richtig erkannt – und nutzte sie geschickt aus: Der Klimawandel sei eine Verschwörung der Chinesen, um das große Amerika zu fesseln, behauptete er in seinen Wahlkampftiraden. Und er gab das Versprechen: »Make America Great Again!« Das Amerika der Stahlkocher, der kernigen Kohlekumpels, der rauchenden Schlote und der dicken Autos soll wieder auferstehen. Damals, so stellte es Trump dar, selbst zu der Zeit noch als jugendlicher Playboy unterwegs, dominierte die Supermacht mit dem Sternenbanner Freund und Feind. Und so soll es nach seinen Vorstellungen und Versprechen wieder sein. »Wir werden gewinnen und gewinnen. Wir werden so oft gewinnen, dass ihr sagen werdet, Mr. Präsident, hören Sie auf, ich habe schon Kopfweh vom vielen Gewinnen«, sagte er in einer Rede. Und die Mittel, mit denen er diese neue Dominanz erreichen will, sind: Öl, Gas und Kohle.

Katastrophe 6.0?

Das Riff scheint ein endloser Wald von Korallen. Quallen pulsieren, am Boden wimmelt es von Schwämmen, Seesternen und Anemonen. Hinten meint man, einen Hai lauern zu sehen. Elegant schweben Nautilus in ihren Schneckenhäusern vor dem Betrachter. So hat es ausgesehen vor rund 250 Millionen Jahren, als Westtexas noch der

Boden eines Ozeans war. Das liebevoll rekonstruierte Riff befindet sich im Permian Basin Petroleum Museum. Im Geschenkeshop verkauft die freundliche Museumswärterin Miniaturfördertürme und Untersetzer mit Ölpumpenmotiv.[11] Dass der Permian in Westtexas heute eine der ölreichsten Regionen der Welt ist, hängt mit dem uralten Riff zusammen. Die damalige Welt ging in einem der größten Massensterben der Erdgeschichte unter, der größte Teil der damals existierenden Spezies verschwand. Als Ursache im Verdacht stehen Vulkane in Sibirien, aber auch ein Meteoriteneinschlag.[12]

Heute pressen die Fracker hier die Fossilien aus dem einstigen Riff. Das Öl, das sie fördern, trägt entscheidend dazu bei, dass wir wieder auf ein Massenaussterben zusteuern. Es wäre das sechste in der Erdgeschichte. Aber dieses Mal wäre es vom Menschen gemacht.

Wie bei dem Riffschaubild im Petroleum Museum besteht dieses Buch aus vielen Protagonisten, Anekdoten, Ereignissen und Statistiken. Zusammen genommen ergeben sie ein Diorama, das anschaulich machen soll, wie es soweit gekommen ist und was das für unser Klima, unsere Sicherheit und unsere Zukunft bedeutet.

1 MIT VOLLGAS INS NEUE ÖLZEITALTER

Amerika schwingt sich zur neuen Energiesupermacht auf.
Das verdankt das Land dem geologischen Zufall, aber mehr
noch der Halsstarrigkeit der Texaner.

Am 1. Juni 2017 tritt US-Präsident Donald Trump im Rose Garden des
Weißen Hauses ans Rednerpult. Es ist ein sonniger Frühsommertag,
eine leichte Brise weht. Es sei seine heilige Pflicht, Amerika und seine
Bürger zu beschützen, erklärt Trump, hinter ihm die *Stars and Stripes*.
Und um diese Pflicht zu erfüllen, werde sich die USA aus dem Pariser Klimaabkommen zurückziehen. Pittsburgh – das einstige Herz
der US-Stahlindustrie – statt Paris, ruft er. An dieser Stelle muss der
Präsident kurz eine Pause einlegen, weil die versammelten Vertreter
seiner Regierung in heftigen Applaus und zustimmende Rufe ausbre-
chen. Das weltweite Klimaabkommen von 2015, das sein Vorgänger
Obama zu seinen größten Errungenschaften gezählt hatte, ist nach
Trumps Ansicht nichts als ein schlechter Deal, der ausschließlich
anderen Ländern zugutekommt, »während Amerikas Arbeiter – die
ich liebe – und die amerikanischen Steuerzahler die Kosten dafür
durch verlorene Jobs, niedrigere Löhne, geschlossene Fabriken und
eine deutlich verminderte Wirtschaftsleistung tragen müssen«, so
Trump. Und er lässt keinen Zweifel, um was es ihm eigentlich geht.
»Wir haben die größten Energiereserven des Planeten, doch mit dem
Abkommen würden wir sie praktisch wegschließen, wir würden auf
unseren Reichtum verzichten«, sagt er an jenem Tag im Rosengar-
ten.[1] Bei einem Wirtschaftswachstum von einem Prozent, da würden vielleicht erneuerbare Energien reichen, doch nicht die drei bis
vier Prozent Wachstum, für die er, Trump, von nun an sorgen würde. »Dafür brauchen wir alle Energie, die uns zur Verfügung steht.«
    Wie Deutschland hat auch Trump eine Energiewende eingeleitet,
nur führt sie mit Vollgas ins fossile Brennstoffzeitalter zurück. Die

Folgen dieses Ölbebens sind weitreichend. Zum einen löst es eine tektonische Verschiebung der Geopolitik aus. Eine Verschiebung, die Deutschlands Sicherheit und Energieversorgung gefährdet. Zum anderen wird das neue Zeitalter, das der Präsident einläutet, den Klimawandel anheizen. Mit katastrophalen Folgen für den Rest der Welt.

Mit Trumps Absage verliert das historische Klimaabkommen von Paris den entscheidenden Partner. Nicht nur, weil Amerika der zweitgrößte Verschmutzer der Welt ist, sondern weil nach dem US-Ausstieg auch andere große Volkswirtschaften wie China und Indien, die Nummern eins und drei, dem Beispiel folgen und ihre Bemühungen, den Klimawandel aufzuhalten, zugunsten kurzfristiger Wachstumsgewinne aufgeben oder zumindest einschränken könnten. Mit seinen Zweifeln am vom Menschen verursachten Klimawandel ist Trump alles andere als allein. Doch für seine Politik ist das Leugnen eines Zusammenhangs zwischen fossilen Brennstoffen und einer sich abzeichnenden Umweltkatastrophe zwingend. Nur wenn es diesen Zusammenhang nicht gibt, lässt sich Trumps wichtigstes Vorhaben rechtfertigen – die mit fossilen Brennstoffen angetriebene Reindustrialisierung der USA.

Nie zuvor hat sich eine US-Regierung derart der Förderung von fossilen Brennstoffen jeglicher Art verschrieben. Trumps Strafzölle mögen die Staatschefs von Berlin bis Peking umtreiben. Seine Obsession mit dem Milliardenbau »einer schönen Mauer« gegen Mexiko, um »bad hombres« abzuhalten, mag die Opposition im eigenen Land in Wallung bringen, und seine möglichen Verstrickungen mit Russland, seine Affären mit *Playboy*-Model und Pornostar, seine chaotische Amtsführung mögen Reporter zu immer neuen Schlagzeilen animieren. Das alles wird in ein paar Jahren in der kollektiven Erinnerung verblasst sein. Doch die grundlegendste Veränderung, die der 45. Präsident der Vereinigten Staaten von Amerika hinterlassen wird, sind die unumkehrbaren Folgen seiner Energiepolitik.

Mit ihr stellt er die bisherige Weltordnung auf den Kopf. Waren die Europäer einst die engsten Verbündeten der USA, sind sie nun zu Vasallen degradiert. Das gilt besonders für die Industrienation Deutschland, die von Energieimporten abhängig ist. Seit 1990 hat sich die deutsche Gewinnung von Energierohstoffen wie Kohle und

Erdgas um 40 Prozent reduziert. Heute werden nach Angaben des Umweltbundesamtes etwa 4 000 Petajoule inländisch gewonnen. Damit kann das Land gerade ein Drittel des Primärenergiebedarfs decken. Deutschland importiert Erdgas, Uran, Steinkohle und Öl – die drei letzteren kommen zu 100 Prozent aus dem Ausland.[2] Bis vor wenigen Jahren schienen die USA dieses Schicksal zu teilen, auch die Supermacht jenseits des Atlantiks war von Öl- und Gasimporten, vor allem aus dem Nahen Osten, abhängig. Der ungehinderte Zugang der westlichen Industrienationen zu diesen Energiequellen – vor allem Öl – war ein gemeinsames Interesse. Ein Interesse, dem die USA im Gegensatz zu Deutschland notfalls militärisch Nachdruck verleihen konnten – und es auch immer wieder taten. Politisch lagen Washington und Bonn, später Berlin, zwar nicht immer auf einer Linie. In Sachen Energiesicherheit aber war man auf demselben Tanker.

Die Schieferrevolution

Das Ölbeben, das Trump nun für seine Ziele nutzt, hat lange vor ihm begonnen. Noch zehn Jahre vor seiner Wahl hatte es so ausgesehen, als ob die USA sich damit abfinden müssten, in absehbarer Zeit die eigenen Ölreserven verbraucht zu haben. 1970 – da war Nixon Präsident – belief sich die Tagesproduktion auf knapp zehn Millionen Barrel. Schon als J. R. Ewing, der fiese Öltycoon aus *Dallas*, seine Intrigen und dreckigen Tricks ausspielte, hatte in Wirklichkeit der Abstieg begonnen. Schließlich waren es nur noch fünf Millionen Barrel am Tag. Jetzt, in einer dramatischen Wendung, die aus einem *Dallas*-Drehbuch stammen könnte, sind die USA wieder ganz vorne in der Ölförderung. Eine Revolution in der Fördertechnik, das Fracking, hat die USA innerhalb weniger Jahre zum größten Ölproduzenten der Welt gemacht. Rund 12 Millionen Barrel am Tag pumpten die Amerikaner Anfang 2019. Nach Schätzungen der US-Energiebehörde EIA werden bis 2020 täglich über 13 Millionen Barrel aus den Bohrlöchern zwischen North Dakota und New Mexiko sprudeln.[3] Damit liegen die Amerikaner deutlich vor den bisherigen Champions Saudi-

Arabien und Russland. Und es ist nicht nur Öl. Hatten US-amerikanische Energieexperten noch vor kurzem besorgt debattiert, aus welchen Ländern sich künftig der wachsende Bedarf an Erdgas decken lassen würde, legen nun fast täglich Tanker mit Flüssiggas von den US-Häfen in Texas und Louisiana ab. Ihr Ziel: Asien und Europa. So billig ist Erdgas in den USA inzwischen, dass Förderunternehmen es abfackeln, weil es sich nicht lohnt, es aufzufangen.

Während die Deutschen darum ringen, ihre Abhängigkeit von fossilen Brennstoffen zu verringern und sich weiter den Klimazielen der internationalen Gemeinschaft verpflichtet fühlen, hat Trump diesen Konsens verlassen. Das gibt Amerika zumindest kurzfristig einen Wettbewerbsvorteil. Der ungehemmte Einsatz von Öl, Gas und Kohle senkt die Kosten für Unternehmen. Allein in den vergangenen Jahren haben Unternehmen aus der Petrochemie, die einen hohen Bedarf an Energie, Öl und Gas haben, 300 neue Projekte mit einem Investitionsvolumen von mehr als 200 Milliarden Dollar in den USA angekündigt.[4] Zwei Drittel haben ausländische Beteiligung, so der Washingtoner Branchenverband. Milliarden Investorengelder sind in den US-Energiesektor geflossen. Für die Branche bedeutet Trump das letzte Hurra. Entsprechend werden Tatsachen geschaffen – buchstäblich in Stahl und Beton gegossen. Sind die Rohre erst einmal eingegraben, die Raffinerien genehmigt, die Förderrechte gesichert, dann wird es für Trumps Nachfolger schwer sein, dies wieder rückgängig zu machen. Trump, der sein Amt im Weißen Haus in der gleichen Weise führt, wie er einst seine Immobiliendeals im New Yorker Trump Tower durchzog, erkennt in dem Energieüberfluss, was die New Yorker »leverage« nennen: Einen Hebel, den er ansetzen kann, um einen Vorteil herauszuhandeln.

Besonders Deutschland mit seiner Exportstärke empfindet der Präsident als unfairen Konkurrenten für »seine« Unternehmen. Schon sein Vorgänger Obama forderte, die Bündnispartner der NATO – allen voran Deutschland – sollten für die Schutzleistung der Amerikaner mehr bezahlen. Doch der Ton, den vor allem Richard Grenell, Trumps Gesandter in Berlin, anschlug, war von sengender Schärfe. »Heuchlerisch«, schimpfte er die Bundesregierung etwa. Weil er sich wie ein »rechtsextremer Kolonialoffizier« (Ex-SPD-Chef Martin Schulz) aufführe, solle man den undiplomatischen Diplomaten nach Hause schicken, foderten viele Berliner Politiker. Grenell und seinem Präsidenten ein besonderer Dorn im Auge ist die Nord Stream 2, ein Projekt, an dem deutsche Unternehmen und der russische Gazprom-Konzern beteiligt sind. »Deutschland ist Russland hörig wegen der Energielieferung«, nörgelte Trump immer wieder. Unverblümt forderte er von Bundeskanzlerin Angela Merkel, Deutschland solle seinen Energiebedarf aus US-Quellen decken. Und die Kanzlerin gab nach.

Der Bund wird den Bau von Terminals für US-Flüssigerdgas unterstützen. An den Kosten sollen nicht nur deutsche Steuerzahler, sondern auch Gaskunden beteiligt werden, so berichtete im März 2019 der *Spiegel*, dessen Reporter einen internen Entwurf des Wirtschaftsministers eingesehen hatten. Der Plan sorgte umgehend für Proteste von Umweltschützern, die die Fördermethode für das Gas ablehnen. »Schmutziges Fracking-Gas importieren und dafür die Gaskunden zahlen lassen – das geht nicht«, sagte Sascha Müller-Kraenner, Bundesgeschäftsführer der Deutschen Umwelthilfe, den *Spiegel*-Journalisten.[5]

Geht es nach Trump, werden die Deutschen jedoch bald nicht nur *gas pumped in USA* verbrennen, sie werden auch mit Autos aus Detroit herumfahren. Bisher sind die US-Modelle hierzulande wenig beliebt, nicht zuletzt, weil sie einen vergleichsweise hohen Spritverbrauch haben. Deshalb sieht Trump die im Vergleich zu den USA hohen Benzinsteuern als unfaires Handelshemmnis für US-Autohersteller. »Sie machen es unmöglich, unsere Autos dort zu verkaufen. Großes Ungleichgewicht beim Handel«, klagte der Präsident bereits 2017. Das will er ändern. Peter Navarro, Trumps wichtigster Einflüsterer in Handelsfragen, erklärte: »Es wird nicht mehr länger so sein, dass für jedes Auto, dass wir [den Deutschen] verkaufen, sie drei an uns exportieren. Detroit wird boomen. Und das ist gut so. Präsident Trump wird weltweit führend im Handel.«[6] Navarro – vor seinem Aufstieg zum Trump-Intimus ein nahezu unbekannter kalifornischer Professor, der Anlagetipps wie »Wenn es regnet, kauf Starbucks« erteilte, war es auch, der Trump dazu drängte, zum Ausgleich Zölle auf europäische Autos zu erheben. Eine Maßnahme, die vor allem die deutschen Hersteller trifft. Im Februar 2019 erklärte das US-Wirtschaftsministerium die Importwagen zum nationalen Sicherheitsrisiko. Bundeskanzlerin Angela Merkel machte aus ihrer Besorgnis keinen Hehl. Für Deutschland sei diese Einschätzung »erschreckend«, sagte sie kurz darauf auf der Münchner Sicherheitskonferenz.

Sollte Trumps fossile Brennstoffoffensive ungebremst so weiter gehen, wird die Erderwärmung weit über die Zunahme von 1,5 Grad Celsius hinausschießen, bei der sich laut den Klimaforschern gerade noch das Schlimmste verhindern ließe. Schon jetzt sind die Folgen in Amerika deutlich zu sehen: Fluten, die bisher nach statistischer Wahrscheinlichkeit nur alle 500 Jahre vorkommen sollten, setzen regelmäßig den Mittleren Westen unter Wasser, Hurrikane fegen mit nie dagewesener Zerstörungskraft über Floridas Küste, in Kalifornien toben monatelang Waldbrände. Die Wirtschaft könnte bis 2090 im besten Fall jährlich 280 Milliarden Dollar durch Klimaverheerungen einbüßen, im schlimmsten Fall werden es 500 Milliarden Dollar jährlich. Daneben nimmt sich die Finanzkrise wie eine Trockenübung aus. Doch die Katastrophe wird nicht auf Nordamerika beschränkt bleiben. Sie wird den Rest des Planeten erfassen. Und damit geht sie uns alle an.

In den kommenden Kapiteln geht es um die neue Geografie der Macht und die Gefahren nach dem Ölbeben. Aber es geht auch um die Protagonisten, die es ausgelöst haben. Das waren nicht die großen Konzerne wie Exxon oder Chevron, sondern eine Bande von Glücksrittern. Hartgesotten wie Cowboys, fieberhaft wie Goldsucher durchlöchern die Fracker die Prärie und ändern dabei unsere Zukunft. Wer verstehen will, was mit unserem Planeten passiert, muss sie verstehen. Und wer sie verstehen will, muss sie besuchen.

Das heißeste Ölfeld der Welt

31.9453611,-103.0093889. Die GPS-Koordinaten führen auf immer schmaleren Straßen immer tiefer in eine karge steinige Landschaft, spärlich bewachsen mit Mesquitesträuchern und Yucca. Das Permian Basin im Westen von Texas ist selbst für Texaner eine respekteinflößende Gegend. »Unbarmherzige Himmel, Backofenhitze und Regenlosigkeit«, beschrieb sie einmal Larry McMurtry, Westernromancier und Drehbuchautor von *Brokeback Mountain* und selbst Texaner.[7] Jetzt ist es kurz nach sechs Uhr früh und die Sonne noch nicht aufgegangen. Doch eine Batterie von Blitzen lässt die weite Ebene aufleuchten. Der Regen kommt überraschend, ein Sturzbach, der die Sicht nimmt und die Scheibenwischer sinnlos werden lässt. Selbst die tonnenschweren Trucks, deren Fahrer das Gaspedal sonst durchgedrückt halten, werden für einen Moment langsamer. Kaum wird der Regen jedoch schwächer, ziehen sie davon, den Tacho wieder stramm auf 120 Stundenkilometer haltend. Sie haben keine Zeit für das urweltliche Spektakel. Das Permian Basin, in dem einst ein Urmeer schwappte, ist heute das »heißeste Ölfeld der Welt«, so das Wirtschaftsmagazin *Forbes*.[8] Zeit ist hier $$$.

»Sie haben Ihr Ziel erreicht«, meldet die Computerstimme schließlich. An der Abfahrt steht ein großes Schild: »Atlas Sand«. Eine frisch asphaltierte Trasse verschwindet zwischen Sanddünen. Wer ihr folgt, glaubt auf eine Fata Morgana zu stoßen. Sieben Silos ragen plötzlich wie stählerne Wachtürme auf. Daneben laden Schaufelbagger Sand auf Förderbänder. In der Morgensonne, die das Unwetter abgelöst hat, blinken blanke Stahlrohre, Schornsteine und Hallen. Jordan Sevy, Mitte Zwanzig, ist der Logistikmanager der Anlage. Angetan mit Schutzhelm und Warnwesten kurven wir in seinem drei Tonnen schweren schwarzen Longhorn 2500 Ram über das Gelände. Normalerweise hat Sevy keine Zeit für Besucher. »Das Geschäft brummt«, sagt er. Heute hat das Gewitter für eine unfreiwillige Pause gesorgt.

So surreal, wie die Anlage mitten in der Wüste auftaucht, so bizarr klingt ihr Zweck. In den Hallen, erklärt Sevy, wird Sand gewaschen, getrocknet und nach Körnergröße sortiert. Nahezu vollautomatisch.

Nun, da das Unwetter abgezogen ist, rollen im Fünfminutentakt die Laster, die vorher über die Straßen gejagt sind, hier durch die Abfüllvorrichtung unter den Silos. Der ganze Vorgang läuft computergesteuert. Der Fahrer wird durch Ampelsignale eingewiesen, sobald der Laster unter dem Einfüllstutzen in Position ist, rauschen 25 Tonnen Sand in die Tanks. Voll beladen brettern die Trucks wenig später mit fast 40 Tonnen über die Landstraßen. Der Sand ist nicht für Dreijährige und ihre Backe-Backe-Kuchen-Förmchen oder für den Betonmischer bestimmt. Atlas liefert einen entscheidenden Rohstoff für das Fracking, das rund um die Sandmine herum stattfindet. Fracking ist die saloppe Bezeichnung für »Hydraulic Fracturing«. Dabei wird mit Hilfe von Hochdruck Wasser und Sand in Bohrlöcher gespritzt, um so Öl oder Erdgas aus Schieferformationen zu gewinnen.

Die Anlage von Atlas Sand nahm im Sommer 2018 den Betrieb auf. Es war ein vielversprechender Auftakt. Nicht grundlos hatten die Reporter des *Houston Chronicle* 2018 zum »Jahr des Frackers« ausgerufen.[9] Zeitweise suchten fast 500 Bohrtürme unter der steinigen Ebene, über die einst die Komantschen ritten und später Cowboys ihre Longhorns trieben – damals allerdings noch Rinder und nicht Pickups –, im Permian Basin nach Öl. Um die Dimension zu verdeutlichen: Das entsprach zu dem Zeitpunkt fast der Hälfte aller aktiven Bohrtürme. Weltweit.

Dank des Öls, das die Fracker aus dem Permian pumpen, überholten die USA im September dann Russland und Saudi-Arabien und wurden zum größten Rohölproduzenten der Welt. Noch wenige Jahre zuvor sah es so aus, als ob die USA ihre Reserven in absehbarer Zeit vollends ausgeschöpft haben würden. Es war nicht zuletzt das Permian Basin, das die Wende brachte. Inzwischen pumpen die Amerikaner mehr als je zuvor: 2018 lag die Produktion bei über 11 Millionen Barrel täglich, davon stammten allein drei Millionen aus dem Permian. 2019 sollen rund vier Millionen Barrel täglich dort gefördert werden, so die Schätzungen der staatlichen Energieagentur US Energy Information Administration, kurz EIA. Das Gebiet, dreimal so groß wie Bayern, war auch ausschlaggebend dafür, dass die USA im »Jahr der Fracker« einen weiteren historischen Meilenstein passierten. Von den Häfen der Golfküste der USA seien zum ersten Mal seit 75 Jahren wieder mehr Ölexporte losgeschickt worden als Tanker importiertes Öl dort ausluden, so berichtete die EIA im Dezember.[10] Um das zu erreichen, entfesselten die Fracker eine Materialschlacht: 35 Milliarden Kilogramm Sand pumpten sie 2018 im Permian mit Hochdruck ins Gestein. Um eine einzige Ölquelle auf diese Weise anzuzapfen, benötigten sie 95 Millionen Liter Wasser. Soviel verbrauchen die Einwohner von Kaiserslautern oder Cottbus in einer Woche. Generatoren, die meist rund um die Uhr sieben Tage die Woche laufen, mussten 19 Millionen PS liefern, um die Fracksites, die Bohranlagen, mit der nötigen Elektrizität zu versorgen.[11]

Der Boom hinterlässt Spuren. Wer tagsüber mit dem Flugzeug über den Permian fliegt, sieht eine Landschaft, die mit einem Muster aus Linien und Quadraten überzogen ist. Man könnte an Stätten glauben, die eine geheimnisvolle Kultur in die Erde gekratzt hat. In Wirklichkeit sind es die Bohrflächen und ihre Zufahrtsstraßen. Fliegt man nachts, lassen flackernde Lichter die Wüste wie ein Spiegelbild eines unbekannten Sternenhimmels aussehen. Die Lichter sind »Flares«, mit denen Erdgas abgefackelt wird, das aus den Quellen aufsteigt und mangels entsprechender Infrastruktur – vor allem Pipelines – nicht aufgefangen wird. Zehntausende Ölquellen wurden im Permian bereits erschlossen. Nach Schätzungen von Geologen haben sie seit Anfang des 20. Jahrhunderts bereits über 30 Milliarden Barrel Öl erzeugt. Das hätte genügt, um 33 Jahre lang Deutschlands Ölbedarf zu decken. Rund 4 000 Quellen waren 2018 bereits gebohrt, nur noch nicht angeschlossen.[12] Manchmal warten die Fracker auf einen höheren Ölpreis, um mit der Produktion zu beginnen. Immer wieder haben die Experten ihre Schätzungen, wie viel im Permian noch zu holen ist, nach oben angepasst. Im November 2018 gab der US Geological Survey, die offizielle geologische Behörde, sonst nicht gerade für Überschwang bekannt, in einer Presseerklärung bekannt, den »größten potenziellen Öl- und Gasbestand aller Zeiten« identifiziert zu haben. Die Wolfcamp- und Bone-Spring-Schichten, beides Formationen im Delaware Basin und Teil des Permian, enthalten demnach noch mehr als 46 Milliarden Barrel Erdöl, rund 8 Billionen Kubikmeter Erdgas und 20 Milliarden Barrel Flüssiggase.[13] Die Geologie ist die Voraussetzung dafür, dass ausgerechnet diese abgelegene und menschenleere Gegend heute den Lauf der Weltpolitik beeinflusst. Doch kaum weniger entscheidend ist die ganz eigene Mentalität der Westtexaner und ihre »Koste es, was es wolle«-Kultur.

Alles begann mit dem Rosenwunder

Die inoffizielle Hauptstadt des Permian ist Midland. Ihr Motto lautet »The sky is the limit«. Es gab eine Zeit, da waren die Ambitionen nicht ganz so himmelhoch und der Slogan hieß: »Midland, mitten im irgendwo.«[14] 2010 zählte das US Census Bureau 140 000 Einwohner. Laut den jüngsten Schätzungen sind es 170 000. Damit gehört Midland zu den am schnellsten wachsenden Städten der USA.[15] Die Gründung im Juni 1881 verdankt die Stadt der Texas and Pacific Railway. Es war das Depot, das sich auf halber Eisenbahnstrecke zwischen El Paso und Fort Worth bei Dallas befand. Folgerichtig nannte man die Station Midway. Weil sich herausstellte, dass mehrere andere Eisenbahnstationen ebenfalls so hießen, beschloss man drei Jahre später, als die erste Poststation eröffnet wurde, den Ort umzutaufen. Das wäre eine Gelegenheit gewesen, dem Ort einen markanteren Namen zu verpassen. Doch die Bewohner ließen sie verstreichen. Statt Midway heißt es jetzt Midland. Wahrscheinlich wäre Midland heute wenig mehr als ein vergessener Halt einer längst auf dem Abstellgleis der Geschichte entsorgten Eisenbahn, hätte nicht das Rosenwunder stattgefunden.

Rupert Paul Rickers Familie kam noch mit dem Planwagen ins Permian.[16] Man schrieb das Jahr 1906. Nachdem sie als Rancher scheiterten, arbeiteten Rupert und sein Vater stattdessen bei der Texas and Pacific Railway. Doch Ricker hatte Ehrgeiz. Er studierte Jura an der University of Texas und nach seiner Rückkehr aus dem Ersten Weltkrieg ließ er sich in Big Lake, einem kleinen Marktflecken im Südwesten des Basin nieder. Was den jungen Mann nicht los ließ: An der Universität hatte er von Studien des Geologen Johan Udden, einem gebürtigen Schweden, erfahren, der unter dem kargen Boden von Westtexas Öl vermutete. Die Universität selbst hatte damals Land in der Gegend, es war der Institution bei der Gründung gestiftet worden. 1917 gab es ein neues, entscheidendes Gesetz in Texas: öffentliches Land, wie das der Universität, konnte von privaten Unternehmern zur Ölförderung genutzt werden. Ricker, ohne Geld, aber mit umso mehr Ideen, entwickelte einen Plan, um reich zu werden, ohne selbst Land zu besitzen oder das Risiko teurer und vergeblicher Bohrungen einzugehen. Bis heute gehört das Spekulieren zum Geschäft in Texas. Ricker bot seiner Alma Mater an, das bis dahin wenig attraktive Land für 20 Cent pro Hektar zu pachten. Er selbst würde Ölsuchern wiederum Nutzungs- und Schürfrechte für bis zu zehn Dollar pro Hektar vergeben. Gesagt, getan. Ricker schloss einen Pachtvertrag mit der Universität für 260 Quadratkilometer oder 35 000 Fußballfelder. Gemeinsam mit einem Partner versuchte er dann, an der Ostküste und im Mittleren Westen Investoren zu finden, die ihm das Kapital für die anstehende Pachtzahlung an die Universität sowie seine erhofften Gewinne geben sollten. Doch die Investoren hatten die Lust an Ölspekulationen verloren. Der Zeitpunkt hätte für Ricker nicht ungünstiger sein können: Die Zeitungen waren voll von Ernest Jacobson Cox, genannt »Alphabet«, einem Schwindler, der Anleger mit dem Versprechen schnellen Reichtums durch das schwarze Gold ausgenommen hatte. Schließlich fand Ricker in Haymon Krupp, einem reichen Händler und Kleiderfabrikanten aus El Paso, einen Retter. Krupp kaufte Ricker für 2 500 Dollar aus seinem Vertrag heraus. Aber auch er blieb zunächst mäßig erfolgreich bei dem Versuch, weitere Investoren zu finden. Mit einem Partner, Frank Pickrell, beschloss er deshalb schließlich, selbst nach Öl zu bohren. Eine Gruppe katholischer Frauen in New York, die Geld bei den beiden angelegt hatten, fragten ihren Priester um Rat. Der empfahl, die heilige Rita anzurufen, die Helferin in aussichtslosen Fällen. Der Legende nach hatte die Heilige auf dem Sterbebett um eine Rose aus dem Klostergarten gebeten und obwohl es mitten im Winter war, blühte dort tatsächlich der Rosenstrauch. Die frommen New Yorker Anlegerinnen gaben Pickrell eine Rose, die ihr Priester gesegnet hatte. Zurück in Texas kletterte Pickrell auf den Bohrturm. »Ich tat, worum sie mich gebeten hatten, und ließ die Rosenblätter auf die Holzkonstruktion und die Winde regnen«, berichtete er später. Die Männer tauften die Bohrung Santa Rita No. 1.[17] Die Arbeiten kamen allerdings nur langsam voran. 646 Tage lang quälten sich die Ölarbeiter durch den harten Sandstein. Um sechs Uhr früh am 28. Mai 1923, sechs Tage nach dem Gedenktag der heiligen Rita, hörte die Frau des Vormanns ein lautes Zischen. Als sie aus ihrer Hütte sah, schoss ein Gemisch aus Öl und Gas aus dem Bohrloch. Der *Gusher* bedeckte alles im Umkreis mit Erdöl. So spektakulär war das Schauspiel, dass Besucher sogar aus dem entfernten Fort Worth kamen, um es zu sehen. Noch 67 Jahre lang wurde aus Santa Rita Öl gepumpt, erst 1990 wurde die Quelle versiegelt.

Es war zwar nicht die erste erfolgreiche Bohrung in Westtexas. Doch Santa Rita etablierte den Permian. Bis heute ist diese Bohrung Legende. Die University of Texas hat eine Rekonstruktion des

Bohrturms auf ihrem Gelände in Austin ausgestellt. Für die Universität, die bis dahin kaum mehr als eine Ansammlung von Hütten gewesen war, brachte Santa Rita die Wende. Nicht zuletzt verdankt die Institution ihre heutige anerkannte Stellung und Stiftungsvermögen den Tagträumereien ihres ehemaligen Studenten Ricker. Das Zusammenspiel von Glücksrittern, Spekulanten, Geologen und Ingenieuren, das schließlich Santa Rita sprudeln ließ, sollte das Muster bleiben, das bis heute die Suche nach Öl in Texas erfolgreich macht.

Einmal Boomtown und zurück

Seit Santa Rita No. 1 an jenem Tag im Mai einen teerig-schwarzen Geysir spuckte, blieb das Schicksal Midlands mit dem Auf und Ab des Ölmarkts verbunden. Die ersten Hochhäuser lösten die Windmühlen ab, die bis dahin die Brunnen antrieben. Unter ihnen das Petroleum Building, im neugotischen Stil, rundherum mit spitzen Türmchen und maurischen Bögen verziert, das praktisch heute Old Midland darstellt. Bald war die Stadt weit über die Ebene zu sehen. Mit Stolz trug man damals den Spitznamen »Königin der Prärie«. Die Große Depression in den 1930er Jahren beendete allerdings Midlands ersten Anlauf, Bedeutung zu erlangen. Nach 1945 sorgten neue Ölfelder jedoch für erneute Begeisterung. Kriegsheimkehrer, die nach dem Ende des Zweiten Weltkrieges einen Neuanfang suchten, lieferten die notwendige Arbeitskraft.

Bis heute ist zu erkennen, dass Midland den Marktkräften ausgeliefert ist. »Manisch-depressiv« nannte eine Reporterin des Magazins *The New Yorker* einmal die Stadt.[18] Einen Moment würden die Einwohner das Geld nur so zum Fenster hinauswerfen, nur um im nächsten verzweifelt Not zu leiden. Das Zentrum, das sich um das Petroleum Building herum gebildet hat, besteht aus funktionalen Bürotürmen aus den Achtzigern, der Wind bläst durch die leeren Straßen, die nach US-Bundesstaaten benannt sind. Cafés oder Läden sucht man vergeblich. Die Wunden des letzten Abschwungs sind noch sichtbar: An einer staubigen Schaufensterscheibe klebt ein verblichenes Plakat, das die Eröffnung von Läden, Büros und

Luxusapartments »bis Dezember 2016« verspricht. Ein Ereignis, das nie stattfand. Ganze Gebäude stehen verlassen. Doch dieses Mal ist alles anders, sagt Midlands Bürgermeister Jerry Morales. Seine Familie war schon vor den europäischen Zuwanderern hier, als Texas noch zu Mexiko gehörte. Morales ist Geschäftsmann und Gastronom, sein Büro mit den schweren Möbeln im Kolonialstil will nicht recht in den unscheinbaren Bau an einer der Ausfallstraßen passen, wo sich Fast-Food-Filialen, Motels, Autoteilehändler und Tankstellen aneinander reihen. Das Familienrestaurant »Gerardo's Casita«, bekannt für seine Tacos, gehört ihm ebenso wie Gerardo's Bistro und Gerardo's Catering. Zu sagen, dass Morales optimistisch für seine Heimatstadt ist, wäre untertrieben. Auf dem Höhepunkt der Krise 2016 eröffnete er ein weiteres Café. Der Bürgermeister stellt sich auf Tausende Neubürger ein. Er plant ganze Stadtviertel, mit Kindergärten und Parks, die die Men Camps, die Wohncontainer, in denen die Ölarbeiter entlang der staubigen Ausfallstraßen hausen, in nicht allzu ferner Zukunft ersetzen sollen. Dieses Mal, davon ist Morales überzeugt, folgt auf den Boom nicht wieder die Enttäuschung und der Abschwung. »Wir werden die neue Energiehauptstadt werden.«

Die Sorgen, die Morales plagen, haben stattdessen damit zu tun, dass seine Stadt nicht mit dem Aufschwung mithalten kann. Es fehlt an Lehrern, Polizisten, Ärzten, Bauarbeitern, Kellnern. Vor allem aber fehlt notwendige Infrastruktur. Auf den Straßen stauen sich die Pick-ups nicht selten stundenlang. Draußen auf den Highways herrscht der Wilde Westen. Dagegen kämpft James Beauchamp an. Der ist Präsident bei Motran, einem Verband umliegender Gemeinden zur Verkehrsplanung. Der große schwere Mann empfängt Besucher in seinem Büro gleich neben dem Flughafen, voller Bücher, anheimelndem Teppichboden und allerlei Nippes. Es wirkt ein wenig so, als ob sich der Sheriff aus einem Hollywoodfilm aus Versehen ins Wohnzimmer der Golden Girls verirrt hätte. Das Buch, das neben einer Zimmerpflanze liegt, wäre allerdings ungewöhnlich für die Damen: *Das moralische Argument für fossile Brennstoffe*. Eine Mischung aus Bulldogge und Fledermaus schießt unter dem Schreibtisch hervor und begrüßt den Neuankömmling enthusiastisch. Nachdem wieder Ruhe eingekehrt ist, zieht Beauchamp eine Landkarte hervor, auf der die aktiven Fördertürme eingetragen sind.

600 000 Lkw-Fahrten sind monatlich notwendig, um Material und Frischwasser für sie heranzukarren. Daneben hat Beauchamp eine Karte mit all den Entsorgungsstationen, an denen die Fracker ihr toxisches Abwasser loswerden können. Dafür legen Tanklaster weitere Tausende Meilen jährlich zurück. Und dann eine Karte mit den Sandminen, auf die noch einmal zusätzlich 1,7 Millionen Lkw-Ladungen jährlich entfallen. Diese Art Schwerverkehr würde überall auf der Welt zum Verkehrsinfarkt führen. Hier findet er auf einem Straßennetz statt, das ursprünglich zur Versorgung von ein paar versprengten Ranchern diente. Midlands Straßen zählen zu den tödlichsten der Nation. Highway of Death nennen sie die Route 285, eine Hauptverbindung über die Ebene. 173 Verkehrstote gab es 2017 bei 9 758 Unfällen und einer Bevölkerung von 370 000.[19] Was sich Beauchamp am meisten wünscht, sind Umgehungsstraßen. Aber der Bundesstaat müsste dafür erhebliche Investitionen vornehmen. »Man sollte meinen, dass unsere Verkehrsstatistik allein die Volksvertreter dazu bewegen würde, die nötigen Investitionen zu tätigen«, sagt Beauchamp. So ist er schon glücklich, wenn er für Einfädelspuren und Überführungen den Etat bekommt. Dabei füllten die Öl- und Gaseinnahmen aus dem Permian auch die Staatskasse in Austin, der Hauptstadt des Bundesstaates. Auch dafür hat Beauchamp eine Präsentation, die er aus seinem Stapel zieht. Allein im Jahr 2017 überwiesen die Fracker 1,7 Milliarden Dollar an den Fiskus. Beauchamp sieht allerdings auch die positive Seite des Chaos: »Bei uns gibt es noch Chancen, mit nichts anzufangen und sich etwas aufzubauen.« Als Lkw-Fahrer zum Beispiel verdienten schon Anfänger 100 000 Dollar im Jahr, erfahrene Trucker bis zu 160 000 Dollar. »Führerschein und ab auf den Bock«, sagt er.

Die Chancen sind auch in Midland allerdings nicht gleich verteilt. Steven Pruett etwa ist nicht über die Fahrerkabine eines Trucks eingestiegen. Der gebürtige Texaner ist Ölmann. Aber einer im grauen Anzug. Aufgewachsen in Corpus Christi, der texanischen Hafenstadt am Golf von Mexiko, studierte er Ingenieurwissenschaften mit Schwerpunkt Öl an eben jener University of Texas, die Ricker und das Rosenwunder einst reich gemacht hat. Der Chef von Elevation Resources, einer Frackingfirma in Midland, ist während seiner jahrzehntelangen Laufbahn viel in der Welt herumgekommen.

Doch jetzt hat er sich mit seiner Familie in Midland niedergelassen. »Man kann hier sehr angenehm leben«, versichert er. Viele Häuser hätten Pool. Von Pruetts Büro im 10. Stock sieht man sie als blaue Vierecke zwischen den Häusern aufblitzen.

Angenehm bedeutet für wohlhabende Midlander wie Pruett, über ein Flugzeug zu verfügen, um zu Geschäftsterminen nach Dallas oder übers Wochenende in die Rocky Mountains zu jetten, wo man im eigenen Chalet dem Wüstenklima ausweichen kann. Ein berühmter Scherz, den Besucher in Midland gerne erzählt bekommen: »Wir sind hier mitten in den besten Jagd- und Fischgründen – egal in welche Richtung man fährt, man braucht fünf Stunden, bis man dort ist.« Beim Business-Lunch im Wall Street Grill ärgert sich die örtliche Ölelite über Trump. Der Präsident könnte zwar nicht freundlicher ihrer Branche gegenüber sein. Doch der New Yorker sei einfach peinlich, sagt ein Manager, der eigentlich ein überzeugter Konservativer ist, wie die meisten hier. Wer Trump-Anhänger sucht, trifft sie eher in der »Bar«. Dort sitzen Männer wie Chris, der dort allein mit einer Flasche Coors seinen 47. Geburtstag feiert. Seine Familie ist in Dallas, er sieht sie nur alle zwei Wochen. Früher war er in der Autoindustrie. Aber sein Job bei einer Frackingfirma gefällt ihm besser, da könne man noch richtig anpacken. In den Steinen der Wüste hat er viele Fossilien entdeckt. »Es war hier mal voller Leben«, sagt er. Beim Fracking glaubt er eine Verbindung zu diesem Texas von vor Millionen Jahren zu spüren. »Das fasziniert mich immer wieder.« Dann kommt die Kellnerin und singt: Happy Birthday, Chris!

Wie verbunden Midland mit der republikanischen Partei ist, zeigt die Tatsache, dass die Stadt George W. Bushs Heim seiner frühen Kindheit in ein Museum verwandelt hat. Es ist ein bescheidenes graues Häuschen aus den 1940er Jahren – 130 Quadratmeter Wohnfläche – im etablierten Teil der Stadt, wo große Bäume die Straßen säumen. Bush Senior hatte es für 9 000 Dollar gekauft, als er mit Frau und den sechs Kindern 1951 nach Abschluss seines Studiums an der Eliteuniversität Yale nach Midland gekommen war, um sich als Selfmademan zu bewähren. Hilfreich war dabei sicher, dass er der Spross einer Ostküstendynastie war, die in ihren Reihen Industriekapitäne und Banker zählte. Die Bushs waren das, was man in den USA »Old Money« nennt, die Geldaristokratie, die lange das Land dominierte. (Ein anderes Beispiel sind die Kennedys.) Dank der Geschäftsverbindungen seines Vaters, Prescott Bush, der bei der Wall Street Traditionsbank Brown Brothers Harriman im Aufsichtsrat war, kam H. W. Bush bei Dresser Industries, einem Anbieter von Fördertechnik in Midland, als Vertreter unter. Angeblich bekam er nur 300 Dollar im Monat. In seiner Autobiografie schrieb er, er habe nur begrenzt Unterstützung von zuhause erhalten: »Wir waren jung, wollten unseren eigenen Weg gehen, unsere eigenen Fehler machen und unsere Zukunft schaffen.« Trotzdem schadete ihm sicher nicht, dass sein Vater und sein Onkel als Großinvestoren mit 350 000 Dollar (heute entspräche das drei Millionen) den Start von Bushs eigener Ölgesellschaft finanzierten. Sie sollte ihn zum Millionär machen.

Der Tango von Texas-Öl und Politik sollte sich in der nächsten Generation fortsetzen. Sohn George W. erinnerte sich später gerne an Midland. Als 31-Jähriger kehrte er zurück. Sein Versuch, ganz wie Bush Senior mit dem Öl des Permian Geld zu machen, scheiterte allerdings. Seine Firma Arbusto Energy – arbusto ist das spanische Wort für Busch – war wenig erfolgreich. Zur Abwechslung versuchte es George W. mit einer Kandidatur für das Repräsentantenhaus, womit er ebenfalls scheiterte. Er kehrte zurück ins Ölgeschäft. Aber auch das Umtaufen seines Unternehmens in Bush Exploration nutzte nichts. 1984 drohte Bush Junior das Geld auszugehen. Da sprang ihm eine Firma namens Spectrum 7 bei. Die beiden Unternehmen fusionierten und Bush wurde Geschäftsführer mit einem für damalige Verhältnisse stattlichen Jahresgehalt von 75 000 Dollar sowie einen Anteil an der neuen Gesellschaft. Laut einem Bericht der New York Times war das Interesse von Spectrum 7 allerdings weniger auf das Finden von Öl gerichtet als auf steuerlich absetzbare Verluste.[20] Pech war nur, dass sich die Steuergesetze änderten. Bald suchte Bush erneut nach einem Retter. Eine Gesellschaft namens Harken meldete sich. Sie verwaltete zu dem Zeitpunkt die Öl-und Gasinvestments eines Investors namens George Soros. Erst acht Jahre später sollte der mit seiner Wette gegen die Bank von England, bei der er eine Milliarde Dollar kassierte, weltberühmt werden. George W. bekam einen Beratervertrag bei Harker, der zunächst mit 80 000 Dollar, später mit 120 000 Dollar dotiert war. Darüber hinaus erhielt er Aktien und einen Sitz im Aufsichtsrat. Obwohl George W. ab 1987 Vollzeit für die Wahlkampagne seines Vaters arbeitete, blieb sein Beratervertrag mit Harker bestehen. 1990 verkaufte er seine Anteile, um Miteigentümer der Texas Rangers zu werden. Sein Engagement bei dem populären Baseballteam legte den Grundstein für seine Wahl zum Gouverneur von Texas und später seine Präsidentschaftskandidatur. Der Verkauf der Harker-Aktien wurde allerdings von der US-Börsenaufsicht SEC wegen des Verdachts auf Insiderhandel untersucht, weil Harker nicht lange nach Bushs Aktienverkauf einen massiven Verlust melden musste, der die verbliebenen Anteilseigner überraschte. George W. wurde von den Ermittlern allerdings nie befragt. Die Untersuchung wurde mangels Beweisen eingestellt.

George W. Bush hätte sich allerdings auch keinen schlechteren Zeitpunkt für seine Rückkehr nach Midland aussuchen können. Nicht lange davor, in den 1970er Jahren, hatte es so ausgesehen, als ob Texas und der Permian nicht zu stoppen seien. Ölarbeiter kreuzten durch Midland im Cadillac, ihre Manager rollten im Rolls Royce daher. Ironischerweise verdankten sie den Wohlstand indirekt der Konkurrenz. Die OAPEC, die Organisation der arabischen erdölexportierenden Staaten, drosselte im Herbst 1973 die Produktion. Damit wollten sie die westlichen Nationen unter Druck setzen, die Israel im Jom-Kippur-Krieg unterstützten. Am 17. Oktober 1973 schoss der Ölpreis von drei Dollar pro Barrel auf fünf Dollar – ein Anstieg von 70 Prozent. Im Jahr danach sollte Öl auf 12 Dollar per Barrel klettern. Für die Weltwirtschaft war es ein Schock, für Texas eine Vitaminspritze in den Arm. 1979 stürzte die Revolution in Teheran den Schah, ein Ereignis, dessen Auswirkungen bis heute reichen. Es trieb den Preis auf neue Rekordhöhen. Für die Texaner bedeutete es mehr Geld für ihr Öl. Doch die Krise der Wirtschaft ließ die Nachfrage nach Energie sinken. Gleichzeitig begannen die betroffenen westlichen Abnehmerländer mit Maßnahmen wie dem autofreien Sonntag, um den Verbrauch zu senken. 1981 meldete die *New York Times* auf ihrer Titelseite eine »Ölschwemme«. Der Preis begann erst zu sinken, dann zu stürzen. Allein im Jahr 1986 halbierte er sich. Die Folgen für Midland und ganz Texas waren verheerend.

The Texan Way: Boom and Bust

Bis heute hat sich der Einbruch von 1986 in das kollektive Gedächtnis der Texaner eingegraben. Nur ihre Niederlage in El Alamo gegen General Santa Anna 1839 im Unabhängigkeitskrieg gegen Mexiko sitzt noch tiefer. In Houston verloren innerhalb weniger Monate 225 000 Menschen ihren Job, bald standen 200 000 Häuser leer, berichtete der *Houston Chronicle*. Hunderte Banken brachen zusammen. Fördertürme wurden verkauft, nur um den Schrottwert ihres Stahls zu erlösen. Gut zu tun hatten nur noch die Konkursrichter. In Midland fanden sich Arbeiter obdachlos und in Zelten wieder. Ein Mann habe in dem Karton gehaust, in dem noch nicht lange vorher sein neuer Kühlschrank geliefert worden war, berichteten die Zeitungen. Ein erfolgreicher Ölmann, der es zum Millionär gebracht hatte, sei nach Kalifornien ausgewandert, um dort als Schuhverkäufer seinen Lebensunterhalt zu verdienen.

Das abrupte Platzen des Booms war schlimm genug. Es wurde aber noch übertroffen von der Tatsache, dass die Ölmacht der USA scheinbar unaufhaltsam schwand. Seit 1970, als die USA mit über 10 Millionen Barrel pro Tag einen Höhepunkt erreichten, waren die Fördermengen stetig gesunken. Experten prognostizierten, dass die Vorkommen im Land sich in wenigen Jahrzehnten erschöpfen würden. Die Vorhersage schien sich zu bestätigen: 1986 produzierten US-Quellen sieben Millionen Barrel am Tag, zehn Jahre später waren es 6,5 Millionen Barrel am Tag. Der Niedergang setzte sich weiter fort und erreichte 2008 mit nur noch 4,95 Millionen Barrel pro Tag den Tiefpunkt.

Öl schien als lukratives Kapitel in Texas' Geschichte unwiderruflich dem Ende entgegen zu gehen. Ein Schicksal, das den Bundesstaat mit dem stolzen einsamen Stern im Banner nicht zum ersten Mal heimsuchte. Vor dem Öl hatte die Rinderzucht Abenteurer und Investoren angelockt. Nachdem mit den Komantschen 1875 die letzten einheimischen Volksstämme besiegt, vernichtet und vertrieben worden waren, nahmen sich weiße Siedler das Land. Die Gerüchte von »freien« Weiden im Westen zogen Einwanderer aus Europa an, vornehmlich Engländer, die wohl nicht zuletzt das Versprechen von endlos blauem Himmel und strahlendem Sonnenschein lockte. Es war eine gute Zeit für Pioniere. Auf die Krise nach den Verheerungen des blutigen Bürgerkriegs, der 1865 zu Ende gegangen war, folgten in den USA die Expansion und die zweite Welle der Industrialisierung, die letztlich die Grundlagen für den Aufstieg zur Weltmacht legten. Der steigende Wohlstand ließ den Fleischkonsum steigen. Entsprechend zogen die Rinderpreise an. Bald grasten Millionen von Longhorns auf den Ebenen. Sie stammten von Büffeln ab, die einst spanische Siedler nach Texas mitbrachten. Sie hatten zwar vergleichsweise wenig Fleisch auf den Rippen, dafür kamen sie mit wenig Wasser und spärlichen Weiden aus. In den rasch errichteten Städten fand sich ein buntes Volk zusammen. »Es hieß, trinken und lustig sein, gib Geld aus und hol dir mehr«, schrieb Don Hampton Biggers, ein zeitgenössischer Journalist. »Der englische Adlige, hierher geschickt im Auftrag einer englischen Firma, der einheimische Millionär und der Cowboy waren Kameraden fröhlicher Ausschweifungen, saßen am selben Tisch, tranken in der selben Bar, spielten beim gleichen Spiel mit und allesamt tauchten sie später ins gleiche Unglück.« [21] In Texas kostete ein Longhorn drei bis sechs Dollar, Hunderte Meilen weiter in Kansas kostete ein Rind 38 Dollar und in New York, wo es kaum Vieh gab, zahlten die Schlachter 80 Dollar. Joseph McCoy, der sich später »The Real McCoy« nannte, erkannte das Potenzial und baute die ersten Viehwaggons. Doch um die Tiere zu verladen, mussten sie erst einmal die Eisenbahn erreichen. McCoy kaufte einen kleinen Ort an der Union Pacific Railway, taufte ihn Abilene, und ließ in ganz Texas Werbung für seinen Verladebahnhof machen. Bald zogen Herden, angetrieben von Cowboys, mit Tausenden Rindern über den Chrisholm Trail gen Norden. Hollywood machte die Trecks durch Western wie *Red River* mit John Wayne in der Hauptrolle zur Legende. Auf dem Höhepunkt des *Texas Cattle Boom* grasten zehn Millionen Longhorns in dem Bundesstaat. Unter den Cowboys waren viele Veteranen des Bürgerkriegs, so wie später viele Weltkriegsveteranen in die Ölfelder zogen. In der harten Arbeit fanden sie Herausforderungen und Kameradschaft, die sie sonst im zivilen Leben etwa als Buchhalter oder Baumwollfarmer nicht finden konnten. Viele hatten auch keine Heimat mehr. Nach dem Krieg waren ganze Landstriche verheert. Doch dann brach das *Cattle Kingdom*, das Rinderreich von Texas, zusammen. Grund war nicht zuletzt die

Überlastung der Umwelt. Da war der brutale Kampf um Wasser. Mit der Erfindung des Stacheldrahts begannen Rancher ihre Territorien einzuzäunen – und so Konkurrenten den Zugang zu Quellen zu verwehren. Die Überweidung tat ihr Übriges. Kleinere Rancher konnten sich die Zufütterung nicht leisten und mussten aufgeben. Für ein paar Jahre herrschten die Rinderbarone wie Captain King – ein ehemaliger Dampfschiffahrtskapitän, der in den Wirren des texanisch-mexikanischen Krieges zu Land gekommen war –, nahezu unangefochten. Dann kam der Winter 1886–1887. Blizzards tobten. Augenzeugen sprachen von einer Katastrophe biblischen Ausmaßes. Tausende Rinder verendeten qualvoll durch Erschöpfung, Kälte und Hunger. Über Meilen fanden sich ihre Kadaver in den abgegrasten Weideflächen. Die Katastrophe ging als »The Big Die-up«, das große Sterben, in die texanische Geschichte ein.

Alles in allem dauerte der Boom der Rinderzüchter knapp 20 Jahre. In dieser Zeit wurden enorme Vermögen wie das von King angehäuft. Und viele gleich wieder verloren. Biggers berichtet von einem Texas-Rancher, dem kapitalstarke Greenhorns 1882 rund 1,5 Millionen Dollar für seine 45 000 Rinder, die Pferde und die Weiderechte boten. Der Mann schlug aus. Keine vier Jahre später, 1886, musste er doch verkaufen – und blieb auf 50 000 Dollar Schulden sitzen. »So erging es den allermeisten«, notierte Biggers. »Nur die sehr Reichen und die, denen nichts gehörte, entgingen diesem Schicksal.« Die zwei Jahrzehnte des Cattle Kingdom prägen nicht nur bis heute unsere Vorstellung von Texas. Sie formte auch die Mentalität der Texaner. Die Mischung aus Risikofreudigkeit, Einfallsreichtum und Zähigkeit schuf die Voraussetzungen, die Achterbahnfahrt zu überstehen, die der *Lone Star State* dank seiner heute wichtigsten Industrie meistern muss: Öl.

2 FRACKING, BIS DIE ERDE BEBT

Wie ein Fehler und ein Treffen bei den Texas Rangern schließlich
zu einer Explosion führten, die bis nach Riad, Teheran und Moskau
zu spüren war.

S. H. Griffin Estate #4

Für einen Ort, der die Weltpolitik und Wirtschaft nachhaltig verändert hat, ist DISH mehr als unscheinbar. Rund 400 Einwohner
verteilen sich weitflächig entlang schmaler holpriger Straßen, die
das ehemalige Farmland durchziehen. DISH hat weder eine eigene
Post noch eine Schule. Gegründet hat die Ansiedlung 70 Kilometer
von Dallas entfernt ein Mann namens Landis Clark im Juni 2000.
Die neue Gemeinde nannte er Clark und er wurde praktischerweise auch gleich der erste Bürgermeister. Sein Nachfolger schloss einen Pakt mit dem Satelliten-TV-Betreiber DISH Network: Die Stadt
würde sich in DISH umbenennen und dafür würde jeder Einwohner
zehn Jahre lang gebührenfrei Fernsehen sowie einen gratis Video-
rekorder erhalten. Neben den Trailer Homes, den nur noch theore-
tisch mobilen Wohnwagen, die quasi DISHs Altstadt repräsentieren,
finden sich neuere gelblich-braune Klinkerhäuschen, die eine Art
englischen Landhausstil imitieren. Ein paar Pferde grasen auf Weiden. Dazwischen befindet sich ein eingeschottertes Grundstück, auf
dem hinter einem zwei Meter hohen Drahtzaun ein Stahlgestänge
zu sehen ist. Darüber flattert ein rot-weißer Windsack. Das ist S. H.
Griffin Estate #4. Die Erdgasquelle, die das Ergebnis der ersten erfolgreichen modernen Frackbohrung war. »Eine Explosion, die bis
nach Riad, Teheran und Moskau zu spüren war«, schrieb das *Wall
Street Journal*.[1]
 George Mitchell, der Mann, der sie auslöste, wirkte auf den ersten Blick so unscheinbar wie DISH. Doch der sonst eher britisch-zu-

rückhaltende *Economist* schrieb über Mitchell einmal, wenige Wirtschaftsvertreter hätten den Lauf der Welt so verändert wie er.[2] Er sei der Henry Ford der Energiebranche, schwärmte das US-Wirtschaftsmagazin *Forbes*.[3] Als George Mitchell in Galveston, einer der texanischen Küste vorgelagerten Insel, zur Welt kam, schien solcher Ruhm so weit entfernt wie der Golf von Mexiko von London oder New York. Spanische Eroberer, die 1528 als erste Europäer dort nach einem Schiffbruch strandeten, waren nicht begeistert und nannten sie zunächst Isla de Malhado, Insel des schlechten Schicksals. Als der *explorador* José de Evia rund 250 Jahre später seine Landkarte der Gegend zeichnete, nannte er sie Gálveztown zu Ehren des Herzogs Bernardo de Gálvez, der zeitweise als Vizekönig des Neuen Spanien gedient hatte. Der Herzog spielte eine kurze Rolle auf der Weltbühne, als er während der amerikanischen Revolution die den Spaniern ebenso verhassten Briten in Schach hielt, wodurch er George Washingtons eingeklemmten Rebellen zu dringend benötigtem Nachschub verhalf. Der Pirat Jean Lafitte erklärte Galveston später zu seinem Reich, bis er 1821 von der US-Marine vertrieben wurde. Ähnlich bewegt wie Galvestons Geschichte war der Weg, der Mitchells Vater dazu führte, sich dort niederzulassen. Geboren wurde er als Savvas Paraskevopoulos in Nestani im griechischen Akadien. Dort war er Ziegenhirte, bis er beschloss, in Amerika nach etwas Besserem zu suchen. Nach seiner Ankunft 1901 in Ellis Island, einer New York vorgelagerten Insel, wo sich bis 1954 das Schicksal Zehntausender Einwanderer entschied, driftete der junge Mann nach Süden. Er arbeitete bei der Eisenbahn, die damals ihre Zukunft noch vor sich hatte. Der Zahlmeister beschwerte sich jedoch so häufig über Paraskevopoulos' Namen, dass der, um dem Streit ein Ende zu machen, schließlich den Namen des Zahlmeisters übernahm: Mike Mitchell. So jedenfalls erzählte es die Familie später. Als der frischgebackene Mike Mitchell das Bild einer hübschen Griechin in einer Zeitung für Hellas-Auswanderer sah, reiste er zu ihr nach Florida. Er machte sie ihrem Verlobten abspenstig und holte sie nach Galveston. Das Paar lebte über dem Geschäft, in dem die Paraskevopoulos/Mitchells Schuhe putzten und Wäsche mangelten. George Phydias Mitchell wurde 1919 dort geboren. Als er 13 Jahre alt war, starb seine Mutter. Vier Jahre später folgte George seinem älteren Bruder Johnny, der in den Ölfeldern arbeitete. Die Brüder sahen ihre Chance gekommen, als ihnen ein Chicagoer Bookie, ein Buchmacher für Wetten, ein Stück Land in der Nähe von Fort Worth anbot. Dass die Gegend in der Branche als der »Friedhof der Ölsucher« verrufen war, kümmerte sie nicht. Die Mitchells bohrten 13 Quellen und wurden bei allen fündig. So wurde George zum »Wildcatter«.[4]

Wenn Texas Helden hat, dann sind es die Wildcatter. So nennt man Ölsucher, die abseits der bereits bekannten Felder ihr Glück versuchen, oft mehr ihrem Bauchgefühl als der Geologie folgend. Die Bezeichnung sei von Wildcat Hollow abgeleitet, heißt es, einem engen Tal in Pennsylvania. Dort hätten frühe Ölsucher erst eine Wildkatze geschossen, diese dann ausgestopft und auf den Bohrturm montiert. Das klingt allerdings schwer nach Jäger- beziehungsweise Erdöllatein. Wahrscheinlicher ist es, dass die Bezeichnung übernommen wurde. Wildcatter wurden risikofreudige Geschäftsleute bereits in den 1830ern genannt, also bevor Öl interessant wurde. In den 1850ern wurden Banker so bezeichnet, die eigenes Papiergeld herausgaben, aber keine werthaltigen Sicherheiten dafür boten. (Das war vor Einführung der Notenbank.) Mark Twain erfuhr dies einmal schmerzlich, als dessen Honorar in »Wildcat Money« bezahlt wurde, wie er in seiner Autobiografie klagte.

Mitchells wilde Tage als Wildcatter schienen aber erst einmal vorbei. Er studierte an der Texas A&M University und machte 1940 seinen Abschluss als Erdölingenieur. (Es waren noch die Zeiten, als man es sich in den USA als Kind armer Eltern leisten konnte zu studieren, ohne sich bis ans Ende seines Lebens zu verschulden.) Er gründete Mitchell Energy und spezialisierte sich auf Erdgas. Die nächsten Jahrzehnte sah es nicht danach aus, dass Mitchell jenseits der Lokalnachrichten wahrgenommen werden würde. Das Unternehmen hatte zwar einen lukrativen Vertrag, die Metropole Chicago mit Erdgas aus dem Barnett zu versorgen, jener Gegend um Fort Worth, die er und Johnny dank des Chicagoer Bookies entdeckt hatten. Dankbar für seinen Erfolg hatte Mitchell wohltätigen Vereinen großzügige Spenden zugesagt.[5] Schließlich hatte er schon seinen 78. Geburtstag gefeiert. Doch nun sah es so aus, als ob er wortbrüchig werden würde. Denn die Reserven von Mitchell Energy sanken und gleichzeitig fielen die Aktien des inzwischen börsennotierten Unternehmens. Mitchell musste um sein Erbe und seinen Ruf fürchten. Doch der alte Wildcatter war überzeugt, ach was, er war besessen davon, dass der Barnett noch weit mehr Erdgas enthielt – eingeschlossen in den Schieferschichten. Niemand glaubte, dass es einen bezahlbaren Weg geben würde, das Gas buchstäblich aus den Steinen zu pressen. Entgegen dem Rat seines eigenen Geschäftsführers, eines ehemaligen Exxon-Managers, versuchte Mitchell es trotzdem. Um das Gas freizubekommen, setzte er auf *Hydraulic Fracturing*.[6]

Mit Torpedos in den Untergrund

Hydraulic Fracturing oder Fracking war keineswegs eine neue Technologie.[7] Zuerst hatte Preston Barmore die zündende Idee. Der Sohn eines Sargschreiners kam in seinen Zwanzigern nach Fredonia, einem Städtchen im Bundesstaat New York.[8] Er hatte von Erdgas gehört, das in Bächen und Flüssen der Umgebung herausblubberte und beschloss, damit Geld zu verdienen. Er würde das Gas direkt aus der Quelle in den Tiefen holen, in Rohre lenken und ortsansässigen Geschäftsleuten verkaufen. Als die ersten Gasquellen, die er in den Stein bohrte, wenig ergiebig waren, versenkte er im Spätsommer 1857 acht Pfund Schießpulver ins Bohrloch. Dann schickte er ein glühendes Bügeleisen hinterher. KAWUMM! Das erste Fracking war ein Erfolg, glaubt man Zeitzeugen. Nach der Explosion sei reichlich Gas ausgeströmt, berichtete jedenfalls das Lokalblatt, der *Fredonia Censor*.[9] Barmore konnte von dem durchschlagenden Erfolg allerdings nicht profitieren, er starb kurz darauf mit 30 Jahren, wohl an den Folgen von Alkoholismus. Edward Roberts dagegen konnte die Früchte seiner Frackinginnovation als wohlhabender Rentier genießen. Die Eingebung kam Colonel Roberts – er kämpfte auf der Seite der Nordstaaten – im Bürgerkrieg, als er während der Schlacht bei Fredericksburg beobachtete, wie die Artillerie einen Kanal freischoss. Nach dem Ende des Krieges meldete Roberts den »Explodierenden Torpedo« zum Patent an. Der funktionierte genauso wie es sich anhört. Roberts packte einen Torpedo in eine Stahlhülse mit Schießpulver, ließ ihn in das Bohrloch, das er anschließend mit Wasser füllte. Dann zündete er die Lunte. KAWUMM! Der *Titusville Morning Herald* berichtete im Juli 1866 über den glücklichen Besitzer der Bakery-Quelle, deren Produktion nach dem Torpedo-Einschuss von acht Barrel am Tag auf 100 Barrel anschwoll. »Keine Kleinigkeit«, befand der *Herald*.[10] Es gab allerdings Nachteile. Die Explosion ließ oft Trümmer, Steine, Öl und Gas aus dem Bohrloch unkontrolliert in die Umgebung fliegen. Verletzungen und sogar Todesfälle waren keine Seltenheit. Das wurde auch nicht gerade besser, als statt Schießpulver Nitroglyzerin eingesetzt wurde. Kein Wunder, dass die Tüftler weiter nach einer besseren Variante für die »Quellenstimulation« suchten, wie das Fracking damals hieß.

Der nächste große Innovationssprung folgte aber erst fast hundert Jahre später. Mitte der 1940er Jahre standen Riley »Floyd« Harris und sein Kollege Bob Fast, Techniker bei Stanolind Oil in Tulsa, Oklahoma, vor einem Rätsel: Ein Teil des Zements, der zur Stabilisierung der Quelle gespritzt wurde, verschwand in der Tiefe. Bei einer Probebohrung stellten sie fest, dass der Zement beim Einspritzen Risse in den Sandstein gesprengt hatte, die in alle Richtungen ausstrahlten. Könnte man diese Wirkung nicht gezielt einsetzen?, fragte sich Harris. Statt Zement nahmen sie Wasser, Seife und Sand und spritzten diese Mischung unter Hochdruck in eine ermüdete Quelle in Texas, deren Produktion gerade noch ein Barrel am Tag betrug. Nach dem Fracking produzierte die Quelle plötzlich wieder 50 Barrel am Tag. Neues Öl hatte über die durch das Fracking verursachten Risse den Weg in das Bohrloch gefunden. Die Sandkörner halfen, die haarfeinen Risse nach dem Fracken weiter offen zu halten, damit Öl oder Gas weiter austreten konnte. Heureka! Bald wurde die Technologie routinemäßig zur »Stimulation« eingesetzt.

Die Ölkrise in den 1970er Jahren ließ das Interesse an Hydraulic Fracturing steigen. Präsident Gerald Ford erwähnte es sogar 1975 in seiner Ansprache an die Nation als eine Möglichkeit, wie die USA wieder unabhängiger von ausländischer Energie werden könnte. Fords Hoffnung sollte sich spektakulär erfüllen, allerdings erst Jahrzehnte später. Forschungsanstalten experimentierten mit dem Verfahren, um Öl und Gas aus Schiefer zu gewinnen. Man wusste, dass in den Poren des über Hunderte Millionen Jahre dicht zusammengebackenen Sedimentgesteins Öl und Gas gefangen waren wie in einem

Schwamm. Bei Schiefer waren die Poren sehr fein und kaum durchlässig. An manchen Stellen fand das Erdöl einen Weg durch durchlässigere und porösere Schichten etwa aus Sandstein. So bildeten sich im Untergrund natürliche Reservoirs. Bei der herkömmlichen Förderung geht es darum, diese Reservoirs erst aufzuspüren, dann anzubohren und schließlich wie mit einem Strohhalm abzuzapfen. In der Branche gilt das als die konventionelle Fördermethode. Für viele Öl- und Gasprofis galt sie lange auch als die einzig vernünftige. Denn selbst wenn es gelingen würde, die winzigen Tropfen oder Bläschen aus dem Schiefer zu holen, wäre es ein immenser Aufwand, da waren sich die Experten einig. Und damit schlicht zu teuer. Die Energiemärkte entspannten sich wieder und der unkonventionelle Ansatz verstaubte in den Archiven. Es brauchte einen unkonventionellen Denker, der sich von solchen Bedenken nicht aufhalten ließ. Oder jemanden, der verzweifelt genug war, auf die zweifelhafte Methode zu setzen. Beides traf auf George Mitchell zu. »Meine Ingenieure sagten mir immer wieder, ›Vergiss es, Mitchell, du verschwendest dein Geld.‹ Und ich antwortete immer, ›Verdammt nochmal, lasst uns das knacken.‹ Für mich bestand nie Zweifel, dass da unten eine 80 Meter starke Schicht gashaltiges Gestein sein musste.«

Die Schicht, die Mitchell meinte, war der Barnett.[11] Eine Schieferformation, schwarz und fossilienreich, entstanden in der Mississippian-Periode der Kohlezeit vor über 300 Millionen Jahren, als Texas von einem flachen Meer fast ganz bedeckt war. Über den Barnett war den Geologen sonst nicht viel bekannt. Noch 1992 ließ ihn der National Petroleum Council bei seiner offiziellen Erfassung von Erdgasvorkommen des Landes außen vor. Dank Mitchell wurde der Barnett nur wenige Jahre später zu einem der größten Erdgasreservoirs der USA. Seit 2003 wurden hier 15 Billionen Kubikfuß produziert, was ausreichen würde, um 225 Millionen Eigenheime ein Jahr lang zu beheizen. Und es stecken noch einmal 53 Billionen in dem Schiefer, erklärte der US-amerikanische Geologische Dienst USGS in einem Bericht 2015.

Den Durchbruch brachte allerdings nicht Ingenieurskunst, sondern ein Fehler und ein zufälliges Treffen beim Baseball. So berichtete es später Nicholas Steinsberger, ein Ingenieur, der für Mitchell die Frackingversuche im Barnett leitete. Mit jeder Bohrung, die eine Enttäuschung brachte, war sein Boss unleidlicher geworden. Mitchell fluchte und schimpfte auf seine unfähige Mannschaft. 16 Jahre lang bohrten sie nun im Barnett, 250 Millionen Dollar hatte er in die Löcher versenkt – und keinen nennenswerten Erfolg vorzuweisen. Steinsberger war klar, dass er sich bald einen neuen Job suchen musste. Bei einer Bohrung erwischte er einen der Subunternehmer, wie der Mann aus seiner Sicht eine zu flüssige Mischung in das Bohrloch pumpte. Bis dahin hatte die Branche für das Fracking eine Art Gel aus Chemikalien und wenig Wasser angemischt verwendet. Doch zu Steinsbergers Überraschung war das Ergebnis, das diese wässerige Lösung brachte, weit besser als erwartet. Ein paar Wochen später ging der Ingenieur zu einem Spiel der Texas Ranger (jenem Baseballteam, das einst George W. Bush gehört hatte). Eingeladen hatte ein Branchenverband. Mit Kollegen, die für eine Firma namens Union Pacific Resources arbeiteten, kam er bei Bier und Hotdogs ins Gespräch. Sie erzählten ihm, dass sie für ihr Hochdruckfracking fast nur Wasser einsetzten, dem sie ein paar Chemikalien als Schmiermittel beimischten. Die UPR-Leute bohrten allerdings in porösem Sandstein, nicht Schiefer. Angesichts seiner eigenen Erfahrung mit dem »falschen« Fracking-Gel wollte es Steinsberger trotzdem im Barnett probieren. Seine Kollegen winkten ab. Wie sollte ausgerechnet eine wässerige Lösung den dichten Schiefer aufsprengen? Schiefer enthielt Lehm, alles was passieren würde, war, dass Steinsberger ein Schlammloch produzieren würde.[12]

Die Ergebnisse der ersten Frackbohrungen, die Steinsberger mit seinem neuen Rezept durchführte, blieben unspektakulär. Doch Griffin Estate #4, so benannt nach dem Eigentümer des Grunds, auf dem die Bohrung stattfand, lieferte nach drei Monaten mehr als jede andere Quelle im Barnett. Steinsberger hatte die *Secret Sauce* für das moderne Fracking entdeckt! Die geheime Soße, mit der sich Schiefer sprengen ließ.

Doch die Entdeckung kam fast zu spät. Mitchell stand kurz vor der Pleite. Das Unternehmen hatte sich mit all den Versuchen und Probebohrungen überschuldet. Bei seiner Frau Cynthia wurde Alzheimer diagnostiziert. Er selbst war an Prostatakrebs erkrankt. Mitchell bot sein Unternehmen zum Verkauf an – vergebens. Viele in der Branche zweifelten nach wie vor an Steinsbergers Durchbruch. Die großen Öl- und Gaskonzerne winkten ab, zu bescheiden schien der Fortschritt nach ihren Maßstäben. Doch dann begann die Gasproduktion endlich eindrucksvolle Steigerungen zu zeigen. Das lockte einen Interessenten an. Devon Energy, kaum größer als Mitchells Firma, aber finanziell besser ausgestattet. Devon übernahm Mitchell Energy schließlich 2001 für 3,1 Milliarden Dollar. Mitchell erhielt zwei Milliarden. Der Sohn eines Schuhputzers war vom Wildcatter zum Frackingmilliardär geworden. Aber er sollte längst nicht der letzte sein, den seine Technologie sagenhaft reich machte.

Mitchell, der ein begeisterter Hobbyastronom war, unterstützte neben vielen anderen wohltätigen Zwecken auch seine Alma Mater, die Texas A&M University. Er spendete 50 Millionen Dollar für neue Bauten der Physik- und Astronomiefakultät. Und er spendete 30 Millionen für das Giant Magellan Telescope (GMT), das auf 2 500 Metern Höhe in der Atacamawüste Chiles entsteht. 2025 soll es fertiggestellt sein. Mit dem GMT werde es möglich, Galaxien zu erforschen, deren Entstehung auf 100 Millionen Jahre nach dem Big Bang zurückgeht, heißt es auf der Webseite des Projektes. Mitchell erlebt das alles nicht mehr. Er starb 2013 im Alter von 94 Jahren in seiner Geburtsstadt Galveston, umgeben von seinen zehn Kindern und noch mehr Enkelkindern. Vor seinem Tod warnte er allerdings noch vor den Folgen eines verantwortungslosen Umgangs mit seiner Pionierleistung. Er plädierte für strikte Umweltauflagen. »Wir können sicher fracken, wenn wir vernünftig fracken«, mahnte er seine Branchenkollegen in einem Kommentar in der *Washington Post* 2012.[13] Eine Mahnung, die im Lärm Tausender Bohrköpfe unterging.

Mitchells technischer Durchbruch wäre wohl kaum mehr als ein Aufreger für begeisterte Erdölingenieure geworden, wenn nicht eine ganz andere Art von Frackingpionier an einem ganz anderen Ort weit ab von Texas neue Quellen erschlossen hätte: an der Wall Street.

Der Schieferkönig

Am Morgen des 2. März 2016 raste ein silberner Chevrolet Tahoe ungebremst in den Pfeiler einer Unterführung des Midwest Boulevard in Oklahoma City. Der einzige Insasse des Fahrzeugs starb auf der Stelle, so der spätere Untersuchungsbericht der Polizei. Die Ermittler stellten fest, dass der Fahrer mit überhöhter Geschwindigkeit auf der Landstraße unterwegs war und es keinerlei Anzeichen gab, dass er dem Aufprall ausweichen wollte. Hinweise auf Selbstmordabsichten fanden sich keine. Tod durch Unfall, lautete schließlich der Befund. Am Steuer saß Aubrey McClendon. Mit ihm starb einer der schillerndsten Männer, die Amerikas Wirtschaft je gesehen hat – und das will etwas heißen. In der Energiebranche, seiner Branche, war er als der »Schieferkönig« bekannt geworden. Es liegt nicht zuletzt an McClendon, dass die USA sich niedrigster Erdgaspreise und damit Strompreise erfreuen. Einen guten Teil der wiedererlangten Wettbewerbsfähigkeit Amerikas nach der Finanzkrise ist damit ihm zu verdanken. Doch McClendon war auch ein Hasardeur, der zuletzt Gefahr lief, alles zu verlieren, was er sich aufgebaut hatte. Am Tag vor seinem Tod hatte ihn das US-Justizministerium wegen illegaler Preisabsprachen angeklagt. Und das war nur eines seiner Probleme.[14]

Während George Mitchell mit seiner technologischen Pionierarbeit die »Shale Revolution« auf den Weg gebracht hatte, wäre sie ohne Aubrey McClendon wahrscheinlich bald verpufft. McClendon brachte eine Zutat im Übermaß zum Fließen, die mehr noch als Wasser, Sand und Pferdestärken Fracking überhaupt möglich macht: Kapital.

In vielem war McClendon das Gegenteil des bescheidenen Mitchell. Der hatte als Einwandererkind und Halbwaise seinen Wohlstand der Prärie förmlich abgetrotzt. McClendon wurde dagegen 1959 in Oklahoma City in eine Öldynastie hineingeboren. Sein Großonkel war Robert Kerr, Gouverneur des Bundesstaates Oklahoma, und 1926 ein Mitgründer von Kerr-McGee, damals einer der wichtigsten Energiekonzerne des Landes. Der junge McClendon besuchte die Duke University, wohin die Familien ihre Söhne schicken, die sich zur herrschenden Klasse im Süden und Westen der USA zählen. Zunächst sah es allerdings so aus, als würde McClendon aus der Art schlagen. Er studierte Geschichte, hörte Bruce Springsteens Songs über das harte Schicksal der amerikanischen Arbeiterklasse und wollte Buchhalter werden.

Doch dann hatte er eine Art Erleuchtung. Im *Wall Street Journal* hatte er den Bericht über zwei Männer gelesen, die im Anadarko Basin nach Öl gesucht hatten, ein Reservoir angebohrt und die Quelle dann für 100 Millionen Dollar an Washington Gas and Light verkauft hatten. »Zwei Typen bohren irgendwo und landen einen Volltreffer – das hat mich echt interessiert«, sagte er später dem Magazin *Rolling Stone*.[15] Nach seinem Abschluss an der Universität arbeitete er in der Ölfirma seines Onkels mit. Dort steckte man ihn zu den *Landmen*. Das war die Seite des Geschäfts, die im Vergleich zu Ingenieuren oder Geologen als eher unglamourös galt. Die Aufgabe des Landman ist es, den Ölsuchern die Schürfrechte zu sichern. Und das möglichst günstig und vor der Konkurrenz. Landmen gibt es fast so lange, wie in den USA nach Öl gebohrt wird.

Dazu muss man wissen, dass die Rechtslage in Bundesstaaten wie Oklahoma, Texas oder North Dakota anders ist als etwa in Deutschland. Wer in seinem Garten irgendwo zwischen Flensburg und dem Bodensee auf eine sprudelnde Ölquelle stößt, darf das schwarze Gold nicht einfach in Tanklaster füllen und meistbietend verkaufen. Öl, genau wie Kohle, gilt als bergfrei. Das heißt, sie gehören demjenigen, der das Recht erworben hat, sie abzubauen. (In Österreich ist es etwas anders geregelt, dort ist Kohle bergfrei, Kohlenwasserstoffe, insbesondere Erdöl, gehören jedoch dem Bund. In der Schweiz wird auf kantonaler Ebene reguliert.) Das ist ein Erbe noch aus den Zeiten, als die Bodenschätze den jeweiligen Landesherrn gehörten, die das Recht auf Ausbeutung an Bergwerksbetreiber verliehen.

In den meisten US-Bundesstaaten, die über viele Bodenschätze verfügen, sind die Abbau- und Schürfrechte dagegen im Privateigentum. Oft sind diese *Mineral Rights* im Besitz des Eigentümers der Grundstücke, unter denen die Bodenschätze liegen. Gar nicht selten sind die Mineral Rights jedoch durch Erbteilung oder Transaktionen an andere Eigentümer gegangen. Ein Farmer, dem nur die Oberfläche gehört, kann sich deshalb eines Tages mit einer Frackingcrew konfrontiert sehen, die neben seiner Scheune einen Bohrturm aufpflanzen will. Während er und seine Familie mit den Belastungen eines praktisch über Nacht aufgebauten Industriebetriebs als neuen Nachbarn leben müssen, kassieren die fernen Eigentümer der Mineral Rights die Schecks, wenn Öl oder Gas fließen. Der Farmer kann von Glück sagen, wenn ihm Schäden erstattet werden. Wer erfolgreich sein will in dem Geschäft, darf kein Mauerblümchen sein.

»Selig sind die Sanftmütigen, denn sie werden das Erdreich erben, aber nicht die Schürfrechte«, bemerkte einmal J. Paul Getty, der Ölpatriarch und Kunstliebhaber, der für seinen Geiz bekannt war. So ließ er in seiner Londoner Residenz einen Münzfernsprecher für Gäste einrichten und weigerte sich zunächst, Lösegeld für seinen entführten Enkel zu zahlen, obwohl die Entführer dem Jungen ein Ohr abschnitten.[16] Harte Verhandlungen und Bluffs, das war Getty aus dem Ölgeschäft gewohnt.

Herauszubekommen, wer die Schürfrechte besitzt, das ist die eine wichtige Aufgabe des Landman. Aber noch wichtiger ist es dann, den Farmer oder Rancher oder wer auch immer der Besitzer ist, dazu zu bringen, gegen einen möglichst geringen Anteil an einem Öl- oder Gasfonds der Förderfirma das Recht auf den Abbau einzuräumen.

Da hatte McClendon seine Berufung gefunden. »Geologen und Ingenieure waren die wichtigen Leute – aber es dämmerte mir bald, dass all ihre grandiosen Ideen wenig wert waren, wenn man keine Förderrechte hat. Wenn du Förderrechte hast, gewinnst du, wenn nicht, dann nicht«, sagte er den Reportern des *Rolling Stone*.[17] 1982, mit 23 Jahren, machte sich McClendon als Landman selbständig. Er kaufte eine Schreibmaschine, mietete ein Büro an und kaufte ein paar Karten, in denen die Eigentümer von Mineral Rights in Öl- und Gasfeldern eingetragen waren. Er nahm, was größere Unternehmen als zu klein und uninteressant links liegen ließen. Seine Ein-Mann-Operation nannte er großspurig »Chesapeake Investments«, angeblich, weil er die gleichnamige Gegend in Virginia, wo seine Familie die Ferien verbracht hatte, so schön fand. Anderen erzählte er allerdings, er habe bewusst einen neutralen Namen genommen, damit sein Ruf nicht geschädigt würde, sollte er mit seinem Unternehmen baden gehen. In Tom Ward, einem gleichaltrigen Landman, fand McClendon einen Partner. Der Anfang war alles andere als spektakulär. »Wir machten Deals mit Landfetzen in Oklahoma, faxten uns nachts die Informationen zu«, erinnerte sich Ward später. 1989 kratzten sie 50 000 Dollar zusammen und gründeten Chesapeake Energy. Chesapeake sollte zu einem milliardenschweren Konzern werden, ein Name, der zumindest eine kurze Zeit lang sogar im gleichen Atemzug mit Exxon genannt wurde.

Ihren Durchbruch verdankten McClendon und Ward nicht zuletzt den Innovationen Mitchells. Vor dem Fracking war es entscheidend gewesen, die unterirdischen Öl – und Erdgasreservoirs möglichst präzise zu lokalisieren. Wenn sich die Geologen und Ingenieure irrten, dann saß das Unternehmen auf teuren Förderrechten, die nichts produzierten als Schlammlöcher. Mit der neuen Fracking-methode reichte es, überspitzt ausgedrückt, den Bohrturm über einer bekannten Schieferformation aufzurichten – wie dem Barnett, dem Permian, dem Bakken oder dem Marcellus. Das galt vor allem für Erdgas, das viel leichter aus dem Gestein zu lösen war. (Zu dem Zeitpunkt wurde Hydraulic Fracturing, wie Mitchell es kombinierte, noch nicht in großem Stil für Erdöl eingesetzt.) Nun kam es darauf an, sich möglichst rasch viele Förderrechte in den Schieferformationen zu sichern, um dabei zu sein. Eine Aufgabe wie gemacht für den Landman McClendon.

Dessen Ambitionen wuchsen. Nur vier Jahre nach der Gründung, im Februar 1993, brachten Ward und er Chesapeake an die New York Stock Exchange, der größten und angesehensten Aktienbörse der Welt. 25 Millionen Dollar sammelten sie von den Anlegern bei ihrem Debüt ein. Peanuts im Vergleich zu dem, was noch kommen sollte.

Schon in den Pioniertagen des Ölzeitalters war es für die Öl-sucher wichtig gewesen, risikofreudige Investoren zu finden, die bereit waren, ihnen die notwendigen Mittel zu geben. Santa Rita No. 1, die Quelle, die den ersten Boom im Permian auslöste, wäre ohne die frommen Anlegerinnen aus New York nie zum Sprudeln gebracht worden. Doch keiner der Ölmänner entwickelte eine Symbiose mit der Wall Street, wie McClendon es tat. Wann immer es ging, arbeitete er mit OPM. *Other People's Money*, das Geld anderer Leute, ist das Geld, mit dem auch die Wall Street am allerliebsten spielt. McClendon mochte kein Ölingenieur sein, ein Finanzinge-nieur war er allemal.

Denn Chesapeakes eigentliches Geschäftsmodell war nicht das Fördern und Verkaufen von Erdgas, sondern von Förderrechten. Oder »Landraub«, wie es seine Kritiker sahen. McClendon und seine Leu-te kauften möglichst rasch und massiv Förderrechte in vielverspre-chenden Formationen auf. Dann führte das Unternehmen ein paar Bohrungen durch, um zu zeigen, dass Potenzial vorhanden war. Im nächsten Schritt verkauften sie die Förderrechte an Wettbewerber zu einem weit höheren Preis. Manche Leute hätten ihr Geschäftsmodell immer noch nicht verstanden, sagte McClendon in geradezu provozierender Offenheit auf einer Investorenveranstaltung 2008. In der Energiebranche gebe es zwei Möglichkeiten, Kasse zu machen. Eine sei, Quellen zu erschließen und das produzierte Öl oder Gas zu verkaufen. Der andere Weg sei, Vermögenswerte zu Geld zu machen. »Ich kann Ihnen versichern, dass Förderrechte zu kaufen für X, um sie für 5X oder 10X zu verkaufen wesentlich profitabler ist, als zu versuchen, Erdgas für 5 oder 6 Dollar den Kubikfuß zu produzieren.«[18]

Das Ganze war kaum anders als die Zockerei, die Wall-Street-Banker mit Immobilien machten und die später zur großen Kreditkrise und zur Rezession führte. Um diese aggressiven Einkaufstouren finanzieren zu können, benötigte Chesapeake allerdings Cash – jede Menge Cash. Aus dem, was das Unternehmen an Erdgas produzierte, ließen sich diese Transaktionen nicht bezahlen. Wieder zapfte McClendon die Anleger an. Dieses Mal jedoch bot er ihnen nicht Aktien, also Eigentumsanteile, wie beim Börsendebüt an. Er bot stattdessen Anleihen, also Schuldscheine. Chesapeake gehörte auch da zu den Pionieren. Das Unternehmen gab die ersten High Yield Bonds der Branche heraus. High Yield Bonds – hochverzinsliche Anleihen – ist ein schönfärberischer Ausdruck, den die Wall Street gerne gegenüber Anlegern verwendet. Der ehrlichere Name für die Wertpapiere lautet Junk Bonds – Müllanleihen. Gemeint ist, dass die Kreditwürdigkeit des Unternehmens, das die Anleihen herausgibt, sagen wir, nicht glänzend ist. Weil sie ein erhöhtes Risiko in Kauf nehmen, dass das Unternehmen die Zahlungen schuldig bleibt, erhalten die Anleger zum Ausgleich einen höheren Zins. Das macht diese Art der Finanzierung allerdings teuer für die Unternehmen. Allein 2011 lich sich Chesapeake über Müllanleihen mehr als eine Milliarde Dollar.

Doch die Milliarden an Junk Bonds, die das Unternehmen ausgab, waren geradezu seriös im Vergleich zu anderen Deals, die McClendon austüftelte. »Chesapeakes tiefste Quelle: Wall Street«, lautete denn auch 2012 die Schlagzeile eines Berichts der Nachrichtenagentur *Reuters*.[19] Eine Variante waren so genannte VPP Volumetric Production Payments. Wenn VPPs stark an die Buchstabensuppe der berüchtigten Hypothekenpapiere und sonstigen Finanzinstrumente erinnern, die zur Finanzkrise 2008 führten, dann ist das durchaus zutreffend. Mit einem VPP versetzt ein Energieunternehmen Erdgas oder Öl, das es erst in der Zukunft fördern will. McClendon verpfändete auf Jahrzehnte Erdgas, das noch im Gestein festsaß. Die Transaktionen hatten aus Sicht des Chesapeake-Gründers einen wichtigen Vorteil: Aus buchhalterischer Sicht handelt es sich bei VPPs nicht um einen Kredit, sondern um einen Verkauf von Vermögenswerten. Dank des kleinen, aber feinen Unterschieds tauchen die Deals nicht als Kredite in der Bilanz auf. Damit sieht die Bilanz – zumindest auf den ersten Blick – gesünder aus. McClendon fand willige Helfer. Einen der ersten VPPs schloss McClendon im Dezember 2007 mit DB Energy Trading, einer Tochter der Deutschen Bank, und einer Einheit der Schweizer UBS.[20] Chesapeake erhielt 1,1 Milliarden Dollar. Dafür sicherten sich die Banker Teile der Produktion von 4 000 Quellen auf 15 Jahre. »Unser erster VPP-Deal ist auf großes Interesse bei den Anlegern gestoßen«, erklärte McClendon in einer Pressemitteilung. »Wir freuen uns auf mehr solcher Erfolge.« Und er sorgte dafür, dass Chesapeake mehr dieser komplexen Instrumente mit Namen wie Blue Devil, Glenn Pool oder Argonaut abschloss. Neben der Deutschen fanden sich auch andere internationale Großbanken wie die britische Barclays, Morgan Stanley und Wells Fargo, die gerne mitmachten.

Zwar hatte McClendon sein Unternehmen an die Börse gebracht. Damit gehörte es den Aktionären. Das hinderte ihn jedoch nicht daran, Chesapeake für seinen persönlichen Profit zu nutzen. So vereinbarte McClendon mit dem Aufsichtsrat, in dem er viele Freunde und Vertraute platziert hatte, dass er als stiller Teilhaber an jeder Quelle beteiligt würde. Das in der Branche unübliche Arrangement taufte er, kreativ wie immer, Founder Well Participation Plan – kurz FWPP. Mit seinem »Gründerquellenanteilsplan« konnte McClendon potenzielle Gewinne buchstäblich an der Quelle und noch vor den Aktionären abzapfen. Allerdings musste er sich an den Kosten der Erschließung beteiligen. Und wie zahlte er diese Erschließungskosten, die sich schnell auf Hunderte Millionen Dollar beliefen? Für McClendon keine Frage: Mit OPM natürlich. Der Chesapeake-Chef nahm Kredite in Höhe von 1,1 Milliarden Dollar auf, wie *Reuters*-Reporter 2012 berichteten.[21] Als die Gläubiger Sicherheiten verlangten, bot McClendon seine FWPP-Vereinbarungen an. Damit war ihm das Kunststück gelungen, seine Gewinne zu potenzieren und einen großen Teil des Risikos auf die Gläubiger abzuschieben. Chapeau! Ach ja, neben seiner Tätigkeit als Vorstandchef managte er noch einen 200 Millionen Dollar schweren Rohstoff-Hedgefonds namens Heritage Management. Das war ein wenig heikel, weil er ja in seinem Hauptberuf der Chef eines der wichtigsten Erdgasproduzenten der USA war. Den Aktionären teilte er seinen Nebenjob jedenfalls nicht mit, wie sich herausstellte. Diese erfuhren von dem lukrativen Hobby ihres Topmanagers, der 2009 mit einer Vergütung von 112 Millionen Dollar der bestbezahlte US-Unternehmenschef war, erst durch den *Reuters*-Bericht. Zwar verlor McClendon seinen Posten als Aufsichtsratschef – er hatte sich bis dahin praktisch selbst kontrolliert, bei US-Unternehmen nicht unüblich – aber er blieb weiter Vorstandschef. Man traute sich nicht, den Superstar der Branche abzusägen.

McClendon kam lange Zeit mit vielen fragwürdigen Arrangements durch. Der Mann mit der silbernen Lockenmähne und der randlosen Professorenbrille, die sein Markenzeichen wurde, strotzte nur so vor Überzeugungskraft und Aggression, wie Freund und Feind übereinstimmend bestätigen. Und er hatte gute Kontakte. Viele Finanzdeals fädelte er über Jefferies & Co ein. Gegründet wurde die Investmentbank 1962 von Boyd Jefferies, dessen Spezialität als Broker es war, Aktienpakete von Unternehmen aufzukaufen, die zur Übernahme anstanden, um diese dann an Firmenjäger und Arbitrageure weiter zu vermitteln. Einen Rückschlag erlitt Jefferies bei seinen Geschäften, als er wegen Kursmanipulationen angeklagt wurde. Er hatte sich mit Ivan Boesky eingelassen, der wegen Insiderhandels zu dreieinhalb Jahren Gefängnis verurteilt wurde. Es war einer jener Skandale, die das Bild der Wall Street ins schwärzeste Schwarz färbten. Gordon Gekko, der Antiheld des Hollywood Reißers *Wall Street*, basiert zum Teil auf Boesky. Der hatte einmal in einer Rede vor Studenten gesagt: »Ich finde, Gier ist etwas Gesundes. Man kann gierig sein, aber sich immer noch gut dabei fühlen.« Ein Zitat, das den *Wall Street*-Regisseur Oliver Stone bei seinem Drehbuch inspirierte, und das in die Filmgeschichte einging.

Jefferies kam glimpflich mit einem Berufsverbot für fünf Jahre davon, seinen Posten bei der von ihm gegründeten Bank musste er allerdings abgeben.[22] Die entwickelte sich nach dem Abschied des Gründers zu einem kleineren, aber enorm ehrgeizigen Wall-Street-Haus. Das verdankt Jefferies – nicht der Mann, sondern die Bank – auch der Finanzkrise, während der eine Reihe prominenterer Konkurrenten wie Lehman Brothers und Bear Stearns untergingen und andere ihre Aktivitäten deutlich herunterfahren mussten. Doch es waren nicht zuletzt die Deals mit Chesapeake und McClendon, die Jefferies den Weg in die erste Liga frei machten. Das war keineswegs Zufall. Vizepräsident bei Jefferies war Ralph Eads III., den McClendon noch aus Studentenzeiten an der Duke University kannte. Beide waren bei derselben Burschenschaft gewesen. Sie teilten auch eine Liebe zu gutem Wein. Zusammen besaßen sie im Bordeaux das Weingut Clos Dubreuil. Der Saint Emilion Grand Cru des Hauses sei »wunderbar« schwärmte ein Mitarbeiter des Magazin *Forbes*.[23] Zudem kam auch Domenic Del'Osso, der damals gerade 35-jährige Chesapeake-Finanzchef, von Jefferies. Eine Hand wusch die andere, schrubbte sie geradezu. Mit Hilfe von Eads und seinen Kollegen sowie ausgefeilter Finanzakrobatik schuf McClendon ein Imperium. Chesapeake hatte sich auf dem Höhepunkt Förderrechte für 60 000 Quadratkilometer gesichert. Zum Vergleich: Der Freistaat Bayern, flächenmäßig das größte Bundesland, umfasst 70 000 Quadratkilometer. Dafür hatte das Unternehmen zwischen 2000 und 2012 allerdings eine Schulden-Zugspitze von über 40 Milliarden Dollar angehäuft.[24] Jefferies kassierte Hunderte Millionen an Gebühren für die Vermittlung von Krediten, Beratung bei Zukäufen und anderen Transaktionen. Chesapeakes Hausbank zu sein, half weitere Kunden aus dem Energiesektor anzuziehen. Das hält bis heute an. »Jefferies' bustling energy practice is killing it«, titelte *The Street*, ein Wall-Street-Onlinedienst im Januar 2017, was mit »Jefferies geschäftige Energiesparte hat es drauf« korrekt, wenn auch zu zahm übersetzt ist.[25] Das Bankhaus hatte es in den zwölf Monaten davor mit 52 Fusionen, bei denen Jefferies' Banker jeweils mehr als 100 Millionen Dollar an Beratungsgebühren eingenommen hatten, auf die Liste der Topinvestmentbanken geschafft – nur ein paar Ränge unterhalb der viel beneideten Branchenriesen Goldman, Morgan Stanley und JP Morgan.

Wall Streets neue Geldmaschine

McClendons Timing, die Wall Street in großem Stil anzuzapfen, hätte kaum besser sein können. Das Jahr 2007 markierte den Höhepunkt der Immobilienspekulation: Die Wall-Street-Banken sackten 2006 mehr als 145 Milliarden Dollar Profit ein. Dann platzte die Blase und die Geldmaschine der Wall Street fiel auseinander. Während die Banken von der Politik gerettet wurden, stürzte der Rest der Welt in die schwerste Krise seit der Großen Depression in den 1930er Jahren. Anleger, Hausbesitzer und Arbeitnehmer zahlten die Zeche für den Überschwang der Finanzelite in New York und London. Allein in den USA kostete die Krise nach Berechnung des Kongresses 20 Billionen Dollar – das ist soviel wie die US-amerikanische Wirtschaftsleistung im Jahr 2018. Mehr als neun Millionen Jobs wurden vernichtet und Millionen Amerikaner verloren ihr Eigenheim. Weltweit verschlangen Rettungsaktionen Milliarden an Steuergeldern. In ökonomischer Hinsicht übertraf das Ausmaß der Zerstörung das der Terroranschläge vom 11. September 2001.

Die Folgen des Finanzdebakels waren noch nicht einmal ganz abzusehen, da suchten die Banker in New York schon nach einem neuen Betätigungsfeld. Öl und Gas schienen aus ihrer Sicht optimal. Auf der einen Seite waren die Fracker, deren Geldbedarf so groß war wie ihre Bohrlöcher tief. Auf der anderen standen die Verwalter von Fonds und Pensionskassen, die auf eine Chance hofften, ihre herben Verluste nach der Krise wieder wettzumachen. Den Wall-Street-Bankern musste es nur noch gelingen, die Großanleger zu überzeugen, dass es sich bei den Frackern um genau diese Chance handelte. Das ist die eigentliche Kunst der Wall Street. Schnell fanden sie ein neues Mantra: Die Nachfrage nach Energie würde nicht nachlassen. Die Preise für Öl und Erdgas würden praktisch nur noch eine Richtung kennen – nach oben. Das klang genauso überzeugend wie zuvor die Regel, dass die Immobilienpreise in den USA niemals im ganzen Land gleichzeitig einbrechen würden.

Investoren anzulocken war auch aus einem weiteren Grund nicht weiter schwierig: Um die Rezession zu bekämpfen und die Banken zu stützen, die das Desaster maßgeblich ausgelöst hatten, senkten die Zentralbanken die Leitzinsen auf null. (Später fielen sie etwa in

Deutschland sogar noch unter null.) Großinvestoren wie Pensionskassen, Versicherer, Investmentfonds standen vor dem Problem, dass eine Anlage in Staatsanleihen oder ähnlichen Wertpapieren nicht einmal die Inflation abdeckte. Um ihre Zusagen gegenüber Ruheständlern und Versicherten erfüllen zu können, brauchen diese Institutionen jedoch eine Mindestrendite. Viele Pensionskassen in den USA etwa rechnen mit einer jährlichen Rendite von acht Prozent. Entsprechend verzweifelt suchten sie nach Möglichkeiten, ihr Geld irgendwo anzulegen, wo ihnen eine Rendite versprochen wurde, die das Loch stopfen konnte oder wenigstens nicht größer werden ließ.

Wie schon beim Immobilienboom gehörten Schulden zu den heißesten Tipps der Wall Street, um im Energiesektor Kasse zu machen. Chesapeake mit seinen High Yield Bonds – oder vielmehr Müllanleihen – fand schnell Nachahmer. 2008 betrug das Volumen in diesem Marktsegment laut dem Bankenverband Sifma 43 Milliarden Dollar. Fünf Jahre später lag es bei 336 Milliarden.[26] Das war mehr als sieben Mal so viel. Und während der Anteil der Energieunternehmen 2008 bei acht Prozent lag, erreichte er nur fünf Jahre später 17 Prozent. Bis heute sind Energiefirmen unter den Junk Bonds mit am stärksten vertreten. Genau wie bei den Zitterhypotheken an Hauskäufer mit schlechter Bonität liegt der Vorteil für die Investmentbanker, die die Herausgabe der Anleihen arrangieren, darin, dass sie das Risiko an Anleger weiterreichen. (Vor der Finanzkrise auch gerne deutsche Banken.) Für ihre Vermittlerdienste lassen sie sich mit einer großzügigen Gebühr entlohnen.

Und es gibt noch mehr Parallelen zum Hypothekenboom. Zu den beliebten Anlageobjekten gehörten sogenannte Master Limited Partnerships oder MLP. Drei Buchstaben, die in die berüchtigte Reihe von Finanzkrisenkürzeln wie CDS, MBS und CDO passen. Diese börsennotierten Pools basieren auf Aktien von US-Energieunternehmen – Produzenten sowie von ihnen abhängige Betreiber von Pipelines und Lageranlagen. 1981 legte Apache, ein Ölbohrer ursprünglich aus Oklahoma, das erste MLP auf.[27] Im Jahr 2000 gab es 20 davon. Doch nach der Finanzkrise stürzten sich die Investoren geradezu auf die Papiere. Im Jahr 2007 waren rund 100 Milliarden in Energie-MLPs investiert, 2014 waren es 500 Milliarden Dollar.

In den Jahren nach dem Lehman-Untergang kämpften viele Unternehmen mit Schwierigkeiten, an Finanzmittel zu kommen. Den Frackern fiel es dagegen zeitweise fast leichter, Geldquellen anzuzapfen, als Öl oder Erdgas zu finden. Vor dem Crash hatten sich die Fracker vorwiegend über Bankkredite finanziert. Nach 2008 versiegte diese Quelle, die Banken konnten zunächst keine Kredite mehr ausreichen, dann zwangen Regulierer sie zu mehr Zurückhaltung. Doch die Fracker fanden bald neue Sponsoren. Private-Equity-Gesellschaften – in Deutschland besser als »Heuschrecken« bekannt – investierten kräftig in Öl und Gas. Nicht einmal der Einbruch des Ölpreises 2014 hielt sie davon ab: Allein zwischen Mitte 2014 und Mitte 2017 kauften sie Anteile und Firmen im Wert von über 100 Milliarden Dollar, so eine Schätzung von Opportune, einem Energieinvestmentberater. »Während kleine bis mittlere internationale Firmen sich schwer taten, Kapital zu sichern, half die Nullzinspolitik der Fed (der US-Notenbank), den Resourcenboom in Nordamerika zu finanzieren«, stellten die Opportune-Analysten in einem Bericht für Kunden fest.[28]

Die Parallelen zur Immobilienblase der Nullerjahre sind nicht zu übersehen. Auch da pumpten renditehungrige Investoren Hunderte Milliarden an Krediten in einen begrenzten Markt und trieben die Preise in unhaltbare Höhen. Ganze Siedlungen wurden in Arizona oder Florida aus dem Boden gestampft, die später zu Geisterstädten wurden, über denen teilweise buchstäblich Geier kreisten (und Alligatoren in den umgekippten Swimming-Pools lauerten).

Wie bei der Immobilienblase warnten Insider, denen klar war, dass auf die Euphorie der Katzenjammer folgen würde. 2011 verschaffte sich die *New York Times* über eine Transparenzanfrage bei einer Aufsichtsbehörde Einsicht in interne E-Mail-Nachrichten von Regulierern, Anwälten, Wall-Street-Vertretern, Geologen und Firmenangestellten.[29] Obwohl »Schiefererdgas grundsätzlich unprofitabel« sei, fließe »Geld in Hülle und Fülle«, schrieb etwa der Analyst einer Bank einem Branchenvertreter und fügte hinzu: »Das erinnert mich an die Internetblase.« Das Ganze sei ein gigantisches Schneeballsystem, erklärte ein zweiter Analyst laut dem *New-York-Times*-Bericht.

Damit spielte er auf eines der ganz großen Probleme von Schieferquellen an, das sowohl bei Erdgas also auch bei Öl existiert. Es müssen ständig neue Quellen erschlossen werden, nur um das Produktionsvolumen zu halten, und erst recht, um es zu erhöhen. »Unsere Ingenieure geben Prognosen auf 20 oder 30 Jahre für diese Quellen ab, meines Erachtens muss sich erst einmal erweisen, ob das durchführbar ist«, zweifelte ausgerechnet ein Geologe von Chesapeake in einer Nachricht an den Vertreter einer Bundesbehörde. »Ich bin skeptisch, wenn ich die Rückgänge im ersten Produktionsjahr sehe.« Etwa um dieselbe Zeit, als sein Mitarbeiter diese Zeilen verfasste, so die *New York Times*, trat McClendon vor Investoren und ermutigte sie, es sei Zeit »heiß auf Erdgas zu werden«.

Seit damals hat sich nicht viel verändert, glaubt man einer Untersuchung des *Wall Street Journal* von 2018. Die Journalisten verglichen die einstigen Prognosen der Schieferproduzenten, wie ergiebig ihre Quellen über die Jahre sein würden, mit dem, was diese tatsächlich produzieren. »Tausende Schieferquellen, die in den vergangenen fünf Jahren erschlossen wurden, pumpen weniger als von ihren Eigentümern gegenüber Investoren vorhergesagt«, so das nüchterne Fazit der *Wall Street Journal*-Reporter. Zusammengenommen produzierten die 16 000 Quellen, die sie unter die Lupe nahmen, rund zehn Prozent weniger als in ihren Prospekten für die Investoren beschrieben. Zehn Prozent, das klingt auf den ersten Blick nicht nach einem Aufreger. Doch wie das *Wall Street Journal* kalkulierte, pumpen die Fracker damit rund eine Milliarde Barrel Öl weniger als versprochen.[30] Das heißt nicht, dass die US-Produktion versiegt. Wohl aber, dass es teurer wird als kalkuliert, die Schiefervorkommen zu fördern. Der Produktionsabfall zwingt die Unternehmen, laufend neue Quellen zu erschließen, um das Volumen aufrechtzuerhalten. Dazu wiederum brauchen sie frisches Geld, das sie investieren können. Idealerweise käme das aus den Erlösen der bereits erschlossenen Quellen und nicht aus Fremdmitteln. So drückt zusätzlich der Schuldendienst für das aufgenommene Kapital.

Für die Investoren war die Schieferrevolution bisher jedenfalls ein gigantisches Verlustgeschäft. Zwischen dem, was die Fracker seit 2007 von ihnen bekamen, und dem, was sie erwirtschafteten, klafft eine Lücke von 280 Milliarden Dollar, kalkulierte die Beratungsfirma Evercore ISI für das *Wall Street Journal*. Das entspricht in etwa der Jahreswirtschaftsleistung von Chile.[31]

Viele der Fracker dagegen scheffelten in diesen Jahren massiv Geld in ihre eigenen Taschen. McClendon etwa wurde Milliardär. Und wann immer möglich, nutzte er Chesapeake, um sich seinen aufwändigen Lebensstil zu leisten. So flogen er und seine Frau Kathleen, eine Erbin des Haushaltsgeräteclans Whirlpool, mit dem Firmenjet nach Paris. Die 108 000 Dollar, die der Trip kostete, rechnete McClendon laut einem *Reuters*-Exposé 2012 als Spesen ab.[32] Ein anderes Mal düsten Kathleens Freundinnen ohne die McClendons an Bord nach Bermuda. Kostenpunkt laut *Reuters*: 23 000 Dollar. McClendon erwarb einen Anteil an den SuperSonics von Seattle und holte das NBA-Basketballteam nach Oklahoma City. Dort wurden sie die Thunder. Ein Big Deal in den USA. Das wäre ungefähr so, als ob Mercedes-Chef Ola Källenius RB Leipzig nach Stuttgart holen und zu den Cannstatter Kickern machen würde.

Doch nicht einmal seine Leidenschaften mochte der »Schieferkönig« ohne OPM genießen. So schloss Chesapeake einen 36 Millionen Dollar schweren Sponsorenvertrag mit den Thunder ab – und bezuschusste deren Heimarena jährlich mit vier Millionen Dollar. McClendon kaufte Villen auf Bermuda, Hawaii und in den Rocky Mountains. Er sammelte antike Jachten wie andere Menschen Briefmarken.

Als *Reuters*-Reporter im Juni 2012 all diese Details ans Licht holten, sorgte das für Empörung unter den Aktionären von Chesapeake. Doch der wahre Grund, warum McClendon schließlich das von ihm gegründete Unternehmen verlassen musste, war ein anderer. Der Schieferkönig wurde ein Opfer seines eigenen Erfolges. Seinem Beispiel folgten immer mehr Fracker und die USA überholte schließlich Russland als größter Erdgasproduzent. Das war zwar großartig für die Konsumenten. Denn die Preise fielen und fielen. Bald folgten die Strompreise, weil Kraftwerke von Kohle auf Erdgas umstellten. Doch für Chesapeake war es ein Desaster. Einmal noch glaubte McClendon das Ruder herumreißen zu können. Er war überzeugt, dass ein harter Winter bevorstand und Erdgaspreise entsprechend nach oben schnellen würden. Tatsächlich war er derart überzeugt davon, dass er Chesapeakes Finanzabteilung anwies, entsprechende Terminkontrakte aufzulösen, die das Unternehmen gegen Tiefstpreise abgesichert hätten. So berichtete die *Bloomberg Businessweek*. McClendons Kalkulation: Chesapeake würde ohne die teuren Absicherungsverträge bei dem von ihm erwarteten Preisaufschwung weit mehr verdienen. McClendon verlor die Wette. Es wurde ein milder Winter, die Preise gingen in den Keller.[33] Das brachte das Fass zum Überlaufen. Carl Icahn, der damals in Chesapeakes Aufsichtsrat saß, ist gewiss nicht risikoscheu. Nicht zuletzt ist der ruppige New Yorker Firmenjäger selbst durch Spekulation reich geworden. Doch nun forderte er McClendons Kopf. Am ersten April 2013 verließ McClendon das von ihm gegründete Unternehmen.

Gleich am nächsten Tag startete er ein neues: American Energy Partners. Von den Fenstern seines frisch eingeweihten Büros in einem Hochhaus in Oklahoma City aus sah man auf das direkt daneben gelegene Chesapeake-Hauptquartier hinunter. Und die Wall Street hatte offenbar noch nicht genug vom Schieferkönig. Bald verfügte er wieder über Milliarden an OPM. Doch er konnte die Vergangenheit nicht einfach abschütteln. Staatsanwälte ermittelten wegen angeblicher Absprachen mit Konkurrenten, um Preise für Förderrechte zu drücken. Chesapeake beschuldigte ihn, heimlich interne Unterlagen in seine neue Firma mitgenommen zu haben. McClendon wies alle Vorwürfe öffentlich zurück. Er werde sie ausräumen und seinen Ruf wiederherstellen, sagte er.

Am 27. Februar 2016 musste der 56-Jährige von seinem VIP-Platz aus miterleben, wie die Thunder eine herbe Niederlage einsteckten.

Drei Tage später kam Post von der Staatsanwaltschaft, man werde Anklage gegen ihn erheben.

An jenem Abend hatte McClendon eigentlich Gäste in den exklusiven Beacon Club eingeladen, darunter auch Vicente Fox, den ehemaligen Präsidenten von Mexiko. Die Kellner servierten Lamm und Loup de Mer. Sie entkorkten Napa Valley Wein aus McClendons privatem Keller. Doch McClendon ließ sich entschuldigen. Die Gäste, die von der Anklage gegen ihn gehört hatten, wollten sich mit einer weinseligen Geste bei ihrem abwesenden Gastgeber für den Abend bedanken. Sie signierten die leeren Weinflaschen, um sie McClendon am nächsten Tag, dem 2. März, zu bringen.[34]

Dazu kam es nicht mehr. Um 9:12 Uhr war der Schieferkönig tot.

Texaner gegen Saudis

Beim Fracking arbeitet alles unter Hochdruck – nicht nur im Bohrloch. Arbeitstrupps, Aufseher, Geologenteams müssen angeheuert und dazu ganze Industrieanlagen herangekarrt und aufgebaut werden – Kräne, Bohrausrüstung, Generatoren, Pumpen, Wohncontainer, Computeranlagen, Flutlichtlampen, sogar Klohäuschen. Anlagen und Ausrüstung werden von den Frackern gemietet, die meisten Mitarbeiter arbeiten für Subunternehmer oder auf eigene Rechnung. Das heißt aber auch: Jeder Tag, jede Stunde, die das Drilling dauert, laufen Dollarbeträge auf. Bis der Frack abgeschlossen ist, gibt es deshalb keine Pause. Rig and Crew – der Bohrturm und die Mannschaft – sind im Schichtbetrieb 24 Stunden, 7 Tage die Woche im Einsatz, bis das Öl oder Gas endlich fließt. Bis zu 40 Prozent der Kosten kann dabei der Antrieb der Hochdruckpumpen verursachen, noch einmal 40 Prozent die Frackmixtur – die Secret Sauce jedes Frackers – und der Sand. Zwischen fünf bis zehn Millionen Dollar kann es kosten, bis eine Ölquelle erschlossen ist und die Produktion beginnen kann. Das hängt unter anderem davon ab, wo die Bohrung stattfindet und wie begehrt Arbeitskräfte und Anlagen gerade sind. In Boomphasen ist alles entsprechend teurer.

Deshalb sahen viele Experten im Schieferöl lange nur eine Nische im Markt. Der ganze Aufwand würde sich nur lohnen, wenn der Preis für Öl langfristig hoch blieb. Sobald der Preis wegbrechen würde, müssten die kleinen unabhängigen Firmen einpacken. Doch den Frackern und ihren Wall-Street-Geldgebern kam eine historische Konstellation zur Hilfe. Während die Welt nach dem Untergang von Lehman Brothers im September 2008 mit den Folgen der Finanzkatastrophe kämpfte, schien der Ölmarkt die sonnige Ausnahme zu bilden. Der Preis kannte nur eine Richtung: nach oben. Einen Ölpreis, der sich so lange über (inflationsbereinigt) 90 Dollar pro Barrel hielt, das hatte die Welt nur zweimal zuvor erlebt. Das erste Mal war im Jahr 1979, nach der Revolution im Iran. Erst 1981, als neue Vorkommen in der Nordsee entdeckt wurden, entspannte sich der Preis. 2008 war es die steigende Nachfrage Chinas, das von einem Nettoexporteur zu einem führenden Importeur von Rohöl geworden war, die den Preis auf neue Höhen steigen ließ. Im Juni, wenige Monate vor dem Untergang von Lehman Brothers, näherte sich der Preis einem Allzeithoch von 150 Dollar pro Barrel. Dann setzte die Rezession in den USA und anderen westlichen Industrienationen ein und die Nachfrage brach zusammen – genau wie der Ölpreis, der auf 40 Dollar pro Barrel abstürzte.

Doch es blieb ein kurzes Tief. Zum einen drosselte die OPEC die Fördermengen. Zum anderen senkte die US-Notenbank die Zinsen, um die Banken zu sichern und den Wirtschaftsabschwung abzufedern. Die niedrigen US-Zinsen wiederum drückten auf den Dollar. Es war nicht mehr so lukrativ, Vermögenswerte in Dollar zu halten. Da Öl in Dollar gehandelt wird, machte der US-Währungsverfall automatisch Öl teurer, es brauchte mehr Dollar, um ein Barrel zu kaufen. In Peking fürchtete die Regierung, dass die weltweite Wirtschaftsmisere auch China erfassen würde. Da griff sie auf bewährte Rezepte zurück und ließ Flughäfen, Autobahnen und Bahnhöfe bauen. Stahlwerke bauten ihre Kapazitäten von 500 Millionen Tonnen auf 1,2 Milliarden Tonnen aus. (Diese massive chinesische Überkapazität führte 2018 schließlich zu Donald Trumps Zöllen.) Für den Energiemarkt bedeutete es jedoch erst einmal Nachfrage. Und schließlich brach mit den Protesten in Tunesien Ende 2010 der arabische Frühling aus. Schnell griffen die Unruhen auf Ägypten, Libyen, Syrien und das Königreich Bahrain über. Die unsichere Lage im Nahen Osten, eine Region, die damals für den Ölmarkt noch weit entscheidender als heute war, verstärkte den Preisanstieg. Im Frühsommer 2014 erreichte der Ölpreis wieder über 100 Dollar.

Während überall im Land Amerikaner ihre Jobs verloren und ihre Häuser zwangsversteigert wurden, konnten die Fracker im Permian in Texas, im Bakken, einer Schieferschicht in North Dakota, und in der Niobrara-Formation in Colorado und Wyoming gar nicht schnell genug ihre Bohrtürme in den Boden rammen, Mannschaftsquartiere aufschlagen und Pipelines einbuddeln. Und sie ließen die US-Ölproduktion stetig weiter anschwellen.

In Riad beobachtete man die Entwicklung mit Argwohn. Seit dem Embargo 1973 hatte das saudische Königshaus praktisch den Ölmarkt beherrscht. Als größter Produzent hatten sie das letzte Wort bei den Entscheidungen der OPEC. Die Fracker drohten ihnen Marktanteile wegzunehmen. Und aus den Erfahrungen der Vergangenheit wie etwa mit dem Nordseeöl in den Achtzigern oder der Öffnung Russlands in den Neunzigern wussten die Saudis, dass es sehr schwer sein würde, diese Anteile wieder zurückzugewinnen. Sie hatten einen Plan, mussten allerdings erst die restlichen OPEC-Mitglieder davon überzeugen. Im November 2014 beim jährlichen Treffen des Kartells beschlossen die Mitglieder, die Fördermenge nicht zu reduzieren. Das war unerwartet, denn unter ähnlichen Bedingungen hatte die OPEC früher die Förderquote gesenkt. Auf den ersten Blick sah das Vorgehen tatsächlich kontraproduktiv aus. Niedrigere Preise hieß für die Saudis, dass auch die Einnahmen aus dem wichtigsten Exportgeschäft ihres Landes sinken würden. Doch das war es in den Augen der Scheichs wert, wenn sie dadurch die Fracker ausschalten konnten.

Die Beibehaltung der Fördermenge bei einer durch die immer noch schwache Konjunktur gedämpften Nachfrage sorgte, wie die Saudis sicher vorhergesehen hatten, für eine Ölschwemme. Der Plan der Saudis war simpel. Sie glaubten, die Achillesferse der US-Produzenten erkannt zu haben: die Kosten. Die lagen bei den Frackern damals bei über 70 Dollar pro Barrel. Wie erwartet fiel der Ölpreis. In den folgenden 18 Monaten nach der OPEC-Entscheidung rutschte er zeitweise auf unter 30 Dollar pro Barrel. Mit einem solchen Absturz hatten die Saudis wohl nicht gerechnet, Die Wirkung des Preiseinbruchs war brutal. Auch auf die saudische Wirtschaft, die Jahre später noch unter den Folgen litt. Aber immerhin schien auch der erhoffte Effekt auf die US-Produzenten einzutreten. Reihenweise gingen die meist kleineren und hochverschuldeten US-Förderfirmen pleite. Zwischen 2015 und 2016 meldeten über hundert Ölfirmen Konkurs an. Die Hälfte der Bohrtürme wurde eingemottet, bereits begonnene Frackingbohrungen verlassen. 150 000 Ölmänner verloren ihre Jobs.[35] Im Permian, wo Tausende arbeitslos wurden, ging das Gespenst von 1986 um. In guten Zeiten, so spottet man in der Branche, schafft sich der Midlander erst eine Villa, dann eine Jacht und schließlich eine Geliebte an. Wenn die Geschäfte schlecht laufen, dann verstößt er erst die Geliebte, verkauft dann seine Jacht und schlägt schließlich die Villa los. So wie die Immobilienpreise in der Stadt in den Keller gingen, muss es 2015 und 2016 viele billige Jachten und Singleladys gegeben haben.

Hatten die Medien in den USA und anderswo atemlos den Boom verfolgt, schrieben die Reporter nun über den Kollaps. Über Ölmänner, die sich nun als Burgerbrater betätigten, über Kinder, deren Weihnachtsgeschenke ausblieben, über Bohrtürme, die entlang der Interstate 20 Rost ansetzten. Der Frackingboom, so schien es, war zu Ende, bevor er richtig begonnen hatte. Die Welt vergaß die Fracker.

Doch die Saudis unterschätzten ihre Gegenspieler.[36] Gewohnt mit großen Ölkonzernen umzugehen, die die strategische Manövrierfähigkeit von Supertankern haben, übersahen sie einen wichtigen Vorteil ihrer neuen Wettbewerber: Weil sie kleiner waren, lag auch ihre Erfolgsschwelle niedriger. Vor allem aber waren sie flexibler als Großkonzerne – und nicht zuletzt halsstarriger und risikofreudiger.[37] Das galt vor allem für die Texaner, die solche düsteren Täler nicht zum ersten Mal durchschritten. Deren Vorfahren mit hochfliegenden Hoffnungen auf enorme Reichtümer Rinder gezüchtet, Baumwolle angepflanzt hatten, nur um die Preise dafür durch den Boden fallen zu sehen. Öl war nur die jüngste Enttäuschung in einer langen Reihe von Rückschlägen. »Hier isst du entweder Steak oder eben Bohnen, entweder sie rennen dir die Türen ein mit Aufträgen oder du sitzt bloß auf deinem Hintern«, sagte Ray Smith *Huffington-Post*-Reportern, nachdem er seinen Job als Ölfeldmechaniker verloren hatte und stattdessen für neun Dollar die Stunde beim Autoteilehändler AutoZone anheuern musste.[38]

Der Preisdruck machte die Fracker erfinderisch.[39] Sie begannen knappe Ressourcen wie Wasser wiederzuverwenden. Zunächst muss Frischwasser zur Frackingoperation gebracht werden. Das geschieht nach wie vor meist mit dem Tanklaster, nur selten gibt es die Möglichkeit, eine Leitung zur Bohrung zu legen. Jede Fahrt will bezahlt werden. Beim Fracking wird nicht nur Öl oder Gas aus dem Schiefer frei, sondern auch brackiges Wasser. Da es mit den Chemikalien verunreinigt und teilweise radioaktiv verseucht ist, kann es nicht einfach abgepumpt, sondern muss entsprechend abtransportiert und entsorgt werden. Spezielle Unternehmen haben erkannt, dass sich damit ordentlich Kasse machen lässt, ohne selbst nach dem schwarzen Gold zu suchen. Dahinter stehen inzwischen große Wall-Street-Firmen. Denn es geht um eine Menge Wasser: Steigt etwa die Ölproduktion im Permian um eine Million Barrel, dann schwillt die Menge toxischen Frackwassers im gleichen Zeitraum um bis zu zehn Millionen Barrel an. Nach wie vor lassen viele Fracker ihr Brackwasser von Tanklastern abholen und in so genannte Injection Wells pumpen, Bohrlöcher, die tiefer als das lokale Grundwasser reichen. Andere Firmen setzen darauf, das toxische Wasser aufzubereiten und statt Frischwasser beim Fracken einzusetzen.[40]

Auch beim Sand entdeckten die texanischen Fracker enorme Einsparmöglichkeiten.[41] Bis zum Preisverfall hatten sie ganze Frachtzüge mit weißem Sand aus Minen im 1 700 Kilometer entfernten Bundesstaat Wisconsin geordert. Der Northern White mit einem hohen Quartzanteil galt als der beste Fracksand, was sich die Texaner bis zu 60 Dollar die Tonne kosten ließen. Plötzlich wurden günstigere Alternativen gesucht. »Es gab einen Aha-Moment, wo die Unternehmen sich sagten, hey, das Zeug liegt doch bei uns vor der Haustür«, sagt Jordan Sevy von Atlas Sands. Sein Arbeitgeber gehörte zu den Anbietern, die das Potenzial erkannten. Heute betreibt nicht nur Atlas mehrere Sandminen im Permian, auch Black Mountain Sand mit seiner El Dorado Mine und Alpine Silica haben sich über die heimischen Dünen hergemacht. Es geht nicht um Kleingeld. Sand und Wasser stellen bis zu ein Drittel der Frackingkosten dar. Den Sand von einem regionalen Anbieter wie Atlas Sand zu beziehen kann bei einer einzigen Frackingquelle bis zu 400 000 Dollar sparen. Warum waren die Fracker im Permian nicht schon vorher auf die Idee gekommen? »Wenn es boomt, gehen die Ölleute nach dem Gießkannenprinzip vor, aber wenn es nötig ist, können sie schnell effizient werden«, sagt ein Branchenkenner aus Midland. Den effizientesten Förderfirmen im Permian reicht inzwischen ein Ölpreis von 47 Dollar pro Barrel, um die Kosten der Erschließung einer neuen Quelle zu decken, laut einer Umfrage der Notenbank von Dallas. Um die Produktionskosten bereits erschlossener Quellen zu decken, genügt den fittesten Frackern ein Preis von 25 Dollar pro Barrel.

Fracking, so wie es Mitchell einst durchführte, wirkt jetzt schon wie Butter von Hand in einem Butterfass zu stampfen. Dabei stehen die Digitalisierung und Automatisierung erst am Anfang. Die Fracker wollen nicht nur ihren Bedarf an Wasser und Sand reduzieren, sondern auch Arbeitskosten. Roughnecks, wie die Ölarbeiter heißen, sind stolz darauf, einen der härtesten Jobs der Welt zu haben. Oft haben schon die Väter und Großväter im Ölfeld geschuftet. Es ist eine der wenigen Branchen, wenn nicht gar die einzige, in der Arbeiter ohne höhere Ausbildung – in guten Zeiten sechsstellige Beträge im Jahr verdienen können.

Das *Wall Street Journal* berichtet über Friseure im Permian, die sich mit der Haarpflege der Oilmen und eines Jahresverdienstes von 180 000 Dollar brüsteten.[42]

Eines der Versprechen des Frackingbooms war, dass damit auch wieder gut bezahlte Stellen für Arbeiter ohne Collegeabschluss entstehen würden. Mit diesem Argument gingen die Lobbyisten der Ölindustrie bei Politikern in Washington und Bundesstaaten wie Texas, Oklahoma und North Dakota gerne hausieren. Doch diese Chancen verschwinden zunehmend, während Roboter und Computer die Aufgaben übernehmen. Eric Neece etwa war ein *Well Logger*. Der Texaner war mit der Vermessung der Bohrlöcher betraut. Bis vor kurzem eine Tätigkeit, bei der man angetan mit einem Helm und Schutzhandschuhen das Bohrloch inspizierte. 2015, während der Krise, wurde er von General Electrics Energiesparte GE Oil & Gas gekündigt[43]. Anders als bei früheren Entlassungswellen fand er keine neue Stelle, selbst als der Ölpreis sich erholte und die Firmen wieder aktiver wurden. »Sie brauchen einfach viel weniger Leute«, sagte er dem *Wall Street Journal*. Das *Well Logging*, Neeces einstiger Job, übernimmt inzwischen weitgehend Kollege Computer. Der Ölmann, dessen Vater schon als Roughneck gearbeitet hatte, fand schließlich wieder eine Beschäftigung – als Wartungstechniker für Windturbinen.

Während die Welt fasziniert den Aufstieg von Google, Facebook und Amazon beobachtete, hat bei Öl und Gas ein wenig beachteter Innovationssprung stattgefunden. Bei Podiumsdiskussionen und in Interviews werfen viele Manager anderer Branchen mit Begriffen wie Künstliche Intelligenz und Erweiterte Realität um sich. Bei den Frackern werden diese Technologien längst angewendet. Milliarden fließen in die Automatisierung des Ölfelds. Roboter statt Arbeiter werden zunehmend die Bohrtürme aufbauen und die Pipelines zusammenschweißen. Bohrköpfe und Pumpen werden statt wie bisher von Ingenieuren vor Ort von Sensoren und Algorithmen überwacht. Ihre Daten werden oft in Tausende Kilometer entfernte Rechenzentren übertragen. Ihm stünden Terabytes über Terabytes an seismischen Daten zur Verfügung, bisher nutze er gerade einmal fünf Prozent davon, klagte etwa Al Walker, der Chef von Anadarko auf der CERA, dem jährlichen Branchentreff in Houston 2017.[44] Das Silicon Valley hörte ihn offenbar. Nicht lange danach ging Anadarko eine Partnerschaft mit Google ein. »Die Öl- und Gasbranche sitzt auf einer enormen Menge an Daten, viele in Archiven, viele neue Daten, die ständig produziert werden. Für uns ist das eine Riesenchance«, sagte etwa Darryl Willis, der Vizepräsident bei Google Cloud der *Financial Times*.[45] Bessere Auswertung der Messdaten führt zu effizienteren Bohrungen und Förderung. Und das alles möglichst in Real Time – also während draußen in Texas der Bohrkopf sich durch Lehm und Stein fräst. Amazon und Microsoft haben die Energieunternehmen ebenfalls entdeckt. Nvidia, Gamern besser bekannt als Hersteller von High Performance Chips für Videospiele, arbeitet mit Baker Hughes zusammen, einem der großen Fördertechnikunternehmen.

Digitalisierung und Automatisierung sind für die Zukunft des Frackings auch deshalb so wichtig, weil die Quellen wie gesagt schneller versiegen als konventionelle Quellen. In den ersten drei Jahren kann die Produktion einer Schieferquelle um 70 bis 90 Prozent abnehmen. Um die Produktion trotz dieses enormen Einbruchs aufrecht zu erhalten, müssen ständig neue Quellen erschlossen werden oder bestehende neu gefrackt werden. Das ist teuer. Brancheninsider haben für dieses Problem, ständig fracken zu müssen, den Begriff des »Red-Queen-Problem« gefunden. Benannt nach der Figur der Roten Königin in Lewis Carrolls *Alice im Wunderland*, die immer schneller laufen muss, nur um am selben Platz zu bleiben. Die Hoffnung der Branche ist, die Kosten für das Red-Queen-Problem durch den Einsatz von Robotern deutlich zu reduzieren.

Welcome to Superfracking

Der unablässige Kostendruck drängt die Unternehmen immer weiter. Sie durchlöchern den Permian förmlich wie ein Sieb. Wer es nicht besser weiß, glaubt, in der Wüste dort auf das Filmset eines

Science-Fiction-Streifens gestoßen zu sein. Es könnte darin um eine geheimnisvolle Anlage auf einem Wüstenplaneten gehen. Oder es könnte die Zentrale des Bösewichtes in einem James-Bond-Film sein. Die Wahrheit ist prosaischer. Es handelt sich um die Frackingfabrik von Encana im Mesquitegestrüpp des Permian. Sie bedeckt ein Rechteck, das acht Fußballfelder lang und zwei Fußballfelder breit ist. Vier Bohrtürme, angetrieben von 1 500 PS starken Generatoren, die auf einer Lkw-Flotte montiert sind, jagten zehn Tage lang gleichzeitig ihre Bohrköpfe durch den Schiefer der Wolfcamp-Formation. So gewaltig sind die Dimensionen des RAB Davidson – wie die Anlage offiziell heißt –, dass die Erbauer im militärischen Jargon von einer »Besatzung« sprachen, als die Reporter des Finanznachrichtendienstes *Bloomberg* sich nach dem Giganten erkundigten.[46] So beeindruckt waren wiederum die Reporter, dass sie dafür den Begriff »Superfracking« kreierten. 120 Millionen Dollar hat sie nach Schätzungen der Analysten der Investmentbank JP Morgan gekostet, 20 000 Barrel Öl fördert sie täglich. Encana, das kanadische Energieunternehmen, das die Anlage bauen ließ, zieht »Fracking Cube« vor. Das klingt wie ein cooles Gerät von Apple. Doch tatsächlich ist es das bisher aggressivste Vorgehen, Öl und Gas aus dem Stein zu pressen. Cube, Würfel, steht für die drei Dimensionen. Gemeint ist, dass Encana gleichzeitig mehrere Gesteinsschichten frackt. Das lohnt vor allem in Formationen wie im Permian, wo sich die öltragenden Schichten wie bei einem Tiramisu ins Erdinnere erstrecken.

Zwar bleibt das Grundprinzip des Fracking bestehen. Anders als beim konventionellen Bohren, bei dem nur vertikal in den Boden gedrillt wird, biegt der Bohrkopf beim Fracken ab, sobald er die anvisierte Gesteinsschicht erreicht hat und folgt ihr dann horizontal. Das war eine der Innovationen, die der Frackingpionier George Mitchell mit durchschlagendem Erfolg anwendete. Während beim konventionellen Bohren nach dem Strohhalmprinzip das Ölreservoir einfach abgezapft wird, ist es beim Fracking wichtig, möglichst viel von dem ölreichen Gestein zu erreichen. Inzwischen werden die Seitwärtsbohrungen immer länger. Bohrungen, die unterirdisch über drei Kilometer von der Bohrplattform reichen, sind längst Standard. Doch was Encana und Wettbewerber wie Devon Energy unternehmen, erreicht ganz neue Dimensionen.

Die Fracker zu Mitchells Zeiten versuchten, mit einer Bohrung eine Gesteinsformation zu knacken und eine Quelle anzuzapfen. Encana fräste bei dem Cube-Frack 2016 erst 14 Quellen gleichzeitig in den Untergrund, 2017 holte die Firma die vier Bohrtürme zurück und drillte noch einmal 19 Quellen. In einer Präsentation für Investoren zeigten die Kanadier ein Schaubild, das den Sinn der multiplen Bohrungen erklärt: Der Anteil der einzelnen Bohrung an den gesamten Frackingkosten beträgt demnach 35 Prozent. Den größten Anteil der Kosten schlucken Elemente wie Wasserbecken, Aufbereitungsanlagen, Pipelineanschlüsse. Früher mussten diese Installationen für jede Quelle aufgebaut werden, jetzt werden sie genutzt, um gleich mehrere Quellen zu erschließen. Je mehr, desto günstiger wird es, so die Rechnung der Superfracker. Die Encana-Investorenpräsentation zeigt in einem eindrucksvollen Bild, wie von den Bohrtürmen die verschiedenen Bohrungen ausgehen. Sie sehen aus wie stählerne Kreaturen, die ihre tentakelartigen Saugarme in den Untergrund strecken.

Devon, das Unternehmen, das einst Mitchells Firma übernahm, etwa ging mit einem Projekt in Oklahoma namens »Showboat« bis an die Grenzen des Machbaren. Showboat – was man auch als Prahlhans übersetzen kann – zapfte mit einem Megafrack 24 Quellen an.[47] Andere Frackingunternehmen zögern noch, in den zweistelligen Bereich vorzustoßen. Die Megafracks, auf die Encana setzt, lösen selbst bei Brancheninsidern Bedenken aus.

Und noch etwas hat sich geändert, seit die Saudis ihren Schachzug machten und die Ölschwemme auslösten. Noch ist zwar von der Energiehauptstadt, die Midlands Bürgermeister Jerry Morales erhofft, nicht viel zu erkennen. Der erneute Preisverfall im Herbst 2018, als der Ölpreis von einem Hoch von 76 Dollar im Spätsommer innerhalb weniger Wochen um 30 Prozent einbrechen ließ, hat wieder viele Zweifler laut werden lassen. »Probleme im Frackerparadies«, unkte etwa *Oilprice.com*, ein Onlinejournal für die Branche.[48] Doch Morales' Zuversicht hat Namen: Exxon, Chevron, Shell und BP. Anders als beim ersten Frackingboom, der von Wildcattern gestartet wurde, investieren nun die großen Ölmultis.[49] Dabei hatten die Company Men lange nur Hohn für diejenigen übrig, die weiter in Texas bohrten, während sie von ihren Konzernen nach Russland, Mexiko oder Südamerika geschickt wurden, wo angeblich die Zukunft stattfand. Wer demnach als Ölmann nach den 1970er Jahren, nach dem Höhepunkt der konventionellen Ölsuche, im Permian blieb, verharrte im *Permanent Basement* – im Karrierekeller der Branche. Genauso wenig Respekt brachten die Konzernangestellten bis vor kurzem den Methoden der Wildcatter entgegen. Wer im »unkonventionellen« Bereich tätig war, sei in Wirklichkeit im »unkommerziellen« Bereich, lästerten sie. Doch inzwischen ist Big Oil reumütig in heimische Gefilde zurückgekehrt.[50]

Wie die Saudis hatten auch die Ölmultis das Potenzial von Fracking zunächst unterschätzt. Jetzt wollen sie ihre Finanzkraft und Größenvorteile voll zum Einsatz bringen. Wo kleinere Player oft improvisieren und auf Subunternehmen angewiesen sind, ziehen die Konzerne ihre Frackingoperationen wie temporäre Fabriken durch.

Exxon zahlte 2017 rund sechs Milliarden Dollar für Land und Förderrechte hier. Über 70 000 Quadratkilometer verfügt der größte private Ölkonzern. Das ist ein Areal, in das Baden-Württemberg zweimal passen würde. »Wir planen langfristig mit dem Permian«, sagte Exxon-Chef Darren Woods bei einer Investorenkonferenz im Herbst 2018. Bis 2025 will Exxon seine Aktivitäten im Permian verdreifachen.[51] Auch die Europäer sind dabei. Im Sommer 2018 kaufte etwa BP Ölfelder für 10,5 Milliarden Dollar im Permian. Und Royal Dutch Shell, das der Formation eigentlich im Jahr 2000 enttäuscht den Rücken gekehrt hatte, erwarb 2012 zwar nur 1 000 Quadratkilometer, dafür sei man aber im »Sahnestückchen«, sagte der verantwortliche Manager Reportern.[52] Das bleibt zu hoffen für die Aktionäre, immerhin hat Shell 1,9 Milliarden Dollar investiert.

Chevron, die Nummer drei der US-Ölkonzerne, hat den Permian zwar nie verlassen. Aber die Aktivitäten dort waren praktisch eingeschlafen. »Wie weiß man, dass das Chevron-Land ist?«, scherzten Midlander. Antwort: »Weil kein Bohrturm drauf ist.« Jetzt sind die Kalifornier voll dabei. Chevron steckt nicht nur Milliarden in Förderrechte und Erschließung von Ölquellen, sondern hat in einem neuen Businesspark in Midland kürzlich ein regionales Hauptquartier eröffnet. Der Stahl-und Glaskomplex mit modernsten Annehmlichkeiten wie Fitnessstudio, Park und Cafeteria könnte sich in Silicon Valley sehen lassen. 800 Mitarbeiter sollen hier untergebracht werden. Optimisten vergleichen den Permian mit dem Ghawar-Feld in Saudi-Arabien, der Mutter aller Ölfelder.

Der Vergleich mag vielen Beobachtern wie eine typisch texanische Übertreibung vorkommen, wie ein zu großer Stetson auf einem zu kleinen Kopf. Zumal die Produktionskosten von Saudi-Arabien nach Angaben der staatlichen Ölgesellschaft Aramco nicht einmal drei Dollar erreichen. Experten schätzen jedoch, dass der Preis, zu dem die Saudis tatsächlich Gewinne sprudeln sehen, eher bei 40 Dollar liegt. Und weil das Königreich wirtschaftlich völlig abhängig vom Ölexport ist, kann es sich einen Preis unter 80 Dollar pro Barrel auf Dauer nicht leisten.[53] »Reich wie ein Ölscheich« ist zwar nicht ohne Grund im Westen sprichwörtlich geworden. Aber mit dem Wohlstand aus ihren sprudelnden Ölquellen bereicherte sich die herrschende Klasse nicht nur, die Einnahmen sind notwendig, um den brüchigen sozialen Frieden in dem Königreich aufrecht zu erhalten. Das heißt, der Plan der Saudis, die Fracker auszuhungern, ist nach hinten losgegangen. Oder wie es ein Midlander ausdrückt:»Viele hier sind stolz darauf, dass das Öl und Gas, das sie fördern, unser Land unabhängiger von Schurkenstaaten im Nahen Osten macht.« Die neue Realität bedeutet, dass Saudi-Arabien nicht länger den Ölpreis diktieren kann. Gleichzeitig reagieren die Fracker viel sensibler und schneller auf den Ölpreis als konventionelle Produzenten. Das hat jetzt schon zu heftigeren Ausschlägen auf dem Ölmarkt geführt. Und wenn die Preise wie Jojos auf- und abschwingen, dann ist der Effekt weit entfernt von Texas und dem Nahen Osten zu spüren: in Europa, dem Spielball der Energiemärkte.

Um zu verstehen, was die Fracker für unsere Zukunft bedeuten, muss man wissen, wie Öl und die Suche danach unsere Vergangenheit bestimmt hat.

3 ÖL – SCHMIERSTOFF DER MODERNE

Erst die Verwendung als Leuchtmittel, buchstäblich als Schmierstoff der Industrialisierung, dann später als Treibstoff der Massenmobilität hat Öl zu der heutigen Bedeutung verholfen. Bekannt war es aber schon vorher.

Die erste erfolgreiche Erdölbohrung – in Deutschland!

Wietze ist ein kleiner Ort am Südrand der Lüneburger Heide. Die Gemeinde lockt mit einem Radweg entlang der Aller vorbei an der Hornbosteler Hutweide, einem Naturschutzgebiet mit »großer Artenvielfalt«. Besondere Hingucker, wie es auf der Webseite der Gemeinde heißt, sind Heckrinder und Wildpferde.[1] Was Wietze jedoch von anderen Ausflugszielen in der Region unterscheidet, findet sich im heutigen Industriegebiet. Dort ließ im April des Jahres 1858 der Königlich-Hannoversche Salinen-Inspektor Georg Wilhelm Hahse unter Anleitung von Georg Christian Konrad Hunäus, Professor für Geologie, eine Bohrung niederlegen, wie es bergmännisch heißt. Die Königliche Verwaltung, die den Gelehrten mit Probebohrungen in der Region beauftragt hatte, hoffte dabei auf Braunkohle zu stoßen. Im Juli war man auf einer Tiefe von 27 Metern angekommen. Dann machten Sand, Ton und hartes Gestein das Vorwärtskommen schwierig. Zudem, so beschreibt es Rainer Karlsch in *Faktor Öl*,[2] hätten die Bauern, die Hahse als Ölarbeiter verpflichtet hatte, sich erst einmal um die Ernte und ihre Höfe kümmern müssen. Erst im Jahr darauf ging es weiter. Da richtete sich Hunäus' Interesse nicht mehr auf mögliche Kohleflöze, sondern auf das »rätselhafte Erdölvorkommen«. Denn Hunäus hatte sich nicht zufällig in die Heide verirrt. Seit 1652 sind in Wietze Teerkuhlen urkundlich verbürgt. Die Teerkuhlen, vornehmlich auf dem Acker von Bauer Lohmann, waren Stellen, an denen Ölsand offen zutage trat. Um den Sand von dem Schweröl zu trennen, wurde der Teer damals in Bottiche gefüllt und mit warmem Wasser ausgewaschen. Durch stetiges Rühren mit Spaten setzte sich das leichtere Schweröl auf der Wasseroberfläche ab und konnte mit dem Brett abgeschöpft werden, wie der Celler Hofmedicus Johann Taube in seinen 1769 veröffentlichten *Beiträgen zur Naturkunde des Herzogthums Lüneburg* beschreibt.[3] Das Öl verkauften die Wietzener als Wagenschmiere und Arzneimittel. Es wurde unter anderem zur Behandlung bei Hundebissen, Warzen und Würmern eingesetzt. Die Anwendung zu diesem Zweck mag medizinisch zweifelhaft sein, für den finanziellen Erfolg spielte das offenbar keine Rolle. Die Teerkuhlen waren ein lohnendes Geschäft, wie sich aus jüngst aufgetauchten zeitgenössischen Dokumenten ergibt.[4] Die Lohmannschen Kuhlen waren inzwischen in den Besitz der Familie Wallmann gelangt. Deren Einnahmen aus »Theer und Theer-Erde« betrugen allein im Jahr 1843 demnach 3 945 Reichstaler, 16 Gute Groschen und 1 Pfennig. Nach Abzug der Kosten von 625 Reichstalern, 16 Gute Groschen und 10 Pfennig blieben mehr als 3 000 Reichstaler Gewinn. Das war eine eindrucksvolle Summe, wurde doch der Wert das Anwesen der Wallmanns mit 2 000 Reichstalern veranschlagt. Ein weiterer Absatzmarkt waren Städte, die ihre Straßen verbessern wollten. So etwa wurde der Hamburger Jungfernstieg 1838 mit Teer aus der Heide asphaltiert.[5]

Im Juli 1859, nachdem der zweite Bohrversuch 35 Meter Tiefe erreicht hatte, konnte der Salineninspektor Hahse seinem Vorgesetzten, dem Innenminister, den Erfolg melden: »Die bereits erbohrte beträchtliche Menge des reinsten und äußerst bequem zu gewinnenden Teers wird dem Vaterlande, insbesondere dem Dorf Wietze, und dem jetzigen Besitzer Wallmann unabsehbaren Wohlstand und Segen bringen«, schrieb er.[6]

Erst wenige Wochen später, nämlich am 27. August 1859, stieß Titus Drake im US-Bundesstaat Pennsylvania auf Öl. Deutsche Fachleute haben deshalb gerne die erste erfolgreiche Erdölbohrung für ihr Heimatland reklamiert. Darüber lässt sich streiten (zumal die Förderstätte Bibi-Heybat in Aserbaidschan den Anspruch auf diese Pioniertat für das Jahr 1846 erhebt.) Selbst wenn man dem Team Hunäus/Hahse den historischen Vortritt lässt, blieb ihre Bohrung letztlich ohne die weitreichende Bedeutung, die Drakes Durchbruch hatte. (Abgesehen von Wallmann vielleicht, dessen Geschäft sich kräftig belebte.) Erst mit der Bohrung des Amerikaners begann das Ölzeitalter.

Einmal noch sollten sich die Deutschen jedoch Hoffnungen auf ein eigenes »Öldorado« machen. Nach Hunäus' Bohrung verging über ein Jahrzehnt, bevor der »Teer« der Lüneburger Heide erneut Aufmerksamkeit erhielt. Angeregt von positiven Expertenmeinungen und den immer neuen Nachrichten spektakulärer Funde in den USA erwarb Konsul Meyer aus Bremen Bohrrechte und Grund und gründete 1879 die Deutsche Petroleumbohrgesellschaft mit einer Kapitaleinlage von – damals spektakulär – einer Million Mark. Ausgestattet mit amerikanischem Know-how legte Meyer los. »So professionell war, zumindest dem äußeren Anschein nach, noch nie zuvor in Deutschland ein Erdölbohrvorhaben begonnen worden«, schreibt Rainer Karlsch in *Faktor Öl*, seiner Geschichte der Mineralölwirtschaft in Deutschland.[7] Die Anfangserfolge stimmten Meyer so optimistisch, dass er gleich noch eine eigene Raffinerie bauen ließ. Die Konkurrenz ließ nicht auf sich warten. Adolf Mohr, wie Meyer ein Bremer Geschäftsmann, sicherte sich ebenfalls Rechte und Heideland. Es war sein »Spritzer Mohr Nummer drei«, eine Bohrung, bei der am 21. Juli 1881 durch Gasdruck Erdöl durch das Bohrloch an die Oberfläche schoss, der Deutschlands kurzen Ölrausch aufflackern ließ. Eine Siedlung nahe der Erdölfelder erhielt den Namen Oelheim, heute ein Ortsteil der Gemeinde Edemissen. Wie in den USA zog der Boom Hunderte an, die auf schnellen Reichtum hofften. Schaulustige kamen in Sonderzügen nach Peine, um sich mit dem Pferdewagen in das deutsche Ölrevier fahren zu lassen. Auf der Heide wuchs fast über Nacht ein Wald aus Bohrtürmen. Im Hannoverschen entstehe ein »Neu-Pennsylvanien«, wusste die *Chemiker-Zeitung*, damals gerade erst gegründet, zu berichten. Sogar eine Polka wurde dazu komponiert. »Oelheim, Oelheim, endlich wird es licht, armdick, armdick, schon der Sprudel bricht. Pennsylvania wird blamiert, Peine wird jetzt anlackiert.«[8]

Nicht einmal ganz drei Jahre später war der Spuk vorbei. Im November 1881 gab es plötzlich Gerüchte, Mohr pansche sein Öl mit Wasser, um höhere Fördermengen vorzutäuschen. Das ließ bei den Anlegern auch an anderen Unternehmen Zweifel aufkommen. Viele der Bohrungen waren so hastig durchgeführt worden, dass Salzwasser in das Bohrloch eindrang. Die Ölsucher leiteten das verschmutzte Wasser in die Bäche und Flüsse der Umgebung. Dies führte zu einem ökologischen Desaster. Die Bauern beschwerten sich bei der Obrigkeit und die Bohrungen wurden erst einmal untersagt. Die Ölsucher mussten zudem Schadensersatz an die Bauern zahlen. Dutzende Bohrgesellschaften meldeten Konkurs an, Anleger verloren Millionen. Die Oelheim-Polka erhielt eine zusätzliche Strophe: »Oelheim, Oelheim von Petroleum wurden, wurden alle Menschen dumm!«

Die Oelheim-Episode erinnert an den Neuen Markt in den 1990er Jahren. Damals hofften deutsche Anleger auf märchenhafte Gewinne durch Technologieaktien, wie sie es an den US-Börsen sahen. Schon schien das Sparbuch, der Deutschen liebstes Finanzinstrument, endlich so von gestern wie Pferdewagen. Wie in der Heide um Oelheim gab es auch am Neuen Markt wenig Spielregeln, dafür aber viel Spekulation – was zu Manipulation und schließlich 2003 zur Einstellung durch die Deutsche Börse führte. Der Schock saß tief und ließ deutsche Sparer nachhaltig auf Abstand zu Aktien gehen.

Auch wenn es danach weitere Bohrungen gab – besonders in Wietze –, hatte der Ölcrash von 1881–82 ebenso nachhaltige Folgen. Anleger waren verprellt. Deshalb fehlte das Kapital für neue, systematischere Erschließungen. Und die deutschen Ölsucher mussten sich schließlich eingestehen, dass Lüneburg niemals wie Pennsylvania oder Texas sein würde. Die deutschen Vorkommen sind nicht vergleichbar ergiebig. So wurde schon zu Beginn des Ölzeitalters klar, dass Deutschland auf Importe angewiesen sein würde. »Wer über das Petroleum verfügt, wird über die Welt bestimmen«, so weissagte 1919 der französische Senator Henri Berenger, der Ölkontrolleur seines Landes während des Ersten Weltkrieges, »denn er wird die hohe See mit den schweren, das feste Land mit den leichteren und die Luft mit den flüchtigsten Ölen beherrschen, und mit dem phantastischen Reichtum, der ihm aus dem Öl zufließt, wird er die Menschheit in seiner Macht halten.« Deutschlands Mangel an diesem Rohstoff, »wertvoller als Gold« wie Berenger schwärmte, sollte seine Geschichte erheblich beeinflussen, deutsche Eroberungen und Kriegszüge antreiben und letztlich in beiden Weltkriegen maßgeblich zur Niederlage beitragen.

Amerikas Aufstieg zur Supermacht ist ebenfalls eng verbunden mit dem Öl. Und mit einem Mann, der sich nahezu das Monopol auf diesen Rohstoff sichern konnte. John D. Rockefeller.

Rockefeller: Der Vater der Kartelle

Der Blick über das Tal Richtung Hudson ist im wahrsten Sinne des Wortes unbezahlbar. Es ist der Blick von der Veranda von Kykuit, dem einstigen Heim von John D. Rockefeller, dem brillantesten und gleichzeitig verfemtesten aller amerikanischen Räuberbarone. Er wurde gleichzeitig zum Inbegriff des enthemmten Kapitalisten und des großzügigen Wohltäters. Und er formte den Ölmarkt nach seinem Willen. Seine Entscheidungen wirken bis in unsere Tage und seine Standard Oil steckt bis heute im Erbgut aller Ölkonzerne.

Rockefellers Landschaftsgärtner machten dem Namen des Anwesens alle Ehre – Kykuit heißt Ausguck. Das kommt noch von den Holländern, die hier schon siedelten, als die Niederlassung 40 Kilometer flussabwärts nicht New York sondern noch New Amsterdam hieß. Für den Normaltouristen, der heute eine Führung durch das Herrschaftshaus buchen darf, mag der Beaux-Arts-Stil all die Pracht zeigen, die man von dem Mann erwarten würde, dessen Nachname gleichbedeutend mit Reichtum wurde. Da ist der Brunnen mit der muskulösen Statue des Oceanus, eine Kopie des Exemplars von Giovanni da Bologna in Florenz, der gut eine ganze Piazza schmücken könnte. Auf dem Giebel über der reichverzierten Fassade thront ein steinerner Adler, die Schwingen ausgebreitet, den Erdball fest in seinen Krallen. Und um den Besuchern unten noch einmal die volle Bedeutung klarzumachen, trägt der Globus das schwungvolle Initial »R«.

Doch nach den Maßstäben des *Gilded Age*, jener goldenen Epoche für Entrepreneure – wie den Eisenbahn-Commodore Vanderbilt, Stahltycoon Carnegie oder Finanzier J. P. Morgan –, die gerissen und gewissenlos genug waren, um die Zeitenwende zur Industrialisierung für ihren eigenen privaten Vorteil zu nutzen, war Kykuit bescheiden. Ein besseres Landhaus. Keine Freitreppe, auf der die Damen des Hauses in Ballgarderobe hinabschritten, um die Gäste zu begrüßen. Der Bauherr verzichtete darauf, denn die Rockefellers veranstalteten derlei Vergnügungen nicht. Keine Bälle unter Kristallkronleuchtern, keine Dinner mit feinstem chinesischem Porzellan, keine Bridgepartien. Stattdessen gab es eine Orgel, auf der im trauten Kreise fromme Hymnen gespielt wurden. Manchmal kam der Pastor dazu. Denn John und seine Ehefrau Laura Celestia, von der Familie Cettie genannt, waren tiefgläubige Baptisten. Das Anwesen war auf Drängen seines Sohnes John Junior oder vielmehr dessen weltlichen Dingen mehr zugewandten Frau Abby erbaut worden. (Ein entfernter Verwandter war einer der Architekten.) So ganz gewöhnte sich der Alte nie an den neuen Lebensstil. Das habe immer wieder für Zündstoff mit den jüngeren Rockefellers geführt, berichtet die Führerin bei der Grand Tour durch die Anlage. »Er war zum Beispiel mit den Hausangestellten auf Du-und-Du, er verstand nicht, dass das seinem Status nicht mehr angemessen war«, bemängelt sie Rockefellers mangelnden Snobismus. Vielleicht fielen John Junior auch seine Kindertage ein. Bis zum Alter von acht Jahren musste der einzige Sohn eines der reichsten Männer seiner Zeit die abgelegten Kleider seiner Schwestern auftragen. Rockefeller Senior selbst leistete sich oft erst einen neuen Anzug, wenn der alte bereits so abgetragen war, dass er glänzte. Doch so bescheiden – weniger Wohlwollende würden es geizig nennen – Rockefeller in seinem privaten Umfeld auftrat, so maßlos war er in seinem geschäftlichen Streben. Schon als Kind habe er als perfektes Beispiel für den *Homo oeconomicus* dienen können, schreibt Ron Chernow in seiner 700-Seiten starken Biografie Rockefellers.[9] »Schon als Junge kaufte er Süßigkeiten pfundweise, nur um sie dann in kleineren Portionen und gegen Aufpreis an seine Geschwister zu verkaufen.« Seinen ersten kommerziellen Coup landete der Siebenjährige, nachdem er einer unvorsichtigen Truthenne ins Gebüsch folgte und ihr Nest ausräumte. Er zog die Küken auf und verkaufte sie. Bis ins hohe Alter freute sich Rockefeller, wenn ihm einer der wilden Truthähne über den Weg lief. »Ich verpasse keine Gelegenheit, diese Tiere zu beobachten«, schrieb er in seinen Erinnerungen. Als Teenager kündigte er ungläubigen Schulkameraden an, dereinst Hunderttausende sein Eigen zu nennen. Da sollte er sich einmal zu seinen Ungunsten verkalkuliert haben.

Rockefeller vereinte die Widersprüche seiner Eltern in sich. Seine Mutter Eliza stammte aus einem strengen schottisch-baptistischen Elternhaus. Ihre einzige Rebellion gegen ihren frommen Vater war ihre Heirat mit William Avery Rockefeller. Es war eine jugendliche Entscheidung, die die junge Frau für den Rest ihres Lebens bereuen sollte – mit gutem Grund. Der zu der Zeit 29-jährige Rockefeller, den Nachbarn erst »Big Bill« und später »Teufels-Bill« nannten, war allerdings eine Erscheinung, die unwiderstehlich auf eine weltabgekehrt erzogene Farmerstochter gewirkt haben muss. Der Zweimetermann, mit hoher Stirm, energischem Kinn und wildem roten Bart, spielte die Violine fast wie ein Paganini und war es als fahrender Händler gewohnt, das Landvolk zu umgarnen. Als sie sich kennenlernten, posierte er allerdings gerade als Taubstummer, um Mitleid zu erregen. Dass er plötzlich zu reden anfing, als er das Mädchen kennenlernte, das eine stattliche Mitgift von 500 Dollar mitzubringen versprach, fasste Eliza offensichtlich nicht als Warnzeichen auf. Im Februar 1837 heirateten die beiden. 1838 wurde Lucy, die erste Tochter geboren, ein Jahr darauf John.

Schon in den ersten Jahren seiner Ehe mit Eliza verschwand Big Bill immer wieder. Während er fort war, wurde Geld im Hause Rockefeller oft knapp. Bis Big Bill plötzlich wieder vorfuhr, im feinsten Tuch und mit einem stattlichen Gespann. Eine Weile verdiente er gut im Holzgeschäft. Doch auf seinen Wanderungen begann er sich immer öfter als Arzt auszugeben, der Krebs zu heilen vermochte. »Doc Rockefeller« war ein weiterer Spitzname, den Bekannte, die davon Wind bekamen, ihm daraufhin gaben. Was auch immer sein ältester Sohn davon gehalten haben mochte, ein Interesse an Heilkunde behielt er bei. Als er unter nervösen Anspannungen litt, knabberte er etwa rohen Sellerie. Später gründete er das Rockefeller Institute for Medical Research. Mit Big Bill teilte er jedoch vor allem die Liebe zum Geld. »Der Alte war so leidenschaftlich auf Geld aus, dass es an einen Wahn grenzte. Ich habe noch nie jemanden getroffen, der das Geld so geliebt hat«, sagte einer seiner Freunde.[10] Sein Vater habe immer 1 000 Dollar in der Tasche gehabt, behauptete Rockefeller später. »Er war in der Lage auf sich aufzupassen, er hatte keine Angst.«

Dass Big Bill mehrere Frauen und Kinder hatte – er heiratete sogar noch ein zweites Mal, ohne sich von Eliza scheiden zu lassen und war damit ein Bigamist – ignorierte Rockefeller. Genauso wie die Vergewaltigungsvorwürfe, wegen derer Big Bill jedoch nie angeklagt wurde.

Eliza reagierte auf die Enttäuschung und Demütigungen ihrer Ehe, indem sie noch frommer wurde und zumindest bei ihr zu Hause eiserne Disziplin herrschte. Einmal, als er von ihr Schläge wegen angeblichem schlechten Betragen in der Schule erhielt, beteuerte John seine Unschuld. »Macht nichts«, soll seine Mutter erwidert haben, ohne jedoch die Rute niederzulegen, so Rockefeller in seinen Erinnerungen, »Wir haben schon mit der Züchtigung angefangen, dann gilt es eben für das nächste Mal.« [11] Doch John D., wie ihn Mitschüler nannten, und seine Geschwister liebten ihre Mutter. Rockefeller kümmerte sich um Eliza bis zu ihrem Tod. Auch ihrer Religiosität blieb John sein Leben lang treu. Seinen Erfolg deutete er als den Segen Gottes. Das machte es ihm auch einfacher, seine Kritiker als Zweifler an Gottes Weisheit und Willen abzutun. Etwas Schlimmeres konnte man in seinen Augen nicht sein. Während sich die anderen Räuberbarone im Nachbau französischer Chateaus und englischer Castles überboten, um die längste Jacht wetteiferten, Geliebte aushielten, hielt sich Rockefeller von all dem fern. Rassige Pferde waren das einzige »Laster«, das er sich gönnte. Mit seinem Gespann kurvte er gerne in hohem Tempo durch den Central Park. Zu seinem späteren Hauptquartier an der Südspitze Manhattans fuhr Rockefeller in späteren Tagen morgens pünktlich mit der Stadtbahn.

Rockefellers Selbstbewusstsein war hart erkämpft. Durch Big Bills unstetes Wesen und – nun ja – sonstige Lebensumstände zogen die Rockefellers immer wieder um. Und weil sie Bills Einkommen mit mindestens einer zweiten Familie teilen mussten, wurden diese Umstände immer bescheidener. Den Klatsch und Tratsch in den kleinen Gemeinden mag man sich nicht vorstellen. Doch Big Bill ließ es sich nicht nehmen, John und seinem Bruder William eine gute Ausbildung zukommen zu lassen. Damals war eine Schulausbildung über die Grundschule hinaus eher die Ausnahme als die Regel. In Owego gingen sie auf die Owego Academy, die von den Bürgerkindern des prosperierenden Städtchens im Westen des Bundesstaates besucht wurde. John und William konnten offenbar zumindest finanziell nicht mithalten. Als das Klassenfoto aufgenommen wurde, bat man die beiden Buben, doch lieber zur Seite zu treten, ihre Anzüge seien gar zu schäbig. Weil Bill aus naheliegenden Gründen am liebsten in der Nähe der Staatsgrenze blieb, landeten die Rockefellers schließlich unweit von Cleveland, im Bundesstaat Ohio. Dort sollte sein Sohn die wohl beeindruckendste Unternehmerkarriere beginnen, die Amerika, ja die Welt, je gesehen hatte.

Zunächst aber musste sich John D. von der Idee verabschieden, ein College zu besuchen. Big Bill zog sich immer mehr zurück und legte seinem Sohn nahe, die Schule zu verlassen und stattdessen eine Stelle zu suchen. So ging John D. kurz vor dem Abschluss von der Central High School ab. Mit seinem eigenen Geld – das er sich unter anderem dadurch verdiente, indem er seinem klammen Vater gegen banküblichen Zins Geld lieh – zahlte er einen zehnwöchigen Buchhaltungskurs beim E. G. Folsom's Commercial College, einer privaten Gewerbeschule in Cleveland. Im Sommer 1855 war der 16-Jährige damit fertig und ging auf Stellensuche. Er habe sich immer nur die größten und solidesten Häuser ausgesucht, sagte er später. Er fragte bei Eisenbahnen – damals buchstäblich die Lokomotiven der Modernität –, bei Banken, bei Großhändlern. Niemand wollte den hageren Jungen mit dem überernsten Gehabe eines viel älteren Mannes haben. Rockefeller gab nicht auf, manche Firmen besuchte er mehrmals. Bis ihm Hewitt and Tuttle, Spediteure und Gemüsegroßhändler, eine Chance gaben.[12]

Während Rockefeller akribisch Zahlen in die Bücher der Partner eintrug und gnadenlos offene Rechnungen und ausstehende Mieten für sie eintrieb, geschah draußen in den Wäldern Pennsylvanias etwas, das nicht nur sein Leben, sondern das aller Menschen auf dem Planeten für immer verändern sollte.

Der falsche Colonel und Onkel Billy

Wie später bei den Frackern spielten schon bei der Entdeckung der ersten amerikanischen Ölquelle drei Faktoren eine wesentliche Rolle: Innovation, Kapital und – noch wichtiger – die hartnäckige Hoffnung auf sprudelnden Reichtum. Die erste entscheidende Innovation kam von Samuel Kier, einem Salzhändler aus Pittsburgh. Der verabreichte seiner tuberkulosekranken Frau ein Mineralöl, das er einem der wandernden Quacksalber abgekauft hatte. (Doc Rockefeller hatte einige Konkurrenz in jenen Tagen.) Kier bemerkte, dass die zähflüssige übelriechende Substanz genauso aussah wie der Auswurf, der seine Salzquellen verunreinigte. Der Mann sah eine Gelegenheit. Er schöpfte das Zeug ab, füllte es in Fläschchen und verkaufte sein »Rock Oil« als natürliches Allheilmittel. Leider blieb der Absatz bescheiden. Kier wusste, dass sein Steinöl brennbar war, allerdings rußte es und stank dabei. So experimentierte er weiter und fand schließlich einen Prozess, mit dem er das Rohöl zu einem neuen Produkt verfeinerte, das er »Carbon Oil« nannte. Dieses Mal zielte Kier statt auf Schwindsüchtige auf einen expandierenden Markt: Leuchtmittel.[13] Das durch Destillation aus dem Rohöl gewonnene Petroleum schlug all die bisherigen Alternativen, auf die die Menschheit nach Einbruch der Dunkelheit angewiesen war: flackernde Kerzen, Walöl, für das Pottwale nahezu ausgerottet wurden, später Camphin, eine Mischung aus Alkohol und Terpentin, die den Nachteil hatte, schnell das ganze Haus abzubrennen. Kiers Flugblätter, die er zu Werbezwecken drucken ließ, zeigten den Bohrturm seiner Salzquellen. Das brachte George Bissel, der gerne als Anwalt bezeichnet wird, zuvor jedoch ein halbes Dutzend anderer Berufe durchprobiert hatte – darunter Journalist, Professor und Schuldirektor – auf die Idee, mit so einem Förderturm gezielt nach Öl zu suchen. Bisher war man auf natürliche Vorkommen wie in Wietze und Beiprodukte wie bei Kiers Salzgewinnung angewiesen. Zusammen mit einem Banker namens Townsend gründete Bissel 1855 – dem Jahr, in dem Rockefeller seinen Buchhalterjob bekam – die Pennsylvania Oil Company, allerdings in Connecticut, weil ihnen in Pennsylvania die Gesetze zu streng waren.[14] Jetzt fehlte nur noch der Mann, der das Öl tatsächlich finden sollte. Das Start-up beauftragte Edwin Drake. Der 38-Jährige hatte keinerlei Ausbildung in Geologie, auch hatte er keine Ahnung, wie man eine Quelle bohrte. Aber er konnte umsonst mit der Eisenbahn reisen, weil er durch seinen früheren Job dort einen Freifahrschein hatte. Das sparte den angehenden Ölunternehmern die Kosten für einen Profi.[15] Denn Bissel hatte schon ein Ziel im Sinn für die erste

Bohrung: Titusville. Damit Drake bei den Anwohnern des abgelegenen kleinen Ortes Eindruck machte, nannte er sich Colonel. Der Stamm der Seneca hatte die Erdöllöcher in der Nähe schon lange vor der Ankunft der Europäer für Rituale benutzt. Zunächst versuchte Drake es durch Ausgraben. Das gab er schnell auf. Mal fehlte es an Geld, mal an fähigen Leuten. Erst Monate nach seinem ersten Versuch, im Juni 1859, gelang es, den erfahrenen Bohrmeister William Smith, genannt Onkel Billy, einen ehemaligen Hufschmied, anzuheuern. Am Abend des 27. August, einem Samstag, da hatten die Einheimischen das Projekt bereits als »Drakes Narretei« abgeschrieben, stieß der Bohrkopf in eine Sandsteinschicht, die tatsächlich Öl führte. Die frustrierten Ölsucher hatten aber keine Ahnung davon, sondern packten nach einem, wie sie meinten, weiteren verlorenen Tag ihre Geräte und Werkzeuge und gingen in den Feierabend. Erst als Onkel Billy am nächsten Morgen in das Bohrloch hinunter spähte, sah er, dass sich eine dunkelbraune Flüssigkeit dort unten angesammelt hatte. Öl! So unspektakulär begann der Ölrausch in den USA.

Derweilen hatte es Rockefeller mit seinem Ersparten und einem Kredit seines Vaters – zu zehn Prozent Zins und zu dem Zeitpunkt teurer als ein gängiger Bankkredit – geschafft, sich zusammen mit einem jungen Engländer namens Maurice Clark im Handel mit allerlei Waren – darunter auch Petroleum – selbstständig zu machen. Stolz stand auf dem Firmenschild: Clark and Rockefeller. Als allerdings ein weiterer, wohlhabenderer Compagnon dazu kam, verschwand Rockefeller wieder aus dem Firmennamen.[16] Angesichts der steigenden Nachfrage nach Petroleum beschlossen die jungen Männer in den neuen aufstrebenden Geschäftszweig zu investieren – sie beteiligten sich an einer Raffinerie in Cleveland. Rockefeller war fasziniert von dem Betrieb. Er witterte – zu Recht – das Potenzial für das ganz große Geschäft. Doch seinen Partnern schien es zu riskant. Der puritanische Spaßkiller Rockefeller ging ihnen sowieso gehörig auf die Nerven. Immer wieder drohten sie damit, die Firma aufzulösen. Heimlich arrangierte Rockefeller, der bei den Bankern als solider und regelmäßiger Schuldner beliebt war, einen Kredit. Bei der nächsten Drohung nahm er seine Partner beim Wort. Zu ihrer Verblüffung überbot sie der Juniorpartner, als die Firma zur Versteigerung kam.[17] Hoch verschuldet, aber wild entschlossen, expandierte Rockefeller ins Raffineriegeschäft. Das Fördergeschäft draußen im Wilden Westen Pennsylvanias war dem frommen Rockefeller zu verrucht, aber mehr noch war dem nüchternen Zahlenmenschen die Sucherei zu volatil. Mal schien Öl zu knapp und die Angst, die schwarzen Quellen würden versiegen, trieb die Preise so schnell hoch wie einen Ölgeysir. Mal sprudelten zu viele neue Quellen gleichzeitig hoch und die Fülle des Angebots ließ die Preise einbrechen. Als Mittelsmann sah sich Rockefeller in einer besseren Position, zuverlässige Renditen einzufahren. Um sich von der Konkurrenz und ihrer schwankenden Qualität abzuheben, nannten er und seine neuen Partner das Unternehmen Standard Oil. Immer bemüht, die Kosten zu senken, bedrängte er als Großkunde die Eisenbahnen, ihm heimlich kräftige Frachtnachlässe zu gewähren. Das verschaffte ihm einen wertvollen Vorteil gegenüber der Konkurrenz. Als die Sache bekannt wurde, gab es Proteste. Die Eisenbahnen stellten eine wichtige Infrastruktur dar, so Rockefellers Kritiker, zu der jeder zu gleichen Preisen Zugang haben müsse. Ein ähnliches Argument bringen heute die Verfechter der Netzneutralität im Internet. Auch da wollen große Telekomkonzerne gerne ihre Inhalte zu Vorzugsbedingungen anbieten. Doch Rockefeller operierte in einem Umfeld ohne klares Kartellrecht. Volksvertreter, die seine Aktivitäten einschränken wollten, ließ er bestechen. 1871 ging er noch einen Schritt weiter. Er zog die Fäden, um eine Allianz von Eisenbahnen und Raffineriebetreibern unter dem schönfärberischen Decknamen South Improvement Company zustandezubringen, die gemeinsam die Frachtkosten bestimmen und die Ölpreise für die Förderfirmen diktieren würden.[18] Auch diese Verschwörung fand verdeckt in Hinterzimmern statt. Gleichzeitig nutzte Rockefeller die Drohung der kommenden South-Improvement-Allianz, um seine Wettbewerber in Cleveland zur Aufgabe zu zwingen.

Bevor Rockefeller mit Standard Oil sein Monopol errichtete, war die noch junge Ölindustrie voller Entrepreneure und Glücksritter, vergleichbar den Internetfirmen vor dem Platzen der Dotcom-Blase. Während sich die Ölsucher in die Wälder und Schluchten Pennsylvanias stürzten, um das nächste große Ölfeld zu entdecken, entwickelte sich Cleveland, das dank seiner geografischen Lage bereits

ein Eisenbahnknotenpunkt war, zu einem Zentrum der Weiterverarbeitung von Rohöl zu Petroleum. Standard Oil war zwar in seiner Effizienz einzigartig, aber alles andere als konkurrenzlos. Viele
Raffineriebesitzer klagten hinterher, Rockefeller habe ihnen offen
gedroht, wenn sie nicht an ihn verkauften, dann triebe er sie in den
Konkurs. Wie Rockefeller es sah, zeigte er ihnen nur das aus seiner
Sicht unausweichliche Ende auf, sollten sie auf sein Angebot nicht
einsteigen. Wann immer es ging, zahlte er statt mit Bargeld mit An-
teilen von Standard Oil. »Nehmen Sie Standard-Oil-Aktien und Ihre
Familie wird nie Not leiden«, riet er den bedrängten Rivalen. Damit
behielt er tatsächlich Recht: Wer ein Aktienpaket der Standard Oil
akzeptierte, wurde wohlhabend.

Auf diese Weise kaufte Rockefeller in nur sechs Wochen 22 der
26 Raffinerien in Cleveland auf. Die Übernahmewelle ging als
»Cleveland-Massaker« in die Wirtschaftsgeschichte ein. Die ange-
peilte Allianz kam nie zustande. Rockefeller hatte sein Ziel jedoch
erreicht: Als das »Massaker« Anfang 1872 vorbei war, beherrschte
der 33-Jährige rund ein Viertel der US-Ölindustrie.[19] Und das war
erst der Anfang.

Kaum kontrollierte er Cleveland, begann er im ganzen Land Raffinerien aufzukaufen. Mit seiner Marktmacht machte er sich dann
die Eisenbahnen gefügig – sogar den stolzen Commodore Vanderbilt,
damals schon in seinen Siebzigern, bestellte der Parvenü aus Cleveland frech in sein Büro, um ihm die Konditionen zu diktieren.[20]
Damit beherrschte er nicht nur die Weiterverarbeitung, sondern auch
den Transport von Öl. Als die ersten Pipelines aufkamen, erkannte
Rockefeller schnell ihre Gefährlichkeit für seine Stellung – und sorgte
dafür, dass Wettbewerber aufgaben oder aufgekauft wurden. Dabei
schreckten er und seine Leute nicht vor Täuschungsmanövern oder
Bestechung zurück. Um die Nachfrage für sein Petroleum anzu-
kurbeln, verkaufte er Lampen und Öfen zu billigsten Preisen. Diese
Marketingpraxis wird bis heute angewandt – etwa bei Rasierklingen.

Rockefeller konnte an seinen Monopolbestrebungen nichts Ver-
werfliches erkennen. Im Gegenteil, für ihn waren Monopole die Zukunft, »die neue Idee der Kooperation, die den Wettbewerb ablösen
würde«, wie er es ausdrückte. Wettbewerb, wie Rockefeller es sah,
war Verschwendung. Arbeiter, die ihre Arbeit verloren, weil ihr Ar-

beitgeber den Preiskampf verlor. Verschwendung von Ressourcen, weil ineffiziente Firmen mit minderer Qualität länger am Markt blieben. Was ihn nicht daran hinderte, Firmen, die ihm schon gehörten, unter dem alten Namen weiterlaufen zu lassen, um den Anschein zu erwecken, es gebe noch Wettbewerber. Nicht ganz zehn Jahre nach dem Cleveland-Massaker beherrschte Rockefeller 90 Prozent des amerikanischen Ölmarktes. Während viele Ölmänner ihn als gewissenlosen Manipulator verabscheuten, sah sich der Standard-Oil-Boss als Retter einer Branche, die sich selbst in Spekulationsblasen verlieren würde ohne eine feste Hand – seine Hand, versteht sich. Man kann darüber spekulieren, ob sich Öl zu dem Schlüsselrohstoff entwickelt hätte ohne Rockefellers zielstrebigen Ausbau der Infrastruktur. Autobauer Henry Ford etwa hatte sein Model T erst einmal mit Ethanol fahren lassen – damit auch die Farmer etwas von der mobilen Revolution erreichte (und sie sich auch ein Auto leisten konnten.)

Als Standard Oil 1882 mit seinem Hauptquartier nach New York umzog, gehörten dem Unternehmen über 6 000 Kilometer Pipeline und es beschäftigte mehr als 100 000 Mitarbeiter. Rockefeller war der reichste Mann der Welt.

»Diese giftige Frau«

Rockefellers mächtigster Gegner war jedoch kein rachsüchtiger Konkurrent oder übervorteilter Lieferant. Es war eine Journalistin. Ida Minerva Tarbell, 1857 in einer Blockhütte in Pennsylvania geboren, erlebte den Ölboom als Kind aus nächster Nähe. Ihr Vater, eigentlich Lehrer, baute schließlich Speichertanks für Förderfirmen. Die Familie lebte in einer Hütte zwischen Dutzenden Fördertürmen. Alles war ölverschmiert, es stand in Pfützen um die Behausung. Aber nicht nur die Landschaft wurde verwüstet, auch die Menschen verrohten, so empfand es das Mädchen. »Keine Industrie hat in ihren frühen Tagen mehr Schönheit, Ordnung, Anstand zerstört, als die Produktion von Petroleum«, schrieb sie später.[21] Die Familie zog nach Titusville, wo ihr Vater begann, Öl zu fördern und zu Petroleum zu verarbeiten. Es war eine Verbesserung für die Tarbells. Da kam Rockefellers geheime Allianz, die South Improvement Company. Tarbells Vater schloss sich den nächtlichen Protesten an. Die aufgebrachten Ölmänner kippten Waggons der Konkurrenten um, die sie verdächtigten, bei der Allianz dabei zu sein. Die Stimmung in Titusville wurde aggressiv. Tarbells Vater, der sich weigerte, der Standard Oil nachzugeben, verschuldete sich und verlor schließlich sein Geschäft. Seine Tochter, die damals 14-jährige Ida, vergaß das nie.[22] Anders als Rockefeller absolvierte Tarbell, deren Eltern Magazine wie *Harper's* und die *New York Tribune* abonniert hatten, die Highschool. Sie studierte Biologie – die einzige Frau ihres Jahrgangs – und wurde zunächst Lehrerin. Dann begann sie zu schreiben, zunächst für eine Bildungspublikation. Sie ging als Korrespondentin ein paar Jahre nach Paris, zurück in New York schrieb sie erst eine erfolgreiche Biografie Napoleon Bonapartes, dann ein Buch über Abraham Lincoln. Sam McClure wollte sie für sein neues Monatsmagazin gewinnen. Darin sollten die Exzesse und Machenschaften der Superreichen aufgedeckt werden. »Muckraking« wurde es genannt – im Mist herumwühlen – woran sich Tarbell immer störte.[23] Sie sah ihre Arbeit als wichtigen Beitrag zur sozialen Gerechtigkeit. Als McClure und seine Starschreiberin nach einer neuen Idee suchten, fielen ihnen die Trusts ein. Rockefeller hatte inzwischen Nachahmer in vielen Industrien gefunden. Es gab den Zuckertrust, den Fleischtrust und so weiter.[24] Tarbell erinnerte sich an die Erfahrungen ihrer Familie mit Rockefellers Standard Oil. Sie würde über den Mann und seine Methoden berichten. Das war der Plan. Rockefellers lebenslange Geheimniskrämerei machte es schwierig, Dokumente zu finden. Doch Tarbell war hartnäckig. Sie sprach mit Insidern, Anwälten und Angestellten. Wertvolle Einblicke erhielt sie durch Gespräche mit einem Standard-Oil-Manager, ein Kontakt, den ihr Mark Twain verschafft hatte. Der Mann plauderte aus dem Nähkästchen über Rockefellers Rabatte und Ähnliches, weil er dachte, Tarbell schreibe ein positives Portrait über Rockefeller. Der wies Standard-Oil-Angehörige an, weder mit der »giftigen Frau« noch über ihre Berichte zu sprechen. Ihre Ergebnisse veröffentlichte Tarbell zunächst in einer 19-teiligen Artikelserie *Die Geschichte der Standard Oil*, die Amerika verschlang wie heute *Game of Thrones*. Die Enthüllungen landeten schließlich auch auf dem Schreibtisch von Theodore Roosevelt. Der US-Präsident wies seinen Justizminister an, den Vorwurf zu prüfen, Standard Oil habe gegen den Sherman Act verstoßen, ein bis dahin obskures Gesetz gegen die »Behinderung von Kommerz«. 1911 unterlag Standard Oil vor dem Obersten Gerichtshof. Die Richter ordneten die Zerschlagung von Rockefellers Imperium an. Rockefeller, der nicht mehr Vorstandsvorsitzender, sondern nur noch Aufsichtsratschef war, zog sich ganz zurück. Finanziell war es für den über 70-Jährigen allerdings kein Verlust, schließlich erhielten die Standard-Oil-Anteilseigner entsprechend Aktien an den »Baby Standard Oils«. Die wuchsen durch Käufe und Übernahmen. Aus der kalifornischen Standard Oil wurde etwa Chevron. ExxonMobil, entstanden aus Standard Oil New Jersey und Standard Oil of New York, ist bis heute der größte private Ölkonzern. In einer Zeit, in der der normale Amerikaner kaum zehn Dollar in der Woche verdiente, häufte Rockefeller ein Vermögen von 900 Millionen Dollar an.[25] Effizient und akribisch, wie er seinen Kramladen in Cleveland zu einem nie dagewesenen Weltkonzern aufgebaut hatte, ging er nun als Ruheständler daran, sein Geld für wohltätige Zwecke wieder wegzugeben. Über 500 Millionen Dollar soll er insgesamt gespendet haben.[26]

Deutschlands verzweifelte Suche nach dem wichtigsten Rohstoff der Welt

Die Gesellschaft, die den deutschen Mineralölmarkt fast von Anfang an dominierte, war die Standard Oil, Rockefellers Krake. Das hatte Konsequenzen, mit denen wir noch heute leben.

Dabei tauchte Standard Oil allerdings nicht öffentlich auf. Das Geschäft lief über eine Tochter namens Deutsch-Amerikanische Petroleum Gesellschaft, kurz DAPG. Rockefeller hielt es wie in Amerika und blieb lieber verdeckt im Schatten. Er schloss am 25. Februar 1890 den Gründungsvertrag mit den Kaufleuten Franz Ernst Schütte, dessen Bruder Carl und dem Bremer Wilhelm Anton Riedemann.[27] Der hatte einst mit einem Kramladen angefangen und war dann ins

Speditionswesen eingestiegen. Weil die Barrel, die Holzfässer, in denen das Erdöl aus den USA herüber kam, oft leck waren, gab es hohe Verluste beim Transport. Riedemann setzte auf Tanks, um diese Verluste zu vermeiden. Das galt anfangs als buchstäblich brandgefährlich. Bald wurde er noch kühner. Er ließ 1885 im englischen Newcastle upon Tyne den ersten Tanksegler bauen, den er auf den Namen *Glückauf* taufte. Trotz dieser Erfolge erkannte Riedemann schnell, dass er keine Chance gegen Rockefeller haben würde. Er habe es vorgezogen, der »Hammer, nicht der Amboss zu sein«, erklärte er einmal. Riedemann blieb jahrzehntelang das Gesicht der DAPG. Doch die Amerikaner hielten sämtliche Aufsichtsratsposten und die Mehrheit der Aktien. Aus der DAPG wurde in den 1950er Jahren die Deutsche ESSO – ein phonetisches Spiel mit den Initialen von Standard Oil. Die Esso Deutschland war eine Tochter der Standard Oil und ist bis heute eine Marke von deren Nachfolgerin ExxonMobil.

Mit denselben Methoden, mit denen es Rockefeller in seiner Heimat zu seiner beherrschenden Stellung gebracht hatte, eroberte die DAPG den deutschen Markt. Zunächst ging es vor allem um Petroleum, den Leuchtstoff. Konkurrenten wurden entweder übernommen oder durch Dumpingpreise zur Aufgabe gezwungen. »Es gibt keinen Importeur des Kontinents, mit dem wir nicht in Unterhandlung stehen, entweder ihn auszukaufen oder in uns aufzunehmen«, schrieb Riedemann kurz nach der Gründung der DAPG. Die Standard, fügte er hinzu, »wolle Herrin des Kontinents sein, und sie wird es sein«. Schon Mitte der 1890er Jahre traf Riedemanns Prognose ein: Über die DAPG beherrschte Rockefellers Standard Oil rund 80 Prozent des deutschen Marktes.[28]

Reichskanzler Otto Graf Bismarck gefiel die Dominanz der Amerikaner nicht. Bereits 1878 versuchte er mit einem Fasszoll das Erdöl der Amerikaner teurer zu machen. Er förderte Erdölimporte aus Russland, indem er etwa die Eisenbahndirektionen anwies, diese einzukaufen. Zar Nikolaus II hatte sich die Hilfe der schwedischen Nobel-Brüder geholt, um Vorkommen in Baku zu erschließen. Als Finanziers beteiligte sich der Pariser Bankier Baron Alphonse de Rothschild. Die Deutsche Bank gründete 1904 die Deutsche Petroleum AG, um mit den russischen und rumänischen Lieferanten ins Geschäft zu kommen. Doch Rockefellers DAPG reagierte mit

Dumpingpreisen auf den neuen Rivalen – ihre Stellung blieb unangefochten. Auch der Bau der Bagdadbahn, einer Eisenbahnstrecke zwischen Konya in der heutigen Türkei und Bagdad im heutigen Irak, war ein Versuch des Deutschen Reiches, sich Zugang zu den begehrten Rohstoffquellen zu verschaffen: In der Region war Öl gefunden worden. Auf Druck von Kaiser Wilhelm II finanzierte die Deutsche Bank das Großprojekt, an dem sich das Who is who der deutschen Unternehmen beteiligte. Philipp Holzmann baute Strecken und Bahnhöfe, die Schienen lieferte Friedrich Krupp, Lokomotiven kamen unter anderem von Borsig, Hanomag und Maffei.[29] Den Reichslenkern schwebte eine direkte Verbindung von Berlin nach Bagdad und bis zum Persischen Golf vor. Und endlich Zugang zum »schwarzen Gold«.

Gleichzeitig wuchs der Bedarf auch in Deutschland rasant. Längst brauchte man den »Teer« wie einst aus Wallmanns Heidekuhlen nicht mehr, um Würmer loszuwerden. Ohne Erdöl beziehungsweise seine Derivate hätte die Industrialisierung nicht stattgefunden. Nicht nur hätten ohne die Schmiermittel aus dem Rohstoff die Räder der Dampfmaschinen und Eisenbahnen bald stillgestanden. Schon bald, nachdem Bertha Benz – ohne Wissen ihres übervorsichtigen Ehemannes Carl und ohne Genehmigung der Behörden – an jenem Augusttag 1888 mit dem »pferdelosen Wagen« und ihren beiden Söhnen 106 Kilometer von Mannheim nach Pforzheim gefahren war, begann der Siegeszug des Autos als Transportmittel. Um 1900 wurden etwa 800 Automobile in Deutschland in Handarbeit gefertigt. In vielen Landesteilen sollte es allerdings noch dauern, bis die Bewohner eines davon zu Gesicht bekamen. Doch Vater Staat wartete nicht lang: Ab 1906 wurde Kfz-Steuer erhoben. Im Jahr 1912 stellten über 50 Autohersteller in Deutschland bereits 19 907 Fahrzeuge her (auch damals schon ging ein nicht unbedeutender Teil in den Export). Mit dem Aufstieg des Autos begann Benzin, ein Destillat, das bis dahin vorwiegend als Fleckenentferner eingesetzt wurde, das Petroleum als bis dahin wichtigstes Mineralölprodukt abzulösen. Das lag auch daran, dass erst Gasbeleuchtung und später Edisons 1879 entwickelte Glühlampe, die weit weniger feuergefährlich war, zunehmend die Petroleumlampen verdrängten.

Der Napoleon des Öls

Die weltweit explodierende Nachfrage lockte viele Abenteurer – oder vornehmer: Entrepreneure –, die das große Geschäft witterten. Ernsthafte Konkurrenz bekam Rockefeller allerdings erst durch einen Mann: Henri Wilhelm August Deterding. Das vierte von fünf Kindern einer Amsterdamer Seefahrerfamilie war sechs Jahre alt, als sein Vater, Kapitän bei der Handelsmarine, starb. Aus finanziellen Gründen musste Deterding die Höhere Bürger-Schule mit 16 Jahren beenden und wurde Lehrling bei der Twentsche Bank. Der Junge zeigte ein Gespür für Zahlen, aber eine Bankkarriere schien dem Sohn eines Kapitäns wenig verlockend. Er bewarb sich auf einen Posten in den Überseegebieten und wurde schließlich von der Niederländischen Handelsgesellschaft nach Sumatra geschickt. Dort lernte er August Kessler kennen, einen Landsmann, der für eine kleine Gesellschaft auf der Insel nach Öl bohrte. Die Koninklijke Nederlandsche Petroleum Maatschappij (Royal Dutch Petroleum Company) hatte zwar den Segen von Wilhelm III, aber das Unterfangen litt unter allerlei widrigen Umständen: Dauerregen, Tropenkrankheiten, undurchdringliche Dschungel, unzuverlässige Arbeiter, Unfälle und Feuer. Es war nur Kesslers unermüdlichem Einsatz zu verdanken, dass das Unternehmen nicht scheiterte. In Deterding fand er einen jüngeren Partner, der ihm gefiel. Er warb ihn 1896 bei der Handelsgesellschaft ab und machte ihn bald zu seinem designierten Nachfolger.[30] Die Anstrengungen holten Kessler schließlich ein, er erlitt einen Herzinfarkt und starb im Alter von nur 46 Jahren im Dezember 1900 auf der Heimreise nach Europa. Deterding wurde mit gerade einmal 34 Jahren sein Nachfolger. Der Mann, den sie später den »Napoleon des Öls« nannten, habe von Anfang an erkannt, dass er sein Produkt nur dann erfolgreich vermarkten könne, wenn er über weltweite Präsenz verfügte, mit eigenen Verladeanlagen, Schiffen und Depot, schrieb die *Londoner Times* einmal über ihn. Sein Ehrgeiz übertraf allerdings die Bedeutung seiner Firma zunächst bei weitem. Ohne Marcus Samuel wäre aus den weltumspannenden Visionen des Niederländers nichts geworden. Samuel, Spross einer irakisch-jüdischen Familie, die sich in London niedergelassen hatte, betrieb einen Import-Export-Handel. Sein Vater, Marcus Samuel senior, hatte ein erfolgreiches Geschäft mit Muscheln und Perlmutt aus Ostasien gestartet, die für Schmuckkästchen verwendet wurden. Daher der Name Shell – Muschel – für die spätere Firma des Juniors. Auf einer seiner Reisen, die ihn 1890 ans Kaspische Meer führten, erkannte der jüngere Samuel das Potenzial des Ölgeschäfts. Er ließ eine Flotte von acht Tankschiffen bauen und überzeugte die Betreiber des Suezkanals, dass sie sicher genug waren, den Kanal ohne Gefahr für die anderen Schiffe zu passieren. Samuel sicherte sich über einen Vertrag mit der französischen Rothschild-Bank deren Förderrechte in Russland und verkaufte dann das russische Öl in China, wo er bald Rockefellers Standard Oil dank billigerer Preise erfolgreich Konkurrenz machte.

Doch die Neuverhandlungen mit Rothschild gestalteten sich schwierig und Samuel fehlten eigene Ölquellen. Bei Bohrungen auf Borneo erlebte Samuels Neffe Mark Abrahams dieselben Schwierigkeiten wie Kessler. Zudem erwies sich das Borneo-Öl, das er schließlich entdeckte, als schwer und nicht wirklich geeignet für Petroleum. Samuels Versuche, das Öl als Heiz- und Treibstoff zu vermarkten – eine Verwendung, die er bei den Russen gesehen hatte – scheiterten. Deterding seinerseits verfügte zwar über Ölquellen, aber ihm mangelte es an günstigen Transportmöglichkeiten. So beschlossen er und Samuel 1903, zunächst ihre ostasiatischen Geschäfte zusammenzulegen. Vier Jahre später fusionierten die beiden Unternehmen zur Royal Dutch Shell. Obwohl Samuels Ego kaum kleiner war als Deterdings, setzte letzterer sich an die Spitze des neuen Konzerns. Samuel hatte seine Interessen bereits in die Politik verlagert, 1902 war er Bürgermeister von London geworden. In New York aber fasste Rockefeller den Zusammenschluss als Herausforderung auf. Es begann der erste kommerzielle Ölkrieg. Die beiden Giganten kämpften zunächst um die Vormachtstellung in Fernost. Schließlich gelang Deterding, was vor ihm noch nie jemandem gelungen war: Die Standard Oil gab auf. Im Ölfrieden von 1911 teilten sich Deterdings Royal Dutch Shell und Rockefellers Standard Oil die Märkte in China und Japan auf.[31]

Dann setzte Deterding aufs Ganze. Er ging in die USA, begann Bohrungen in Kalifornien und in Tulsa, Oklahoma. Damit nicht genug: Die Schiffe der Shell-Flotte legten in New York an und entluden ihre Ladung: Öl aus Ostasien, Russland und Rumänien. Der Zeitpunkt für den Angriff auf Rockefeller hätte kaum besser sein können. Dessen Imperium sah sich der Anti-Trust-Kampagne ausgesetzt, die letztlich 1911 zur Zerschlagung der Standard Oil führen sollte. Nach 30 Jahren ging Rockefellers absolute Herrschaft zu Ende.

Zu den folgenreichsten Entscheidungen Deterdings gehörte der Aufkauf von General Asphalt, einer kleinen US-Firma mit Förderrechten am Maracaibo-See in Venezuela im Jahr 1913. Das Land sollte über Jahrzehnte und bis zur Ablösung durch Saudi-Arabien der größte Ölexporteur der Welt werden.

Deterding gehörte bereits in den 1920er-Jahren zu den frühen Unterstützern Hitlers, dessen Kommunistenfeindlichkeit ihm gefiel. 1936 ließ sich der 70-Jährige von seiner russischen Frau scheiden und heiratete seine ehemalige Sekretärin, eine Deutsche. Er kaufte sich das Gut Dobbin in Mecklenburg. Nachdem er in seiner Villa in Suvretta nahe St. Moritz an einem Herzinfarkt verstorben war, wurde er nach Dobbin überführt und im Mecklenburgischen beerdigt. Hitler schickte einen Prunkkranz zur Beerdigung.

Very British Petroleum

Wie eng Öl und Macht miteinander Hand in Hand gingen, zeigt auch British Petroleum, das heute unter dem Kürzel BP operiert. Seinen Start erhielt das Unternehmen 1909 durch gleich drei Egomanen: Winston Churchill, damals noch ein junger Parlamentarier, Admiral seiner Majestät Sir John Fisher, der auf die Nutzung von Öl als überlegenem Treibstoff für die Flotte drängte, und ein Freibeuter und Gentleman namens William Knox D'Arcy. »Sollte es einem einzelnen Mann gestattet sein, diesen Titel zu tragen, dann sollte D'Arcy als der Vater der gesamten Erdölindustrie des Nahen Ostens in die Geschichte eingehen«, so heißt es very british in der offiziellen BP-Geschichte. Der einzige Sohn eines irischen Anwalts wurde in England geboren. 1866, da war D'Arcy 17 Jahre alt, wanderte die Familie nach Queensland, Australien aus. Zunächst praktizierte der junge Mann ebenfalls als Anwalt. Doch dann half er, eine stillgelegte Goldmine wiederzubeleben. Er wurde Millionär. Nach England zurückgekehrt, gab er den aristokratischen Gentleman. Er urlaubte in den einschlägigen Kurorten des Kontinents, ritt Fuchsjagden und unterhielt mehrere Anwesen. Sein aufwändiger Lebensstil zwang ihn schließlich, sich um neue Einnahmequellen zu bemühen. Es traf sich, dass Ketābčī Khan, der persische Gesandte bei der Pariser Weltausstellung und ein Vertrauter des Großwesirs, zu der Zeit nach Investoren für Förderlizenzen seines Landes suchte. Doch die Londoner Finanziers waren verschnupft, nachdem der Schah zuvor eine Tabaklizenz zurückgezogen hatte und es nach dem Zusammenbruch einer persisch-britischen Bergbaugesellschaft Zweifel an der Vertragstreue der persischen Regierung gab. 1901 kam der Vertrag zustande: Für 20 000 Pfund Sterling in bar, noch einmal so viel in Aktien, einer jährlichen Pacht von 650 Pfund, 16 Prozent der Nettogewinne sowie etlichen Bestechungsgeldern erhielt D'Arcy auf 60 Jahre die exklusiven Förderrechte über 1,2 Millionen Quadratkilometer, ein Gebiet mehr als dreimal so groß wie die Bundesrepublik.

Doch D'Arcy fand kein Öl. Schließlich hatte er sein restliches australisches Vermögen versetzt, um Probebohrungen zu finanzieren. Er war kurz davor, seine persischen Rechte an die Rothschilds zu verkaufen. Als Admiral Fisher Wind davon bekam, drängte er auf eine Intervention durch Großbritannien. Er war überzeugt, dass Öl bald die Kohle als Brennstoff auf den Schiffen ablösen würde. Mit Hilfe von Churchill, als First Lord of the Admiralty ließ man D'Arcy über ein Joint Venture neues Kapital zukommen. Der Erfolg weiterer Probebohrungen blieb aus. Ein Versuch, gestartet im Januar 2008 bei Masdsched Soleyman, einem Plateau im Zagrōs-Gebirge, sollte der letzte sein, so die Partner. Am 26. Mai hieß es plötzlich: Öl, Öl, Öl! Bengalische Truppen sicherten die Quelle sofort und Leutnant A. T. Wilson, der die britischen Interessen vor Ort vertrat, schickte ein Telegramm mit einer verschlüsselten Botschaft nach London. »Psalm 104, Vers 15, dritter Satz«. Dort heißt es in der Bibel: »Dass seine Gestalt schön werde vom Öl«. Über eine 200 Kilometer lange Pipeline wurde die Quelle mit der britischen Raffinerie in Abadan verbunden. Die Stadt, auf einer Flussinsel des Tigris gelegen, liegt nur 50 Kilometer vom persischen Golf gelegen, von wo aus sich das Öl und Derivate nach Europa verschiffen ließen. Für die Vermarktung hatte D'Arcy die Anglo-Persian Oil Company gegründet. 1914 kaufte ihm auf Churchills Drängen die britische Regierung 51 Prozent seiner Anteile ab. Wenige Monate nach der Transaktion begann der Erste Weltkrieg. D'Arcy war übrigens selbst nie in Persien.

Der Erste Weltkrieg sollte endgültig klarmachen, wie entscheidend die Ölmacht geworden war. Schon kurz nach Kriegsbeginn begann der Versuch der Deutschen, sich persisches Öl zu sichern. Osmanische und deutsche Truppen rückten in Richtung Abadan vor, um die Raffinerie dort zu zerstören. Den Briten gelang es, dies zu verhindern. Den Deutschen blieb nur die Sabotage von Pipelines, um den britischen Nachschub zu behindern. Die deutschen Militärs, gewohnt ihre Schlagkraft an Eisenbahnkapazität und Steinkohleverfügbarkeit zu messen, mussten bald einsehen, dass sie die Bedeutung des neuen Brennstoffes gehörig unterschätzt hatten. Die neue Art des Krieges mit Motorrädern und Lkw verlangte nach Benzin, die Kriegsmaschinerie von den Rüstungsfabriken bis hin zu U-Booten und Flugzeugen brauchte Schmiermittel. Wochen nach Kriegsbeginn war Deutschland abgeschnitten von den meisten Ölimporten. Nach dem Kriegseintritt der USA war die Blockade fast total. Rumänien blieb als der Hauptlieferant des Deutschen Reiches. Als sich das Land 1916 der Entente anschloss, rückten deutsche Truppen in Richtung der Ölfelder vor. Doch bevor sie diese erreichen konnten, hatten britische Kräfte die Anlagen zerstört. Sie leisteten ganze Arbeit. 1 677 erschlossene Quellen wurden unbrauchbar gemacht. Die hölzernen Bohrtürme wurden niedergebrannt, ausfließendes Öl angezündet. Als die Deutschen eintrafen, war die rumänische Ölindustrie ausgelöscht.

Unter enormen Anstrengungen stellten die deutschen Truppen die Anlagen zum Teil wieder her. Doch die Knappheit des strategischen Rohstoffs wurde bald katastrophal. Zivilen Autos wurde die Zulassung gestrichen, in manchen Regionen des Landes wurde es aus Mangel an Petroleum buchstäblich düster. Die Engpässe machten sich bei den Truppentransporten bemerkbar. Aus Benzinmangel mussten deutsche Truppen oft Fahrzeuge beim Rückzug aufgeben. Sogar die wichtigen U-Boote mussten sparsam operieren. Die Alliierten seien »auf einer Woge von Öl zum Sieg geschwommen«, erklärte Lord Curzon, der britische Außenminister, beim Siegesbankett der Internationalen-Petroleum-Konferenz im November 1918. Und der französische Premier Georges Clemenceau triumphierte: »Öl ist das Blut der Schlachten, das die Kriege gewinnt.«

Treibstoff für Hitlers Krieg

Der Mangel an Öl war zwar nur ein Faktor bei der deutschen Niederlage. Doch nach dem Kriegsende wurde die Treibstofffrage in Deutschland heftig diskutiert. Forscher wandten sich mit neuer Intensität dem Energieträger zu, den Deutschland in Menge besitzt: Kohle. Dass sich aus Steinkohle Benzol gewinnen lässt, war schon zu Anfang des 19. Jahrhunderts bekannt – lange vor dem Erdölbenzin. Kohle besteht aus Kohlenwasserstoffverbindungen, allerdings viel weniger als bei Benzin. Um einen flüssigen Kraftstoff herzustellen, musste es deshalb gelingen, die Kohle mit weiteren Kohlenwasserstoffen anzureichern. Daran tüftelte Friedrich Bergius, dessen Vater eine Chemiefabrik bei Breslau betrieben hatte, als Privatgelehrter in Heidelberg. 1913 meldete er schließlich ein Patent zur Kohlehydrierung an, für das er zusammen mit Carl Bosch von der BASF später den Nobelpreis erhielt. Mit diesem Verfahren sollte nicht zuletzt der Treibstoff für Hitlers Eroberungszüge produziert werden. (Bergius, ein Nazisympathisant, starb verarmt 1949 in Buenos Aires). Bosch, ein Chemiker mit – wohlwollend ausgedrückt – starkem Unternehmergeist, hatte bereits die Landwirtschaft revolutioniert, indem er erfolgreich die Ammoniaksynthese entwickelte. Damit ließ sich in großem Stil künstlicher Stickstoffdünger produzieren. In den Labors der BASF setzte der Chemiker Matthias Pier das Hochdruckverfahren für die Gewinnung von Benzin aus Kohle ein. Erst diese Verfeinerung machte das Bergius-Pier-Verfahren wirtschaftlich interessant. Kurz vor Ostern 1925 fuhren die ersten Fahrzeuge mit dem synthetischen Treibstoff von Ludwigshafen nach München und zurück. Im Herbst 1925 kam es zu einem Zusammenschluss, der weitreichende Folgen haben sollte. Die acht größten deutschen Chemieunternehmen, darunter neben BASF die Berliner Agfa, Bayer und die Frankfurter Hoechst, schlossen sich zur Interessengemeinschaft Farbenindustrie AG zusammen. Vorbild war, wie sollte es anders sein, Rockefellers Standard Oil. Die IG Farben sollte ein Koloss mit mehr als 150 000 Beschäftigten und über 100 Fabriken werden. Der 52-jährige Bosch, der an die BASF-Spitze gerückt war, übernahm die Führung. 1926 war das Kohlebenzin soweit ausgereift, dass im Werk Leuna bei Merseburg die Produktion beginnen konnte. Ziel war die Herstellung von 100 000 Tonnen Treibstoff jährlich. Über fünf Jahre und mehr als 300 Millionen Reichsmark später war es soweit. Es gab bloß ein Problem. Es brauchte fünf Tonnen Steinkohle, um eine Tonne Benzin zu erhalten. Als die Produktion begonnen hatte, lag der Weltmarktpreis für Erdölbenzin bei 17 Pfennig pro Liter. Die IG Farben kalkulierte einen Produktionspreis von 20 Pfennig pro Liter für ihr Leuna-Benzin. Doch bis 1931 waren die Weltmarktpreise auf nur noch fünf Pfennig gesunken. Das Leuna-Benzin kostete in der Herstellung jedoch 23 Pfennig und war damit auf dem freien Markt nicht konkurrenzfähig. Das Kohlebenzin drohte eine gigantische Fehlinvestition zu werden. Da kam Hitler an die Macht. Noch 1933 schloss die neue Regierung eine Abnahmevereinbarung mit der IG Farben über 350 000 Tonnen des synthetischen Benzins. 1934 zwang der damalige Reichswirtschaftsminister Hjalmar Schacht die Braunkohleerzeuger, den Bau von Druckhydrierungsanlagen für Braunkohle zu finanzieren. Die Braunkohle Benzin AG oder Brabag baute zwei Hydrierwerke. Schließlich arbeiteten 17 Hydrierwerke im Reich. Dort wurden auch Tausende Zwangsarbeiter eingesetzt. Obwohl die einheimische Produktion schließlich auf 900 000 Tonnen angehoben werden konnte, wäre die doppelte Menge für eine Unabhängigkeit von Ölimporten notwendig gewesen. Hitler war sich der Achillesferse seines Dritten Reiches sehr wohl bewusst. Die künstlichen Treibstoffe sah er als Übergangslösung.[32] Im Sommer 1941 erklärte er etwa: »Es ist unmöglich, alles was uns fehlt durch synthetische Verfahren oder sonstige Maßnahmen selbst herstellen zu wollen. Es ist zum Beispiel unmöglich, dass wir unsere Treibstoffwirtschaft so ausbauen, dass wir uns ganz auf sie fundieren können. (...) Man muss einen anderen Weg gehen und muss das, was man benötigt und nicht hat, erobern.«

Hitlers Angriff auf die Sowjetunion war schon länger geplant gewesen. Die russischen Ölvorkommen spielten dabei keine Rolle.

Doch kurz nach dem Überfall verfügte Göring, die russischen Öl-felder sollten, »dauerhaft in deutscher Hand bleiben«. Das sollte die von den Deutschen als nationale Mineralölgesellschaft vom Schlage einer Royal Dutch Shell oder BP gegründete »Kontinentale Öl-Ak-tiengesellschaft« übernehmen.[33] Zwar gelang es, bei einer zweiten Offensive im August 1942 die Ölquellen im Kaukasus einzunehmen. Doch die abziehenden Rotarmisten hatten die Anlagen größtenteils zerstört, an eine rasche Betriebsaufnahme durch die Eroberer war nicht zu denken. Weitere Vorstöße in Richtung des Ölreviers von Grosny scheiterten. Schließlich machte eine sowjetische Gegenof-fensive das ganze Unternehmen zunichte. Durch Sabotage, Bom-bardements und nicht zuletzt den Raubbau, den die verzweifelt um Nachschub bemühten Deutschen in den verbleibenden Ölfeldern Österreichs, Rumäniens und Deutschlands betrieben, kam es bald zu Lieferausfällen. Zuletzt blieben vor allem die Hydrierwerke. Das fiel auch den Alliierten auf. Am 12. Mai 1944 kam es zum Groß-angriff, bei dem 935 Bomber die Hydrierwerke in Leuna, Böhlen, Zeitz, Lützkendorf und Brüx angriffen. Das traf Hitlers Reich ins Mark. Zwar schafften es die Deutschen, die Werke wenigstens teil-weise wieder in Betrieb zu nehmen. Doch im März 1945 lag deren Kapazität nur noch bei drei Prozent.[34] Keine zwei Monate später ka-pitulierte das Deutsche Reich.

Peak Oil: Die Angst vor dem Ende

Nach den Weltkriegen war die fundamentale Bedeutung von Öl nicht nur von der Wirtschaft, sondern auch von der Politik akzep-tiert. Das galt für die Alliierten genauso wie für ihre ehemaligen Gegner, Deutschland und Japan. Öl hat das 20. Jahrhundert ge-prägt. Und es wird aller grünen Hoffnungen zum Trotz auch das 21. Jahrhundert prägen. Bewaffnete Kämpfe um Öl und Gas haben auch nach 1945 nicht aufgehört. Angefangen von den Golfkriegen der USA bis zur Unterdrückung der Kurden, die ihren ersehnten Nationalstaat mit Öl Wirklichkeit werden lassen wollen. In Euro-pa, vor allem in Deutschland, ist die Kritik daran besonders stark.

»Kein Blut für Öl«, skandierten die deutschen Demonstranten, als die US-Truppen im Irak einmarschierten.[35] Tatsache ist allerdings, dass unserer modernen Industriegesellschaft Kohlenwasserstoffe zugrunde liegen. Dabei geht es um weit mehr als elektrisches Licht oder Benzin fürs Auto. Kein Öl und Gas würde auf absehbare Zeit heißen, stillstehende Fabriken, lahmgelegtes Internet, fehlende Medikamente, magere Ernten. Es würde bedeuten, keine Computer, kein Waschmittel, kein Klebeband, keine Kondome. Die Liste ließe sich beliebig verlängern. Nach wie vor gilt die inverse Verbindung zwischen Ölpreisen und Wirtschaftswachstum. Steigende Ölpreise bremsen die Wirtschaft aus.

Und der Durst nach Öl ist enorm: Weltweit werden fast 100 Millionen Barrel verbraucht. Das entspricht 16 Milliarden Litern. Täglich. Allein die USA, China und Indien brauchen inzwischen fast 40 Prozent davon.[36]

Kein Wunder, dass die Sorge um ein mögliches Ende der Vorkommen immer wieder aufkommt. Befürchtungen, der Rohstoff werde zu Neige gehen, gab es bereits in den frühen Tagen des Ölzeitalters, als Petroleum für die Beleuchtung wichtig und »Pennsylvania das Saudi-Arabien seiner Zeit« war, wie es Daniel Yergin in seinem Buch *The Quest* beschreibt.[37] Das unberechenbare Versiegen der Quellen nachdem sie zuvor einen schwarzen Geysir produziert hatten, habe die frühen Ölsucher verunsichert. So kam etwa der staatliche Geologe von Pennsylvania 1885 zu dem Schluss, die »beeindruckende Zurschaustellung von Öl« sei bloß kurzfristiger Natur und »junge Männer werden sein natürliches Ende noch erleben«. Aufgrund solcher Warnungen, so Yergin, habe John Archbold, einer von Rockefellers Partnern bei Standard Oil, einige Anteile verkauft – mit Verlust. Als das Gerücht die Runde machte, auch in Oklahoma gebe es Öl, tat Archbold das als unmöglich ab. »Ich trinke jede Gallone, die westlich des Mississippi produziert wird.« Das tat er dann aber doch nicht, als wenig später in Oklahoma und Texas große Ölfelder entdeckt wurden. So wie Archbold gab es in den folgenden Jahrzehnten immer wieder selbsternannte Experten, die das Öl-Aus prognostizierten.

Aber es war vor allem ein Mann, der in der Nachkriegszeit das Denken über die Verfügbarkeit des wichtigen Rohstoffs prägte: Marion King Hubbert. 1903 geboren in Texas – wo sonst – fühlte er sich jedoch nicht in den Ölfeldern sondern im Hörsaal zuhause. Hubbert war Geologe, sein Ziel war es unter anderem, das Forschungsfeld weg von der Naturgeschichte zu führen und näher an der Physik und Mathematik anzusiedeln. Hubbert war ein unangenehmer Zeitgenosse. Arrogant, dogmatisch, egozentrisch, intolerant – so beschrieben ihn Kollegen und Studenten. Er war derart unbeliebt, dass die Columbia University ihm keinen Lehrstuhl anbot. So heuerte Hubbert bei Shell an. (Wo er in seiner Abteilung ebenfalls für ständigen Personalwechsel sorgte.) Doch Hubbert war ein brillianter Analytiker. Als junger Mann hatte er die Große Depression miterlebt. Eine Krise, über die er einmal sagte, sie sei komplett unnötig gewesen. »Wir hatten die notwendigen Ressourcen und die notwendige Arbeitskraft.« Schuld an dem Elend waren seiner Ansicht nach die Politik und die Ökonomen mit ihrem Glauben an Märkte und Preise. In seiner Zeit an der Columbia lernte er Gleichgesinnte kennen. Sie gründeten eine Bewegung, die dafür eintrat, statt einer Demokratie eine Technokratie einzuführen. Darunter verstanden sie eine Planwirtschaft, die von hochqualifizierten Wissenschaftlern (Leute wie Hubbert und Kollegen) gelenkt werden sollte. Die Technokraten waren überzeugt, dass die Zivilisation eine falsche Richtung eingeschlagen hatte. Statt auf einem Geldsystem sollten Wirtschaft und Gesellschaft auf Energieaustausch basieren. In einer Technokratie würde genau Buch darüber geführt, wer für was wieviel Energie konsumiert. Jedem Bürger würden Energiezertifikate zugeteilt, die er entsprechend gegen Produkte und Dienstleistungen eintauschen würde.[38] Hubbert war überzeugt, dass Ressourcen endlich sind. Deshalb sah er Null-Wachstum als einzige Möglichkeit an, die Menschheit vor dem Ruin zu bewahren. Wichtig war dabei eine Steigerung der Effizienz, um mit möglichst wenig Ressourcen auszukommen. Die Technokratenbewegung gewann allerdings nie großen Einfluss, was vielleicht auch an ihren Vertretern gelegen haben mag. Die Mitglieder trugen selbst entworfene Uniformen und kürten einen Anführer, den »Großen Ingenieur«, vor dem sie salutierten, wenn er den Raum betrat.

Doch die Idee endlicher Vorkommen ließ Hubbert nicht los. Bei einer Konferenz in San Antonio 1956 stellte er schließlich seine Theorie dazu vor, die ihn dann doch berühmt werden ließ. Die Ölproduktion der USA, so seine Prognose, würde 1965 ihren Gipfel erreichen und danach schwinden. Daraus wurde die »Peak Oil«-Theorie, und der Fördergipfel ihm zu Ehren »Hubbert's Peak« genannt. Seine düstere Vorhersage machte Hubbert nicht gerade beliebter. Doch als die Ölproduktion der USA nach 1970 langsam aber sicher abnahm, sah er sich mehr als bestätigt. Hubbert wurde zum Ölorakel.

Das Erreichen von Hubberts Gipfel in den 1970er Jahren, gefolgt vom Schock durch das Ölembargo 1973, hatte auch jenseits der Branche Auswirkungen. Es wurde klar, dass die USA nicht mehr autark waren vom Rest der Welt. Das Land war vom größten Exporteur zum Importeur geworden. Und es wurde absehbar, dass mit dem weiteren Wachstum Amerikas der Bedarf nur noch weiter steigen würde. Politiker in Washington wurde klar, dass sie von nun an die Energieinteressen der USA im Ausland schützen mussten. Es war einer der wichtigsten geopolitischen Wendepunkte der Nachkriegszeit.

Hubbert wendete seine Methode auch auf die weltweiten Ölreserven an. Seine Annahme, auch weltweit sei der Höhepunkt der Ölförderung bis spätestens zum Jahr 2000 mit 34 Millionen Barrel täglich überschritten, galt für die Anhänger des Ölpropheten als Evangelium. Tatsächlich lag das Produktionsvolumen in diesem Schicksalsjahr bei 75 Millionen Barrel. 2018 lag sie bei 100 Millionen Barrel. Hubbert verstarb 1989 und erlebte nicht mehr, wie sehr er mit seinen Prognosen daneben lag.

Als um das Jahr 2005 die weltweite Produktion ein Plateau erreichte, löste das eine neue Öl-Endzeit-Panikwelle aus. Es gab Bücher, die über den bevorstehenden Zusammenbruch der Wirtschaft, ja der gesamten Zivilisation durch unbezahlbare Energiepreise philosophierten. Im September 2004, nachdem die Preise stark angezogen hatten, zitierte das *Wall Street Journal* den Gründer der Association for the Study of Peak Oil mit den Worten: »Holy Mother! Der Moment ist gekommen.« Selbst die Simpsons erlebten in einer Episode ihren Peak-Oil-Moment. James Schlesinger, Energieminister unter Jimmy Carter, erklärte auf einer Branchenkonferenz in Italien 2005, wer Peak Oil leugne, sei wie die Bewohner von Pompeji, die das Grollen des Vesuv ignorierten. Die hohen Preise schienen die Warner zu bestätigen. »Man hätte meinen sollen, dass die Leute etwas skeptischer auf solche Behauptungen reagieren würden, wenn man bedenkt, dass die Preise 2003 anzogen, nachdem die Produktion in Venezuela zusammengebrochen war und der Zweite Golfkrieg die irakischen Lieferungen unterbrach«, schrieb Michael Lynch, langjähriger Energiespezialist und unabhängiger Analyst in einer Rückschau 2018[39] auf die damaligen Warnungen.

Peak-Oil-Anhänger wie -Spötter räumen jedoch ein, dass es schwer zu sagen ist, wieviel Öl oder auch Gas noch im Boden steckt. Ein Branchenkenner verglich es einmal damit, mit einem Blick durch das Schlüsselloch einschätzen zu wollen, was an Beständen in einem Lagerhaus zur Verfügung steht.

Üblicherweise teilt die Branche die Vorkommen in drei Kategorien ein. Da sind die nachgewiesenen Vorkommen. Darunter wird Öl verbucht, das sich mit 90-prozentiger Wahrscheinlichkeit mit den verfügbaren Technologien und unter den bestehenden wirtschaftlichen Verhältnissen fördern lässt.

Dann ist da die höhere Menge aus nachgewiesenen und wahrscheinlichen Reserven, bei denen die Wahrscheinlichkeit, dass es ökonomisch sinnvoll ist, sie zu fördern, allerdings nur bei 50 Prozent liegt. Und schließlich die nachgewiesenen plus die wahrscheinlichen sowie die möglichen Reserven, unter denen man alle Vorkommen versteht, bei denen die Wahrscheinlichkeit, sie wirtschaftlich zu erschließen, bei über zehn Prozent liegt.

Woran Hubbert letztlich scheiterte, war seine Weigerung, den Ölpreis als bestimmenden Faktor für die zur Verfügung stehende Fördermenge mit einzubeziehen. Der überzeugte Technokrat wollte nicht wahrhaben, dass Finanzen eine größere Rolle als Geologie spielen sollten. Doch je höher der Preis, desto mehr Vorkommen sind auf wirtschaftliche Weise zu erschließen. Und Hubbert, in seinem ihm offenbar eigenen Größenwahn, war überzeugt, nicht nur alle technologischen Möglichkeiten seiner Zeit zu kennen, sondern auch die künftigen absehen zu können.

Es waren diese beiden Komponenten – hohe Preise und neue Technologie – die zum perfekten Zeitpunkt zusammen kamen und den Frackern ihren Durchbruch Jahrzehnte später schließlich ermöglichten. Sie ließen die Peak-Oil-Anhänger erst einmal verstummen. Oder besser gesagt, sie machten ihre Warnungen vorerst irrelevant. Wahre Hubbert-Anhänger beharren darauf, dass der Mann Recht behalten hat. Er habe schließlich nur das Ende des konventionell geförderten Öls prognostiziert. Schieferöl sei unkonventionell und dabei nicht berücksichtigt. Dem Markt ist jedoch die Fördermethode egal. Und so meldete die Internationale Energieagentur in ihrem Ausblick 2019: »USA treibt globales Wachstum bei Öl, kein Peak Oil in Sicht.« Ironischerweise trug ausgerechnet Hubbert mit seinen Forschungen zum Erfolg der Fracker bei. Die Erkenntnis, dass Öl und Gas nicht fest an einem Ort sitzen, sondern durch Gesteinsformationen wandern, geht unter anderem auf ihn zurück. In einer Studie 1957 mit dem Titel *Mechanik des Hydraulic Fracturing* beschäftigte er sich bereits mit den Möglichkeiten, dieses Wissen in der Praxis auszunutzen.

Die Fracker verfrachteten jedoch nicht nur Peak Oil auf die Halde überholter Theorien. Mit Peak Oil und der Angst vor dem Öl-Aus verlor noch etwas an Dringlichkeit: die Suche nach Alternativen. Hubbert hatte Energiesparen und Atomenergie empfohlen, um die von ihm erwartete Lücke zu schließen. Umweltschützer hofften, das bevorstehende Ende von Öl und Gas würde Wirtschaft und Politik dazu zwingen, sich endlich ernsthaft um erneuerbare Energiequellen zu kümmern. Und tatsächlich nahm die Suche nach Alternativen nach den Ölschocks der Siebziger an Fahrt auf.

Doch dann geschah etwas, das Hubbert in seinen kühnsten Träumen nicht hätte kommen sehen können. Etwas, das den globalen Ölmarkt in einer Weise verändern würde, die kein Experte, kein Konzernchef und kein Fracker vorhersehen konnte. Am 16. Juni 2015 fuhr Donald Trump auf der goldenen Rolltreppe des Trump Towers an der New Yorker Fifth Avenue in die Empfangshalle mit den pinken Marmorwänden hinab. Unter dem Jubel der Anwesenden kündigte er an, Präsident der Vereinigten Staaten werden zu wollen.

4 TRUMPS BRANDHEISSE FREUNDSCHAFTEN

Wie der 45. US-Präsident brav die Wunschlisten seiner Freunde,
der Energiemilliardäre abarbeitet und Natur und Tiere zu
Kollateralschäden macht.

Eine Krawatte für den Ölkönig

Auf den Prospect Park sind die Bewohner von Brooklyn, dem inzwischen hipp gewordenen ehemaligen New Yorker Arbeiterviertel, besonders stolz. Nicht nur, dass er von Frederick Olmsted und
Calvert Vaux, den Designern des Central Park entworfen wurde.
Die berühmte Grünfläche in Manhattan sei nur eine Übung für
das spätere Meisterwerk in Brooklyn gewesen, behaupten besonders passionierte Anwohner. Gerne weisen sie Besucher auf die
Sehenswürdigkeiten hin. Da ist der Lookout Hill, von dessen An-
höhe man einen Blick auf den großen See hätte, wenn der Berg
nicht längst von alten Eichen und Buchen überwachsen wäre. Da
ist das Bootshaus mit seinen Arkaden im toskanisch-klassischen
Stil, das alte Karussell und die Long Meadow, wo sich alle Welt zu
treffen scheint. Der Grashügel am südwestlichen Ende des Parks
gehört nicht zu den Attraktionen. Er hat nicht einmal einen Namen. Wenn es genug Schnee gibt im Winter, rutschen ihn Kinder
mit und ohne Schlitten hinunter. Im Sommer spielen junge Latinos
am Fuß des Hügels Volleyball. Es war dieser unscheinbare Flecken,
den sich David Buckel ausgesucht hatte, als er vor Sonnenaufgang
am 14. April 2018 sein Haus nicht weit vom Park entfernt verließ.
Um 5:55 Uhr früh, an seinem Ziel angekommen, schickte er eine
E-Mail an mehrere Zeitungen. Dann übergoss er sich mit Benzin
und zündete sich selbst an. Als die Feuerwehr und Rettungskräfte
um kurz nach sechs Uhr eintrafen, fanden sie nur seine verkohlte
Leiche. »Ich möchte mich für die Sauerei entschuldigen«, schrieb

er in einer Botschaft an die Einsatzkräfte, die er zusammen mit einer Visitenkarte in der Nähe befestigt hatte.[1]

Buckel war Anwalt und nicht ganz unbekannt. Er hatte sich für die Rechte Homosexueller, vor allem für die gleichgeschlechtliche Ehe, eingesetzt. Einer seiner prominentesten Fälle war eine Klage gegen Polizisten in Nebraska, die die Vergewaltigung eines jungen Transgendermannes nicht geahndet hatten. Dieser wurde schließlich von den Tätern ermordet. Das Geschehen wurde in dem Hollywoodfilm *Boys don't cry* mit Hilary Swank in der Hauptrolle verfilmt. Er sei ein Idealist gewesen, extrem engagiert«, erinnerten sich Kollegen. Doch in seinem letzten Lebensjahrzehnt hatte sich Buckels Engagement der Vernichtung unserer Umwelt zugewandt. Er hängte seinen Anwaltsberuf an den Nagel und wurde Leiter einer Kompostierungsanlage in New York, die er ohne den Einsatz fossiler Brennstoffe nur mit Sonne, Wind und der Hilfe von Freiwilligen betrieb, wie er stolz bemerkte. Er lief zu Fuß zur Arbeit, obwohl die Anlage eine Stunde von seiner Wohnung entfernt war.

Doch irgendwann muss Buckel am Sinn seines Tuns gezweifelt haben. In seiner Nachricht an die Medien, die er in den Minuten vor seinem Tod losschickte, schrieb er: »Mein früher Tod durch fossile Brennstoffe spiegelt, was wir alle uns antun. Die Verschmutzung verwüstet unseren Planeten. Meine Hoffnung ist, dass mein Leben zu opfern die nötige Aufmerksamkeit weckt, um mehr dagegen zu tun « Der Selbstmord des 60-Jährigen ist die bisher wohl erste und einzige Selbstverbrennung gegen den Klimawandel. Die Frage, die Kollegen und Familie umtrieb: Warum jetzt?

Am Ende eines Arbeitstages bedankte Buckel sich stets bei seinen Helfern dafür, dass sie etwas Gutes für die Erde getan hätten. Doch zwei Wochen vor seinem Tod bemerkten die, die ihn gut kannten, wie ihn etwas zu belasten schien. Statt hoffnungsvolle Botschaften zu verbreiten, sinnierte er düster über Hitzerekorde in der Arktis. Später entdeckten sie, was zu der Zeit, als in Buckel wohl die Entscheidung zum Opfertod reifte, in den Zeitungen berichtet wurde: Trumps Ankündigung, er werde die strikteren Abgasregeln seines Vorgängers Obama wieder abschaffen.[2] Die Vorstellung, dass der Präsident alle Fortschritte im Kampf gegen den Klimawandel zunichtemachen würde, sie muss für Buckel unerträglich gewesen sein.

Seine Reaktion darauf war extrem. Doch extrem ist auch der Eifer, mit dem Trump alles fördert, was mit Öl, Gas und Kohle zu tun hat. Auf die Idee kam der Immobilienunternehmer und Reality-TV-Star allerdings nicht von allein. Milliardäre sorgten dafür, dass dies eines der wichtigsten Anliegen des Präsidenten wurde.

Im Mai 2016, mitten im Präsidentschaftswahlkampf, flog Trump mit seiner privaten Boeing 757 mit den 24-Karat-vergoldeten Sitzgurtschnallen nach Bismarck, der Hauptstadt von North Dakota. Vor ein paar Jahren wurde in dem für sein raues Wetter bekannten Bundesstaat diskutiert, sich nur noch Dakota zu nennen, um das abschreckende »Nord« loszuwerden und mehr Besucher anzulocken. Das scheiterte aber am Widerspruch des Nachbarstaates South Dakota. Trump kam, weil er sich bedanken wollte für die Unterstützung der Delegierten North Dakotas, die geholfen hatten, ihn kurz zuvor beim Parteitag zum offiziellen Kandidaten der Republikaner zu küren. Aber Trump hatte noch eine weitere Person, der er zu Dank verpflichtet war. Harold Hamm, den Trump in einer Rede den »Ölkönig« getauft hatte.

Wie der Frackingpionier Mitchell hatte sich Hamm von ganz unten nach oben geboxt. Er war das Kind von Sharecroppern in Oklahoma – Farmpächtern, denen nicht einmal das Schwarze unter den Fingernägeln gehörte. Harold war der jüngste von 13. Statt in die Schule zu gehen, pflückte er Baumwolle, bis der erste Schnee die Felder bedeckte. Als er Teenager war, zog die Familie nach Enid, wo Champlin Petroleum die halbe Anwohnerschaft beschäftigte. Dort bewunderte Hamm die Ölmänner. »Charismatisch und überlebensgroß« seien sie gewesen, erinnerte sich Hamm Jahrzehnte später noch in einem Artikel für das Wirtschaftsmagazin *Forbes*.[3] Nach dem Abschluss der High School arbeitete er an einer Tankstelle, reparierte Autos. Doch sein Traum war es, Ölmann zu werden. Mit geliehenem Geld startete er »Harold Hamm Tank Truck« und fuhr Tanklaster für Förderfirmen in den Ölfeldern. Er hörte von einer alten Ölquelle, die neu aufgebohrt worden war und die plötzlich wieder fleißig produzierte. Hamm sah sich die Förderstatistiken von Quellen in der Umgebung an. Dabei fiel ihm auf, dass die Bohrer in tieferen Lagen auf eine durchlässige Schicht gestoßen sein mussten. Sein

Schluss: Es musste eine ergiebige Schicht in der Nähe geben, von der das Öl ursprünglich stammte. Viele taten das als die Spinnereien eines Greenhorns ab, aber ein paar Leute interessierten sich für seine Idee und – noch wichtiger – gaben ihm Mittel für eine Bohrung, die damals schon immerhin 100 000 Dollar teuer war. »Ich verschuldete mich über beide Ohren und riskierte alles«, schrieb Hamm in seinen Erinnerungen. Im November 1971, da war der junge Unternehmer 25 Jahre alt, stieß er das erste Mal auf Öl. Die Produktion daraus reichte immerhin, um die offenen Rechnungen zu bezahlen. Die zweite Quelle, die der Wildcatter auf gut Glück fünf Meilen entfernt im Gelände ansetzte, brachte den Durchbruch: 75 Barrel pro Stunde schossen herauf. Mit dem Erlös aus seiner Firma, die er nun großspurig Continental Resources nannte, konnte es sich Hamm leisten, ein Geologiestudium zu absovieren.

Was Hamm schließlich zu Trumps »Ölkönig« machte, war jedoch sein Einfall, das von George Mitchell beim Erdgas eingesetzte Fracking auch bei Öl anzuwenden.[4] Viele in der Branche hatten Zweifel, ob es überhaupt gelingen würde, Öl durch die haarfeinen Risse, die durch das Fracking entstehen, zum Fließen zu bringen. Hamm wollte es wissen. Auch, weil Continental Resources nach den ersten Erfolgsjahren eine längere Durststrecke durchmachte. Er sah Chancen in North Dakota. Ganz wie bei seiner ersten Bohrung waren es bestehende Ölfelder, die ihre Glanzzeiten hinter sich hatten, die Hamm anlockten. Der letzte große Boom hoch oben im Norden war in den 1970er Jahren gewesen. Doch Hamm sah Potenzial im Bakken, einer 360 Millionen Jahre alten Ölschieferformation so groß wie Sri Lanka, die sich 3 000 Meter tief unter dem Präriegras hoch bis ins kanadische Saskatchewan und hinunter bis Montana zieht. Um Wettbewerber nicht neugierig zu machen, registrierte er 2004 seinen Bohrturm unter dem Namen Jolette Oil. Volltreffer![5] Bevor Hamms Rivalen es ahnten, hatte sich der Mann aus Oklahoma billig Förderrechte in dem nördlichen Bundesstaat gesichert. Doch die anderen zogen nach. Wo noch vor ein paar Jahren ein paar Hundert rostige Pumpen auf den Getreidefeldern vor sich hin nickten, stehen jetzt Tausende Fördertürme über die weiten baumlosen Hügel verteilt, als wäre ein Schwarm riesiger Stahlheuschrecken eingefallen. Über 2 000 Quellen sind angezapft, mehr als 3 000 weitere schon geplant. Im September 2018 lieferte die Region 1,2 Millionen Barrel täglich – mehr als die OPEC-Länder Ecuador und Katar zusammen. Dank Hamms Entdeckung wurde North Dakotas Wirtschaft »heißer als ein Bürgersteig in Houston«, wie es das Magazin *Mother Jones* einmal formulierte. Auf den Pick-up-Trucks der Ölleute pappten »Fracking the Bakken«-Aufkleber. Williston, im Zentrum des Booms, war bis dahin eine jener zahllosen amerikanischen Kleinstädte im Hinterland, in der ein Cowboyhut kein Fashion Statement, sondern Arbeitskleidung der Farmer und Rancher ist. An der Main Street reihten sich die üblichen Institutionen: der klotzige Sandsteinbau der lokalen Bank, daneben das örtliche Kaufhaus, eine Handvoll Läden und – eine Errungenschaft des 21. Jahrhunderts – ein Internetcafe. Dann kam der Ölrausch. Es war nicht lange nach der Finanzkrise 2008, die die Große Rezession ausgelöst hatte. Fast neun Millionen Jobs quer durch alle Sektoren wurden innerhalb weniger Monate vernichtet. So erhofften sich viele eine neue Chance in Williston. Auf dem Höhepunkt des Booms kletterten täglich Neuankömmlinge aus den Propellermaschinen, die den winzigen Flughafen in der Prärie ansteuerten. Nur die sehr Glücklichen fanden ein Dach über dem Kopf. Hunderte nächtigten anfangs auf dem Parkplatz des örtlichen Walmart. Auf eine Frau kamen 120 Männer. Stripperinnen verdienten 2 000 Dollar in einer Nacht. Schließlich folgten die Immobilienentwickler und Investoren, ganze Stadtviertel entstanden. In wenigen Jahren hat sich die Einwohnerzahl auf 25 000 mehr als verdoppelt.

Hamm mit seiner Firma Continental Resources wurde dank des Bakken zum Multimilliardär. Das blieb er selbst nach einer spektakulären Scheidung von seiner zweiten Frau Sue Ann, die sich über drei Jahre vor verschiedenen Gerichten hinzog. Hamm beendete die Sache schließlich mit einem Scheck in Höhe von 974 790 317,00 Dollar – knapp eine Milliarde. Für Hamm ärgerlich, aber nicht wirklich schmerzhaft. 2019 belief sich sein Vermögen laut der *Forbes*-Liste immerhin noch auf 12 Milliarden Dollar.

Wie Hamm es sah, hinderten jedoch Umweltauflagen die USA daran, ihr Energiepotenzial voll auszuschöpfen. »Wir könnten das Saudi-Arabien des 21. Jahrhunderts werden«, sagte er bereits 2011

dem *Wall Street Journal*.[6] Nur einer stand dem nach Hamms Auffassung damals im Weg: Barack Obama. Im Juli 2011 traf der Präsident Microsoft-Milliardär Bill Gates und die Investorenlegende
Warren Buffett im Weißen Haus. Thema sollte eine größere Rolle
von Wohltätigkeit sein, ein Anliegen, das Obama politisch unterstützen wollte. Hamm war ebenfalls eingeladen. Der Wildcatter sah
seine Chance gekommen. Er warb vor dem Präsidenten für seinen
Vorschlag, mehr Land für die Öl- und Gasförderung zugänglich zu
machen. Damit würde das Öl der OPEC überflüssig werden und
Amerika würde den politischen Treibsand des Mittleren Ostens
hinter sich lassen können. Obama zeigte sich wenig beeindruckt.
Die Zukunft liege stattdessen bei erneuerbaren Energien und Elektroautos, beschied er dem Ölmann. »Ziemlich enttäuschend«, sei
die Begegnung mit dem mächtigsten Mann der Welt gewesen, gab
Hamm später zum Besten.[7]

Als Obama im Jahr darauf zur Wiederwahl anstand, unterstützte
Hamm seinen Rivalen, den Republikaner Mitt Romney, nicht nur
mit Spenden, sondern auch als Berater in Energiefragen. Romney
unterlag Obama deutlich. Hamm aber suchte nach einem neuen
Kandidaten, der seine Pläne, die USA zur neuen Ölmacht zu machen, in die Tat umsetzen würde. Er fand ihn ausgerechnet in dem
Immobilienmogul und Reality-TV-Star Donald Trump.

Die Männerfreundschaft zwischen Trump und Hamm begann
mit einer Krawatte, beziehungsweise Hamms offenem Hemdkragen.
So erzählte er es zumindest in einem Interview mit der *Washington
Post*.[8] Ende 2012 befand sich der Chef von Continental Resources
auf einer Geschäftsreise in Manhattan und beschloss, bei Donald
Trump vorbeizuschauen. Die beiden waren bis dahin flüchtig bekannt. Beim Treffen bemerkte Trump, dass Hamm keine Krawatte
trug. Gemeinsam fuhren sie hinunter in die Lobby des Trump Tower,
in der Trump vier Jahre später seine Kandidatur ankündigen würde, und gingen zu einem Stand mit Trump-Souvenirs. Dort fächer-
te Trump vor seinem Besucher einen Regenbogen verschiedenfarbi-
ger Trump-Seidenkrawatten auf. »Das sind Bestseller«, versicherte
er Hamm. Als der für ein Fotoshooting des Wirtschaftsmagazins
Forbes kurz darauf eine von Trumps Krawatten trug, erhielt er von
dem New Yorker Immobilienmogul ein Paket. In dem beiliegenden

Brief hieß es: »Lieber Harold – deine Krawatte auf der Titelseite von *Forbes* sah spitze aus, aber der Artikel über dich war noch besser. Du bist einfach unglaublich! Mit den besten Wünschen, Donald J. Trump. PS: Anbei noch eine Auswahl Krawatten.« Hamm war von der Geste beeindruckt.

Als Trumps Flieger im Mai 2016 in Bismarck landete, hatte Hamm längst eine führende Rolle als Wahlkampfberater. Bei einem Wahlsieg Trumps würde er Energieminister, so spekulierten sogar einige. (Trumps Wahl fiel stattdessen auf Rick Perry, den ebenfalls energiefreundlichen ehemaligen Gouverneur von Texas.) Auf der Bühne der Williston Basin Petroleum Conference führte Hamm seinen New Yorker Freund ein. Es war ein dankbares Publikum. Die Ölleute im Norden hatten nicht vergessen, was der Mann aus Oklahoma für sie erreicht hatte. »Bald wird Bakkenöl bis nach Südkorea fließen«, versprach Hamm. Er habe seinem Freund Donald gesagt: »We will power America back to greatness« – Öl und Gas werde zur Energierenaissance des Landes führen. Und Trump habe sich das alles notiert. Dann machte er die Bühne frei: »Und nun meine Damen und Herren – heißen Sie unseren nächsten Präsidenten willkommen!« Als Trump an jenem Nachmittag unter Applaus an das Rednerpult trat, mag wahrscheinlich noch nicht einmal er selbst an seinen Wahlsieg geglaubt haben.[9] Doch knappe fünf Monate später schlug der Immobilienmogul die Washington-Insiderin und Politikveteranin Hillary Clinton. Die Demokratin holte nur 27 Prozent der Stimmen in North Dakota, während Trump mit 63 Prozent den Bundesstaat für sich gewann.

Drill, Baby, Drill

Und Trump machte sein Versprechen wahr. Er und seine Ministerialen waren vom ersten Tag im Weißen Haus eifrig bemüht, alle Beschränkungen aufzuheben, die Förderunternehmen behindern könnten. Nicht einmal ganz vier Tage thronte Trump hinter dem wuchtigen englischen Eichenschreibtisch im Oval Office – ein Geschenk von Queen Victoria an die neuen Herren der ehemaligen britischen Kolonie – da unterzeichnete er die Genehmigung für das letzte Stück der umstrittenen Dakota Access Pipeline. Dieser Teil der Ölleitung führt durch Land, das einst den Standing Rock Sioux zugesprochen worden war. Der Stamm hatte sich schon unter Obama jahrelang gegen den Bau gewehrt, in dem die Sioux eine Gefahr für ihr Wasser sehen. Wenige Monate, nachdem die 1 886 Kilometer lange Pipeline angeschlossen war, die Ölquellen im Bundesstaat North Dakota mit Tanklagern in Illinois verbindet, meldete der Bundesstaat einen neuen Förderrekord.[10] Als nächstes machte Trump Schutzgebiete rückgängig, die von seinen Vorgängern Obama und Clinton eingerichtet worden waren. Noch nie zuvor hatte ein Präsident ein bereits eingerichtetes Schutzgebiet in diesem Ausmaß dezimiert. Trump flog eigens nach Salt Lake City im Bundesstaat Utah, um die Aufhebung offiziell zu verkünden. Er sei inspiriert von den majestätischen Gipfeln, den Canyons, die ihn die Schönheit von Gottes Schöpfung vor Augen führe, sagte er. »Manche glauben, dass die natürlichen Ressourcen nur von ein paar Bürokraten im fernen Washington kontrolliert werden sollen. Aber das ist falsch.« Er sei gekommen, um den Bürgern von Utah ihr Land wiederzugeben.[11] Tatsächlich schrumpfte Trump mit seiner Anordnung den Nationalpark Bears Ears, der viele prähistorische Funde enthält, auf nur noch 15 Prozent seiner ursprünglichen Fläche und gab 85 Prozent für die Öl- und Gasindustrie frei. Auch Kohle und Uranium sind reichlich vorhanden. Durch die Aufhebung des Schutzes gilt dort nun wieder das Generelle Minen- und Schürfrecht von 1872, als jeder, der vier Pflöcke in den Boden rammte, sich einen Claim sichern und Bodenschätze abbauen konnte.[12] Das war erst der Anfang. Trumps Innenminister Ryan Zinke war an seinem ersten Tag im Amt auf seinem Pferd Tonto in Washington eingeritten. Er gab sich so überzeugend als bodenständiger Naturbursche, dass Umweltschützer zunächst hofften, er werde Verständnis für ihre Anliegen haben. Doch auf Anweisung Trumps machte sich Zinke sofort daran, alle Nationalparks und Naturschutzgebiete auf eine mögliche Öffnung für Förderunternehmen zu prüfen. »Unter Präsident Trump werden wir die stärkste Energiesupermacht werden, die die Welt je gesehen hat«, prahlte der Minister, der seine Aufgabe, die natürlichen Ressourcen seiner Heimat zu schützen, recht eigenwillig auslegte. Unter Obama waren die Bestimmungen für die Nutzung von öffentlichem Grund und Boden stark verschärft worden. Zwar war es durchaus noch möglich, eine Fördergenehmigung für Federal Land zu bekommen. Doch die strikten Umweltauflagen machten es denkbar unattraktiv für die Unternehmen. Nicht nur gab Trumps Umweltbehörde bisherige Schutzgebiete für die Erschließung frei, auch lockerte die die Umweltauflagen. So hatten die Behörden unter Obama die Unternehmen gezwungen, ausströmendes Methan, ein starkes Treibhausgas, das bei der Erschließung von Ölquellen meist als Nebenprodukt austritt, aufzufangen, statt es einfach wie sonst üblich abzufackeln, was zu Emissionen und Umweltbelastungen führt. Unter Trump wurde diese Vorschriften weitgehend wieder aufgehoben. Durch die Streichung der Regel sparen die Bohrfirmen rund eine Milliarde Dollar über die nächsten zehn Jahre.[13]

Zinke trat Ende 2018 zurück. Zu diesem Zeitpunkt liefen 15 Untersuchungsverfahren wegen möglicher Verstöße gegen Ethikrichtlinien und Amtsmissbrauch gegen ihn. Unter anderem beschäftigten sich die Ermittlungen mit einem Grundstücksgeschäft, das der Innenminister in seinem Heimatort in Montana mit dem Ölservicegiganten Halliburton abgeschlossen hatte.[14] Zinke wies alle Vorwürfe als »politisch motivierte Angriffe« zurück. Sein Rücktritt kam, kurz bevor die Demokraten nach den Kongresswahlen im November die Mehrheit im Repräsentantenhaus übernahmen und Trumps Innenminister damit rechnen musste, vor einem Untersuchungsausschuss zu landen. Bevor er Washington verließ, lud er allerdings noch einmal zur Weihnachtsfeier im Ministerium ein. Dort posierte er, angetan mit einer Nikolausmütze, vor einem ausgestopften Eisbären – für Abschiedsfotos. Doch Zinkes Rücktritt machte den Weg für einen Insider frei, der noch enger mit der Industrie verzahnt war als sein Vorgänger.

Es ist kein Wunder, dass das Ritz-Carlton in Laguna Niguel bei Hochzeitspaaren beliebt ist, sofern sie über das nötige Kleingeld verfügen. Das Hotel im spanisch-kalifornischen Kolonialstil schmiegt sich direkt an den hellen Sandstrand, über dem türkisblauen Pool wiegen sich Palmen. Hier trafen sich in einem der Konferenzräume im Juni 2017 an die hundert Mitglieder der International Petroleum Association of America IPAA, die Lobbying-Gruppe von Öl- und Gasunternehmen. Die Herren – es waren fast ausschließlich Männer – hatten etwas zu feiern. »Wir haben direkten Zugang wie nie zuvor«, erklärte IPAA-Chef Barry Russell, und gemeint war das Kabinett des neuen Präsidenten Trump. Allein in der vorigen Woche sei er, Russell, erst im Weißen Haus gewesen, um Trumps Steuerreform zu besprechen, dann habe er bei Umweltminister Scott Pruitt vorbeigeschaut und demnächst sei er zu Besuch beim Innenminister. »Überall Leute, die uns helfen wollen. Einfach großartig« Aus dem lauten Gelächter kann man schließen, dass seine Zuhörer das genauso sahen.[15] Aber Russell hatte noch mehr gute Nachrichten. Ob sie sich an die interne Gruppe von Juristen erinnerten, die in Washington im Auftrag des IPAA eine Aufweichung des Artenschutzes erreichen sollten? »Der Typ, der die Gruppe leitete, wird jetzt die Nummer 2 beim Innenministerium. Das hat gut geklappt!«, freute sich der Cheflobbyist. Bei dem Anti-Artenschutz-Juristen handelte es sich um David Bernhardt, der zunächst als Zinkes Stellvertreter berufen worden war. Als Trump ihn nach dem Abschied Zinkes zum Innenminister beförderte, spielte ein Informant den Reportern des Center for Investigative Reporting einen heimlichen Mitschnitt des Ritz-Carlton-Treffens und von Russells Rede zu. Es belegte eine intime Industrienähe, die in Bernhardts Vorgehen im Innenministerium mehr als deutlich wurde.

Zu den prominentesten Opfern des ehemaligen IPAA-Anwalts dürfte das Beifußhuhn gehören. Der kniehohe Bodenbrüter mit einem bizarren Federkranz wirkt ungeschickt und unfreiwillig komisch. Doch die Vögel bilden ein wichtiges Element für das bedrohte Ökosystem der Wildsalbei- und Wacholderheiden. Dort leben auch Gabelbock, Maultierhirsch, Zwergkaninchen und Höhleneule. Ihr Lebensraum wurde zunehmend bedroht durch Überweidung und Fracking, denn die Heimat der Beifußhühner gehört gleichzeitig zu den erdölreichsten Regionen der USA. Umweltschützer drängten darauf, den Vogel auf die Liste der bedrohten Tierarten zu setzen. Schließlich hatte der Hühnerbestand – in der Prärie gab es einst Zehntausende – um 90 Prozent abgenommen. Präsident Obama fand 2015 einen Kompromiss. Der Vogel würde nicht auf die Artenschutzliste kommen, was eine weitgehende Sperre für landwirtschaftliche und sonstige gewerbliche Nutzung des öffentlichen Landes bedeutet hätte. Dafür würden die Rancher und Fracker ihre Aktivitäten auf bestimmte Bereiche beschränken.[16]

Es war Bernhardt, der für die Aufhebung dieses Schutzes durch das Innenministerium sorgte. In Wyoming bot das Bureau of Land Management – kurz BLM –, das dem Ministerium untersteht und für Land in US-Bundeseigentum zuständig ist, Anfang 2019 über 3 000 Quadratkilometer Prärie zur Pacht an Förderfirmen an, das entspricht einer Fläche größer als das Saarland.[17] Der neu eingesetzte Verwalter des BLM sagte in einem Interview, man wolle die Behörde »zu einem besseren Geschäftspartner der Öl- und Gasindustrie machen«. Es war die bisher größte Ausschreibung öffentlichen Lands in dieser Weise. Wäre es nach dem neuen BLM-Chef gegangen, hätte das Land schon Monate vorher für die Bohrtürme offen sein sollen. Natur- und Vogelschützer hatten jedoch zunächst versucht, durch eine Klage das Vorhaben zu verhindern. Ohne Erfolg. Die Steuerzahler wurden für die Freigabe der bis dahin unberührten Natur mit 87 Millionen Dollar entschädigt. Soviel kassierte das BLM für die Förderrechte. Das mag nach viel Geld klingen. Doch bei einem US-Staatshaushalt von über vier Billionen Dollar ist diese Summe nicht einmal ein Rundungsfehler.

Bernhardt war auch die treibende Kraft hinter einer Maßnahme, die den Vogelschutz deutlich aufweicht. Der Migratory Bird Treaty Act, der bereits 1918 mit Kanada abgeschlossen wurde, macht die Tötung von Zugvögeln strafbar. Als zunehmend Vögel durch Anlagen der Ölfirmen zu Tode kamen, etwa weil sie in den verschmutzten Abwasserteichen starben, beriefen sich die Beamten des BLM auf das Abkommen. Die Strafverfolgung zeigte Wirkung. Zwar sterben immer noch zwischen 500 000 und einer Million Vögel jährlich in den Förderanlagen, zuvor waren es jedoch mehr als doppelt so viele. BP zahlte nach der Deepwater-Horizon-Explosion 100 Millionen Dollar für die Vögel, die in der Ölpest umkamen.

Doch der Ölindustrie war der Aufwand, etwa die toxischen Abwässer mit Netzen abzudecken, ein Dorn im Auge. Als Hamms Continental Resources bestraft wurde, weil ein Singvogel in einem nicht abgedeckten Abwasserteich starb, ging das Unternehmen durch die Instanzen. Ein Richter hob die Strafe schließlich auf. Dennoch blieb Hamm ein Kritiker der Schutzvorschrift. Bei seinem Wahlauftritt in North Dakota versprach Trump seinen Freunden in der Ölbranche, solchem »Fehlverhalten der Regierung« ein Ende zu bereiten.

Bernhardt brachte von seiner Arbeit bei der IPAA die richtigen Kenntnisse mit, wie sich das Abkommen aushebeln lassen würde. Er gab ein Gutachten in Auftrag, das zu dem Ergebnis kam, der Migratory Bird Treaty Act sei von seinen Vorgängern zu streng ausgelegt worden. Künftig gilt er nur noch, wenn eine Tötungsabsicht vorliegt. Wenn etwa ein Ölunternehmen per Hochdruckstrahl Vogelnester in einer Förderanlage entfernt, wäre das unter der bisherigen Auslegung des Abkommens ein Verstoß gewesen. Nach der neuen Auslegung wäre das nur dann der Fall, wenn die Entfernung der Nester mit Absicht erfolgt wäre. Wenn es eben bei der Reinigung aus Versehen passiert – hoppla – war es keine Absicht und damit nicht strafbar. Der Anwalt, der das Gutachten für Bernhardt erstellte, war ebenfalls vertraut mit der Materie: Er arbeitete zuvor für die Koch-Brüder, Milliardenerben eines Pipeline- und Raffinerieimperiums.[18]

Das war noch lange nicht alles, was der neue Innenminister für seine ehemaligen Auftraggeber tun konnte. Bernhardt war auch für die Umsetzung eines weiteren Wunsches der Ölbranche verantwortlich. Der Minister will so gut wie ausnahmslos alle Küstengewässer für Ölplattformen freigeben – von der Arktis bis zum Golf von Mexiko, nahezu das ganze Küstenplateau im Pazifik wie im Atlantik. Zu den Ausnahmen gehört die Küste Floridas, wo die Trump-Organisation im Immobiliengeschäft aktiv ist. Ölplattformen etwa in Sichtweite von Trumps Luxusressort Mar-a-Lago auf der Reicheninsel Palm Beach scheinen nicht wünschenswert. Dieser Alles-Was-Geht-Energieplan war so extrem, dass er selbst einigen von Trumps Parteifreunden bei den Republikanern zu weit ging. Es gab Widerstand von den betroffenen Küstenstaaten – auch einigen unter republikanischer Führung. Er sei pro Offshore-Erschließung, sagte etwa Brian Kemp, Gouverneur von Georgia und ansonsten ein glühender Anhänger des Präsidenten der Tageszeitung *USA Today* im März 2019. »Aber ich sehe nicht, warum es ausgerechnet vor Georgia sein muss.« Das American Petroleum Institute API, der Branchenverband, veröffentlichte eine Studie, die Trump dagegen als Bestätigung sehen dürfte. Demnach soll die Freigabe der Pazifikküste neue Wirtschaftsaktivitäten in Höhe von 160 Milliarden Dollar generieren, die Erschließung der Atlantikküste sogar 260 Milliarden Dollar. »Für US-Konsumenten und Familien, die sich mehr Jobs, Investment in ihre Kommunen, Energie und nationale Sicherheit wünschen, sollten das willkommene Nachrichten sein«, sagte Erik Milito, der zuständige API-Abteilungsleiter, bei der Vorstellung der Studie. Gleichzeitig wurden die Regeln für das Bohren in den Ozeanen gelockert. So sind regelmäßige Inspektionen durch externe Prüfer nicht mehr länger zwingend. Nach der Explosion der BP Deepwater Horizon 2010 hatten die Betreiber von Bohrinseln strikte Vorschriften erhalten. Deepwater Horizon war das größte Umweltdesaster der US-Geschichte – bisher. Elf Arbeiter wurden dabei getötet, und weil das Bohrloch nicht zu stopfen war, quoll über drei Monate Rohöl aus. Über 800 Millionen Liter waren es insgesamt. Tausende Säugetiere und Vögel starben, die Folgen der Ölpest sind bis heute spürbar. Zu den am stärksten betroffenen Spezies gehören Delfine, deren Nachwuchs seit der Katastrophe eine sechsmal höhere Sterblichkeit aufweist, so eine Studie des Nationalen Institutes für Ozeane und Atmosphäre, NOAA.[19]

Wenn die Ölkonzerne auf einen wirtschaftsfreundlichen Präsidenten gehofft hatten, dann hat Trump ihre Erwartungen noch übertroffen. Sein bisher größter politischer Triumph, die Steuerreform, spült ihnen Milliarden in die Kasse. Als der Kongress die Reform Ende 2017 verabschiedete, pries der Präsident sie als »ein unglaubliches Weihnachtsgeschenk an die hart arbeitenden Amerikaner«. In Wirklichkeit profitieren davon vor allem Unternehmen und deren Eigentümer. Die Reform senkte den Steuersatz für Unternehmen von bisher 35 auf 21 Prozent. Das lässt die Unternehmensgewinne steigen – und die geben diese an ihre zum größten Teil wohlhabenden Eigentümer weiter. Vor allem aber war Trumps Steuerreform eine großzügige Bescherung für die Öl- und Gasindustrie. Für die vier größten unabhängigen Raffineriebetreiber – Phillips 66, Valero, Marathon Petroleum und Andeavor – erwiesen sich die Vorteile durch die Steuersenkungen als profitabler als ihr eigentliches Geschäft. So meldeten die vier Topproduzenten zusammen allein für das vierte Quartal 2017 einen Nettogewinn von sieben Milliarden Dollar, das war mehr als ihr Gewinn im ganzen Jahr

2016. Über 190 Milliarden Dollar mehr an Wert würden Ölförderer durch Trumps Reform gewinnen, so kalkulierte Wood Mackenzie, ein auf Energie spezialisiertes Beratungsunternehmen. Besonders günstig für die Branche ist die beschleunigte Abschreibung. Dabei können Unternehmen Investitionen nun innerhalb von fünf Jahren als Kosten absetzen. Das reduziert ihre zu versteuernden Gewinne. Für die Öl- und Gasindustrie ist das von noch größerer Bedeutung als für andere Unternehmen, denn sie müssen enorme Summen in Anlagen und Maschinen investieren. Exxon Mobil lobte prompt öffentlich das »Pro-Wachstums-Klima hier in den USA« und versprach 50 Milliarden Dollar über fünf Jahre zu investieren.

Und Trump errang den heiligen Gral für die Energiebranche: den Zugang zum Arctic National Wildlife Refuge, kurz ANWR, im Nordosten Alaskas, wo Eisbären jagen, Karibu grasen, Wölfe und Adler nach Beute spähen. Bis Trump die Gesetzesänderung durch den Kongress brachte, war das Schutzgebiet das größte noch naturbelassene Stück Wildnis der USA. Dwight Eisenhower erklärte es bereits 1960 per Dekret zum Refugium des Bundes, 1980 ließ Jimmy Carter den ewigen Schutz vom Kongress gesetzlich verankern. »Es wird ein großer Triumph für Amerika sein, wenn wir dieses arktische Refugium in seiner Reinheit und Unverfälschtheit bewahren können. Dieses außergewöhnliche Stück Land sich selbst zu überlassen, es wäre das größte Geschenk für künftige Generationen«, schrieb Carter. Seither versuchen die Konzerne den Schutz der amerikanischen Serengeti, wie das ANWR auch genannt wird, buchstäblich zu durchlöchern. Denn unter der einmaligen arktischen Flora und Fauna liegen nach Schätzungen des US Geological Survey, des geologischen Dienstes der USA, etwa 10,4 Milliarden Barrel an Öl – genug, um Deutschland über ein Jahrzehnt zu versorgen. Die Angriffe der Industrie blieben lange vergeblich. ANWR blieb tabu. Erst Trump drückte eine entsprechende Gesetzesänderung durch. Es ist nur eine Frage der Zeit, bis die ersten Bohrer sich in die Tundra fräsen.

Wie wichtig es Trump und seiner Regierung ist, die letzten Winkel des Landes für Öl- und Gas zugänglich zu machen, zeigt die Haushaltssperre der USA Anfang 2019. Der längste Shutdown der Geschichte dauerte 35 Tage und wurde von Trumps Weigerung ausgelöst, den vom Kongress vorgeschlagenen Haushalt zu genehmigen, weil dieser keine Mittel für die Mauer zu Mexiko enthielt, die er seinen Wähler versprochen hatte. Zwar fehlte durch die Mittelsperre Aufsichtspersonal, das etwa die Aktivitäten von Bohr- und Förderunternehmen überwachen konnte. Doch die Vorbereitung für die Fördergenehmigungen in ANWR und auf sonstigem öffentlichen Land liefen dennoch weiter – Beamte wurden dafür zwangsrekrutiert und mussten erst einmal ohne Bezahlung arbeiten.

Sarah Palin, die ehemalige Gouverneurin von Alaska, wurde 2008 als republikanische Kandidatin für das Vizepräsidentenamt, mit dem Slogan »Drill, Baby, Drill« berühmt oder vielmehr berüchtigt, der das ungebremste Bohren nach Öl zum amerikanischen Volkssport wie Football und Baseball verklärte. »Drill, Baby, Drill«. Nichts könnte Trumps Politik besser auf den Punkt bringen.

Alles für die Kohle

Zu Trumps zentralen Versprechen im Wahlkampf gehörte jedoch die Rettung der Kohle. Er werde Obamas »Krieg gegen die Kohle« beenden, versicherte er den Wählern, die ihm in den Kohlerevieren der Appalachen zujubelten. Sie hielten Schilder hoch, auf denen stand »Trump digs coal« – Trump fahre voll auf den Brennstoff ab. Der selbsterklärte Champion der Kohle schien die letzte Hoffnung der Kumpels zu sein. Reihenweise hatten Minen in Kentucky, Virginia und Pennsylvania dicht gemacht, die Zahl der Bergleute, die noch in der Branche arbeitete, schrumpfte von 175 000 noch in den 1980er Jahren auf 50 000 – weniger als die Beschäftigten bei Disney World. Arbeitslos und hoffnungslos gaben sie Obama die Schuld an der Misere. Er führe einen »War on Coal« – einen Krieg gegen die Kohle. Tatsächlich waren unter Obama sowohl die Umweltauflagen strenger geworden – die Minen durften nicht länger in der Nähe von Wasserläufen abbauen, das Wegsprengen ganzer Bergkegel (beschönigend Mountain Top Removal genannt) wurde eingeschränkt. Auch die Arbeitsschutzvorschriften waren verschärft worden. Für Robert Murray war die Amtszeit des Präsidenten »acht Jahre in der Hölle«, das gab der Gründer des gleichnamigen Minenbetreibers Murray Energy, dem größten privaten Untertage-Kohlebergwerk der USA, in einem Interview mit dem TV-Magazin *Frontline* zum Besten. »Aber jetzt feiern wir einen wundervollen Sieg« Dem Fernsehsender *Fox*, dessen prominentester Zuschauer Trump selbst ist, berichtete der Kohlebaron kurz nach der Wahl, der frischgewählte Präsident habe ihn angerufen. »Sage deinen Kumpels, ich stehe hinter ihnen«, habe Trump gesagt. Und »I love you, man«. Der Kohlebaron hatte zu den ersten Unterstützern von Trump gehört. Für dessen Amtseinführungsfeier im Januar 2017 spendete er 300 000 Dollar. Im März übermittelte Murray dem Weißen Haus eine dreieinhalb Seiten lange Wunschliste. Zu seinen 16 Forderungen gehörte die Abschaffung von Obamas Emissionsreduzierung Clean Power Plan, der Ausstieg aus dem Pariser Klimaabkommen, die Streichung von Subventionen für erneuerbare Energiequellen. Ach ja, und die Entlassung der Hälfte der Beamten im Umweltministerium.[20] »Wie die Wunschliste eines Kohlebarons zur To-Do-Liste des Präsidenten wurde«, bemerkte die *New York Times* dazu.

Trumps oder wohl eher Murrays dringlichstes Anliegen war, das Herzstück von Obamas Klimapolitik zu demontieren, den Clean Power Plan. Der sah vor, die Emissionen von Kohlekraftwerken per Vorschrift immer weiter zu beschränken. Der willkommene Nebeneffekt: Es würde immer weniger Kohle verheizt. Der Plan war entscheidend, um die Vereinbarungen des Pariser Klimagipfels einzuhalten. Als Steve Pruitt 2011 zum Generalstaatsanwalt von Oklahoma gewählt wurde, hatte er ein enges Verhältnis zur Energiebranche des Bundesstaates. (Diese Position des Chefanklägers ist in allen Bundesstaaten ein Wahlamt.) Nach Angaben des National Institute of Money in State Politics spendeten Öl- und Gasfirmen 325 000 Dollar an Pruitts Kampagne. Im Amt klagte Pruitt dann 14 Mal gegen Obamas EPA, die Umweltbehörde, die den Clean Power Plan erlassen hatte. Die Umweltbehörde habe ihre Kompetenzen überschritten, argumentierte er. 2014 veröffentlichte die *New York Times* 84 Seiten eines Briefwechsels zwischen Pruitt und Devon Energy (Devon hatte einst das Unternehmen des Frackingpioniers Mitchell übernommen). Unter anderem verfassten die Devon-Manager ein Protestschreiben gegen Emissionsmessungen, das Pruitt unter seinem Namen und in seiner Eigenschaft als Generalstaatsanwalt von Oklahoma an die EPA schicken sollte.

Ausgerechnet Pruitt ernannte Trump nun zum Chef der EPA. Umweltschützer waren schockiert. Pruitt verfolge buchstäblich eine Politik der verbrannten Erde, erklärte die NRDC, eine Initiative, die mit juristischen Mitteln für mehr Naturschutz kämpft. Und wie von ihnen befürchtet, begann Pruitt sofort damit, den Clean Power Plan auszuhöhlen. Doch der Mann aus Oklahoma geriet in Washington rasch wegen ganz anderen Dingen in die Schlagzeilen. So wohnte er in der Stadtvilla eines Lobbyisten, der Industriekonzerne vertrat. Er liebte es, mit Blaulicht und Sirenen durch den Feierabendverkehr zu blasen – unter anderem, um zu einem angesagten französischen Bistro zu kommen. Der Umweltminister flog stets mit gecharterten Jets oder mindestens erster Klasse – aus Sicherheitsgründen, wie er sagte – und häufte im ersten Amtsjahr 168 000 Dollar Reisekosten an. EPA-Beamte fragten in seinem Auftrag beim Trump International Hotel nach einer gebrauchten Matratze für den Chef. Ein anderes Mal sollten sie im Ritz-Carlton um eine bestimmte Feuchtigkeitslotion bitten, die das Hotel eigentlich exklusiv für seine Gäste vorhält. Aufgaben, die so nicht in der Stellenbeschreibung standen. In seinem Büro im Ministerium ließ Pruitt sich für 43 000 Dollar eine abhörsichere Kabine installieren, um dort vertrauliche Gespräche führen zu können. Das Fass zum Überlaufen brachte schließlich die Nachricht, dass er versucht hatte, die Hähnchenbraterei Chick-a-fil dazu zu bewegen, seiner Frau eine Franchisefiliale einzurichten. Bevor es zu einer Untersuchung der Vorgänge kam, trat Pruitt zurück.

Sein Nachfolger wurde Andrew Wheeler, der im Gegensatz zu Pruitt bereits Erfahrung in Washington hatte: Er war als Lobbyist tätig – unter anderem für Murray Energy, dem Unternehmen des Kohlebarons und Trump-Fans. Zudem war er Vizepräsident einer Vereinigung mit dem vielsagenden Namen »Washington Coal Club«, in dem sich 300 Minenbetreiber, Manager und Abgeordnete zusammengefunden hatten, denen die Sicherung der Zukunft für die Kohle ein Anliegen ist. Kohle ist aber nicht der einzige Energieträger, für den Wheeler brennt. Vor seiner Berufung machte er sich als Lobbyist dafür stark, das Naturschutzgebiet Bears Ears für den Uraniumabbau zu öffnen. Eine Idee, die Trump nach seinem Amtsantritt gerne aufgriff. Wheeler, so das Fazit des NRDC, sei viel gefährlicher als Pruitt. Im Gegensatz zu seinem Vorgänger werde er nicht über seinen eigenen Größenwahn stolpern.

Zunächst schien Trumps Rettungsplan für den schmutzigsten Energieträger zu funktionieren. Peabody Energy hatte im April 2016 Insolvenz anmelden müssen, weil der größte börsennotierte Kohleproduzent der USA seine Schulden nicht länger bedienen konnte. Im April 2017 mit der neuen Regierung in Washington kamen Peabody und der zweitgrößte Konkurrent Arch, der in den Obama-Jahren ebenfalls Konkurs gegangen war, wieder an die Börse zurück. »Was für einen Unterschied die richtige Führung macht«, lobte Sterling Burnett vom Heartland Institut in einem Kommentar im konservativen Onlinejournal *The Hill*. Das Heartland Institute, das unter anderem von den Koch-Brüdern finanziell unterstützt wird, gehört zu einer Gruppe von Thinktanks, die den Klimawandel für nicht real halten. Und noch einen Erfolg konnten Trump und seine Kohlefreunde verbuchen: Paringa Resources etwa startete im Herbst 2018 eine brandneue Mine in Kentucky – etwa um die gleiche Zeit, als in Deutschland die letzte Steinkohlezeche Prosper Haniel dicht gemacht wurde und die Kumpels in Bottrop zum letzten Mal ihre Schicht antraten. Und Paringas Wettbewerber Corsa Coal kündigte gleich die Eröffnung zweier neuer Kohleminen an.

Doch trotz aller Unterstützung aus dem Weißen Haus geht der Abwärtstrend in der Branche weiter. Über die nächsten 20 Jahre wird die US-amerikanische Kohleproduktion um 21 Prozent fallen, so errechnete die US-Energieagentur EIA. Denn der Rückgang liegt nicht – wie von Trump behauptet – vorrangig an Obamas Regeln, sondern maßgeblich an der Konkurrenz durch Erdgas. Ausgerechnet Erdgas, das ebenfalls von Trumps kräftigem Rückenwind profitiert, ist durch den Frackingboom derart billig geworden, dass die Kohleproduktion im Vergleich schlicht zu teuer ist. Immer mehr Stromversorger stellen deshalb um. Kohlekraftwerke mit einer Gesamtkapazität von 14,3 Gigawatt machten allein 2018 dicht. Nicht einmal Trump persönlich kann den Trend aufhalten. Dabei ließ er fast nichts unversucht. Um die unrentablen Kraftwerke zu retten, wollte Energieminister Rick Perry die Energieversorger zwingen, Gebühren für die »Zuverlässigkeit« zu zahlen – also de facto eine Abgabe für die bloße Existenz der Kohleverstromer. Als das auf Widerstand bei den Versorgern stieß, holte das Weiße Haus die ganz große Keule heraus. Der Erhalt von Kohlekraftwerken sei nichts weniger als eine Frage der nationalen Sicherheit, erklärte Regierungssprecherin Sarah Huckabee Sanders im Juni 2018. Das war selbst Wirtschaftsvertretern zu viel. Der Versuch, mit dieser Begründung Kohlesubventionen einzuführen, sei »beispiellos und fehlgeleitet«, schrieb der Direktor des American Petroleum Institutes, das die Interessen der Öl- und Gasbranche in Washington vertritt.

Trump gab nicht auf. Nachdem Drohen nicht half, verlegte er sich aufs Bitten. Als die Tennessee Valley Authority (TVA) ankündigte, man wolle das Kohlekraftwerk mit dem schönen Namen Paradise No. 3 schließen, flehte der Präsident per Tweet: »Kohle ist ein wichtiger Bestandteil der Stromversorgung.« Die Entscheidung solle die TVA gut überlegen. Das taten die Verantwortlichen und blieben bei ihrem Entschluss: der Kohleofen wird ausgemacht. Paradies am Ende.

Es gibt aber durchaus einen Lichtblick für die US-amerikanischen Kohlebarone: Exporte. Sie sind unter Trump um fast 30 Prozent gestiegen. Zu den größten Abnehmerländern gehörten 2018 Indien und die Niederlande. In Deutschlands Importstatistik belegt die US-Steinkohle inzwischen den zweiten Platz nach Russland. So gesehen hilft das Ende der deutschen Steinkohleförderung den US-Minenbetreibern mehr als die Versuche Trumps, die sterbende Industrie wieder zu beleben.

Aufstand der Milliardäre

Ölkönig Hamm und Kohlebaron Murray sind nicht die einzigen Superreichen, die Trump im Wahlkampf unterstützten.

Wer den Mann sucht, der ihn ins Weiße Haus brachte, muss bis in den letzten Zipfel der Halbinsel Long Island fahren, rund 60 Kilometer von New York entfernt. Dort siedelten Ende des 17. Jahrhunderts englische Farmer, ein paar perfekt renovierte weiß-getünchte Kolonialbauten erinnern an sie. Heute haben sich Multimillionäre in Head of Harbor niedergelassen. Eine schmale Straße windet sich an der Küste vorbei. Versteckt zwischen Tannen und alten Eichen lebt

Robert Mercer. Das geschlossene Tor wird von zwei großen Eulen aus Bronze flankiert. Sie haben angriffslustig die Flügel ausgebreitet. Auf einer Tafel darunter steht der Name des Anwesens: »Eulennest«. Der Fahrweg aus Kopfsteinpflaster, der von Blumenkübeln im Stil einer römischen Villa gesäumt wird, verliert sich in der Ferne. Vom Gebäude selbst ist nicht einmal das Dach zu sehen.

Außer Sichtweite, so will Robert Mercer am liebsten bleiben. Der über 70-Jährige gibt so gut wie keine Interviews. Über seine Motive ist wenig bekannt. Sein Vermögen hat er in der nicht gerade für ihre Transparenz bekannten Hedgefondsbranche gemacht. Doch selbst seinen ehemaligen Kollegen gilt er als Rätsel. »Niemand weiß, was den antreibt«, sagte ein Wall-Street-Veteran auf die Frage nach Mercer. Wie viele wunderte er sich, warum der Hedgefondmanager, der allein 2015 laut dem Wirtschaftsmagazin *Forbes* 150 Millionen Dollar verdiente, nach Jahrzehnten der streng gewahrten Anonymität nun ausgerechnet Trump unterstützte, einen Entertainer, der geradezu süchtig danach ist, im Rampenlicht zu stehen. Tatsache ist: Ohne Mercer wäre Trump wohl gescheitert.

Im August 2016 gaben Beobachter Trumps Kandidatur kaum noch eine Chance. Seine Rivalin Hillary Clinton verfügte nicht nur über mehr Geld, sondern vor allem auch über eine erfahrene Wahlkampftruppe und eine ausgefeilte digitale Strategie. Google-Chef Eric Schmidt persönlich half Clintons Kampagne mit technologischer Expertise. Doch da bekam Trump Beistand von unerwarteter Seite. Robert Mercer und seine Tochter Rebekah, die das politische Engagement der Familie leitet, hatten zunächst Ted Cruz unterstützt, gegen den Trump sich in den Vorwahlen durchgesetzt hatte. Als Trumps Wahlkampagne immer tiefer in die Krise geriet, wandte sich Trumps Tochter Ivanka an Rebekah Mercer. Beim gemeinsamen Lunch im Trump Tower sollen sich die Töchter, die beide kleine Kinder haben, rasch näher gekommen sein, berichteten Insider. Mit dabei: Kellyanne Conway, eine erfahrene Beraterin konservativer Politiker, die für die Ted-Cruz-Kampagne der Mercers gearbeitet hatte.[21] Kurz nach dem Treffen feuerte Trump seinen bisherigen Wahlkampfmanager und holte stattdessen Conway. Chef seiner Kampagne wurde Steve Bannon. Mit Bannon verband die Mercers zu diesem Zeitpunkt bereits eine lange gemeinsame Geschichte. Der ehemalige Goldman-Sachs-Banker leitete damals die extrem rechte Nachrichtenseite *Breitbart*, zu deren frühen Finanziers die Mercers gehörten. Bannon selbst erklärte, die Seite sei eine Plattform für die Alt-Right-Bewegung. In einem Interview mit dem *Wall Street Journal* erklärte Bannon, es handele sich um »junge Menschen, die gegen die Globalisierung, sehr nationalistisch und heftig Anti-Establishment« seien. Rassistische und antisemitische Ansichten würden auf *Breitbart* nicht toleriert. Ein Titel im Sommer 2015 feierte allerdings die Südstaatenflagge – für viele Afroamerikaner ein Symbol der Sklaverei – als Zeichen »unserer glorreichen Vergangenheit«. Einen konservativen Trump-Gegner beschimpfte *Breitbart* als »abtrünnigen Juden« und behauptete in einer anderen Schlagzeile, Geburtenkontrolle mache Frauen »hässlich und verrückt«. Der dazugehörige Artikel empfahl: »Wir müssen uns genügend vermehren, um die muslimischen Eindringlinge in Schach zu halten«. Als Bannon das Government Accountability Institute gründete, das laut Webseite »kapitalistische Vetternwirtschaft« entlarven soll, unterstützte die Stiftung der Mercers das Institut mit Spenden und Rebekah war zeitweise Verwaltungsrätin.[22] Das Institut gab das Buch *Clinton Cash* heraus, das Interessenskonflikte und Verbindungen von Hillary Clinton zu ausländischen Regierungen anprangerte, während ihrer Zeit als Außenministerin in Obamas Regierung. Das Buch kam zu Beginn von Clintons Wahlkampf heraus und schadete ihrem Image sehr. Bannon und Mercer produzierten zudem einen Film, der auf *Clinton Cash* basierte. Vater Mercer stellte seine Jacht, die 75 Millionen teure *Sea Owl* zur Verfügung, um die beiden zur Premiere zu den Filmfestspielen in Cannes zu bringen.

Die Mercers gaben Millionen für Trumps Wahlkampf. Aber sie waren alles andere als stille Finanziers im Hintergrund. Der Einfluss der Mercers war unübersehbar. Trump hatte Wählerdatenanalyse für überflüssig erklärt, doch nun heuerte er Cambridge Analytica an. Im Aufsichtsrat des Unternehmens saß laut US-Medienberichten zumindest zu diesem Zeitpunkt Bannon. Auch die Mercers waren involviert. Sie hatten nach der Wiederwahl von Barack Obama 2012 in Cambridge Analytica investiert. Die Niederlage ihres Präsidentschaftskandidaten Mitt Romney schrieben die Republikaner unter anderem der überlegenen Wählerdatenanalyse der Demokraten zu.

Cambridge Analytica versprach, den Konservativen endlich technologisch auf die Sprünge zu helfen. Laut eigenen Angaben analysierte das Unternehmen Daten von Millionen US-Amerikanern und erstellte aus Einkaufsverhalten und der Nutzung sozialer Medien ein psychologisches Profil. Das habe es Trumps Kampagne erlaubt, gezielt unzufriedene Stammwähler der Demokraten in Bundesstaaten im so genannten *Rust Belt* (Rostgürtel) der USA für Trump zu gewinnen. Cambridge Analytica gehörte wiederum zur SCL Group, die Söldnerdienste in psychologischer Kriegsführung anbot. Zu den Kunden gehörten in der Vergangenheit sowohl das britische als auch das US-amerikanische Verteidigungsministerium. Im Internet warb die britische Gruppe damit, Regierungen und Militär mit Daten, Analysen und Strategien zu versorgen. Seit 25 Jahren, so hieß es auf der Webseite, habe man »Verhaltensänderungen in über 60 Ländern herbeigeführt«. Zu den erfolgreichen Projekten, die SCL unter anderem als Referenz angab, gehörte die Beeinflussung von Wahlen in Nigeria. SCL habe dem Klienten geraten, die politische Agenda seines Gegenkandidaten zu diskreditieren. Das sei erreicht worden durch die Organisation von Protesten am Wahltag.

Andere Methoden der Gruppe klingen wie Klischees aus Thrillern, die man am Bahnhofskiosk kaufen kann. So erklärte Alexander Nix, der damalige Chef von Cambridge Analytica, Reportern des britischen Fernsehsenders *Channel 4*, die sich als potenzielle Kunden ausgegeben hatten, wie sein Unternehmen sich Politiker gefügig mache. Beispielsweise verspreche man ihnen großzügige Geschenke und stelle sicher, dass der Bestechungsversuch auf Video festgehalten werde. Auch der Einsatz von Prostituierten, die auf politische Gegner angesetzt werden, gehöre zum Arsenal. Nachdem Nix' Aussagen öffentlich wurden, suspendierte ihn Cambridge Analytica von seinem Chefposten. Die von Nix beschriebene Vorgehensweise entspreche nicht den Standards von SCL, ließ die Gruppe damals verlauten. Dann wurde bekannt, dass Daten von 87 Millionen Facebook-Nutzern ohne deren Wissen an Cambridge Analytica weitergegeben worden waren. Nachdem die Methoden des Unternehmens publik wurden, war die Empörung groß und Cambridge Analytica meldete schließlich im Mai 2018 Insolvenz an.

Trump jedenfalls zeigte sich für die Wahlkampfhilfe der Mercers dankbar. Rebekah sei eine »spektakuläre Frau und Führungskraft«, ließ er verlautbaren. Amerika könne sich glücklich schätzen, ihre Unterstützung zu genießen. Kurz nach der Wahl, Anfang Dezember 2016, trat der frisch gewählte Präsident den weiten Weg ins Eulennest an, um an der Weihnachtsfeier der Mercers teilzunehmen.[23] Für ihren jährlichen Kostümball scheuen die Mercers keine Mühe. Hunderte Gäste vergnügen sich bei Poker oder auf der Schießanlage, die sich Mercer, Mitglied des Waffenlobbyistenvereins NRA, in den Keller bauen ließ. Einmal, als das Motto des Abends »Zweiter Weltkrieg« lautete, fuhr er einen Panzer in der Einfahrt auf. Dieses Mal war das Thema »Helden und Bösewichter« und die Einladung, die an die Medien durchsickerte, zeigte einen Römer mit dem abgeschlagenen Haupt einer Medusa, was viele als eine Anspielung auf den Sieg über Hillary Clinton verstanden.

Wer wissen will, woher die Millionen stammen, die den Mercers diesen Einfluss auf den mächtigsten Mann der Welt ermöglicht haben, landet wieder vor einem verschlossenen Tor. Dieses Mal ist es ein Schlagbaum vor einem Gebäude, das mit seiner US-Fahne von draußen wie eine Behörde wirkt. Ein Namensschild sucht man vergeblich. Es ist das Hauptquartier von Renaissance Technologies, dem Hedgefonds, den Mercer zusammen mit einem Kollegen bis 2017 leitete. Renaissance ist mindestens so geheimnisvoll wie Mercer. Wall Streets »schwärzeste Box« nannte der Finanznachrichtendienst *Bloomberg* den Fonds einmal. Mit den üblichen Vorstellungen von hektisch Kurse verfolgenden, Order brüllenden Händlern hat Renaissance nichts zu tun. Von den rund 300 Mitarbeitern haben 90 einen Doktortitel. Darunter sind Astrophysiker und Stringtheoretiker. Sie arbeiten mit Algorithmen, die mit Hilfe von Hochleistungsrechnern Muster und Trends aus dem Datenchaos der internationalen Finanzmärkte herausfiltern, die sich dann durch geschicktes Kaufen und Verkaufen von Wertpapieren oder sonstigen Vermögenswerten gewinnbringend nutzen lassen. So fanden die Renaissance-Programme einmal heraus, dass bei Sonnenschein die Kurse an den Börsen öfter steigen als an bedeckten Tagen. »Die Atmosphäre ist mehr wie an einer naturwissenschaftlichen Uni oder einem Forschungslabor«, sagt ein Investmentbanker, der Anleger an Hedgefonds vermittelt. Das ist kein Zufall. Gegründet wurde Renaissance 1977 von dem Mathematiker James Simons. Er entzifferte zunächst Geheimcodes beim US-Militär. Als Simons sich öffentlich gegen den Vietnamkrieg aussprach, wurde er gefeuert. Später war er Professor an der Elitehochschule MIT und der Harvard University. Er verfügt laut *Forbes* über ein Vermögen von 18 Milliarden Dollar. Kein anderer Hedgefonds ist so erfolgreich wie Renaissance, nicht einmal Investmentlegende George Soros. Der gewinnträchtigste der drei Fonds, die Renaissance verwaltet, ist der Medaillon, in den nur Mitarbeiter investieren dürfen. Er hat laut dem Finanzdatendienst *Bloomberg* in den vergangenen 30 Jahren über 55 Milliarden Dollar Gewinn erwirtschaftet.

Bevor Mercer 1993 von Simons zu Renaissance geholt wurde, arbeitete er bei IBM. Dort entwickelte Mercer, der Physik und Mathematik studiert hatte, Spracherkennungsprogramme für Computer. Im Auftrag von IBM versuchten Sprachforscher damals, den Computern mühsam Vokabeln beizubringen. Mercer und sein Kollege kamen auf die Idee, die Maschinen mit französischen und englischen Versionen kanadischer Gesetzestexte zu füttern. Die Computer sollten die Texte vergleichen und selbständig Muster erkennen. Auf den Erkenntnissen von Mercers Team basierten später Programme wie Google Translate und Apples Siri.

Mercer liebt Maschinen. »Ich liebte die Einsamkeit des Computerlabors spät nachts, den Geruch der Klimaanlagenluft, das Geräusch der surrenden Datenträger und das Klacken der Drucker«, sagte er bei einer Rede 2014, als ihm von der Association for Computational Linguistics ein Preis für seine Arbeit bei IBM verliehen wurde. Und fügte hinzu, so viel wie bei diesem Anlass rede er normalerweise nicht in einem Monat. In der Rede erinnerte er sich an seine Tätigkeit in einem staatlichen Forschungslabor, wo er Verschwendung kritisierte und seine Verbessungsvorschläge missachtet worden seien. Das Erlebnis mag seine offensichtlich negative Sicht auf die Rolle des Staates erklären.

Mercer ist ein Exzentriker. Im Eulennest ließ er sich eine Spielzeugeisenbahn für 2,7 Millionen Dollar bauen. Später verklagte er das damit beauftragte Unternehmen, weil es angeblich zu viel berechnet habe. Auch mit seinen Hausangestellten gab es Ärger. Die zogen vor Gericht, weil er laut ihrer Darstellung bis zu 20 Dollar vom Gehalt abzog, wenn sie es versäumten, Rasierklingen rechtzeitig auszutauschen oder die Shampooflaschen nachzufüllen, wenn deren Inhalt unter ein Drittel gefallen war. Einen Lohnabzug habe es auch gegeben, wenn sie die Türen nicht ordentlich hinter sich geschlossen hätten, heißt es in der Klage. Anders als ihr Vater gilt Rebekah Mercer, Mutter von vier Kindern, als engagiert und zupackend. Als vor ein paar Jahren Ruby et Violette, die Lieblingsbäckerei der Mercers in Manhattan, zu schließen drohte, übernahmen Rebekah und ihre zwei Schwestern kurzentschlossen den Laden. Sie verkauften die Cookies nur übers Internet. Zu den Kunden gehört unter anderem George W. Bush, der in einem Brief die Kekse als »köstlich« lobte. Auf der Webseite fand sich auch ein Dankesschreiben von Bill Clinton aus dem Jahr 2009.

Rebekah leitet auch die Familienstiftung, die unter anderem an etablierte libertäre Denkfabriken wie dem Cato Institute spendet. Doch den Mercers scheint es ein Anliegen, Zweifel an den wissenschaftlichen Erkenntnissen zum Klimawandel zu streuen und Regulierungen zum Klimaschutz zu torpedieren. Zumindest gingen noch 2017 laut der Steuererklärung der Familienstiftung rund ein Drittel der Spenden an Gruppen und Einrichtungen, die sich genau dies zum Ziel gesetzt haben. Sowohl 2016 als auch 2017 gab die Stiftung dem Heartland Institute, das einmal im Jahr zu einem Gipfel der prominentesten Skeptiker des Klimawandels einlädt, je 800 000 Dollar. Joe Bast, der langjährige Leiter des Instituts, pries Trumps erstes Jahr im Amt als »großartiges Jahr für Klimarealisten«. 2012 war Bast an einer Plakatkampagne beteiligt, in der Klimaschützer mit dem Unabomber verglichen wurden, einem ehemaligen Mathematikprofessor und Anarchisten, bei dessen Anschlägen drei Menschen starben und 23 verletzt wurden.

Auch die CO_2-Koalition steht auf der Empfängerliste der Mercer Stiftung. Auf der Webseite der Organisation heißt es: »Die Debatte über die Erderwärmung und den Klimawandel hat von einer aufrichtigen wissenschaftlichen Erforschung zu einer Kampagne geführt, CO_2 zu dämonisieren.« Durch Menschen verursachte CO_2-Emissionen seien hauptsächlich auf den Einsatz von Energie zurückzuführen und der habe eine essenzielle Rolle beim wirtschaftlichen Fortschritt und der Verbesserung der Lebensstandards gespielt. Neben dem Bild einer glücklichen Kleinfamilie mit Baby heißt es: »Kohlendioxid ist unverzichtbar fürs Leben.« Mitgründer der CO_2-Coalition ist William Happer, ein ehemaliger Physikprofessor an der Eliteuniversität Princeton. Unter Clinton arbeitete er kurze Zeit für das Energieministerium. Happer erklärte Al Gore, damals Vizepräsident und bereits ein engagierter Umweltschützer, ein durch Chemikalien produziertes Ozonloch existiere nicht. Da verlor er seinen Job. Doch im Herbst 2018 holte Donald Trump den inzwischen fast 80-Jährigen als nationalen Sicherheitsberater ins Weiße Haus. Oder wie es der Radiosender *NPR* formulierte: Happer ist der Chef-Klimawandelskeptiker der Regierung. Ehemalige Kollegen erklärten zwar gegenüber den Radioreportern, Happer sei ein guter Wissenschaftler und es sei die Aufgabe von Forschern, angeblich gesicherte Erkenntnisse zu hinterfragen. Aber Happer geht längst über Fragen und Zweifel hinaus. In einem Interview mit dem Börsensender *CNBC* erklärte er, die Dämonisierung von CO_2 sei »wie die Dämonisierung der Juden unter Hitler«. Bevor der überraschte Moderator nachhaken konnte, fügte Happer hinzu: »CO_2 ist in Wahrheit nützlich für die Welt, genau wie die Juden.« Im November 2018, als Happer bereits seine Beraterstelle bei Trump angetreten hatte, wurde der offizielle »Vierte Nationale Klimabericht« veröffentlicht, in dem 300 Experten und Regierungsstellen zu dem Schluss kamen, dass das »Klima der Erde sich schneller verändert als je zuvor in der Geschichte der modernen Zivilisation, was vorwiegend auf menschliche Aktivitäten zurückzuführen ist. Die Auswirkungen des weltweiten Klimawandels sind in den USA bereits spürbar und werden sich voraussichtlich in Zukunft noch verstärken.« Der Bericht machte Schlagzeilen, obwohl er am Freitagnachmittag nach dem Thanksgiving-Feiertag veröffentlicht wurde, einem Tag, den Amerikaner traditionell mit der Familie oder beim Einkaufen verbringen. Nach Papieren aus dem Weißen Haus, die der *Washington Post* zugespielt wurden, sollte Happer dafür sorgen, dass solche düsteren Vorhersagen künftig nicht mehr aus staatlichen Quellen kommen. Demnach sollte Happer ein geheimes Gremium leiten, das solche Berichte vor der Veröffentlichung überprüfen sollte. Empört schrieben Kongressabgeordnete der Demokraten einen Brief an den Präsidenten, in dem es unter anderem hieß: »Wir sind tief besorgt über die Absichten, ein geheimes Gremium zu berufen, das von einem diskreditierten Klimaleugner geleitet wird, um den von einer überwältigenden Mehrheit geteilten wissenschaftlichen Konsens zu unterminieren.«[24]

Happer ist nicht der einzige wissenschaftliche Außenseiter, den Mercer unterstützt. Da ist Arthur Robinson. Der Chemiker hofft, durch die Analyse menschlichen Urins Wege für ein längeres Leben zu entschlüsseln und die Kontrolle über die Medizin dem »medizinisch-industriellen Komplex« zu entreißen. Die Mercers halfen ihm mit über einer Million Dollar, Kühlschränke für die Urinproben anzuschaffen. Mercer gehört zudem zu den regelmäßigen Lesern von Robinsons Newsletter. Der Chemiker hat auch über Jahre die Behauptung verbreitet, der Klimawandel sei nicht vom Menschen verursacht. Diese Aussage hätten angeblich über 30 000 Wissenschaftler unterschrieben. Kritiker wiesen darauf hin, dass die Befragten nicht ausgewiesene Klimaspezialisten sein mussten, es reichte offenbar, ein Studium absolviert zu haben.

Neu unter den Einrichtungen, die Geld von der Mercer-Stiftung erhielten, ist das Energy & Environment Legal Institute. Die Vorgängerorganisation American Tradition Institute wurde nach rechtlichen Problemen aufgelöst. American Tradition klagte mehrfach, um Zugang zu internen E-Mails von Klimawissenschaftlern zu erhalten. Die Organisation versuchte auch, eine Bürgerbewegung gegen Windkraft anzuschieben. Wie sich herausstellte, erhielt die Einrichtung Geld von der Kohleindustrie. Als Arch Coal, einer der größten Minenbetreiber der USA, 2016 Konkurs anmelden musste, fanden sich Dokumente, die geheime Spenden an die Nachfolgerorganisation Energy & Environment aufdeckten.

Die Mercers sind nur eine Familie, die ihr Vermögen nutzt, um politisch und gesellschaftlich Einfluss zu nehmen. Hätten sie nicht die führende Rolle im Trump-Wahlkampf innegehabt, wären ihre Aktivitäten wohl nie ins Licht der Öffentlichkeit geraten. Das kann man von einer weit prominenteren Familie nicht sagen.

»The Kochtopus«

Von den Koch-Brüdern und ihrem Einfluss hat man inzwischen auch außerhalb der USA gehört. Die milliardenschweren Erben eines Öl- und Chemiekonglomerats versuchen seit Jahrzehnten, ihre Ideologie einer radikalen freien Marktwirtschaft und der Reduzierung des Staates auf eine Nachtwächterrolle auf breiter Front durchzusetzen. Dazu haben sie mit Hunderten Millionen Dollar ein Netz von Dutzenden Organisationen, Thinktanks und Wahlhilfevereinen aufgebaut und finanziert. So weitreichend ist dieses Netz, dass in Washington von »The Kochtopus« die Rede ist.

Tatsächlich gehörten die Kochs mit zu den ersten wohlhabenden Spendern, die erkannten, wie wichtig die Beeinflussung der öffentlichen Meinung ist, um die Politik in die von ihnen gewünschte Richtung zu bewegen. So starteten sie eine ganze Reihe von Thinktanks und Institutionen wie das Cato Institute, die prominenteste libertäre Denkfabrik. Statt ihrer selbst würden nun Akademiker und andere Vordenker ihren Vorstellungen bei Volksvertretern und Medien Gehör verschaffen. Großzügige Unterstützung der Familie genießt zudem die erzkonservative Heritage Foundation. Auch sie zählt zu den Institutionen, die sich skeptisch gegenüber dem menschengemachten Klimawandel gibt und Regulierungen zum Klimaschutz kritisiert. In den 1980er Jahren stifteten die Kochs Millionen als Starthilfe für das Mercatus Center, das nach eigenen Angaben die Brücke zwischen akademischen Ideen der freien Marktwirtschaft und realer Anwendung schlagen soll. Als die durchschlagendste Initiative der Kochs sollte sich jedoch die Americans for Prosperity Foundation erweisen. Deren Schwesterorganisation Americans for Prosperity (AFP) half den frühen Anführern der Tea Party beim Aufbau ihrer Bewegung. Für die Kochs bot die Tea-Party-Bewegung eine willkommene Gelegenheit, ihre bis dahin vorwiegend auf das Washingtoner Establishment abzielenden Aktivitäten mit einer Volksbewegung zu verbinden. David Koch stritt zunächst ab, die Tea Party direkt zu finanzieren. Doch bei einer Veranstaltung der Americans for Prosperity erklärte er: »Vor fünf Jahren gaben mein Bruder Charles und ich Startkapital für Americans for Prosperity, und es hat meine wildesten Träume übertroffen, wie AFP zu dieser enormen Organisation angewachsen ist– Hunderttausende Amerikaner aus allen Schichten, die aufstehen und für die ökonomische Freiheit kämpfen, die unsere Gesellschaft zu einer der reichsten der Geschichte gemacht hat.« Seine Rede wurde von einem Dokumentarfilmer eingefangen, der sich bei der Veranstaltung eingeschlichen hatte.

Zusammen verfügen die Kochs über mehr als 100 Milliarden Dollar. Diesen Reichtum verdanken sie ihrem ererbten Unternehmen: Koch Industries. »Das größte Unternehmen, von dem Sie nie etwas gehört haben«, wie David Koch selbst einmal prahlte. Mit einem Jahresumsatz von über 100 Milliarden Dollar ist es einer der größten privaten Konzerne der USA. Zu Kochs Produkten gehört die Kunstfaser Lycra, die etwa Badeanzügen ihre Elastizität verleiht. Das Kerngeschäft des Mischkonzerns ist jedoch Öl – er besitzt Tausende Meilen Pipelines quer durch die USA und Kanada und ist groß im Raffineriegeschäft.

Das Startgeld zu ihrem Imperium hat den libertären Kochs ausgerechnet Stalin verschafft. Der Vater der Brüder, Fred Koch, Sohn niederländischer Einwanderer, entwickelte 1927 ein Verfahren, durch das sich auch aus Schweröl Benzin herstellen ließ. Koch Senior fühlte sich durch die US-Ölgesellschaften ausgebremst. Er ging in die Sowjetunion und half dort Stalins Regime, Raffinerien zu bauen. Doch der Terror, den er dort miterlebte, erschreckte ihn zutiefst und als er wenige Jahre darauf in die Heimat zurückkehrte, war er zum engagierten Kommunistengegner geworden.

1967 übernahm Charles die Leitung des Unternehmens. Wie sein Vater studierte er Ingenieurwissenschaften und absolvierte die Elite-Hochschule MIT. Der Hobbyökonom entdeckte libertäre Denker und begeisterte sich für die Lehren Hayecks und Schumpeters. Die Politik sollte sich der Wirtschaft unterwerfen, lautet sein Credo. »Jedes Gesetz sollte überprüft werden, ob es Wohlstandswachstum fördert – 90 Prozent aller Gesetze würden durchfallen«, erklärte er einmal in einem Interview. Der vier Jahre jüngere David, ebenfalls MIT-Absolvent, leitete lange das Spezialchemiegeschäft. Im Juni 2018 trat er von allen Ämtern zurück. Schon Jahre zuvor war bekannt geworden, dass er an Prostatakrebs leidet. Doch der über 80-jährige Charles, der nicht nur im Unternehmen als die treibende

Kraft gilt, sondern auch bei den politischen Aktivitäten, geht immer noch täglich ins Büro.

Der Aufstieg Trumps passte zunächst gar nicht ins Konzept der Kochs. Vor der Wahl sagte Charles einmal, die Entscheidung zwischen Trump und Clinton sei wie zwischen »Krebs und einem Herzinfarkt«. Vor allem in Trumps Protektionismus sehen die Unternehmer eine potenzielle Gefahr für ihren globalen Konzern. Unter anderem starteten sie eine Initiative, die den Widerstand gegen Trumps Zölle im US-Kongress stärken soll. Auch beim Thema Immigration sind sie mit Trump nicht auf einer Linie und unterstützten Reformvorhaben, die unter anderem Kindern von illegalen Einwandern einen legalen Status ermöglicht hätten. Ihre Kritiker sehen darin jedoch nur den Wunsch nach mehr billigen Arbeitskräften.

Mit Trumps Steuerreform, die vor allem die Unternehmensabgaben radikal gesenkt hat, ist jedoch ein langgehegter Wunsch der Kochs in Erfüllung gegangen. Auch das von Trumps Regierung eingeleitete massive Zurückfahren von Umweltauflagen und die Förderung von fossilen Brennstoffen kommt den Interessen der Kochs entgegen. Und es gibt nicht wenige Koch-Getreue, die heute Posten in Trumps Team inne haben. Vizepräsident Mike Pence etwa, dessen politische Karriere die Kochs schon lange unterstützt haben. Und mit Trumps Wahlsieg ging noch ein langgehegter Wunsch der Brüder in Erfüllung: Den Supreme Court mit ihnen ideologisch nahestehenden Richtern zu besetzen.

Bei ihren Aktionen können die Koch-Initiativen wie AFP auf eine weitere Organisation aus dem Umfeld der Kochs zurückgreifen, mit der sie ganz gezielt Wähler mit ihren Anliegen ansprechen können. Das Datenunternehmen i360 sammelt und analysiert Informationen zu einem Großteil der US-Wähler. So wie die Mercers nach der Wahlniederlage 2012 Cambridge Analytica starteten, gründete ein Berater von John McCain i360, nachdem McCain in der Präsidentschaftswahl 2008 gegen Obama unterlag. Einen Grund für McCains Niederlage sahen Wahlkampfstrategen unter anderem in der überlegenen Informationsauswertung der Demokraten. 2011 investierte Freedom Partners, eine von den Kochs maßgeblich finanzierte Organisation, in das Unternehmen. Die Aktivitäten ähneln denen von

Cambridge Analytica. i360 ist in der breiten Öffentlichkeit nicht bekannt. Das Unternehmen sammelt Informationen wie Kreditwürdigkeit, vergangenes Wahlverhalten, Vereinszugehörigkeit und die Nutzung von sozialen Medien. »Die wissen, wann du zuletzt Pornos runtergeladen hast und ob du beim Chinesen Essen bestellt hast, bevor du zur Stimmabgabe gegangen bist«, beschreibt der Datenspezialist Mark Swedlund das Unternehmen in dem Dokumentarfilm *Die beste Demokratie, die es zu kaufen gibt* des Reporters Greg Palast.

Mit Americans for Prosperity und i360 haben die Kochs ihre Strategie verändert. Sie sind nicht mehr nur auf der obersten Ebene der US-Staatsgewalt aktiv. In den vergangen Jahren haben von den Brüdern finanzierte Organisationen begonnen, ihren Einfluss zunehmend auch in Bundesstaaten und sogar in Kommunen geltend zu machen. So opponierte Americans for Prosperity eine Steuererhöhung, die dem Zoo in Columbus, Ohio die nötigen Mittel für einen Ausbau gesichert hätte. Gefordert hatte die Stadt lediglich die Erhöhung einer bereits bestehenden Zoo-Abgabe. In der aggressiven TV-Kampagne von AFP konnten Zuschauer jedoch zu dem Schluss kommen, die gesamten Grundstücksteuern würden zugunsten des Zoos verdoppelt. Bei der Abstimmung lehnten 70 Prozent der Wähler in Columbus die Maßnahme ab. Georgia-Pacific Chemicals, das zur Koch-Unternehmensgruppe gehört, hat Standorte in Columbus. Die höhere Zooabgabe hätte potenziell auch sie getroffen.

Weitreichendere Folgen hat die Opposition der von Koch gesponserten Organisationen bei Investitionen im öffentlichen Nahverkehr. Nashville, bekannt als Hauptstadt der Country Music, plante den Bau einer über 40 Kilometer langen innerstädtischen Tram-Verbindung, Schnellbuslinien und einen fast drei Kilometer langen Tunnel. Mit 5,4 Milliarden Dollar war es das größte öffentliche Bauprojekt in der Geschichte der 700 000 Einwohner zählenden Stadt. Bezahlt werden sollte das Ganze durch die Anhebung von Steuern, hauptsächlich die lokale Umsatzsteuer. (Dabei handelt es sich um einen Prozentsatz, der auf den Kaufpreis zugeschlagen wird. Die USA hat keine Mehrwertsteuer.) Dennoch fanden sich viele Befürworter, darunter auch ortsansässige Unternehmen, die das Projekt unterstützten. Es sollte die chronisch verstopften Straßen entlasten und Vorstadtviertel besser an das Zentrum anbinden. Zunächst schien es nach Umfragen, dass die Maßnahme beim Wahlgang problemlos eine Mehrheit bei den Bürgern finden würde. Doch dann gab es Widerstand. Neben einer Gruppe anonymer Gegner, die sich hinter einer Gesellschaft mit beschränkter Haftung verbargen, kam er vor allem von Americans for Prosperity. Die Bahn sei eine reine Verschwendung von Steuern, behaupteten sie in Anzeigen. Mit 42 0000 Telefonanrufen und 6 000 Hausbesuchen versuchten die AFP-Aktivisten, Nashvilles Wähler von dem Projekt abzubringen. AFP bekam Argumentationshilfe von Randal O'Toole, einem bekannten Gegner des öffentlichen Nahverkehrs, der zu einer Veranstaltung anreiste und das Projekt als Schauprojekt, als »Rolex« für Lokalpolitiker, geißelte.[25] O'Toole arbeitet beim Cato Institut in Washington, einer libertären Denkfabrik, die Charles Koch in den 1970er Jahren mitgegründet hat. Bei der Abstimmung am 1. Mai dieses Jahres wurde das Bahnprojekt mit deutlicher Mehrheit abgelehnt. Die Lokalzeitung *The Tennessean* sah in einer Analyse in der AFP-Aktion nur einen Faktor. Die beliebte Bürgermeisterin, die das Projekt maßgeblich angeschoben hatte, stürzte über eine außereheliche Affäre mit einem Kollegen und Vorwürfe, ihrem Geliebten zu Unrecht 170 000 Dollar bezahlte Überstunden zugeschanzt zu haben. Bei der schwarzen Bevölkerung habe zudem ein Argument gezogen, der Bahnanschluss ziehe Wohlhabendere in die Wohnquartiere von Minderheiten und diese würden dann durch höhere Mieten verdrängt.

Doch es war nicht das erste Mal, dass AFP ein öffentliches Nahverkehrsprojekt in Nashville torpedierte. 2014 scheiterte eine geplante Schnellbustrasse nicht zuletzt am von AFP mit organisierten Widerstand. In einem Bericht über die jüngste Abstimmung nannte die *New York Times* noch sieben weitere Nahverkehrsinitiativen, gegen die lokale AFP-Gruppen in den vergangenen drei Jahren mobil gemacht haben.[26] Darunter auch eine Benzinsteuererhöhung in Indiana, die Mitteln für einen Ausbau des Busnetzes dienen sollte und ein ähnliches Projekt in Little Rock im Bundesstaat Arkansas. Ein Sprecher von Koch Industries erklärte gegenüber der *New York Times*, das Unternehmen diktiere keinesfalls die Agenda von Americans for Prosperity.

Seit den Tagen der Gründerväter der USA – selbst fast alles Plantagen- und Sklavenbesitzer – üben reiche Familien Einfluss auf die

Regierung aus oder versuchten es wenigstens. Tatsächlich waren es die Begüterten, die sich nicht zuletzt der Steuern wegen vom britischen Mutterland trennen wollten. Doch unter Trump hat diese Einflussnahme eine neue Dimension erreicht. Ein hoher Anteil dieses Clubs der Milliardäre hat ihr Vermögen mit Öl, Gas, Kohle gemacht. Für sie bietet Präsident Trump eine Jahrhundertchance, all die Vorgaben durchzudrücken, die ihnen wichtig sind. Fracker, Raffineriebetreiber, Kohlebarone – was sie jetzt an Infrastruktur in den Boden stampfen, hat eine gute Chance, die nächsten Jahrzehnte dort zu bleiben. Sie sehen nicht den Klimawandel, sondern die Klimawandelbekämpfer als ihr Problem an. Und sie gehen es an.

5 RÖHREN, DIE DIE WELT BEHERRSCHEN

Wenn Trump überhaupt eine Ideologie hat, dann ist es die Energiedominanz. Öl und Gas sollen die USA wieder zur unangefochtenen
Superpower machen. Wer sich dagegen wehrt, wird schnell zum
Feind. Das Netz aus Öl- und Gasleitungen zieht sich immer enger
um unseren Planeten. Damit graben sich auch die Förderunternehmen tiefer ein. Auf Jahrzehnte.

Hungerstreik gegen die Pipeline

Eigentlich sollte es eine Protestaktion werden. Doch dann wurde
eine Jubelfeier daraus, als sich an einem sonnigen Maimorgen etwa
hundert Umweltaktivisten auf den Stufen der City Hall in Manhattan einfanden, dem offiziellen Sitz des New Yorker Stadtparlaments.
»Die gute Nachricht haben wir erst abends um zehn Uhr erfahren«,
sagt Mitorganisatorin Sara Gronim. Sie ist um die 70 und gehört zu
den älteren Mitgliedern beim lokalen Zweig von 350.org. Die internationale Organisation wurde 2008 von einer Gruppe von Studien-
freunden sowie Bill McKibben gegründet, einem Umweltschützer,
der eines der ersten Bücher über die Klimaerwärmung geschrieben
hat, das sich an ein breites Publikum wandte. Der Name leitet sich
von 350 ppm (Teilchen pro Million) ab – der verträglichen Konzen-
tration von Kohlendioxid in der Atmosphäre. 350s erklärtes Ziel: Keine neuen Kohle-, Öl- oder Gasprojekte mehr – nirgendwo! Dem sind
sie an diesem Morgen ein kleines Stück näher gekommen. Die Umweltbehörde der Stadt New York hat am Abend zuvor bekannt gegeben, der Bau der geplanten Williams Pipeline, die Frackinggas aus
der Marcellus Formation in Pennsylvania in die Metropole bringen
sollte, könne wegen der Gefahr einer Wasserverschmutzung in dieser Form nicht beginnen. Drei Jahre lang hatten Bürger gegen die
Pipeline mobil gemacht, rund 45 000 hatten sich bei der Umwelt-

behörde wegen des Projekts gemeldet. 90 Prozent der Kommentare waren negativ. Sie hatten Dutzende Gesuche bei Volksvertretern abgegeben, und in den Tagen vor der Entscheidung begannen sechs Frauen zwischen 21 und 75 Jahren einen Hungerstreik.

Jetzt sind die Versammelten begeistert. Sie schwenken Plakate mit Sprüchen wie »People Power over Pipelines«, »Fuck Trump« und »More Wind = Fewer Sandys« – eine Anspielung auf Supersturm Sandy 2012, der verheerende Zerstörungen an der US-Atlantikküste anrichtete. Vor den laufenden Kameras der Lokalnachrichten skandiert die Gruppe – ein ethnischer Querschnitt durch die New Yorker Bevölkerung und alle Altersklassen – »Green New Deal, Green New Deal«. Das ist die Ökowende, ein politisches Programm, das die New Yorker Abgeordnete Alexandria Ocasio Cortez, von Freund wie Feind nur noch AOC abgekürzt, nur Wochen zuvor in Washington eingebracht hatte. Die Pipeline gestoppt, die Idee einer fundamentalen grünen Umwälzung der US-Wirtschaft im Kongress angekommen. Endlich schien es, als ob die Dinge in Bewegung geraten würden.

Aber die gute Stimmung kann nicht darüber hinwegtäuschen, dass die Umweltschützer einen immer schwierigeren Kampf ausfechten müssen. Einer der Gründe, warum die Williams-Gegner erfolgreich waren, sind frühere Versuche von Pipelinegegnern in den vergangenen Jahren, die scheiterten. »Wir haben von anderen Gruppen gelernt wie etwa der Dakota Access Pipeline«, sagt Gronim. Diese Ölleitung im Norden der USA wurde trotz massiver Proteste gebaut. Und es bleibt abzuwarten, ob sich Williams, eine Energiefirma aus Oklahoma, mit der Entscheidung gegen die neue Leitung einfach abfindet.

Eine Möglichkeit für die Pipelinebauer: Sie könnten den New Yorker Baustopp auf Bundesebene anfechten. Da könnte das Projekt mit weit freundlicheren Augen betrachtet werden.

Pipelines sind die Lebensadern der Energiebranche. Das haben auch die Klimaaktivisten erkannt. Sie wissen, dass Projekte wie die Williams-Leitung, sind die Rohre einmal verlegt, mit an Sicherheit grenzender Wahrscheinlichkeit die kommenden 50 Jahre Gas transportieren werden. Es ist kaum zu erwarten, dass die Initiatoren ihr Investment kampflos aufgeben werden. Schließlich sind Pipelines teuer. Bei Gasleitungen wie die, die Williams in New York geplant hatte, kostet ein Kilometer im Schnitt fünf Millionen Dollar.[1] Die Pipelines eignen sich aber auch deshalb als Angriffspunkte, weil ohne sie die Energieproduzenten – etwa die Fracker in Pennsylvania – ihr Gas oder Öl nicht zu Markte bringen können. Das führt unter anderem zu Preisabschlägen, und wenn die hoch genug sind, lohnt sich die Erschließung und Förderung nicht mehr.

Dies gilt nicht nur für die USA. Überall werden deshalb Pipelines im Rekordtempo verbuddelt. Während zwischen 1980 und 1995 weltweit jährlich im Schnitt sieben Pipelines in Betrieb genommen werden, sind es inzwischen 25 neue Leitungen pro Jahr, so der Global Energy Monitor[2] in einem Bericht vom April 2019. Dank des Pipelinebooms waren zum Zeitpunkt des Berichts 302 Pipelines in der Entwicklung, davon standen 166 kurz vor der Konstruktion und 78 waren bereits im Bau. Sollten alle diese Projekte verwirklicht werden, dann stiege die Zahl der Gasleitungen weltweit um 35 Prozent und die der Ölleitungen um 19 Prozent. Die veranschlagten Investitionen dafür belaufen sich auf über 600 Milliarden Dollar. Der größte Teil – 232 Milliarden – ist für Projekte in Nordamerika geplant, an zweiter Stelle stehen Asien und der pazifische Raum mit 142 Milliarden und an dritter Stelle Eurasien mit 76 Milliarden.

So ist es nicht verwunderlich, dass Pipelines ins Zentrum des Kampfes zwischen Energiebranche und Klimaaktivisten gerückt sind. Es ist ein Kampf, in dem die internationale Öl- und Gaslobby einen mächtigen Verbündeten im Weißen Haus gewonnen hat.

Alles für das Öl

Als Trump den Austritt der USA aus dem Pariser Klimaabkommen verkündete, sorgte das Ereignis für Schlagzeilen von Addis Abeba bis Zürich. Die Ankündigung, die der Präsident nur wenige Wochen später ebenfalls in Washington machte, wurde von der Weltöffentlichkeit dagegen kaum beachtet. Dabei war der Titel der Veranstaltung »Unleashing American Energy« durchaus mitreißend.[3] Trump versprach nichts weniger als die Entfesselung von Amerikas Energie. Eingeladen waren Fracker, Manager von Ölkonzernen, Energielobbyisten und die Kohlebarone, die sich für das Ende des »Krieges gegen die Kohle« durch Trumps Vorgänger Obama bedanken wollten. Trump ließ es sich nicht nehmen, die Anwesenden erst einmal überschwänglich zu loben. Sie seien »großartige Leute, die durch Steinwände brechen, in die Tiefen der Erde bohren, den Boden der Ozeane, um jedes Quentchen Energie in unsere Heime, Wirtschaft und unser Leben zu bringen«. Dann kam der Präsident zur Sache. »Wir sind heute hier, um eine neue Energiepolitik für Amerika einzuläuten. Sie wird Millionen und Abermillionen von Jobs und Billionen an Dollars an Wohlstand schaffen«, versprach er. Mehr als 40 Jahre lang sei Amerika verwundbar gewesen durch ausländische Regimes, die Energie als ökonomische Waffe nutzten, klagte der Präsident. Die Lebensqualität der Amerikaner sei gesunken, weil die Idee verbreitet wurde, dass die Ressourcen des Landes zu knapp seien, um das amerikanische Volk zu versorgen. »Aber wir wissen nun, dass das alles bloß ein großer, schöner Mythos war. Fake News.« Um das wieder richtig zu stellen, kündigte Trump sechs »brandneue« Initiativen an, die eine »neue Ära amerikanischer Energiedominanz« einläuten würden. »Wir werden wieder die Nummer eins!«

Seit dem Embargo durch die arabischen Ölproduzenten Anfang der Siebziger hatten Trumps Vorgänger stets danach gestrebt, das Land wieder aus der Abhängigkeit von Importen vor allem aus dem volatilen Nahen Osten zu befreien. Die Erinnerung an den Ölschock saß tief in Washington. Amerika, das Land des Überflusses und der dicken Schlitten, musste über Nacht ans Energiesparen denken. Es gab lange Schlangen an den Tankstellen, wenn es dort überhaupt Sprit gab. Anfang 1974 hatten 20 Prozent der Tankstellen kein Benzin mehr. Wegen der Rationierungen gingen Trucker auf die Barrikaden, es kam zu Schusswechseln zwischen streikenden Fahrern und Streikbrechern. Sogar Bomben wurden geworfen. Detroits Autobauer stellten die Produktion von Luxusmodellen ein. Noch tiefer als die wirtschaftliche Misere saß die Demütigung. Nur wenige Jahrzehnte zuvor hatten die USA 60 Prozent des Weltölbedarfs gedeckt. Doch der Trend hatte sich zum Zeitpunkt der Krise bereits umgekehrt. Die USA wurden über die nächsten Jahrzehnte zum größten Importeur. 2005 war das Verhältnis schließlich umgekippt: Die USA importierten rund 60 Prozent ihres Ölbedarfs.

Nun versprach Trump nicht nur, Amerika wieder frei zu machen von dieser Abhängigkeit. Nein, er versprach, die Nation gar gleich zum beherrschenden Energieproduzenten machen. Und das »beherrschen« meinte er wortwörtlich. Egal, was es kosten würde. In der allgemeinen medialen Aufregung um Trumps mögliche Russlandverbindungen, seine Obsession mit der Mauer zu Mexiko und seine ungesunde Vorliebe für Fast Food und *Fox News* ging Trumps Ziel der »Energiedominanz« unter. Dabei ist sie weit bedrohlicher für den Rest der Welt als seine sonstige Agenda. »Wie Donald Trumps Lasst-uns-alles-auspressen-Energiepolitik uns alle dem Untergang weiht«, warnte Michael Klare, Professor für Friedensforschung am Hampshire College, in einem Essay für das linksliberale Journal *The Nation*.[4] Was den Friedensforscher derart alarmiert hatte, war ein Strategiepapier zur nationalen Sicherheit, welches das Weiße Haus im Dezember 2017[5] veröffentlichte. Trump, der innerhalb weniger Monate vom Businessman zum Politprofi mutierte, ist frei von Ideologie. Das war nicht zuletzt einer der Anziehungspunkte für seine Wähler, die der oft wiederholten, glatten Versprechungen klassischer Kandidaten müde waren. Mit parteipolitischen Plattformen hat sich Trump nie befasst. Wenn es so etwas wie eine Art Trumpismus gibt, dann kommt dieses 68-seitige Dokument seiner Ausformulierung am nächsten. Darin geht es erwartungsgemäß um Maßnahmen, die die Grenzen wieder sicher machen sollen – die berühmte Mauer –, es geht um Strategien, um Dschihadisten und andere Terroristen zu besiegen, und Maßnahmen, die Nation vor Cyberangriffen zu schützen. Aber Trumps Sicherheitsstrategen identifizieren noch eine weitere Bedrohung, die die Supermacht an ihrem Wiederaufstieg hindern könnte: »Exzessiver Umweltschutz.« Um dieser Gefahr für Amerika zu begegnen, gehört laut dem Strategiepapier zum »Handlungsbedarf mit höchster Priorität« die Abschaffung aller Regeln, die Trumps Ziel – Make America Great Again – angeblich unterminieren. Energiedominanz ist aus Sicht von Trump und seiner Strategen verbunden mit nationaler Sicherheit. So heißt es in dem Strategiepapier: »Zugang zu sauberen, bezahlbaren und zuverlässigen heimischen Energiequellen ist das Fundament eines wohlhabenden, sicheren und mächtigen Amerikas für Jahrzehnte.«

Das liest sich nicht weiter kontrovers. Für jede Nation ist die Deckung des Energiebedarfs von grundlegender Bedeutung. Wer das Papier genauer liest, findet gleich nach der Agenda zur Sicherung der Grenzen und der Bekämpfung von Terroristen den Schutz der »kritischen Infrastruktur.« Auch das ist nachvollziehbar genug. Doch in der Realität hat Trumps Gleichsetzung von Energiesicherheit und nationaler Sicherheit gefährliche Konsequenzen für die Demokratie im eigenen Land und das Verhältnis zu bisherigen Verbündeten wie Deutschland. »Alles und alle, die der Förderung und dem Abbau von Öl, Kohle und Erdgas im Weg sind, werden als Antagonisten des nationalen Interesses und buchstäblich der nationalen Sicherheit gesehen werden«, warnt Klare in seiner Analyse. Zu Ende gedacht werden so aus Umweltschützern Ökoterroristen, deren Bekämpfung von Staats wegen legitim ist. Das ist alles andere als ein Gedankenspiel. Ermutigt vom Rückenwind aus dem Weißen Haus hat die Öl- und Gasindustrie begonnen, Proteste von Umweltschützern zu kriminalisieren.

Auslöser waren die Proteste gegen die Dakota Access Pipeline, ein Projekt, das besonders dem Wildcatter und Trump-Vertrauten Harold Hamm am Herzen lag. Den Frackern, die das Öl aus der Bakken-Formation pressten, fehlten die Pipelines, um es preisgünstig an die Abnehmer zu bringen. Die Dakota Access Pipeline – kurz DAPL – sollte die Verbindung zum bestehenden Pipelinenetz schaffen, durch die letztlich das Bakken-Öl bis hinunter zu den Raffinerien und Häfen am Golf von Mexiko fließen konnte. Doch die von Energy Transfer Partners, dem Bauherrn, geplante Trasse führte durch Land, das der Stamm der Standing Rock Sioux als heilig erachtet. Zudem fürchten die Sioux, dass die Ölpipeline durch Lecks und Unfälle ihr Wasser gefährden wird. Im April 2016 gründete LaDonna Brave Bull Allard, ein Mitglied des Ältestenrats des Stammes, ein Protestcamp, um den Bau aufzuhalten. Im Verlauf des Sommers schwoll das Camp um Tausende Demonstranten aus Stämmen aus den ganzen USA an. Umweltschützer schlossen sich den Ur-Amerikanern an. Im September machten Bauarbeiter mit Bulldozern ein Areal platt, das für die Sioux kulturelle Bedeutung hatte. Als Demonstranten versuchten, die Baumaschinen zu stoppen, hetzten Sicherheitskräfte von Energy Transfer Hunde auf sie.

Sechs Demonstranten wurden gebissen.[6] Im Oktober rückten Polizei-einheiten in Kampfausrüstung und mit Militärfahrzeugen an und räumten gewaltsam einen Teil des Camps, das direkt auf der Trasse der künftigen Pipeline lag. Im November kamen sie wieder und gingen bei arktischen Temperaturen mit Wasserwerfern gegen die Demonstranten vor. Die Videos auf Youtube und Facebook zu diesen Vorgängen wurden millionenfach geklickt und sie sorgten dafür, dass der Kampf um die Pipeline weltweit Aufmerksamkeit erhielt. Fernsehsender und Zeitungen aus aller Welt schickten ihre Reporter nach North Dakota. Laut der Investigativ-Seite *The Intercept* heuerte Energy Transfer Partners, die Baufirma für die Pipeline, einen privaten Sicherheitsdienst namens TigerSwan an.[7] Aus Unterlagen, die den Reportern zugespielt wurden, ergab sich, dass TigerSwan in enger Zusammenarbeit mit Polizei und anderen Behörden vor-ging. TigerSwan gehörte nach dem 11. September zu den privaten Subunternehmen, die im Auftrag des Pentagon und des US-Außenministeriums gegen Terroristen im Nahen Osten vorgehen sollten. In der internen Kommunikation, die *Intercept* vorlag, hieß es unter anderem über die Dakota-Pipeline-Demonstranten: »Es handelt sich um einen ideologisch getriebenen Aufstand mit einer starken religiösen Komponente.« In einem Bericht vom Februar 2017 vergleichen die TigerSwan-Mitarbeiter die Umweltschützer mit Dschihadisten. Die Anti-Pipeline-Bewegung folge »generell dem dschihadistischen Aufstandmodell«. Es sei zu erwarten, dass »Individuen, die dafür gekämpft und es unterstützt haben, nach dem Zusammenbruch einem ähnlichen Nach-Aufstands-Muster folgen werden«. Und mit dem Verweis auf Afghanistan warnen die Sicherheitsleute, »wir können von einer weiteren Verbreitung der Anti-DAPL-Diaspora ausgehen«. Die Terrorspezialisten wissen, wie man mit solchen Herausforderungen umgeht: »Aggressive Aufklärung und Vorbereitung des Schlachtfeldes sowie aktive Koordination zwischen Aufklärung und Sicherheitselementen sind Methoden, die erwiesenermaßen Pipelineaufstände niederschlagen«, lautet die Schlussfolgerung in den Dokumenten, die *Intercept* erhielt. Die Journalisten fanden auch umfangreiches Material, das die TigerSwan-Kräfte über die Pipelinegegner aus den Sozialen Medien und Abhöraktionen zusammengetragen hatten. Die Geheimdienstfirma ging sogar soweit, Spione in das Protestlager einzuschleusen. Ihre Erkenntnisse teilten sie nicht nur mit dem Auftraggeber Energy Transfer Partner, sondern auch mit dem FBI, der Heimatschutzbehörde Department of Homeland Security, dem US-Justizministerium, dem US-Marshal Service, dem Bureau of Indian Affairs, das für die Uramerikaner zuständig ist, sowie Polizeikräften und Staatsanwälten vor Ort. Auf Nachfrage von *Intercept* wollte sich keine der Behörden dazu äußern. Auch TigerSwan äußerte sich nicht. Energy Transfer Partners erklärte in einer E-Mail an die Journalisten, man wolle nicht über »Details unserer Sicherheitsvorkehrungen« sprechen. »Während Polizeiarbeit in diesem Land immer weiter militarisiert wird und Bundesstaaten Proteste kriminalisieren, birgt die Tatsache, dass eine private Sicherheitsfirma im Auftrag eines Fortune 500 Öl- und Gasunternehmens ihre Anstrengungen, eine Protestbewegung zu unterminieren, mit Strafverfolgungsbehörden auf lokaler, bundesstaatlicher und nationaler Ebene koordiniert, zutiefst beunruhigende anti-demokratische Implikationen«, schrieb *Intercept*. Allein der Bundesstaat North Dakota ließ sich die Niederschlagung der friedlichen Proteste rund 38 Millionen Dollar kosten.[8]

Standing Rock wurde ein Begriff. Das war eine Lektion, die beide Seiten – die Demonstranten und die Öl- und Gasindustrie – lernten.

Der Widerstand war letztlich vergeblich. Die Genehmigung der Dakota Access Pipeline, die so wichtig für seinen Freund Hamm war, gehörte im Januar 2017 zu den ersten Amtshandlungen von Donald Trump. Im April 2017 floss das erste Öl vom Bakken zum Golf. Doch auch wenn die Demonstranten die Pipeline in North Dakota nicht verhindern konnten, erkannte die Umweltbewegung den verwundbaren Punkt der so übermächtig erscheinenden Öl- und Gasbranche. Für deren Vertreter wiederum war klar, dass sie ein zweites Standing Rock verhindern mussten. So kamen sie auf den Dreh, ihre Öl- und Gasleitungen als »kritische Infrastruktur« darzustellen, die der Staat mit allen Mitteln gegen »Ökoterroristen« schützen muss. Sie begannen den Widerstand gegen den Widerstand zu organisieren.

Weg der Tränen

Es begann in Oklahoma, der öltriefenden Heimat von Hamm. Im Januar 2017, fünf Tage, nachdem Donald Trump das Dekret unterzeichnet hatte, mit dem er die Dakota Access Pipeline endgültig durchsetzte, hielten der Sierra Club, einer der größten Naturschutzverbände der USA, Black Lives Matter, eine Protestgruppe für die Rechte der Schwarzen, und Vertreter verschiedener Stämme eine Pressekonferenz im Kapitol des Bundesstaates Oklahoma ab. Ashley McCray, eine Vertreterin der Shawnee, die auch in Standing Rock dabei gewesen war, erklärte den Reportern, man habe eine Koalition gegründet, um gegen die geplante Diamond Pipeline vorzugehen. Der Plan sah vor, dass die Trasse 700 Kilometer von Cushing, Oklahoma, nach Memphis, Tennessee, führen sollte. Die Strecke verlief entlang des »Wegs der Tränen«.[9] Ihn waren McCrays Vorfahren und die der anderen protestierenden Stammesmitglieder in den 1830er Jahren gegangen, als die US-Regierung sie aus ihren Stammesgebieten im Südwesten vertrieb und zwang, sich westlich des Mississippi anzusiedeln. Oklahoma, heute einer der energiereichsten Bundesstaaten, sollte eigentlich Indianerland bleiben. »36 Völker mussten ihre Toten entlang dieser Strecke begraben«, sagte McCray den Journalisten. Es seien nicht nur die Umweltprobleme, das Pipelineprojekt sei einfach respektlos gegenüber den amerikanischen Ureinwohnern.

Eine Woche nach der Versammlung der Pipelinegegner im Kapitol reichte dort Scott Biggs, ein Abgeordneter der Republikaner, einen Gesetzesentwurf ein. Er sah Strafen von 100 000 Dollar und bis zu zehn Jahren Haft für jeden vor, der den Betrieb von Pipelines und anderer »kritischer Infrastruktur« beeinträchtige. Damit nicht genug – Organisationen, die sich als Mitverschwörer der Beeinträchtigung schuldig machten, sollten mit bis zu einer Million Dollar belangt werden.

Im März bauten die Aktivisten nach dem Vorbild von Standing Rock ein Protestcamp auf der geplanten Trasse. Wenig später trafen FBI-Beamte ein, die die lokalen Polizeikräfte unterstützen sollten. Beamte des Heimatschutzministeriums erklärten in einem Lagebericht, unter den Campbewohnern befänden sich »Umweltschutzextremisten«, die es auf »kriminelles Betreten des privaten Geländes abgesehen hätten, die in Gewalttätigkeiten mündeten«. Das berichteten Mitarbeiter von *InsideClimate News*, einer Non-Profit-Organisation, die über Umwelt und Recht berichtet.[10] Ein Aufklärungsflugzeug flog laut dem Bericht über das Camp, Helikopter schwebten darüber. Die Polizei kontrollierte jedes Fahrzeug, das zum Camp hin oder von ihm weg fuhr. Der Sheriff versicherte, es habe sich um Verkehrskontrollen gehandelt. Im Mai unterzeichnete der Gouverneur von Oklahoma das neue Gesetz zum Schutz kritischer Infrastruktur. Plötzlich reichte es aus, das Baugelände der Pipeline unerlaubt zu betreten, um ein Jahr ins Gefängnis zu kommen. Der Protest fiel in sich zusammen. Die Diamond Pipeline wurde im Dezember 2017 ohne weiteres Aufsehen eröffnet.

Der Erfolg in Oklahoma ermutigte die Öl- und Gasfirmen und ihre Freunde in der Politik. Im Mai 2018 erließ Louisiana ein ähnliches Anti-Protest-Gesetz. Unerlaubtes Betreten von privatem Grund hatte bis dahin juristisch als minderes Vergehen gegolten. Jetzt wurde daraus eine schwere Straftat. Gleich in den ersten Wochen, nachdem es in Kraft getreten war, wurden bereits zehn Personen verhaftet. Darunter befanden sich drei Kajakfahrer, die mit ihren Booten in eines der Bayous in dem Sumpfgebiet gepaddelt waren, wo die Bayou Bridge Pipeline gebaut wird. Sie bildet das letzte Bindeglied, um Öl aus dem Bakken in North Dakota in die Häfen und Raffinerien Louisianas zu bringen. Aus ihren Kajaks gezerrt und verhaftet wurden die drei Umweltschützer von bewaffneten Beamten in Uniform – doch die waren nicht etwa im Auftrag des Sheriffs unterwegs, sondern verdienten sich nebenher etwas dazu als Sicherheitsleute für den Pipelinebauer. Das berichteten die *Inside Climate News*-Beobachter.[11] Die neuen Gesetze werden »Umweltschutzorganisationen und Bürgerrechtsorganisationen, die gegen Energieprojekte demonstrieren, einschüchtern«, sagte Bill Quigley, Professor an der Loyola University in New Orleans, dem Onlinemagazin *The Real News Network*. »Es kriminalisiert Widerspruch und andere Auffassungen. Private Unternehmen versuchen, den Staat zu instrumentalisieren, um Menschen, die nach einem Weg suchen, solche Pipelineprojekte aufzuhalten, in ihrer freien Meinungsäußerung zu beschneiden.«[12]

Immer mehr Bundesstaaten haben inzwischen Anti-Protest-Gesetze erlassen. Die Gesetzestexte lauten dabei nahezu gleich. Das ist kein Zufall. Im Dezember 2017 fand das Jahrestreffen einer Organisation namens American Legislative Exchange Council oder kurz ALEC statt. Die Mitglieder sind Abgeordnete und Lobbyisten. ALEC soll den Volksvertretern helfen, Gesetzesentwürfe zu formulieren, die sie dann in ihren jeweiligen Bundesstaaten einbringen können. Auf der Webseite heißt es: »Wir bieten ein Forum, in dem Experten unternehmerische und wirtschaftliche Fragen diskutieren, denen sich die Bundesstaaten stellen müssen.« Die »Bibliothek der Gesetzesvorlagen«, die ALEC betreibt, sei »ein Quell dynamischer und innovativer Ideen, die das tägliche Leben günstiger machen und wirtschaftliche Freiheit garantieren«. Finanziert wird die Organisation von Unternehmen. Sowohl Mitglieder als auch Spender bleiben geheim. Laut dem Center for Media and Democracy, einer Bürgerrechtsorganisation, gehören Dutzende Großunternehmen und Industrieverbände dazu. Darunter sind auch Energieunternehmen wie etwa Koch Industries, das milliardenschwere Raffinerie- und Pipelineimperium der Koch-Brüder.[13] Bei ihrer Tagung im Dezember 2017 verabschiedeten die versammelten Volksvertreter und Lobbyisten einen weiteren Eintrag in ALECs »Bibliothek der Gesetzesvorlagen«. Die Vorlage trägt die Überschrift: »Critical Infrastructure Protection Act«. Ganz offen heißt es in der Einleitung, man habe sich bei der Verfassung dieses Beispieltextes von dem bereits 2017 verabschiedeten Anti-Protest-Gesetz in Oklahoma leiten lassen. Die neue ALEC-Vorlage war ein voller Erfolg: Anfang 2019 waren bereits in 15 Bundesstaaten Gesetze zum »Schutz kritischer Infrastruktur« verabschiedet worden.In 16 weiteren US-Staaten wurden entsprechende Entwürfe von Abgeordneten eingebracht.[14]

Ähnlich aggressiv platzierte die Branche das Thema auch in Washington. Gerne wollen das American Petroleum Institute und die US Chamber of Commerce, die Lobbying-Organisation der US-Großkonzerne, die das Ohr vieler Kongressabgeordneten hat, den Steuerzahler an den Kosten für die »kritische Infrastruktur« beteiligen. In seiner jährlichen »State of the American Business«-Rede im Oktober 2018 erklärte der Chef der Handelskammer Thomas Donohue den Ausbau von Pipelines zur »Top-Priorität«. Die Modernisierung von Straßen und Brücken erwähnte der Oberlobbyist in einem Satz, bevor er zum angeblich wahren Notstand der Nation kam: »Wir erleben eine Energierenaissance, aber uns fehlt die Infrastruktur, um sie zu nutzen.« Und deshalb war sein Schluss: »Wir müssen die notwendigen Pipelines bauen, die unsere reichlich vorhandenen Ressourcen zum Markt bringen.«[15] Die Botschaft scheint Gehör zu finden. Trumps Transportministerin Elaine Chao, selbst Spross eines reichen chinesischen Reedereiclans und die Ehefrau des republikanischen Mehrheitsführers im Senat, Mitch McConnell, brachte im Juni 2019 einen Gesetzesvorschlag auf den Weg, der die Beschädigung oder die Betriebsstörung einer Pipeline mit bis zu 20 Jahren Gefängnis belegen würde. Wenig überraschend taucht die »kritische Infrastruktur« auch in Trumps Grundlagenpapier als eine der Prioritäten seiner Sicherheitspolitik auf. Für die US-Energiebranche ist der Ausbau der Transportinfrastruktur ein wichtiger Kostenfaktor – und je mehr der Lasten und Risiken die Unternehmen auf die Allgemeinheit abwälzen können, desto besser. Den Konzernen ist es nur recht, wenn Steuerzahler in den USA für neue Leitungen mitbezahlen und deutsche Stromkunden Flüssiggasanleger finanzieren.

Eine Ölleitung, die auf der Liste der Branche ganz oben steht, hat Trump allerdings bisher noch nicht durchdrücken können. Sie ist seit Jahren das umstrittenste Bauprojekt im Land: die Keystone XL. Obama hatte die Megapipeline zunächst genehmigt, aber auf Druck der Umweltbewegung wieder abgesagt. Trumps Versuche, sie einfach per Dekret anzuordnen, scheiterten zunächst an der Justiz. Sollte die Keystone XL gebaut werden, dann würde damit das dreckigste Öl der Welt noch üppiger fließen.

Kanadas schmutziges Geheimnis

Der See gleicht keinem anderen Gewässer: brauner träger Schlamm, durchzogen von dunklen öligen Schlieren, die Ränder teerschwarz. Es sind 400 Millionen Kubikmeter mit hochgiftigem Abwasser. Tödlich für Enten oder Gänse, die darauf landen. Vogelscheuchen in Signalorange treiben deshalb auf Bojen, alle paar Sekunden knallt eine Gaskanone, um die Tiere abzuschrecken. Der massive Erdwall, der das Mildred Lake Settling Basin zusammenhält, ist größer als die chinesische Mauer und noch aus dem All zu erkennen. Auf dem Gelände daneben sind giftig-gelbe Pyramiden errichtet worden – Schwefel, ein Abfallprodukt. Dahinter erstreckt sich ein drei Kilometer breiter Krater, teilweise bis zu 100 Meter tief. Stellte man den Kölner Dom hinein, würden nur die Turmspitzen herausragen. Darin schaufeln gigantische Bagger, so groß wie Eigenheime, Tag und Nacht hunderte Tonnen dunkler sandiger Erde in ebenso gigantische Laster. Ein süßlicher schwerer Geruch zieht herüber von der nahen Raffinerie, aus deren Schloten 500 Grad heiße Flammen schießen. Hier wird Bitumen – eine teerig-zähe Substanz – aus dem abgebauten Sand herausgelöst und schließlich zu Erdöl veredelt. Willkommen in den Teersandminen in Kanadas Provinz Alberta. Oder wie der britische *Guardian* einmal titelte »Kanadas schändlichstes Umweltvergehen«.[16]

Naturschützer prangern die umgepflügte vergiftete Taiga als Inferno an, für Ölkonzerne wie ExxonMobil sieht so die Zukunft aus. Von Fort McMurray aus, wo die meisten Minenarbeiter wohnen, fliegt man mit dem Helikopter 75 Kilometer über den satt grünen *Boreal Forest*, den nordischen Urwald, bis zum Kearl Lake. Noch bis 2009 sah man hier von oben Seen und Bäche, die im Sonnenlicht aufblitzten, inmitten von Tannen, Birken, Lärchen und Pappeln. Doch seither haben Maschinen die Bäume entwurzelt, die Erdkruste abgetragen, Flüsse und Bäche umgeleitet. Von oben sieht es aus, als habe ein Ekzem die Landschaft befallen. Kearl Lake wurde von einer Landschaft zum Namen einer neuen Teersandmine von ExxonMobil und der kanadischen Imperial Oil, an der Exxon 69 Prozent hält. Nach Anlaufschwierigkeiten ziehen die Betreiber nun 244 000 Barrels pro Tag aus dem Untergrund. Bis 2020 sollen es 345 000 Barrel täglich sein. »Kearl Lake gilt als eines der qualitativ hochwertigsten Teersandvorkommen Kanadas. Es wird mit Hilfe technologischer Innovationen entwickelt, die die Kosten senken und die Umwelt schonen«, schwärmt Imperial auf seiner Webseite.[17] Auch andere Unternehmen baggern im kanadischen Norden, doch für Exxon sind die Bitumenvorkommen von entscheidender Bedeutung. Hier liegen Reserven, auf die das Unternehmen in großem

Stil setzt. Kearl ist Folge und schonungsloser Ausdruck von Exxons unstillbarem Durst nach Öl.

Am westlichen Zipfel des Athabasca-Sees liegt Fort Chipewyan, von den Einheimischen Fort Chip genannt. In dem kleinen Ort leben Angehörige der Cree, der Chipewyan oder Dene und der Metis zusammen. Wer Fort Chip auf einer Karte betrachtet, auf der die dunklen Flächen bereits vergebene Ölsandlizenzen darstellen und die rosa Flächen Reservate und Schutzgebiete, dann verschwinden die rosa Flecken fast. Eines der dunklen Areale ist Kearl. Die Stämme haben ein kompliziertes Verhältnis zu den Minenbetreibern. Einige haben gegen die stetige Expansion geklagt, weil das nach Ansicht der First Nations, der Ureinwohner, ihre vertraglich zugesicherten Landnutzungsrechte verletzt. Andere haben sich mit den Minen arrangiert, schließlich sind es gut bezahlte Jobs in einer bitterarmen Gegend.

Vor einigen Jahren bemerkte ein Arzt namens John O'Connor eine Häufung von Krebserkrankungen bei den Fort-Chip-Bewohnern, darunter Gallengangkarzinome. Diese Krebsart, die in der Regel innerhalb von Monaten zum Tod führt, ist sehr rar. Doch bei den rund 1 000 Einwohnern von Fort Chipewyan hat es in den vergangenen Jahren gleich zwei Fälle gegeben. Andere starben an Leukämie, Blasen-, Hoden- oder Eierstockkrebs.[18] Eine Studie der kanadischen Gesundheitsbehörde erklärte, die Krebsrate liege generell nicht über dem, was in der Provinz Alberta normal sei. Sie führte die Häufung von Gallenkarzinomen und Eierstockkrebs auf Lebensgewohnheiten wie Rauchen und HPV-Infektionen zurück. Eine andere Studie der University of Manitoba in Zusammenarbeit mit den First-Nations-Stämmen ergab eine starke Belastung von Wild und Fisch mit Schwermetallen und Kohlenwasserstoffen, die als krebserregend gelten. Die Stämme leben zum großen Teil vom Jagen und Fischen. Von den 94 Teilnehmern, die im Rahmen der Studie befragt wurden, berichteten 20, an Krebs erkrankt zu sein.[19]

Es ist nicht so, dass Kanada Umweltprobleme ignoriert. Bereits 2007 begann die Provinz Alberta damit, eine CO_2-Abgabe von industriellen Emittenten zu erheben. (Eine Abgabe für private Haushalte wurde 2019 wieder abgeschafft, nachdem die Konservativen die Provinzregierung übernahmen.) Das Land gehört auch zu den

Unterzeichnern des Pariser Klimagipfels. Premierminister Justin Trudeau zeigt sich gerne dem Klimaschutz verpflichtet. »Wir müssen jetzt aktiv werden, damit unsere Kinder einen gesunden Planeten und gute Jobs haben«, twitterte der kanadische Staatschef im April 2019. Doch Öl ist Kanadas wichtigstes Exportgut. Der größte Teil davon wird in Alberta produziert. Täglich ziehen die Teersandminen dort 2,6 Millionen Barrel aus dem Boden. So gut wie alle landen in US-amerikanischen Raffinerien. Als der texanische Kinder-Morgan-Konzern 2018 ankündigte, den Plan fallen zu lassen, seine seit 65 Jahren bestehende Trans Mountain Pipeline mit einer zweiten Trasse auszubauen, sprang Trudeaus Regierung mit 3,5 Milliarden Dollar in die Bresche. Die First Nations, durch deren Stammesgebiete die über 1 000 Kilometer lange Pipeline führen wird, protestierten vergeblich. Für die Teersandminen ist die Pipeline von enormer Bedeutung, denn es ermöglicht ihnen, ihr teeriges Öl an die Häfen der Pazifikküste zu transportieren und von dort in das öldurstige Asien zu verschicken.

Der Sockel, auf dem die Götter sitzen

Das Schicksal der Teersandminen ist auch für einen der größten Global Player im Ölmarkt enorm wichtig: Exxon. Kein Energiekonzern ist derart auf den Brennstoff eingeschworen wie die Texaner. Doch deren Geschäft ist seit der Jahrtausendwende immer schwieriger geworden. Einmal sind die einfacher zu erreichenden Vorkommen fast verbraucht. Zum anderen ist es geopolitisch komplexer geworden. Als nach 1970 die Produktion im eigenen Land unaufhaltsam zu schwinden schien, schickte Exxon wie die anderen großen Konzerne seine Scouts um den Globus. Viele Regierungen, vor allem in Entwicklungsländern, waren froh um das Interesse, schließlich brachten die Amerikaner nicht nur Know-how, sondern auch die nötigen Mittel mit, die Öl- und Gasvorkommen zu erschließen. In den letzten Jahrzehnten stießen die Amerikaner allerdings auf Widerstand bei Regierungen, die bessere Bedingungen fordern oder ihre nationalen Ressourcen nun lieber selbst ausbeuten. Selbst der Tschad, eine Nation, die 2016 auf dem Entwicklungsindex der Vereinten Nationen Platz 186 von 188 belegte, versuchte den US-Giganten unter Druck zu setzen. Die wichtigste Einnahmequelle des zentralafrikanischen Landes ist Öl. Als die Preise für den Rohstoff fielen, geriet das Regime von Präsident Idriss Déby unter Druck. 2016 verhängte ein tschadisches Gericht eine Strafe von 75 Milliarden Dollar gegen Exxon, weil der Konzern angeblich zu wenig für das Öl gezahlt hatte, das er dort förderte. Die Strafe betrug ein Mehrfaches des Bruttoinlandsprodukts des Landes. Das Urteil wurde als Drohgebärde von Déby gesehen, der Exxon damit zu Neuverhandlungen über die Förderkonditionen zwingen wollte.

Déby legte sich mit einem nach fast allen Maßstäben gigantischen Gegner an. Der Umsatz erreichte 2018 rund 290 Milliarden Dollar – soviel wie das Bruttoinlandsprodukt von Ungarn, Costa Rica und Kenia zusammen. Als eigene Volkswirtschaft gezählt, würde ExxonMobil im internationalen Vergleich auf Rang 40 liegen. Von außen sieht das Hauptquartier in Irving, einem Vorort von Dallas, so abwehrend aus wie eine Geheimdienstzentrale. Meterhohe Hecken und Zäune, hinter denen nur die abgeschrägten Dächer des Komplexes hervorlugen. Ein Wachhaus samt Schlagbaum hält Neugierige ab. Die Botschaft ist deutlich: Besucher unerwünscht. Man hält gerne Abstand. Selbst Ölleute klagen – anonym – über Exxons Arroganz. Vielleicht ist es noch das Erbe von Rockefellers Standard Oil. »God Pod« – der Sockel, auf dem Götter sitzen – nennt die Branche nur halb spöttisch die Chefetage in Irving. Wer hier arbeitet, ist eingeschworen auf den *Exxon Way* – eine Denkart, die Ökonomin Kathleen Cooper, die mehr als zehn Jahre für das Unternehmen arbeitete, einmal so beschrieb: »sehr intelligent, sehr analytisch, sehr vorsichtig, und vor allem extrem langfristig.« Es ist eine Welt nüchterner Abwägung. Gefühle, sagt sie, spielen dabei so gut wie keine Rolle. Der Exxon Way hat Exxon in der Vergangenheit Profite beschert, die Wirtschaftsgeschichte schrieben. Im Jahr 2007 meldete der Konzern einen Gewinn von 40 Milliarden Dollar. Ein Rekord, der nur von den 45 Milliarden Dollar übertroffen wurde, die Exxon im Jahr darauf einfuhr. Zwischen 2006 und 2018 hat Exxon 384 Milliarden Gewinn gemacht. Wer würde sich bei diesem Erfolg nicht für geradezu unfehlbar halten?

Gepolstert durch die sprudelnden Gewinne, fiel es den Managern auf dem God Pod leicht, Kritiker abprallen zu lassen. Das gilt sogar für die Gründernachfahren. Die Rockefeller-Familie hält bis heute Anteile. In den vergangenen Jahren haben sich ihre Vertreter der Umweltbewegung angeschlossen und versuchen seitdem, den einstigen Familienbetrieb auf einen grünen Kurs zu lotsen. Exxons Konkurrenten engagieren sich längst öffentlichkeitswirksam bei alternativen Energien – Royal Dutch Shell investiert in Windparks in den Niederlanden, experimentiert mit Wasserstoff und bietet Ladestationen für Elektroautos. BP hat sich als Solarzellenhersteller einen Namen gemacht, Total tüftelt an Batterien und Chevron spielt bei Erdwärme eine führende Rolle.

Exxons grünes Engagement handelt sich regelmäßig den Spott von Umweltschützern ein. Etwa als der Konzern 2018 ankündigte, seine Frackinganlagen im Permian mit Wind- und Solarenergie betreiben zu wollen. Exxons einziges größeres Projekt in alternativer Energie war lange ein Experiment mit Algen, mit denen Forscher mittels Gentechnik Biotreibstoff herstellen wollen. Exxon selbst räumt ein, dass es noch mehr als ein Jahrzehnt brauchen dürfte bis zur Marktreife. Was die PR-Abteilung allerdings nicht hindert, schnittige Videos mit coolen Exxon-Wissenschaftlerinnen, die mit einer schleimigen grünen Masse experimentieren, in den sozialen Netzwerken zu zeigen.[20] Exxon macht keine konkreten Angaben über die Investments in alternative Energien. Laut dem britischen *Independent*, der 2017 darüber berichtete, spendiert der Konzern rund eine Milliarde Dollar im Jahr für die Experimente mit dem Algentreibstoff und andere erneuerbare Projekte. Zum Vergleich: Der Ausbau des Teersandabbaus in Kearl allein hat bereits mehr als 16 Milliarden Dollar verschlungen.

Im God Pod galt die einst von Präsident Obama zur »nationalen Priorität« erhobene menschengemachte Klimakatastrophe bis vor kurzem keineswegs als ausgemacht. Exxon förderte im Gegenteil Institutionen, deren Experten zu den »Klimaskeptikern« gehören und in der internationalen Wissenschaftlergemeinde als Außenseiter gelten. Der langjährige Vorstandschef Lee Raymond machte keinen Hehl daraus, dass er die Aufregung über den Klimawandel schlicht für eine Modeerscheinung hielt – für die Exxon kein Geld verschwenden würde. Raymond, der Exxon 12 Jahre lang führte, war bekannt dafür, auf kritische Fragen von Aktienanalysten und selbst Aktionären mit Spott und Überheblichkeit zu reagieren. Als Raymond in 2005 in den Ruhestand ging, erhielt er zum Abschied ein Vergütungspaket in Höhe von 400 Millionen Dollar. Damit habe der ehemalige Exxon-Boss 144 573 Dollar für jeden Tag erhalten, den er für den Konzern tätig war, rechnete die *New York Times* vor.

Unter seinem Nachfolger Rex Tillerson, einem vergleichsweise volkstümlichen Texaner, wurde der Ton sanfter. Der Konzern kündigte an, Einrichtungen nicht länger zu unterstützen, deren »Position in Sachen Klimaveränderung ablenken würde von der wichtigen Diskussion, wie die notwendige Energie auf umweltverträgliche Weise sichergestellt werden kann.« Offiziell verschrieb sich der Konzern dem Ziel, »den Treibhausgasausstoß zu verringern, sowohl bei unseren Anlagen wie bei unseren Kunden.«

Dennoch hält der Branchenprimus stur daran fest, dass Öl auf absehbare Zeit die Hauptenergiequelle bleiben wird. Bei der Hauptversammlung im Mai 2009 – als auch der Start von Kearl bekannt wurde – erklärte Vorstandschef Tillerson, die Welt sei noch viele Jahrzehnte vom Abschied von fossilen Brennstoffen entfernt. »Ich habe nichts gegen große Ziele«, sagte er damals süffisant über Obamas grüne Politik, »Große Ziele sind gut, weil sie uns herausfordern, aber wir sollten den Zeitrahmen realistisch halten und uns nicht selbst zum Narren machen.« Solche Aussagen brachten dem Manager mit der eleganten silbergrauen Fönfrisur bei den Finanziers grüner Startups im Silicon Valley den Spitznamen »T-Rex des Kohlenwasserstoffzeitalters« ein. Der Vergleich mit einem Dinosaurier störte den Texaner wenig. Im Gegenteil – der einstige Eagle-Scout-Pfadfinder schwor, die Öl- und Gasproduktion Exxons um 25 Prozent zu steigern. Dazu kam er nicht mehr.

Als Trump 2016 nach einem Außenminister suchte, fiel seine Wahl auf Tillerson. So abwegig war die Nominierung nicht. Für Trump war es ein Triumph, war der Reality-TV-Star doch von den amerikanischen Konzernchefs nie wirklich ernst genommen worden. Er lobte seinen Minister als »Dealmacher von Weltklasse«. Diese Verbindungen sollte der Exxon-Chef künftig nicht mehr für seinen

Konzern, sondern für das ganze Land einsetzen. Mögliche Interessenskonflikte kümmerten den frischgewählten Präsidenten nicht. Tillersons Ernennung, kommentierte Steve Coll, der ein Buch über Exxon geschrieben hat, im Magazin *New Yorker*, werde die Annahme vieler Menschen auf der Welt bestätigen, dass Amerikas Macht vor allem als das nackte, neokolonialistische Sichern von Ressourcen zu sehen sei.[21]

Exxon mit seiner Reichweite in 51 Länder und sechs Kontinente sah sich praktisch als ein eigenes globales Ölreich, das immer wieder eine Politik verfolgt hat, die mit der Washingtons nicht übereinstimmte. Das trifft vor allem auf die Sanktionen gegen Russland zu. Schon unter Raymond entwickelte der Konzern ein enges Verhältnis zu Wladimir Putin, dem de facto Herrscher in Moskau. Auch Tillerson und Putin kennen sich seit Jahren. 2013 verlieh Putin dem Exxon-Boss wegen großer Investitionen des Konzerns in Russland sogar die Freundschaftsmedaille des Landes. Tillerson und Putin mögen sich persönlich nahe gekommen sein. Doch die beiden brauchten einander auch. Tillerson stand vor der Aufgabe, den negativen Trend von nachlassender Produktion und sinkenden Reserven umzukehren und neue Wachstumsquellen zu erschließen. Russland schien ein idealer Partner. Nach Schätzungen von Experten liegen etwa ein Fünftel der bisher unerschlossenen Öl- und Gasreserven der Welt in der Arktis – vorwiegend in dem Teil, den Russland beansprucht. Durch die Klimaerwärmung ist das Gebiet in den vergangenen Jahren leichter zugänglich geworden. Doch die Erschließung ist für Russland ohne ausländische Milliardeninvestitionen und Know-how kaum machbar. Exxon war ein idealer Partner, der Konzern verfügt über beides. 2011 traf sich Tillerson mit Putin und Igor Setschin, einem engen Vertrauten Putins, der den russischen Energiekonzern Rosneft leitet, in Sotschi am Schwarzen Meer. Dort unterzeichnete der Exxon-Chef einen Joint-Venture-Vertrag, der dem US-Konzern den Zugang zur Arktis gewähren sollte. Dann aber nahm Russland die Krim ein und begann die Intervention in der Ukraine. Die USA und die EU verhängten Sanktionen gegen Russland. Das Arktisprojekt, das Exxons Zukunft garantieren sollte, kam ins Stocken.

Tillerson sprach sich deutlich gegen die Sanktionen aus. Diejenigen, die sie verhängten, sollten sich überlegen, welchen breiten Kollateralschaden diese Maßnahmen anrichteten und wen sie tatsächlich träfen, sagte er bei der Aktionärsversammlung 2014.

Gut zwei Jahre später lag die Außenpolitik der USA plötzlich in seinen Händen. Als Trump 2017 sein Einreiseverbot gegen bestimmte mehrheitlich muslimische Länder verhängte, landete auch der Tschad auf der Liste. Das erstaunte viele Beobachter, denn das kleine afrikanische Land hatte als ein enger Verbündeter im Kampf gegen Terrorgruppen wie Boko Haram gegolten. Im März 2018 besuchte Tillerson eine Reihe afrikanische Länder. Es war seine erste diplomatische Mission dort, nachdem Präsident Trump diese in einer Diskussion mit Volksvertretern als »Dreckslöcher« bezeichnet hatte (er bestritt die Äußerung später). Bevor er in den Flieger nach Washington stieg, deutete der Außenminister an, der Tschad könne eventuell wieder von der Verbotsliste genommen werden. Was auch immer der Ex-Exxonboss mit dem kleinen Land vorhatte, es kam nicht mehr dazu. Noch in der Luft ereilte den ehemals mächtigsten Ölmanager der Welt die Nachricht, dass der mächtigste Staatsmann der Welt ihn per Twitter gefeuert hatte. »You are fired«, hätte Trump in seiner Reality-TV-Serie *The Apprentice* gesagt.

Auch Tillersons ehemaliger Arbeitgeber ist in jüngster Zeit nicht mehr so unangreifbar wie einst. Nicht nur konnte Trump sein Versprechen eines besseren Verhältnisses mit Russland nicht einlösen. Der Kongress verschärfte sogar noch einmal die Sanktionen. Damit liegen Exxons arktische Pläne weiter auf Eis. Dann war da der Kauf von XTO, der das Unternehmen im Jahr 2010 satte 30 Milliarden Dollar gekostet hatte. Nachdem Exxon den Frackingboom im eigenen Land erst einmal ignoriert hatte, sollte die Übernahme den Einstieg ins Erdgasfracking bringen. Das Timing hätte kaum schlechter sein können. In den folgenden sieben Jahren sank der Erdgaspreis unaufhaltsam. 2016 schrieb Exxon einen großen Teil des Investments ab. Auch die Ölproduktion stagnierte in den letzten Jahren. Noch 2001 versprach der damalige Vorstandschef Raymond, bis 2005 die tägliche Quote von vier auf fünf Millionen Barrel hochzupumpen. Ende 2018 lag sie immer noch knapp über der Vier-Millionen-Marke. Und nicht nur die Produktion stagniert weitgehend. Es fällt dem Riesen immer schwerer, das bereits produzierte Öl durch neue Reserven zu ersetzen – eine entscheidende Zahl, auf die Wall Street und die Anleger schauen. Ein Ölkonzern, der seine Reserven nicht auffüllen kann, kannibalisiert sich selbst. Die Lösung schien für den God Pod in Albertas Teersand zu liegen. Kearl sollte dem Riesen wieder die Stärke zurückgeben, die seine Aktionäre gewohnt waren. Aber Umweltschützer drohten Exxons Plan einen dicken Strich durch die Rechnung zu machen.

Vier Badewannen für eine Tankfüllung

Dass diese Art der Ölgewinnung Ressourcen verschlingt, leugnet nicht einmal die Industrie. »Albertas fantastischer Ölsand – einfach Wasser zufügen!« Und schon sprudelt das schwarze Gold. Das T-Shirt mit der bunten Aufschrift war ein Verkaufshit im Shop des Oilsand Discovery Centre, das die Minenbetreiber für Besucher der Region gebaut haben. Kritiker finden das allerdings wenig amüsant. Bis zu vier Badewannen voller Frischwasser sind nötig, um ein Barrel Erdöl aus dem Bitumen zu erhalten. Bis zu zwei Tonnen Erde und noch einmal zwei Tonnen Sand müssen für ein Barrel Erdöl ausgehoben werden. In dem Bericht *Ölsandfieber*[22] macht das unabhängige kanadische Forschungsinstitut Pembina eine eindrucksvolle Rechnung auf: Aus der klebrigen klumpenden Sandmasse wird das Bitumen mit heißem Wasser herausgelöst. Im Anschluss daran wird das Bitumen in der Raffinerie zu einer Flüssigkeit verarbeitet, die natürlichem Erdöl entspricht. Dazu sind große Mengen Strom notwendig. Den beziehen die Minenbetreiber von Erdgaskraftwerken. Mit der Erdgasmenge, die für ein einziges Barrel Bitumen aufgebracht werden muss, lässt sich ein Eigenheim für eineinhalb Tage heizen. Der größte Anteil des Teersandöls endet als Benzin. Der Sprit aus einem solchen Barrel, so die Pembina-Experten, reicht nicht einmal, um den Tank eines der in den USA nach wie vor beliebten Pick-up-Trucks ganz zu füllen. Ihr Fazit: Erdgas ist der sauberste fossile Brennstoff und der wird eingesetzt, um den Brennstoff herzustellen, der die größte Umweltverschmutzung anrichtet. (Es gab schon einmal Überlegungen der Branche, statt Erdgas über Hunderte Meilen zu bringen und zu verstromen lieber Kernkraftwerke neben die Minen zu bauen). Der Abbau und die Veredelung des Teersands verursachen massive CO_2-Emissionen. 2016 beschloss die Provinzregierung eine Obergrenze von 100 Millionen Tonnen CO_2 für die Teersandminen. Doch es ist unklar, ob die Produzenten diese einhalten werden. Inzwischen werden in der spärlich besiedelten Region bereits 70 Millionen Tonnen des Treibhausgases freigesetzt, das sind fast so viele Emissionen wie in Dänemark und Schweden zusammen. Mit der jahrelang versprochenen CO_2-Obergrenze wollte Albertas Regierung die Umweltschützer im eigenen Land beruhigen. Noch wichtiger aber: Alberta wollte ein Signal an Obama schicken. Der US-Präsident spielte damals mit dem Gedanken, das Teersandöl der Kanadier direkt zu verbannen, wie es in Kalifornien und drei weiteren US-Bundesstaaten bereits beschlossen worden war. Das in der Taiga ausgekochte Rohöl nannte Obamas Außenminister John Kerry einmal höchst undiplomatisch eine »besonders dreckige Art der Energiegewinnung«. Auf den Bann verzichtete Obama dann doch lieber. Denn er wusste, es würde Kanada verärgern. Der Nachbar im Norden ist schließlich ein wichtiger Handelspartner und Verbündeter. In der Ölsandregion liegen rund 90 Prozent der kanadischen Ölreserven.

Aber es gab noch ein entscheidendes Hindernis, das die Kanadier gerne durch den US-Präsidenten beseitigt gesehen hätten. Es fehlt an Möglichkeiten, um das Öl aus den abgelegenen Teersandproduktionen abzutransportieren. Es gibt nicht genug Pipelines. Der größte Teil wird mit Güterzügen abgeholt. Das ist teuer und gefährlich. Um dem abzuhelfen, kündigte der Pipelinebetreiber Transcanada an, eine Megapipeline zu bauen, eben die Keystone XL. Die geplante Trasse der Leitung führt von Alberta nach Nebraska in den USA und von dort aus bis zu den Raffinerien im Golf von Mexiko. Nach Fertigstellung sollen 800 000 Barrel am Tag hindurchfließen. Doch der Plan rief Umweltschützer in den USA auf den Plan. Für sie steht fest: Wird die Pipeline erst einmal gebaut, wird es die Verwendung des Teersandöls auf Jahrzehnte festklopfen. Entsprechend energisch gingen die Gegner des Projekts vor. Nachdem Obama – bei seinem Kampf um die Wiederwahl unter Druck durch hohe Öl-

und Benzinpreise – im November 2011 die Baugenehmigung für die Pipeline nicht nur erteilt, sondern dem Projekt auch noch Priorität eingeräumt hatte, kreisten über 12 000 Demonstranten das Weiße Haus ein. Über Tausend wurden verhaftet. Solche Tumulte hatte die US-Hauptstadt zuletzt anlässlich des Vietnamkrieges gesehen. »Stop the Pipeline, Mr. President!«, stand auf ihren Transparenten und darunter, leicht abgeändert, Obamas einstiger Wahlslogan »Yes you can«. Etwas holprig reimten die Versammelten: »Obama, wir wollen nicht dein Pipelinedrama«. Ihre Botschaft kam nicht gleich an. Aber angesichts des anhaltenden Widerstands vor allem aus den Reihen seiner Wähler sagte Obama 2015 die Keystone XL ab. Die Pipelinegegner feierten das als einen der größten Siege für die US-amerikanische Umweltbewegung. Für Teersandminenbetreiber wie Exxon war es ein herber Schlag. Es bedeutete, dass sie weiter auf den teuren Abtransport per Schiene setzen mussten, und das wiederum hieß, dass sie ihre Produkte nur mit einem Preisabschlag loswerden konnten. Zusammen mit dem dramatisch gesunkenen Ölpreis stellte es die Zukunft des Bitumenabbaus in Frage. Nicht lange, nachdem Obama die Keystone XL ins Reich der Ölproduzententräume geschickt hatte, reduzierten eine ganze Reihe prominenter Gesellschaften den Wert ihrer Teersandvorkommen in ihren Bilanzen: Conoco Phillips, Shell, die chinesische CNOOC sowie die norwegische Statoil, die sich inzwischen den sauberer klingenden Namen Equinor angeschafft hat. Exxon verkündete zunächst, das sei nicht nötig. Aber schließlich schluckten auch die Texaner die bittere Pille. Es schien der Anfang vom Ende der Teersandexpansion.

Doch dann wurde Trump gewählt. Er war noch keine zwei Tage im Weißen Haus, da ordnete der neue Präsident den Bau der Keystone XL per Dekret an. Es sei ein »großer Tag für Jobs und Energieunabhägigkeit«, sagte der Präsident bei der Unterzeichnung der Anordnung im Oval Office. Die Pipeline sei »unglaublich« und die »großartigste Technologie, die der Menschheit bekannt sei«. Dass ein Richter den Beginn der Arbeiten per einstweiliger Verfügung wieder untersagte, war eine Niederlage für Trump. Umweltorganisationen, Farmer und Kommunen hatten gegen die Pipeline Klagen eingereicht. Doch die Justiz hielt den Präsidenten nur vorübergehend auf. Ende März 2019 sprach er eine neue Genehmigung für Transcanada aus.

Das waren gute Nachrichten für einen gewissen Konzern mit Sitz in Irving, Texas. Exxon hatte ein paar Tage vor der neuen Keystone-XL-Genehmigung durch Präsident Trump bekannt gegeben, seine Reserven seien gegenüber 2017 um 3,2 Milliarden Barrel auf 24,3 Milliarden Barrel gestiegen. Doch die Texaner sind nicht etwa auf neue Vorkommen gestoßen. Sie hatten lediglich die Ölsandvorkommen, die sie nicht einmal zwei Jahre zuvor als wertlos abgeschrieben hatten, wieder als werthaltige Reserven in ihre Bücher genommen. Und das, obwohl die Preise für das Erdöl, das in Alberta gewonnen wird, sich in den Monaten vor der höheren Neubewertung auf einem historischen Tief bewegt hatten. Derart niedrig war das Preisniveau, dass Albertas Provinzregierung sogar einen zeitweiligen Förderstopp verhängte, bis sich die Preise wieder stabilisieren würden. Das kam praktisch dem Ziehen der Notbremse gleich.

Doch Exxon konnte nicht warten. Die Wall Street zeigte sich immer ungeduldiger mit dem einst profitabelsten Unternehmen der Welt. Nun fiel es im Renditeranking hinter die Konkurrenz zurück. Um die Anleger zu beruhigen, kündigte Tillersons Nachfolger bei Exxon, Darren Woods, im Sommer 2018 an, 230 Milliarden Dollar bis 2025 für die Erschließung neuer Vorkommen aufzuwenden. Aber bis dahin hätte Exxon ohne Albertas Teersand den Investoren drastisch geschrumpfte Reserven präsentieren müssen. Deshalb hatte das Kearl-Projekt diese Dringlichkeit. Deshalb besteht der Konzern auf die Erschließung – trotz des niedrigen Ölpreises und der enormen Kosten für die Umwelt. Die Keystone XL ist der fehlende Teil des Puzzles. Gelingt es Trump, die Pipeline durchzudrücken, dann macht es Exxons Zukunftsszenario komplett. Im Juni 2019 gaben die Richter den Weg frei. Die Baufirma erklärte allerdings, es sei für das laufende Jahr zu spät, mit dem Bau zu beginnen. So wird 2020 wohl zum Schicksalsjahr nicht nur für die Pipeline, sondern auch für Exxon und die übrigen Teersandminenbetreiber.

Mit den Waffen eines Businessman

Pipelines sind wenig glamourös, im Grunde aneinander geschweißte Stahlrohre. In den Berichten in den deutschen Medien zu Trumps Außenpolitik geht es zumeist um die liberale Weltordnung, die er gerne torpediert. Um seine angebliche Männerfreundschaft mit Wladimir Putin und anderen Autokraten. Pipelines kommen in den Kommentaren der Politikexperten eher selten vor. Doch die Energieinfrastruktur spielt eine ähnliche Rolle wie Trumps Aufrüstungspläne und seine enormen Militärausgaben. Für Trump sind die Pipelines, Häfen und Güterzugtrassen notwendig, um seine Energiedominanz im Ausland durchsetzen zu können. Nur wenn der Öl- und Gasreichtum auch in alle Welt verteilt werden kann, geht seine Politik auf.

Trumps Ehrgeiz, sein Land zur Energiedominanz zu führen, ist gepaart mit dem Ziel, den Welthandel zu »gewinnen«. Beides zusammen leitet seine Außenpolitik. Importieren die USA mehr aus einem Land, als sie dorthin exportieren, zeigt das nach Trumps Vorstellung, dass das betreffende Land die Amerikaner übervorteilt. Den Chinesen etwa wirft der Präsident unfairen Wettbewerb durch staatlich gestützte Billigprodukte und Raubkopien vor. An diesen Vorwürfen ist etwas dran. Nur ist die Handelsbilanz, die einfach den grenzüberschreitenden Güterverkehr erfasst, ein sehr schlechter Maßstab für unfaire Praktiken. In den ersten beiden Jahren seiner Amtszeit drohte Trump fast allen Handelspartnern mit Zöllen und Barrieren, wenn sie nicht für eine ausgeglichene Handelsbilanz mit den USA sorgten. Dabei störte den Präsidenten wenig, dass es sich bei den meisten Nationen um freie Marktwirtschaften handelt, bei denen die Regierung nur begrenzt Einfluss auf die Handelsströme nehmen kann. Südkorea gab dennoch Trumps Druck nach. Nachdem der US-Präsident der Regierung in Seoul wegen des US-amerikanischen Handelsbilanzdefizits mehrfach mit Zöllen gedroht hatte, begann das Land mehr und mehr Rohöl und Flüssiggas in den USA zu kaufen. So wurde Südkorea, das bis 2016 so gut wie kein Gas aus den USA bekam, innerhalb der ersten beiden Amtsjahre von Trump zum größten Importeur von US-amerikanischem Liquified Natural Gas (LNG) – Flüssiggas.[23] Indien, immerhin die drittgrößte

Volkswirtschaft Asiens, kündigte der Präsident 2019 eine seit den 1970er Jahren bestehende Vereinbarung, durch die viele Importe aus dem Subkontinent zollfrei blieben. Zudem landete Indien auf der Liste der Währungsmanipulatorenländer, denen die USA vorwirft, ihre Währung gezielt abzuwerten, um ihre Exporte für Einkäufer aus dem Dollarraum billiger zu machen. Trump nahm Modis Regierung übel, dass Indien weiterhin Öl aus dem Iran bezog. In Neu-Delhi brauchte man keinen Weisen, der aus den Teeblättern las, was die Stunde geschlagen hatte. Nicht nur versprach die Regierung, Drohnen und Flugzeuge made in USA zu erwerben. Die Raffinerien wollen künftig einen großen Teil ihres Bedarfs an Rohöl aus den USA beziehen. »Ein klarer Sieg für Trump«, so Reuters.[24] Energieexporte sind Trump so wichtig, dass er sonstige Abneigungen und Vorurteile über Bord wirft. So beschimpft er die Mexikaner bei seinen Auftritten regelmäßig als Kriminelle und Vergewaltiger. Doch er will trotzdem eine Ölpipeline in das Nachbarland im Süden verlegen. Sie würde »direkt unter der Mauer durchgehen«, sagt er.

Der Präsident hat Energiedominanz nicht nur zur Frage der inneren Sicherheit gemacht. Sie ist auch wesentlicher Teil seiner Außen- und internationalen Sicherheitspolitik. Das geht soweit, dass die Bekämpfung des Klimawandels in seinem Strategiepapier sogar zur Bedrohung für die Sicherheit der USA erklärt wird. Eine Bedrohung, gegen die Trump vorgehen will. So heißt es da wörtlich:»Klimapolitik wird das globale Energiesystem bestimmen. Die Führungsrolle der USA wird unverzichtbar sein, um die Anti-Wachstums-Energieagenda zu kontern, die den wirtschaftlichen Interessen und der Energiesicherheit der USA abträglich sind.« Im Klartext: Nicht nur boykottiert Trumps Regierung die Bemühungen anderer Nationen, den Klimawandel zu stoppen. Er will weltweit aktiv dagegen halten. »Von Beginn seiner Präsidentschaft an hat Donald Trump klargemacht, dass billige und reichliche heimische fossile Energiequellen der entscheidende Faktor seiner Weltpolitik sein werden«, schrieb Klare. Die vollkommene Deregulierung von Öl, Gas und Kohle innerhalb der USA entspreche in Trumps Auffassung einer »totalen Mobilmachung« der Ressourcen. Und Energieexporte sind das Arsenal, das Trump bei seiner Neuordnung der Welt jenseits der US-Grenzen nutzt.

6 KALTER (ENERGIE)KRIEGER

Für Trump sind Öl und Gas die neuen Waffen, mit denen die USA ihre Vormachtstellung sichern können. Dabei unterscheidet der Präsident nicht zwischen Freund und Feind – und er hat Deutschland fest im Visier.

Krach um Nordstream 2

Längst herrscht in Europa ein neuer Kalter Krieg. Er hatte schon begonnen, bevor Donald Trump wie ein Meteorit in die geopolitische Landschaft einschlug. Doch der 45. US-Präsident hat die Temperatur auf arktisches Niveau gesenkt (der Arktis vor dem Klimawandel). Im Zentrum des schwelenden Konflikts stehen dabei nicht Pershing-II-Raketen wie zu Zeiten von Ronald Reagan. Im Mittelpunkt steht eine Gasleitung, die Nord Stream 2.

Es handelt sich um ein gigantisches Projekt. Es ist eine der längsten Offshore-Erdgaspipelines. Über zehn Milliarden Euro teuer, soll sie Erdgas aus Westsibirien nach Zentraleuropa bringen. 200 000 Rohrstücke werden bei Fertigstellung – geplant bis Ende 2019 – eine Strecke von 1 230 Kilometer bilden. 55 Milliarden Kubikmeter Gas sollen pro Jahr durchfließen. In der Narwa-Bucht bei Sankt Petersburg taucht die Nord Stream 2 in die Ostsee. Dort wird sie in einem Graben verankert. Anlanden wird sie dann in Lubmin bei Greifswald. Die Bauarbeiten stellen die Unternehmen vor enorme Herausforderungen – stürmische See und Blindgänger aus den Weltkriegen, weil in der Ostsee immer wieder Munition verklappt wurde. Aber das größte Hindernis hat mit weder mit Kriegsaltlasten oder Technik noch mit der Natur zu tun. Nord Stream 2 ist das geopolitisch brisanteste Projekt seit der Stationierung der US-Raketen in den 1980er Jahren. Was sie so kontrovers macht, ist der Lieferant. Es ist Russlands Gazprom, der staatlich kontrollierte Monopolist für Erdgasexporte.

Das Unternehmen verfügt über exzellente Verbindungen nach Berlin. Noch als Bundeskanzler setzte sich Gerhard Schröder für den Bau einer Erdgaspipeline unter der Ostsee ein. Erbauer wurde die Nord Stream AG, an der Gazprom mehrheitlich beteiligt ist. Kurz vor dem Ende seiner Amtszeit, als das Ende seiner politischen Karriere klar war, bot Schröders Regierung Gazprom eine staatliche Bürgschaft für einen Kredit der öffentlichen KfW-Bank und der Deutschen Bank in Höhe von einer Milliarde Euro an. Ungewöhnlich daran war, dass sie nicht zur Absicherung eines deutschen Exporteurs galt, sondern die Investitionen eines ausländischen Unternehmens schützen sollte. Begründet wurde die Maßnahme mit der Sicherung der deutschen Energieversorgung. Schröder selbst will von dieser Bürgschaft nichts gewusst haben. Aus dem Umfeld der Regierung verlautete, man habe ihn bewusst nicht informiert. Gazprom verzichtete schließlich auf den Kredit und die Bürgschaft trat nie in Kraft.[1]

Fünf Monate nach seinem Ausscheiden aus der Politik trat Schröder sein neues Amt an: Aufsichtsratsvorsitzender bei Nord Stream.

Schröder betätigte sich mehrfach als Türöffner für seinen neuen Arbeitgeber. Im Frühjahr 2017 empfing die damalige SPD-Wirtschaftsministerin Brigitte Zypries, zu dieser Zeit gerade ein paar Wochen im Amt, Schröder in Berlin zum Gespräch. Man kennt sich. Zypries war einst Justizministerin in Schröders Kabinett gewesen. Der Altkanzler hatte noch einen Gast mitgebracht: Alexei Miller, der Chef von Gazprom. Das ergaben Informationen des Berliner *Tagesspiegels*, der eine Herausgabe nach dem Informationsfreiheitsgesetz verlangt hatte. Am Tag nach dem Treffen meldete Gazprom, es habe ein Arbeitstreffen mit der Ministerin gegeben. »Schröder bleibt unerwähnt«, schreibt der *Tagesspiegel*.[2]

Der Anlass für den Besuch: Nord Stream will eine zweite Pipeline bauen. Nord Stream 2 soll parallel zu der bestehenden Leitung laufen. Bei Zypries' Vorgänger Sigmar Gabriel hatte Schröder sich bereits als diskreter Türöffner für Putins Energiemann bewährt. Im Juli 2015 fand laut den Informationen des Blattes ein Treffen zwischen Gabriel und Miller statt, einem »rotblonden St. Petersburger mit sonorer Stimme«, wie ihn die *Zeit* einmal beschrieb. Eine Woche später folgte der Eintrag des für das Projekt gegründeten Unternehmens in das Handelsregister im Schweizer Kanton Zug, der Heimat Tausender Briefkastenfirmen. Zu dem Pipelinekonsortium gehören die BASF-Tochter Wintershall, Uniper – eine Abspaltung der E.on –, die niederländisch-britische Shell, der französische Erdgasversorger Engie sowie die österreichische OMV. Drei Monate später, am 4. September 2015, finden sich Miller sowie Vertreter von Wintershall, Uniper, OMV und Shell in einem Luxushotel in Wladiwostok ein. Dort unterzeichnen sie eine Aktionärsvereinbarung. Es ist der offizielle Start von Nord Stream 2. Die Pipeline soll die Ostsee untertunneln, sie wird die EU unterminieren.

Denn sie ist der letzte Schlag, der ein fragiles Gleichgewicht europäischer Energie- und Sicherheitspolitik einstürzen lässt. Begonnen hat alles noch zu Sowjetzeiten. Als Teil seiner Ostpolitik der Entspannung und Annäherung förderte Kanzler Willy Brandt den privatwirtschaftlichen Austausch. So wurde Anfang 1970 mit Moskau die Lieferung von jährlich drei Milliarden Kubikmeter Gas an die Essener Ruhrgas AG vereinbart. Die deutschen Stahlriesen Mannesmann und Thyssen sollten die Rohre für die erforderliche Pipeline liefern. Als im Oktober 1973 das erste sibirische Gas Deutschland erreichte, war das nicht nur ein technischer und wirtschaftlicher Erfolg. Es war ein Meilenstein der Entspannungspolitik, eine Verbindung durch den eisernen Vorhang. Drei Pipelines wurden es schließlich: die Union, die Brüderlichkeit und die Transbalkan. Sie führten durch die Ukraine, damals noch Teil des Sowjetreiches. Nach dem Zusammenbruch der Sowjetunion suchte die Ukraine die Annäherung an den Westen. Das passte Moskau gar nicht. Die Gasleitungen wurden zum Druckmittel und Zankapfel zwischen den beiden nun getrennten Nationen. Es begann damit, dass Russland den bisherigen Tauschhandel mit der Ukraine aufhob, eine Praxis noch aus der kommunistischen Ära, bei der Gaslieferungen für die Ukraine und die Durchleitung als Leistungen gegeneinander abgerechnet wurden. Stattdessen bestand Russland auf einem marktwirtschaftlichen System. Als die Ukraine das ablehnte, drehte Moskau den Gashahn zu. Das führte zu Engpässen nicht nur in der Ukraine, sondern auch in den europäischen Abnehmerländern. Über die Ukraine erhielt Europa zeitweise über 70 Prozent des russischen Erdgases. Man einigte sich schließlich und das Gas strömte wieder. Doch die Spannungen eskalierten erneut nur drei Jahre später. Moskau warf Kiew vor, das Gas für die Ukraine nicht zu bezahlen, auch zapfe das Land widerrechtlich Gas ab, das eigentlich für die Endabnehmer bestimmt sei. Kiew wehrte sich gegen die Vorwürfe und warf seinerseits Moskau Wucherpreise und Erpressermethoden vor. Am 1. Januar 2009, mitten im Winter, stellten die Russen erneut ihre Lieferungen ein. Der Ausfall traf vor allem Länder in Südosteuropa, die über wenig Vorräte oder Alternativen verfügten. Nach 13 Tagen hob Moskau die Blockade wieder auf. Dem Kreml ging es stets um mehr als Energieexporte. Als sich etwa im November 2013 der damalige ukrainische Präsident Janukowytsch im letzten Augenblick weigerte, das Assoziierungsabkommen mit der EU zu unterzeichnen, gewährte Gazprom auf Geheiß des Kremls einen Rabatt. Moskau wollte verhindern, dass sich die Ukraine weiter an den Westen annäherte. Nach dem Sturz Janukowytschs strichen die Russen den Preisnachlass prompt wieder. Bis heute macht sich Moskau die ehemaligen Sowjetrepubliken mit solchen Preismanipulationen gefügig oder versucht es zumindest.

Für die Durchleitung kassiert die Ukraine Transitgebühren – es geht um rund zwei Milliarden Euro jährlich. Fallen die Gebühren weg, fehlen drei Prozent der Wirtschaftsleistung des Landes. Vor allem aber ist die Pipeline, die immer noch rund 40 Prozent des russischen Gases nach Europa transportiert, der wichtigste Hebel, um Russland in Schach zu halten. Das ist umso wichtiger, nachdem Putin 2014 die Krim annektierte. Die Ostukraine ist seither zum Kampfgebiet mitten in Europa geworden, allein über 13 000 Tote forderte der Konflikt in den vier Jahren nach der Krim-Einnahme. Der EU gelang es trotz Sanktionen und immer neuen Verhandlungen nicht, Russland zum Rückzug zu bewegen, geschweige denn zur Rückgabe der Krim. Für die Ukraine bedeutete die Pipeline-Vereinbarung in Wladiwostok denn auch nichts weniger als ein Verrat durch die deutsche Regierung.

Auch die Parlamente in Polen, Litauen, Lettland, Ungarn, Rumänien und Moldawien schrieben einen Protestbrief an die EU-Kommission. Sie haben Angst vor dem Expansionsdrang Moskaus. »Wir wollen, dass die Sorge um die Sicherheit unserer Bürger respektiert wird«, heißt es in dem Schreiben.[3] Deutschland stelle seine wirtschaftlichen Interessen über die Ziele einer gemeinsamen europäischen Energiesicherheit. Weil Nord Stream 2 als Projekt Berlins gesehen wird, hat die geplante Pipeline besonders das Verhältnis zum Nachbarn Polen nachhaltig gestört. Schon beim Bau der ersten Nord Stream erklärte der damalige Außenminister Radosław Sikorski, das Vorhaben sei eine Neuauflage des Hitler-Stalin-Paktes, in dem das Deutsche Reich und die Sowjetunion zu Beginn des Zweiten Weltkrieges Polen untereinander aufteilten. Die Ablehnung der zweiten Nord-Stream-Trasse in Warschau ist nicht weniger intensiv. Die Polen wollen jede weitere Zunahme des Einflusses von Moskau verhindern. Daneben spielt die polnische Regierung allerdings ihr eigenes Röhrenspiel. Derzeit baut sie die Baltic Pipeline, die norwegisches Gas über Dänemark nach Polen führen wird. Anders als Nord Stream 2 haben die Polen allerdings den Segen – und Geld – aus Brüssel. Die Pipeline wird von der EU als Schlüssel-Energie-Infrastrukturprojekt gepriesen, wie es auf der Webseite heißt. Die Unterstützung ist Brüssel 215 Millionen Euro wert, weitere Tranchen sollen folgen. Und um keinen Zweifel am polnischen Standpunkt zu lassen, erklärte Mateusz Morawiecki, die Pipeline sei ein »Gegengewicht zu Nord Stream 2«.[4]

Die deutsche Regierung versicherte ihren russischen Partnern derweilen, dass sie das Kind schon schaukeln würden. 60 Mal trafen sich in den zwei Jahren nach dem Start in Wladiwostok hochrangige deutsche Regierungsmitglieder mit Gazprom-Vertretern und russischen Politikern zum Thema Nord Stream 2, wie Recherchen der *Welt* im Dezember 2017 ergaben.[5] Darunter prominent Sigmar Gabriel, der inzwischen seinen Posten als Wirtschaftsminister seiner SPD-Kollegin Zypries überlassen hatte und nun Außenminister war. In dieser Kapazität lädt ihn im Juni 2017 Putin im Anschluss an ein Vieraugengespräch in den Konstantinpalast ein, so berichtete die *Zeit*. Der Palast ist Putins Residenz in St. Petersburg. Mit von der Partie auch dieses Mal: Altkanzler Schröder. Der ist seit Juni 2016 offiziell im Handelsregister in Zug nun als Verwaltungsratsvorsitzender von Nord Stream 2 eingetragen. »Die drei sitzen lange zusammen«, heißt es in dem Bericht. Man hat sich offenbar viel zu sagen.[6]

Trotzdem bleibt die Bundesregierung gegenüber den Kritikern bei ihrem Mantra. Die Pipeline sei Sache der Wirtschaft. So liest es sich auch in dem Briefing, das die Ministerin Zypries vor dem Gespräch mit Schröder und Miller von ihren Mitarbeitern erhielt. Darin heißt es laut dem *Tagesspiegel*, der eine Kopie des Papiers einsehen konnte: »Die Bundesregierung betrachtet das Projekt Nord Stream 2 als kommerzielles Projekt einer Reihe europäischer Unternehmen gemeinsam mit Gazprom.« Diesen Satz in der Argumentationshilfe der Ministerin habe jemand handschriftlich unterstrichen, so die Zeitung. Auch Bundeskanzlerin Merkel hält lange an dem Argument fest, dass es sich bei der umstrittenen Pipeline lediglich um die privatwirtschaftliche Angelegenheit zwischen Energiekonzernen handelt. Interessanterweise blieb es allerdings von den Wirtschaftssanktionen verschont, die nach der Annektion der Krim gegen Russland verhängt wurden.

Immer wieder musste Merkels Regierung eingreifen, weil das Projekt am Widerstand der anderen Europäer zu scheitern drohte. 2016 etwa meldete Polen kartellrechtliche Bedenken gegen das Trägerkonsortium an. Die westlichen Konzerne mussten aussteigen. So fiel das Eigentum der Pipeline an Gazprom. Dänemark weigerte sich, die Trasse in seinem Hoheitsgebiet vor der Küste einbuddeln zu lassen. Die Ingenieure mussten umplanen. Die deutsche Regierung hält trotz der Widerstände und der Kritik an dem Projekt fest. Man versucht es mit einem Kompromissvorschlag, der vorsieht, dass die Russen ihr Gas sowohl durch die neue Nord Stream 2 als auch weiterhin durch die bestehenden Pipelines durch die Ukraine leiten sollen. Um das Kiew noch schmackhafter zu machen, sollen die ukrainischen Röhren, die stark reparaturbedürftig sind, von deutschen Unternehmen saniert werden. Vielleicht, vielleicht auch nicht: Eine definitive Zusage können die deutschen Regierungsvertreter trotz der vielen Audienzen in Moskau nicht bekommen. Die Pipeline ist noch nicht fertig, da kann Putin sie schon einsetzen, um Europa zu spalten.

Ihre Sprengkraft entfalten die Gasleitung und der deutsche Energiealleingang in der Flüchtlingskrise. Vergebens bittet Angela Merkel angesichts der Menschenströme, die nach Deutschland kommen, um Hilfe und appelliert an die Solidarität der EU-Partner. Vor allem bei den Osteuropäern stößt das nach dem Schulterschluss zwischen Berlin und Moskau auf taube Ohren.

Doch der Zwist innerhalb der EU ist nur der erste Akt des Pipe-linedramas. Den nächsten läutet ein neuer Hauptdarsteller mit einem Paukenschlag ein. Sein Name ist Donald Trump.

Angriff bei Orangensaft und Toast

Das Porzellan war vom feinsten, die silbernen Löffel blinkten, die gestärkten Servietten waren blendend weiß. An der Wand hing der NATO-Stern neben der US-Flagge. Eine freundliche Geste des Gastgebers Donald Trump an seinen Gast, den Oberkommandierenden des Verteidigungsbündnisses Jens Stoltenberg. Doch der hatte noch nicht zum Orangensaft gegriffen, da polterte der US-Präsident schon los. »Deutschland ist total kontrolliert von Russland, denn sie werden 60 bis 70 Prozent ihrer Energie von Russland und einer neuen Pipeline kriegen.« Diplomatisch versuchte der Generalsekretär, zurück zum Thema des NATO-Gipfeltreffens zu kommen. Es lautete »Stärke und Einheit«. Sicher sei die Gasleitung ein Thema, bei dem es unter den 29 Alliierten Differenzen gebe. Aber man habe sich immer auf die Kernaufgabe des Bündnisses einigen können – sich gegenseitig zu schützen und zu verteidigen. Wie es dann sein könne, schießt der US-Präsident zurück, dass ein Land seine Energie ausgerechnet von der Person bekommen, gegen die es geschützt sein wolle? Eine Anspielung auf Deutschland, auf die Stoltenberg nicht eingeht. »Wenn wir zusammenstehen, auch gegen Russland, dann sind wir stärker«, setzt der NATO-Oberboss an, doch bevor er seinen Satz richtig beenden kann, unterbricht ihn Trump: »Nein, damit macht man Russland nur reicher. Damit bekommt man Russland nicht in den Griff. Man macht es nur reicher.« Trump lässt auch Stoltenbergs Punkt nicht gelten, dass die Verbündeten während des Kalten Krieges durchaus Geschäfte mit Russland getätigt haben. »Handel ist etwas wunderbares, aber Energie ist eine andere Geschichte. Deutschland ist ein Gefangener Russlands, weil es soviel Energie aus Russland bekommt. Wir sollen Deutschland beschützen, aber es bekommt seine Energie aus Russland. Erklären Sie das mal. Das kann man nicht erklären – und das wissen Sie auch.«

Nach dem stürmischen Frühstückstreffen gefragt, fasst es Stoltenberg, ein Norweger, später so zusammen: »Es gab Eier, Toast und Orangensaft und einen guten Obstsalat – und alles haben die Vereinigten Staaten bezahlt.« [7]

Trumps Behauptung, Deutschland beziehe bis zu 70 Prozent seiner Energie aus Russland, trifft nicht zu – selbst dann nicht, wenn man die zusätzliche Kapazität der Nord Stream 2 dazu zählt. Sie soll ja nicht allein deutsche Kunden beliefern. Entsprechend ließen deutsche Medien wie der *Spiegel* den Präsidenten beim Faktencheck durchfallen: »Insgesamt haben russische Erdgas-, Öl- und Kohlelieferungen nach unseren Berechnungen einen Anteil von 25 Prozent.[8] Das ist beträchtlich. Aber ›total kontrolliert‹ von Russland ist Deutschland deswegen lange nicht.« Was jedoch auch die *Spiegel*-Schreiber nicht leugnen: Der größte Teil der Ölimporte kommt aus Russland und der größte Teil der Gasimporte ebenfalls. Allein über die ursprüngliche Nord Stream kommen 30 Prozent des Gesamtimporte.

Was im Gefecht um die Datenhoheit unterging: Trump hatte bei Toast und Ei eben mal die Nord Stream 2 zum potenziellen Sprengsatz nicht mehr nur für die EU, sondern auch für die NATO erklärt. Damit geht es für Deutschland nicht mehr nur um die Energie- und Außenpolitik, für die sich die Pipeline bereits zum »Desaster« entwickelt hatte, wie Michael Thumann in der *Zeit* bemerkte. Nein, jetzt ging es auch um die Sicherheit. Trump hat die Schwachstelle der Deutschen getroffen. Ein Industrieland, abhängig von Energieimporten *und* dem militärischen Schutz der USA.

Gerade bei den Deutschen will Trump jedoch seine Energiedominanz durchsetzen. Der Donald hat ein Problem mit den Deutschen. Seine Abneigung gegen Angela Merkel war bei den Treffen der beiden Staatsoberhäupter nicht zu übersehen. Er verweigerte der Kanzlerin zum Antrittsbesuch in Washington sogar den Handschlag. (Es sei ein Versehen gewesen, rechtfertigte er sich später.) Das liegt nicht nur an den persönlichen Unterschieden – hier der New Yorker Immobilienmogul, der sein Geld schließlich als Reality-TV-Star des ungebremsten Kapitalismus verdiente, dort eine Naturwissenschaftlerin und Pastorentochter aus Ostdeutschland. Trump nimmt auch die Schmähungen übel, die ihm aus Berlin und den deutschen Medien entgegen schallen. Titelbilder wie das des *Spiegels*, die ihn als Schlächter der Freiheitsstatue abbilden. Vor allem aber sieht Trump die USA in einer »neuen Ära des Wettbewerbs« und in der Folge erkennt er in Deutschland, dem »Exportweltmeister«, einen Konkurrenten für Amerikas industrielle Größe. Nicht zuletzt bewertet Trump alle Beziehungen, ob persönlich, politisch oder wirtschaftlich, stets als Transaktion. (So gab seine Frau Melania einmal auf die Frage, ob sie Trump auch als armen Schlucker geheiratet hätte, knapp zurück: »Hätte er mich geheiratet, wenn ich hässlich wäre?«) Nordstream 2, Gazproms direkte Verbindung von Sibirien ins Mecklenburgische, ist in Trumps Augen ein direkter Angriff auf Amerikas Energiedominanz. Deutschlands zunehmende Abhängigkeit von russischem Erdgas unterminiert die USA als neue Energie-Supermacht.

Schon Trumps Vorgänger kritisierten, die Deutschen würden den Schutz des großen NATO-Partners genießen, ohne den fairen Anteil an dieser Last zu tragen. 2002 hatten die NATO-Partner beschlossen, jeweils zwei Prozent der jährlichen Wirtschaftsleistung des Landes in die Verteidigung zu stecken. Rund 20 Prozent davon sollen für Großgerät ausgegeben werden, also etwa Panzer, Flugzeuge, U-Boote. Anlass war die Aufnahme der baltischen Staaten sowie Bulgarien, Rumänien und die Slowakei in das Bündnis. Die Vorgabe sollte sicherstellen, dass genügend Mittel für die Verteidigung des vergrößerten Paktes zur Verfügung stehen. Nach der Invasion der Krim durch Russland 2014 bekräftigten die NATO-Partner die Vereinbarung noch einmal. Für Deutschland würde das nach jetzigem Stand bedeuten, dass die Regierung 60 Milliarden Euro für Verteidigungsausgaben bereitstellen müsste – doppelt so viel wie bisher. Im Juni 2019 erklärte die Bundeskanzlerin zwar, man wolle den Etat auf diese Höhe bringen, aber der Koalitionspartner und die Opposition hielten sofort dagegen. Für derartig mehr Militärausgaben gibt es in Deutschland keine Mehrheit. Im Haushalt, den Finanzminister Olaf Scholz im März 2019 vorstellte, war daher erst einmal ein Anstieg auf 1,37 Prozent vorgesehen, dann jedoch soll der Anteil wieder auf 1,25 Prozent sinken. Washington reagierte erwartungsgemäß empört, worauf Außenminister Heiko Maas versicherte, »langfristig« werde man die Zwei-Prozent-Regel erfüllen: »Auf Deutschland ist Verlass.« Doch statt sich wenigstens durch Öl- und Gasimporte aus den USA zu revanchieren, graben die Deutschen ihre Verbindung nach Moskau mit der Nord-Stream-Gasleitung buchstäblich ein.

Für Präsident Trump ist das geradezu die Definition des »Bad Deal«. Kein Wunder also, dass er mit Sanktionen droht. Dafür ebnete ihm bereits im Sommer 2017 der Kongress den Weg, mit neuen Maßnahmen gegen Russland wegen der Einmischung in die US-Wahlen. Mit dem Beschluss gegen den von ihm bewunderten Kreml-Chef ist Trump zwar nicht einverstanden. Aber in dem Gesetz sind Passagen, die es ihm ermöglichen, praktisch jederzeit Sanktionen im Zusammenhang mit Nord Stream 2 auszusprechen. Das wiederum gefällt dem Präsidenten. Sie würden nicht nur russische Beteiligte des Projektes treffen, sondern vor allem auch die deutschen Unternehmen, sowie die Finanziers. Nord-Stream-2-Fan und damals Noch-Außenminister Sigmar Gabriel fand starke Worte: »Europas Energieversorgung ist eine Angelegenheit Europas, und nicht der Vereinigten Staaten von Amerika. Wer uns Energie liefert und wie, entscheiden wir, nach Regeln der Offenheit und des marktwirtschaftlichen Wettbewerbs.«[9] In den deutschen Medien wird angemerkt, Trump sei nur der Erfüllungsgehilfe der Fracker, die ihr Gas nach Europa liefern wollten und in der umstrittenen Pipeline ihre Konkurrenz sähen.

Tatsächlich würden Sanktionen im Zusammenhang mit Nord Stream 2 einen gefährlichen Bruch mit Deutschlands Schutzmacht seit dem Zweiten Weltkrieg bedeuten. Das transatlantische Verhältnis hatte sich allerdings schon vor Trump eingetrübt. Dafür hatten nicht zuletzt George W. Bush und der Irakkrieg gesorgt. Und Obama hatte für die europäischen Verbündeten wenig Geduld. Seine Außenpolitik war nach Westen ausgerichtet – nach Asien, wo China seinen Aufstieg zum Rivalen der USA vollzog. Wichtiger aber war die Veränderung im Innern. Millionen solider Jobs in der US-amerikanischen Industrie fielen seit der Jahrtausendwende der Globalisierung zum Opfer. Auch sind die Amerikaner ihrer Weltpolizistenrolle herzlich müde. In Kriegen, deren Ziel niemand mehr richtig nachvollziehen kann, sind inzwischen Tausende Soldaten gefallen, viele hatten gerade mal die Highschool abgeschlossen, der Teddybär lag noch auf ihrem Bett im ehemaligen Kinderzimmer, da kehrten sie im Sarg zu ihrer Familie zurück. Noch mehr kamen als körperliche und seelische Invaliden wieder. Die Kosten für die Kriege und Einsätze in Afghanistan, Irak, Pakistan und Syrien beliefen sich auf rund fünf Billionen Dollar, so eine Studie der Brown University 2016.[10] So wuchs der Wunsch, dem allem den Rücken zu kehren. Trump, der im Wahlkampf ein Ende der US-Interventionen versprochen hatte, bediente diese Sehnsucht nach einem autarken Amerika. Einem Amerika, das sich endlich wieder um die eigenen Bürger kümmert. Trumps Versprechen im Wahlkampf, die Rolle des Weltpolizisten aufzugeben, traf einen Nerv gerade bei denjenigen, die die Folgen der Post-9/11-Kriege aus eigener Anschauung kennen. Besonders unter Angehörigen des Militärs und Veteranen hat Trump eine treue Anhängerschaft.

Und seine Wähler vertrauten ihm auch, weil er sich mit der Aura des erfolgreichen Geschäftsmannes umgab. (Die Pleiteserie seiner Projekte stört sie nicht.) Er selbst sieht sich als »Dealmaker in Chief« für die USA, Inc. Eher Konzernchef als Präsident sieht er in Energieexporten die Möglichkeit, zwei Fliegen mit einer Klappe zu schlagen. Amerikas Macht und Einfluss zu sichern und gleichzeitig Geld für die US-Unternehmen hereinzuholen.

Wie er sich das vorstellt, zeigt das Beispiel der Ukraine. So wies er etwa das US-Finanzministerium an, die Möglichkeit zu prüfen, Kohlekraftwerke in der Ukraine zu finanzieren. Das Land brauche schließlich »Millionen und Millionen metrischer Tonnen«, erklärte Trump bei seiner Energie-Entfesselungsrede im Juni 2017. Zumindest kurzfristig war der Präsident als oberster Kohlehändler erfolgreich. Wenige Wochen später bestellte Centrenergo PJSC, einer der größten ukrainischen Stromhersteller, 700 000 Tonnen Kohle in den USA. Für die Ukraine bedeutet es eine Chance, eine Alternative zum Kauf beim mächtigen Nachbarn Russland zu erhalten.

Trump will US-Energieexporte in ähnlicher Weise wie der Kreml als Zuckerbrot und Peitsche einsetzen. Vor allem die Europäer sollen ihr Gas von ihrer Schutzmacht kaufen. Das Problem: Es gibt dort bisher nur wenige Häfen, die die Erdgastanker ansteuern können. Deshalb fordert Washington von seinen Alliierten den Bau von Terminals für LNG-Flüssiggas. Nachdem Trump im März 2018 neue Zölle auf importierten Stahl und Aluminium eingeführt hatte, die auch die europäischen Hersteller wie ThyssenKrupp trafen, drohte der Handelsstreit im Sommer weiter zu eskalieren. Bei seinem Treffen mit Trump konnte EU-Präsident Jean-Claude Juncker zusätzliche Zölle – vor allem auf Autos – erst einmal verhindern. Aber Trump hatte eine klare Forderung: Die Europäer müssen Terminals bauen, damit das US-Gas konkurrenzfähig gegenüber den russischen Lieferungen wird. Juncker sicherte bis zu elf LNG-Terminals zu, die in der EU demnach entstehen sollen. Auch die Bundesregierung hat bereits Pläne für zwei Tankerhäfen.

Polen ist schon vorgeprescht. Das Land hat allein im Jahr 2018 drei langfristige Verträge mit US-Anbietern von Flüssiggas abgeschlossen. Die Lieferkontrakte sind Teil der Bemühungen Warschaus, von Gazprom loszukommen und selbst zum europäischen Energieverteiler zu werden. Aber sie signalisieren auch, dass die polnische Regierung aktiv die Nähe des US-Präsidenten sucht. So bot Warschau sogar an, zwei Milliarden Dollar zu investieren, um eine US-Militärbasis in Polen zu etablieren. Der Name des potenziellen Stützpunktes: Fort Trump.

Die Botschaft kommt jedenfalls an in Washington. Die Entscheidung für das Flüssiggas aus den USA sei ein »Big Deal«, sagte Francis Fannon, stellvertretender Staatssekretär im US-Energieministerium, dem Fernsehsender *CNBC*, kurz nachdem im Dezember 2018 die Liefervereinbarung der polnischen PGNiG mit der kalifornischen Sempra Energy bekannt wurde. Polen habe damit Einsatz gezeigt für die Sicherheit Europas. Das durfte man gerne als Seitenhieb auf Deutschland verstehen.

Das ist die neue Realität im Zeitalter der Energiedominanz: Deutschland findet sich zwischen zwei Mächten wieder, um genau zu sein, zwischen zwei Männern: Donald Trump und Wladimir Putin. Beide verdanken ihren geopolitischen Einfluss der heimischen Energie. Im Fall Deutschlands kommt die Energiewende dazu. Durch sie ist das russische Gas noch wichtiger geworden. Nach dem Reaktorunglück im japanischen Fukushima 2011 gab es in Deutschland Mahnwachen und Lichterketten. Die fast schon eingeschlafene Anti-Atombewegung erlebte ein Comeback. Und so entschied Kanzlerin Merkel, politisch opportun, die Reaktoren abzuschalten. (Atomstrom aus dem Ausland ist offenbar kein Problem.) Auch der

Abschied aus der Kohleverstromung ist schon beschlossene Sache. Bis 2038 sollen die letzten Kohlekraftwerke vom Netz gehen. Das lässt jedoch trotz der beeindruckenden 40 Prozent Stromerzeugung aus erneuerbaren Energien eine große Lücke. Sie wird mit Erdgas geschlossen, dem »saubereren« fossilen Brennstoff. Solange es noch keine andere Lösung gibt, werden Gasturbinen auch angeworfen werden, um Schwankungen bei Wind und Solar auszugleichen oder Nachfragespitzen aufzufangen. Die Industrie kann auf das verhältnismäßig billige Gas aus Sibirien nur schlecht verzichten. Deutschland ist einer der führenden Erdgasimporteure der Welt. Allein die BASF – über Wintershall an der Nord Stream 2 beteiligt – verbraucht mehr Erdgas als Dänemark. Schon jetzt hat Deutschland in Europa mit die höchsten Strompreise für Produktion und Gewerbe. Zwar kann Deutschland zur Not bis zu fünf Monate ohne neue Lieferungen durchhalten, so viel ist in Gaslagern vorhanden. Doch größere Verwerfungen würden unweigerlich die Wirtschaft und langfristig den Wohlstand treffen. Andererseits hat Deutschland trotz aller vollmundigen Beteuerungen der EU, man wolle eine gemeinsame Verteidigung aufbauen, keine sicherheitspolitische Alternative zu den USA. Die Deutschen stecken in der Klemme. »Bad«, würde Donald Trump die Lage in einem seiner berühmten Tweets zusammenfassen.

Trump, der Ölflüsterer

Um 6:12 Uhr Ortszeit am 13. Juni 2019 setzte der Tanker *Front Altair* einen Notruf ab. Das norwegische Schiff meldete, angegriffen worden zu sein. Zu der Zeit befand es sich 40 Kilometer vor der Küste Irans in der Straße von Hormus. Durch diese Meerenge müssen Tanker, die von den Ölhäfen im Persischen Golf in den Golf von Oman wollen. Wenig später gab auch die Besatzung der japanischen *Kokuka Courageous* durch, sie seien attackiert worden. Die Bilder der brennenden Tanker lösten weltweit Schockwellen aus. Nach wie vor geht ein Fünftel aller Rohöltransporte zur See durch diesen Engpass. Die USA beschuldigten prompt den Iran, was Abbas Mussawi, Sprecher des Außenministeriums in Teheran, umgehend zurückwies. Man habe sich stattdessen um die Rettung der Besatzung gekümmert. Wer hinter dem Angriff steckte, interessierte Phil Streible an diesem Donnerstag erst einmal nur wenig. Für den Chicagoer Energiehändler bedeutete es auf jeden Fall einen heißen Vormittag. Der Mittvierziger hat Erfahrung. Das Brokerhaus RJO Futures, für das er arbeitet, jongliert für Tausende Kunden mit Vermögenswerten in Höhe von mehr als vier Milliarden Dollar. Für Streible ging es darum, seine Kunden – darunter wohlhabende Privatiers genauso wie Ölförderfirmen – mit Optionen gegen das Risiko der zu erwartenden Preisausschläge abzusichern. Tatsächlich zog der Preis für ein Barrel Brent Nordseeöl – der Standard für den globalen Ölmarkt – kurz nach dem Bekanntwerden des Angriffs um vier Prozent an. Doch schon wenig später beruhigte sich der Markt wieder. Am späten Vormittag bestimmten andere Nachrichten das Geschehen, vor allem rund um die OPEC. Vor zehn Jahren hätte sein Vormittag wesentlich hektischer ausgesehen, sagt Streible. Vor der Revolution der Fracker in den Schieferschichten in North Dakota und Texas. »Der Markt macht sich heute mehr Sorgen um die Nachfrage, nicht so sehr ums Angebot«, sagt Streible. So sehr entspannten sich die Teilnehmer des sonst so fiebrigen Ölmarktes, dass es für die Händler langweilig wurde. Unter Obama seien die Preise am Tag um einen Dollar rauf- oder runter geschwankt. Nichts, was ein Spekulantenherz höher schlagen lässt. Manche Hedgefonds machten sogar dicht, weil die Kursbewegungen so vorhersehbar waren, dass auch ein Computer sie auf Autopilot berechnen konnte. »Das hat sich mit der Trump-Ära total geändert«, sagt Streible. Seither geht es wieder heftig auf und ab und die Expertise von Brokern wie ihm ist gefragt.

Der unerwartete Energiereichtum Amerikas gestattet Trump die Rolle des Ölflüsterers zu spielen. Der US Präsident sei »der größte Player in den Weltölmärkten« schrieb Dan Eberhart, Chef von Canary, einer Ölfeldservicefirma, im Wirtschaftsmagazin *Forbes*. Oder zumindest der unberechenbarste.[11] Am 25. Februar um 7:58 Uhr Washingtoner Zeit tauchte folgende Nachricht in Trumps Twitter-Konto auf:

»Ölpreis wird zu hoch. OPEC, please entspann dich und nimm's locker.

Welt kann keine Preiserhöhung gebrauchen – fragile!«

Es folgte der schlechteste Handelstag des Jahres für den Ölmarkt. Terminkontrakte auf West Texas Intermediate – der Preis für das Öl der Fracker – fielen um 3,1 Prozent. Brent sogar um 3,5 Prozent.

Mit seinen Tweets, in denen er die OPEC, Iran oder Venezuela angreift, spielt der Präsident gerne Jojo mit dem nach wie vor wichtigsten Rohstoff der Welt. Doch die Produktionsmenge eines Landes ist nicht allein ausschlaggebend, um Preise zu setzen. Selbst wenn die USA kein Öl mehr einführen würden, bleibt es ein globaler Markt, von dessen Preisschwankungen sich die Amerikaner nicht abkoppeln können. Das zeigte sich, als der Präsident die von ihm ausgerufene Energiedominanz gegen erdölproduzierende Länder einsetzte. So etwa bei seinem Ziel, einen Regimewechsel in Venezuela herbeizuführen. Venezuela war nach Kanada und Saudi-Arabien der drittgrößte Rohöllieferant der USA. Trotzdem ging Trump auf Konfrontationskurs. Der Konflikt zwischen der USA und dem venezolanischen Präsidenten Nicolás Maduro schwelte bereits einige Zeit. Dann, im Januar 2019, ernannte sich Maduro nach einer von der Opposition boykottierten und von vielen ausländischen Regierungen nicht anerkannten Wahl erneut zum Staatsoberhaupt. Kurz darauf erklärte sich Oppositionsführer Juan Guaidó ebenfalls zum Präsidenten. Für Trump schien es die Gelegenheit, auf die er gewartet hatte. Der US-Präsident erkannte Guaidó als neues Staatsoberhaupt an. Maduro dagegen nannte Trump einen »Tyrannen« und – angesichts seiner erklärten Abneigung gegen Verlierer – schlimmer noch einen »gescheiterten Diktator«. Unverhohlen drohte der US-Präsident sogar damit, Soldaten nach Caracas zu schicken. Auf seinen Wählerveranstaltungen, die er auch nach seinem Einzug ins Weiße Haus weiter regelmäßig abhielt, versicherte er seinen Anhängern, die USA werde niemals dem Sozialismus anheimfallen.

Es waren sicher mehrere Faktoren, die Venezuela für Trump plötzlich zur außenpolitischen Priorität machten. Die Misere, in der sich das einst wohlhabende südamerikanische Land seit Jahren befand, hatte sich zur Katastrophe verschärft. Es herrschte Gewalt – die Zahl der Morde überstieg sogar noch die der Terrorstaaten Zentralamerikas Honduras und San Salvador. Viele Haushalte hatten kein fließendes Wasser mehr, Stromausfälle waren an der Tagesordnung. Kinder bekamen Blähbäuche, weil sie zu wenig zu Essen hatten. Es fehlten Medikamente, die ärztliche Versorgung kollabierte. Mehr als vier Millionen Venezolaner flüchteten. Der Flüchtlingsstrom drohte die Nachbarländer wie Kolumbien, selbst nicht sonderlich gefestigt, zu destabilisieren. Das alles sind humanitäre und geopolitische Gründe, die jeden US-Präsidenten besorgt stimmen mussten. Doch wer Trump kennt, weiß, das sein Fokus auf seinen innenpolitischen Interessen liegt. Die Schwächung von Maduro bedeutet auch eine Schwächung Kubas. Ohne Venezuela und dessen Hilfsleistungen hätte die kommunistische Karibikinsel sich nicht gegen das jahrzehntelange US-Embargo halten können. Eine neue von Trump gestützte Regierung würde die sozialistische Bruderhilfe stoppen. »Wir müssen uns auf harte Zeiten einstellen«, warnte Raúl Castro, einst Staatschef und nun Erster Sekretär des Zentralkomitees der kommunistischen Partei Kubas, der als graue – oder besser gesagt rote – Eminenz im Hintergrund in Havanna nach wie vor die Fäden zog. Trotz der eigenen verzweifelten Lage schickte Maduros Regierung so gut es ging weiter Lieferungen nach Kuba, vor allem Öl ist für die Insel entscheidend. Je isolierter die beiden Länder wurden, desto enger wurde auch die Verbindung zwischen den Regierungen. Das genügte für die Exil-Kubaner in den USA, eine harte Linie gegen Maduro zu fordern. In Little Havana, dem kubanischen Viertel in Miami, ist der venezolanische Regierungschef nahezu so unbeliebt wie der verstorbene Líder Fidel Castro und sein Bruder Raúl. Für Trump stellen die mehrheitlich konservativen Exil-Kubaner eine nicht unwichtige Wählergruppe dar. In Florida, wo die meisten der Diaspora zuhause sind, stimmten 54 Prozent von ihnen für Trump. Dagegen gaben nur 26 Prozent der Wähler, die zu anderen Latino-Einwanderergruppen gehören, ihm ihre Stimme. Florida ist einer der Bundesstaaten, die die Präsidentschaftswahl 2020 entscheiden können. Für Trump zählt also jede Stimme.

Trump beließ es nicht bei Drohungen. Er verhängte Sanktionen. Das traf vor allem die Ölexporte, die dem zerrütteten Land noch Devisen gebracht hatten. Maduros Regierung finanzierte bis dahin 90 Prozent des Haushaltes mit den Erlösen aus dem Ölgeschäft. Verschwörungstheoretiker unterstellten, Trump habe in Venezuela eingegriffen, gerade um sich das Öl dort zu sichern. Dabei geht es nicht um ein paar Fässer. Je nach Maßstab verfügt Venezuela über die größten Ölreserven der Welt. Mehr als eine Billion Barrel könnten sich laut Schätzungen noch unter der Erde verbergen. Aber um sie heraufzuholen, wären viele Milliarden Dollar an Investitionen notwendig. Denn Venezuelas Ölindustrie ist so heruntergekommen, dass die Produktion seit Jahren zurückgegangen ist. Einst hatte Petróleos de Venezuela oder PDVSA, die nationale Erdölgesellschaft, weltweit als vorbildlich gegolten. So war etwa die Belegschaft des US-amerikanischen Raffinerie- und Pipelinebeteibers Citgo auch nicht besorgt, als die Venezolaner in den 1980er Jahren erst einen Anteil an Citgo erwarben und das uramerikanische Unternehmen, das einst 1910 in Oklahoma gegründet worden war, schließlich 1990 ganz übernahmen. »Dort arbeiteten top ausgebildete Leute«, erinnert sich ein Citgo-Mitarbeiter, der damals dabei war. »Unsere Betriebssicherheit wurde danach sogar besser.« Doch nachdem neun Jahre später Hugo Chávez die Führung in Caracas übernahm, wollte der die Einnahmen aus dem Ölgeschäft nutzen, um sein sozialistisches Modell damit zu finanzieren. Stellen wurden mit Vertrauten aus dem Chávez-Regime oder Ex-Militärs besetzt. Mit lukrativen Posten suchte Chávez sich deren Loyalität zu sichern. Deren Missmanagement trieb die Ölarbeiter schließlich 2002 sogar in einen Streik. Chávez ließ 19 000 von ihnen feuern und durch seine Anhänger ersetzen. Und er nutzte die wichtigste Industrie des Landes weiterhin als Geldautomaten für seine Sozialprogramme. In die Erschließung und Förderung wurde nicht mehr investiert.

Das Öl aus dem Orinoco-Becken ist noch schwerer als die meisten anderen Ölsorten. Es ist teerig. Um es flüssig genug für den Transport zu machen, müssen ihm Destillate zugefügt werden. Früher hat Venezuela diese selbst in Raffinerien hergestellt, in den letzten Jahren mussten die Destillate importiert werden. Chávez ließ ausländische Ölkonzerne enteignen. US-Ölservicefirmen, auf deren Know-how PDVSA angewiesen war, verließen das Land, weil sie nicht mehr bezahlt wurden. Die Folge war der Niedergang von PDVSA. Nach Chávez' Tod 2013 übernahm Maduro seine Nachfolge. Die Geldnöte seiner Regierung nahmen zu, auch weil der Ölpreis 2014 – dem Schicksalsjahr des Ölmarktes – einbrach. So wandelte sich PDVSA vom einstigen Stolz der Nation zum Beispiel für Korruption und Inkompetenz. »Der Kollaps der heimischen Ölindustrie

in Venezuela lässt sich nur mit Libyen, Jemen oder dem Irak vergleichen – nur, dass es hier keinen Krieg gegeben hat«, beschreibt es
Pavel Molchanov, Aktienanalyst bei der Investmentbank Raymond
James. 1998, als Chávez an die Macht kam, pumpte das Land noch
3,5 Millionen Barrel am Tag. Zwanzig Jahre später waren es noch
eine Million Barrel pro Tag.

Durch Trumps Sanktionen verlor PDVSA nun auch noch seinen
wichtigsten Kunden: die USA. Im März 2019 kam kein Öl aus Venezuela in die USA. Ein historisches Ereignis. Seit die Aufzeichnungen
der Energieagentur EIA 1973 begannen, war kein Monat vergangen,
ohne dass ein Tanker mit Rohöl aus dem Orinoco-Becken im Golf
von Mexiko angelegt hätte. Nach Kanada und Saudi-Arabien war Venezuela der drittgrößte Lieferant der USA gewesen. Noch ein paar
Jahre zuvor hätte das an den Rohstoffmärkten für heftige Turbulenzen gesorgt. Doch die blieben weitgehend aus. Allerdings zog der
Benzinpreis in den USA durch Trumps Bann der venezolanischen
Lieferungen kräftig an. Der Grund dafür ist komplexer als die Tatsache, dass weniger Importöl ins Land kam. Die US-Fracker produzieren zwar mehr als genügend Öl, aber es ist das falsche. Das Öl,
das sie aus dem Schiefer pressen, ist süß und leicht. Wegen seiner
Konsistenz und Farbe wird das Öl aus Westtexas auch »Texas-Tee«
genannt. Es ist schwefelarm und lässt sich in der Raffinerie besser
weiterverarbeiten, etwa zu Benzin.[12] Daran ist an sich nichts verkehrt.
Das Problem ist nur, dass die Raffinerien an der US-Golfküste darauf eingestellt sind, Benzin oder Diesel aus schweren und sauren
Importölsorten herzustellen. Buchstäblich sind ihre Anlagen und
chemischen Prozesse darauf ausgelegt, aus dreckigerem Öl Sprit
zu destillieren. Raffinerien sind Anlagen mit Jahrzehnten Laufzeit.
Sie benötigen zweistellige Milliardenbeträge an Investments. Eine
Umstellung, sodass die US-Verarbeiter mehr von dem heimischen,
leichteren Öl verwenden können, hat begonnen. Aber noch ist der
größte Teil der Kapazitäten auf Schweröl angewiesen. Schon vor
den Sanktionen war das Orinoco-Öl knapper geworden. Zum einen
pumpte Venezuela weniger. Und wenn ein Tanker es nach Houston
oder Corpus Christi schaffte, waren Lieferungen oft mit Metallrück-
ständen verunreinigt. PDVSA schaffte es nicht mehr, die notwendige

Qualität zu erzeugen. Das stellt die US-Raffinerien vor ein großes Problem. Venezuelas Öl lässt sich nicht so leicht ersetzen. Mexiko kann die Produktion der Sorte Maya, an sich ein guter Ersatz, nicht in dem Maße hochfahren. Pemex, die nationale mexikanische Ölgesellschaft, leidet unter ihrer eigenen jahrelangen Misswirtschaft. Am besten wäre noch das Teersandöl aus Kanada. Und hier schließt sich der Kreis: Denn das kann bisher nur umständlich über Tankzüge bis zur nächsten Pipeline gebracht werden. Das ist einer der Gründe, warum auch die Raffinerien ein so großes Interesse am Bau der Keystone-XL-Pipeline haben. Und entsprechend Druck auf Washington ausüben.

Kein Ausweg für den Iran

Trump als Ölflüsterer kam allerdings noch stärker an seine Grenzen durch seine Kündigung des Nuklearabkommens mit dem Iran. »Der schrecklichste Deal der Geschichte«, schimpfte ihn Trump bereits als Kandidat im Wahlkampf 2016. Das Abkommen, das Teheran im Juli zuvor nach zwei Jahren intensiver multilateraler Verhandlungen mit den USA, Großbritannien, Frankreich, Russland, China und Deutschland geschlossen hatte, sollte den Iran an der Entwicklung nuklearer Waffen hindern. Im Gegenzug würden die Sanktionen, die die iranische Wirtschaft strangulierten, gelockert werden. Vom Rest der westlichen Welt mit Erleichterung begrüßt, unkte Trump, das Abkommen werde in einer »Katastrophe« münden. Über den Architekten der Vereinbarung, US-Außenminister John Kerry, machte sich Trump lustig, der sei »ein Schwächling«, weil Kerry bei einer Verhandlungsrunde in Genf unglücklich vom Fahrrad gefallen war. Was keiner der Unterzeichner damals erwartet hatte: Trump gewann die Wahl. Mit allen Mitteln versuchten die europäischen Staatsoberhäupter ihn daran zu hindern, den mühsam erreichten Kompromiss mit dem Regime in Teheran einfach in den Papierkorb der Geschichte zu befördern. Emmanuel Macron kam mit Frau Brigitte nach Washington zum Staatsbesuch. Noch Monate zuvor hatte der Franzose bei einem gemeinsamen Auftritt Trumps ausgestreckte Hand ignoriert. Jetzt gab es Küsschen auf die Wangen. Auf dem Programm in Washington standen ein privates Essen der beiden Präsidenten nebst Gattinnen in Mount Vernon, dem einstigen Anwesen von George Washington, ein vertrauliches Gespräch im Oval Office sowie ein gemeinsamer Besuch auf dem Militärfriedhof Arlington. Zusammen pflanzten die beiden ungleichen Ehepaare sogar eine Eiche hinterm Weißen Haus, die allerdings gleich wieder ausgegraben wurde, kaum dass die französischen Gäste wieder abgereist waren. (Das Bäumchen musste angeblich in Quarantäne, wo es später einging.) Angela Merkel durfte wenige Tage später nur zum frostigen Arbeitsessen anreisen. Sie versuchte mit Vernunftargumenten, was Macron mit seiner Charmeoffensive nicht gelungen war. Sogar Theresa May, damals britische Premierministerin, nahm sich trotz ihrer endlosen Brexit-Scharmützel mit dem Parlament in London die Zeit, Trump zur Einhaltung des Abkommens aufzufordern. Alles vergeblich. Am 8. Mai 2018 erklärte Trump schließlich, der Iran halte sich angeblich nicht an den Deal, und kündigte ihn.

In Washington ist Trump alles andere als allein in seinem Misstrauen und seiner Feindschaft gegen den »Schurkenstaat« der Ajatollahs. Teheran hat in der US-Hauptstadt weder bei den Republikanern noch bei den Demokraten Freunde. Die Amerikaner suchen die Schuld für das zerrüttete Verhältnis im virulenten Anti-Amerikanismus des Regimes in Teheran. Der hat nicht nachgelassen seit Ajatollah Khomeini 1979 den Schah stürzte. Noch bei den Feierlichkeiten zum 40. Jahrestag Anfang 2019 gab es Hasstiraden gegen den »großen Satan« USA. Was in der US-Darstellung allerdings meist ausgelassen wird, ist der Ursprung dieses Hasses. Er lässt sich auf ein Ereignis im Jahr 1953 zurückführen.[13] Zwei Jahre zuvor hatte Mohammed Mossadeq, der demokratisch gewählte Ministerpräsident des Landes, die Ölförderung nationalisiert. Bis dahin hatte die britische Anglo-Iranian Oil Company – die Vorläuferin von BP – den Löwenanteil des Geldes mit der Ressource verdient. An dem Konzern war die britische Regierung beteiligt. Die wandte sich zunächst vergeblich an Präsident Harry Truman und bat um Hilfe. Doch dessen Nachfolger Dwight Eisenhower setzte die CIA darauf an. Er fürchtete, der Iran würde zum Satellitenstaat der Sowjets werden. Die Operation unter dem Codenamen Ajax war ein voller Erfolg. Die Geheimagenten der CIA und die realen Kollegen von James Bond, Agent seiner Majestät, heuerten Schläger an, die Unruhe und Gewalt in die Straßen tragen sollten. Sie stachelten die Iraner zum Putsch auf. Schließlich installierten die Amerikaner Schah Mohammad Reza Pahlavi als Alleinherrscher auf dem Pfauenthron. Bald begannen seine Schergen die Opposition zu unterdrücken und die Bevölkerung zu überwachen. »Zugespitzt gesagt, legten Washington und London mit ihrem damaligen Putsch die Saat für den nachfolgenden Gottesstaat«, erklärt der Nahostexperte Michael Lüders in seinem Essay *Der Untergang des Morgenlandes*.[14] Den Amerikanern ist stattdessen das Geiseldrama um die 52 US-Diplomaten, die nach der Machtübernahme der Ajatollahs 444 Tage in der Botschaft festgehalten wurden, die traumatische Erinnerung, die sie mit dem Iran verbinden. Das Ereignis kostete den damaligen Präsidenten Jimmy Carter zusammen mit der Wirtschaftskrise die Wiederwahl. Stattdessen gewann Ronald Reagan. Seither gilt Härte gegen Teheran zu den Requisiten jedes Präsidenten. George W. Bush zählte den Iran neben Nordkorea und Irak zur »Achse des Bösen«. Und selbst Obama versicherte immer wieder, der von seinem Außenminister eingefädelte Deal sei keineswegs ein Zeichen, dass die USA nachgiebig würden.

So stellte sich Trump mit seiner harten Linie in eine lange Tradition. Seine offizielle Begründung war denn auch, dass das Abkommen Teheran angeblich nicht am Bau einer Atomwaffe hindern würde. Auch für seine Rolle als Terrorsponsor im Nahen Osten sollte das Regime durch die Wiederaufnahme der Sanktionen abgestraft werden.

Wie bei allen von Trumps Entscheidungen hatte der Präsident allerdings noch ganz andere Motive. Mit Sicherheit war dabei ein Faktor, dass der Iran-Deal zu den Erfolgen seines Vorgängers Obama gezählt wurde. Aber der Ausstieg war auch eines von Trumps Wahlversprechen, das vor allem fundamentale evangelische Christen unter seinen Wählern ansprach. Bei der Präsidentschaftswahl 2016 stimmten laut Umfragen 80 Prozent der christlichen Fundamentalisten für Trump. Zu ihren religiösen Überzeugungen gehört die Heimkehr der Juden ins gelobte Land als Bedingung für die Wiederkehr des Messias. Evangelische Christen gehören zu der wichtigsten Pro-Israel-Fraktion in der US-Politik. Ihre Zustimmung ist für Trump von entscheidender Bedeutung. Die von ihm angeordnete Verlegung der US-Botschaft von Tel Aviv nach Jerusalem, die nur eine Woche nach der Kündigung des Iran-Abkommens stattfand, wurde von ihnen ebenfalls begrüßt. Der offizielle Umzug war höchst umstritten, denn sowohl Israel als auch die Palästinenser beanspruchen Jerusalem als ihre Hauptstadt. Israel hat Ost-Jerusalem 1967 annektiert. Es gilt in der internationalen Gemeinschaft als besetztes Gebiet. Um Israels Anspruch nicht zu bekräftigen, befinden sich die meisten Botschaften in Tel Aviv. Dass es Trump, der bei der Eröffnung in Jerusalem per Video zugeschaltet war, wenige Wochen vor den Kongresswahlen in den USA vor allem um die Wähler zuhause ging, zeigt der Auftritt zweier radikaler Pastoren bei der Veranstaltung. Einer der davon, John Hagee, hatte in einer Predigt einst Hitler als Werkzeug Gottes gelobt, weil durch ihn die Israeliten in ihre Heimat zurückgekehrt seien. Der ebenfalls eingeladene Robert Jeffress ist bekannt für seine Äußerungen, mit denen er andere Glaubensrichtungen als »böse« und »satanisch« verunglimpft.

Bestärkt in seiner harten Linie gegen den Iran wurde Trump nicht zuletzt von Sheldon Adelson. Der Casino-Mogul fand nach anfänglicher Skepsis Positives an Trump. »Sheldon Adelson sieht viele Dinge in Trumps Washington, die ihm gefallen«, wie die *New York Times* es formulierte.[15] Der Milliardär, dessen Vermögen sich laut *Forbes*-Magazin auf 32 Milliarden Dollar beläuft, schrieb Schecks in Höhe von 22 Millionen Dollar für Trumps Wahlkampf und spendierte noch einmal fünf Millionen für die Feierlichkeiten zur Amtseinführung. Damit ist Adelson einer der wichtigsten Spender für Trump und er und seine Frau Miriam gehören in den USA zu den glühendsten politischen Unterstützern Israels. Die Adelsons sahen in dem Iran-Abkommen eine existenzielle Bedrohung für das Land.

Was auch immer Trumps Motivation für die Entscheidung war: Nur wenige Jahre zuvor hätte seine Aufkündigung des Iran-Nuklear-Deals den Ölmarkt ins Chaos gestürzt. Denn die von Trump wieder erlassenen Sanktionen trafen vor allem Ölexporte, die wichtigste Devisenquelle für Teheran. Im Vorfeld ging auf den Finanzmärkten entsprechend die Angst um. »Öl bald wieder über 100 Dollar«, warnte der Börsensender CNBC. Der Ausfall der iranischen Öllieferungen würde zu einer Verknappung des Angebots und damit zu einem Preissprung führen. Zwar blieben extreme Turbulenzen aus. Doch der Ölpreis begann zu steigen. Dem konnte Trump, der vor allem mit dem Versprechen einer boomenden Wirtschaft gewählt worden war, nicht tatenlos zusehen. Ein hoher Benzin- und Energiepreis würde möglicherweise sogar eine Rezession heraufbeschwören. So forderte er Saudi-Arabien auf, mehr zu pumpen. Das taten die Saudis zunächst gerne. Schließlich war die Kündigung des Iran-Deals auch für Riad ein Erfolg, denn es schwächte den Erzrivalen um die Vorherrschaft im Nahen Osten. Doch Trump hatte noch eine andere Idee, den Preis wieder unter seine Kontrolle zu bringen: Seine Regierung würde Ausnahmen von den Sanktionen gewähren. Acht Nationen, darunter die Großabnehmer China und Indien, durften weiterhin zumindest einen Teil ihres Bedarfs mit iranischem Öl decken. Der Preis für Rohöl fiel über den Sommer und Herbst 2018 nicht nur: Es gab sogar einen Preissturz um 30 Prozent. Öl sei jetzt wieder billiger, twitterte Trump. »Dafür könnt ihr euch bei mir bedanken.« In Riad war man allerdings alles andere als dankbar. Saudi-Arabien ist schließlich langfristig auf einen Ölpreis von über 80 Dollar pro Barrel angewiesen. Dank Trumps Ausnahmegenehmigungen für das iranische Öl war der Preis unter 50 Dollar gefallen. In Riad fühlte man sich vom US-Präsidenten, vorsichtig gesagt, an der Nase herum geführt. Dabei ist das Verhältnis zwischen den USA und dem Wüstenstaat schon kompliziert genug.

7 UNTER HOCHDRUCK – RISSE IM ÖLKARTELL

Jahrzehntelang haben die großen Ölförderstaaten den Markt beherrscht. Doch ihr Einfluss schwindet. Beim Poker um die Macht sitzen inzwischen nur noch drei Spieler. Und während sie zocken, muss Europa zusehen.

Das Haus Saud

Der Gastgeber, Saudi-König Salman ibn Abd al-Aziz, ließ es richtig krachen. Schon am Flughafen in Riad düsten zur Begrüßung Militärjets über die Köpfe von Donald Trump und seiner Entourage, zu der neben Frau Melania auch Tochter Ivanka gehörten. Dabei sein durften auch Wirtschaftsminister Wilbur Ross, ein über 80-jähriger Wall-Street-Finanzier, der Trump einst vor der Pleite gerettet hatte, sowie der ehemalige Exxon-Chef Rex Tillerson, zu diesem Zeitpunkt noch in seiner Eigenschaft als US-Außenminister. Der Trip nach Saudi-Arabien im Mai 2017 war eine der ersten Auslandsreisen des neuen Präsidenten. Auf die Fliegerstaffeln folgte Kanonendonner. Mit einer arabischen Kaffeezeremonie wurde es ruhiger und schließlich überreichte Salman dem US-Präsidenten noch eine goldene Medaille. Wenn es das Ziel des Königs war, seinen Gast aus Washington zu beeindrucken, schien ihm das zu gelingen. Jedenfalls machte Trump, immerhin das gewählte Staatsoberhaupt der nach wie vor wichtigsten Demokratie der Welt, so etwas wie einen Hofknicks, als er die Ehrung von dem Monarchen entgegennahm. Im Anschluss daran ließ er es sich nicht nehmen, an dem traditionellen Ardah-Schwerttanz teilzunehmen, der einst zu den Kriegsvorbereitungen der Wüstenstämme gehörte. Während sich die Presse zuhause über einen »rhythmusgestörten« Präsidenten, der geschwankt habe »wie ein Betrunkener« wahlweise amüsierte oder sich für ihn fremdschämte, genoss Trump sichtlich den triumphalen Empfang. Gerne redete Trump mit König Salman über Rüstungsgeschäfte und die langjährige Partnerschaft der beiden Nationen. Trump schien auch sonst geneigt, den Standpunkt seines großzügigen Gastgebers einzunehmen. So drohte er Katar, die USA werde sich dem Boykott der Saudis anschließen, sollte der Golfstaat nicht aufhören, Terroristen zu finanzieren. Das kam nicht nur für Katar überraschend, sondern auch für US-Diplomaten und Kongressabgeordnete zuhause in Washington. Schließlich ist Katar ein langjähriger Verbündeter der USA, die dort einen ihrer wichtigsten Militärstützpunkt in der Region unterhalten. Die Menschenrechtsverletzungen in König Salmans Reich kamen dagegen bei dem Treffen nicht vor.

Trump ist nicht der erste US-Präsident, der gegenüber den Herrschern aus dem Hause Saud ein Auge zudrückt. Doch keiner seiner Vorgänger im Amt hatte zuvor private Geschäfte mit den Scheichs getätigt. Zwar hat Trumps Unternehmen, die Trump Organisation, soweit bekannt keine direkten Investments in dem Land. »Ich habe kein finanzielles Interesse in Saudi-Arabien«, versicherte Trump mehrfach, als er für seinen Schmusekurs mit dem Regime dort kritisiert wurde. Allerdings hat Trump mit den Scheichs schon seit den 1990er Jahren immer wieder geschäftlich zu tun. Während Trump in den 1980er Jahren ein goldenes Händchen zu haben schien, rutschte er in der Dekade danach in eine fundamentale Krise. Anschubhilfe hatte anfänglich noch Vater Fred geleistet. Der hatte im Arbeiterviertel Brooklyn mit öffentlich gefördertem Wohnungsbau ein Vermögen gemacht. Von seinen eher bescheidenen Anfängen schien der alte Trump sich nie ganz zu verabschieden. So habe er gerne die Mittel für die Kammerjäger in seinen Wohnobjekten selbst aus Chemikalien zusammengemischt. Abends nach Arbeitsende fuhr er mit seinem marineblauen Cadillac auf seine Baustellen, suchte persönlich herumliegende Nägel zusammen und ließ sie von den Vorarbeitern wieder verwenden, wusste die *New York Times* in seinem Nachruf zu berichten.[1] Seinem Sohn Donald gab er nicht nur Millionen an Startkapital, sondern die notwendigen Verbindungen zum politischen Establishment in New York. Der nutzte beides, um in Manhattan einzusteigen, wo die erste Liga der Immobilienclans zuhause ist – wie die Dursts, denen das World Trade One gehört. Als Trump seine Karriere begann, befand sich New York in einer der größten Krisen, die die Metropole erlebt hatte. Die Stadt war hoffnungslos überschuldet, wirtschaftlich am Boden. Als Präsident Ford im Oktober 1975 Hilfen aus Washington ablehnte, titelte die *Daily News*: »Ford an City: Stirb.« Zu der Zeit wurden jährlich 2 000 Menschen in New York ermordet, Drogen waren einfacher zu beschaffen als Milch. Wer konnte, verließ die Stadt. Trumps Luxusprojekte wie sein Trump Tower an der Fifth Avenue mit pinkem Marmor und einem Wasserfall in der Empfangshalle – dieselbe, in der er 37 Jahre später seine Präsidentschaftskandidatur verkünden sollte – wurden von Architekturkritikern gegeißelt, aber sie signalisierten eine Wende für die City. Frei nach Frank Sinatras Hymne auf New York »If you can make it there, you can make it anywhere«, expandierte Trump. Er wollte die Spielerstadt Atlantic City nicht weit von New York zu seinem Las Vegas machen. Sein ehrgeizigstes Projekt war das Taj Mahal mit Baukosten von über einer Milliarde Dollar. Zur Einweihung im April 1990 kam Michael Jackson. Ein Jahr später war es pleite. Trump selbst schrammte an der privaten Insolvenz vorbei, doch die Banken, die geblendet von Trumps New Yorker Anfangserfolgen seine Wette auf Atlantic City finanziert hatten, blieben auf Hunderten Millionen Dollar Verlusten sitzen. Danach war Trump an der Wall Street Persona non grata. Und so begann seine Suche nach neuen Finanziers. Dazu zählte unter anderem die Deutsche Bank, die seine Hausbank wurde.

Auch mit den Saudis kam Trump bestens ins Geschäft. Im Juni 2001 verkaufte Trump das komplette 45. Stockwerk seines Trump World Tower, insgesamt zehn Schlaf- und 13 Badezimmer, an das Königreich Saudi-Arabien. Weil der Wolkenkratzer nicht weit von den Vereinten Nationen in New York steht, brachten die Saudis 2008 ihre UN-Vertretung dort unter. Wieviel die Saudis dafür bezahlten, ist nicht ganz klar. Während die *New York Daily News* unter Berufung auf das Finanzamt bchauptctc, cs seien 4,5 Millionen Dollar gewesen, berichtete die *Associated Press* von 12 Millionen Dollar. Glaubt man Trump selbst, dann war es noch viel mehr. »Saudi-Arabien – ich komme da mit allen gut aus. Die kaufen meine Apartments«, sagte er 2015 noch als Kandidat bei einer Wahlveranstaltung. »Sie geben 40 Millionen, 50 Millionen Dollar aus. Soll ich die nicht mögen? Ich mag sie sehr.« Deutlich mehr blätterte jedenfalls Prinz al-Walid ibn Talal für das Plaza Hotel am Central Park hin. Zusammen mit einer Gruppe von Investoren zahlte der Prinz 325 Millionen Dollar für das Flaggschiffhotel an der Fifth Avenue. Al Walid, dem in den USA viele Unternehmensanteile gehören, sprang auch ein, als Trump seine Jacht, die *Trump Princess*, verkaufen musste, um flüssig zu bleiben.[2] Er zahlte laut *Associated Press* 20 Millionen Dollar für die 85-Meter-Jacht, die Trump auf dem Höhepunkt seiner Immobilienkarriere dem Sultan von Brunei für 29 Millionen Dollar abgekauft hatte. Sie war ursprünglich für den saudischen Waffenschmuggler Adnan Khashoggi gebaut worden.[3]

Während des Wahlkampfes 2015 registrierte die Trump Organisation acht Firmen in Saudi-Arabien, wie die *Washington Post* herausfand. Die Registrierungen waren noch aktiv, als Trump bereits an seinem Schreibtisch im Weißen Haus saß. Was für einen Geschäftszweck sie haben, ist allerdings unklar.[4]

Trumps Unternehmen, dessen Leitung er nach seiner Wahl zum Präsidenten offiziell seinen Söhnen übergeben hat, profitiert nach wie vor von saudischer Kundschaft. So ließen Lobbyisten des Ölkönigreichs nach Informationen der *Washington Post* im Trump Hotel DC Rechnungen in Höhe von rund 270 000 Dollar auflaufen – davon 78 000 für Catering und 1 600 für Parkgebühren. Dahinter verbarg sich ein kurioser Deal. Die Lobbyisten flogen US-Veteranen nach Washington und bezahlten deren Aufenthalt dort. Die ehemaligen Soldaten sollten vor dem Kongress Stellung beziehen gegen ein Anti-Terrorgesetz, das den Saudis nicht gefiel. Es hätte den Weg freigemacht für Klagen von Opfern der Anschläge am 11. September gegen Saudi-Arabien. Die beteiligten Veteranen wussten laut *Post* nichts von dem Auftraggeber. Die Lobbyfirma dementierte einen Zusammenhang mit Trumps Wahl zum Präsidenten und der gewählten Unterkunft. Das Hotel, das 768 Dollar pro Nacht verlangt, hätte einen guten Rabatt geboten.[5] Trumps International Hotel in Manhattan wiederum profitierte von einer New-York-Reise von Kronprinz Mohammed bin Salman im März 2018. Nachdem die Entourage des Prinzen fünf Tage in dem Hotel logiert hatte, ging dort der Quartalsumsatz um steile 13 Prozent nach oben. Das Hotel kämpfte nach Trumps Wahl mit sinkenden Gästezahlen. Der Prinz selbst wohnte woanders, weil die Suiten in Trumps Hotel angeblich zu klein waren, um ihn und seine Familie aufzunehmen.[6]

Die Bürgerinitiative Citizens for Responsibility and Ethics in Washington, die es sich zur Aufgabe gemacht hat, eine saubere Amtsführung der US-Regierung zu überwachen, hat wegen der Interessenskonflikte des Präsidenten Verfassungsklage eingereicht. »Die Bürger der USA müssen darauf vertrauen können, dass ihr Präsident in ihrem Interesse handelt und nicht im Interesse seiner privaten Unternehmen«, erklärte die Organisation in einer Pressemitteilung.[7]

Trumps Verhältnis zu seinen alten Geschäftsfreunden ist allerdings auf eine schwere Probe gestellt worden. Am 2. Oktober 2018 betrat Jamal Kashoggi die saudische Botschaft in Istanbul. Khashoggi, ein Kritiker des Regimes in Riad (und übrigens entfernter Cousin des gleichnamigen Waffenhändlers), lebte in den USA im Exil und schrieb für die *Washington Post*. Der 59-Jährige wollte in der Botschaft Papiere für seine bevorstehende Heirat mit einer Türkin abholen. In der Botschaft erwarteten ihn bereits 15 Männer. Sie verhörten den Journalisten, dann folterten sie ihn. Schließlich töteten sie ihn und zerlegten ihn mit einer Knochensäge. Die Körperteile transportierten sie in Koffern aus der Botschaft, sie wurden möglicherweise in Säure aufgelöst. Das jedenfalls behauptet der türkische Geheimdienst. Die Agenten zeigten Videos, die mit versteckten Kameras in der Botschaft aufgenommen wurden. Die Türkei hat eigene Motive, Saudi-Arabiens Verhältnis zu den USA zu stören. Ministerpräsident Erdogan missfällt die Vormachtstellung, die die Saudis dank Trumps Rückendeckung in der Region aufbauen. Was genau an jenem Tag geschah, lässt sich objektiv nicht mehr ermitteln. Dennoch ist die CIA so gut wie sicher, dass der Befehl für die bestialische Tat von ganz oben im Königreich kam: von Mohammed bin Salman, kurz MBS genannt.

Doch Trump ignorierte die Erkenntnisse seines eigenen Geheimdienstes und drückte sich davor, den Kronprinzen zur Rechenschaft zu ziehen oder auch nur dafür öffentlich zu kritisieren. »Die Welt ist ein gefährlicher Ort«, twitterte der US-Präsident, was auch immer er damit meinte. »Vielleicht wusste der Kronprinz von der Sache, vielleicht auch nicht.« Der brutale Mord an Khashoggi ist keineswegs das einzige Menschenrechtsvergehen des Regimes in Riad. Loujain al-Hathloul, damals 25 Jahre alt, setzte sich 2014 hinter das Steuer eines Autos und fuhr von den Vereinigten Emiraten in ihre Heimat Saudi-Arabien. Zwei Monate später wurde sie von saudischen Sicherheitskräften verhaftet, gefoltert und angeklagt. Andere Frauen, die für mehr Rechte demonstrierten, erlitten dasselbe Schicksal. Und das, obwohl MBS kurz nach den friedlichen Protesten der Inhaftierten erklärt hatte, Frauen sei das Autofahren in Saudi-Arabien nun erlaubt. Und dann ist da noch der Krieg im Jemen, wo die Saudis von Teheran unterstützte schiitische Rebellen bekämpfen. Bei ihren Einsätzen treffen die Kampfflieger der Saudis jedoch nicht nur Stützpunkte der Aufständischen, sondern Schulen, Märkte, Moscheen. Zwischen 2016 und 2018 starben über 80 000 Menschen durch Kampfhandlungen, laut ACLED, einer britischen Menschenrechtsgruppe. Zehntausende erkrankten an Cholera, mehr als 2 500 Kinder starben daran. Noch mehr verhungerten. Die UN erklärten den Bürgerkrieg zur »größten humanitären Katastrophe« des 21. Jahrhunderts. Die USA spielen eine aktive Rolle darin. Nicht nur die Patriot-Raketen stammen von dort, auch die F-15-Jets der Saudis und die Bomben, die auf Zivilisten hageln, sind made in USA. Denn der Jemen ist lediglich der blutige Schauplatz des Ringens zwischen Saudi-Arabien und dem Iran um die Vorherrschaft in der Region. Und der Iran ist von Washington nun mal zum Erzfeind erklärt worden, gegen den jedes Mittel recht ist.

Doch zusammen mit dem kaltblütigen Meuchelmord an Khashoggi wurde es selbst Hardlinern im US-Kongress zu viel. Im April 2019 beschlossen die Abgeordneten, den Saudis keine Waffen mehr für die Einsätze im Jemen zu liefern, vor allem keine Fliegerbomben und Ersatzteile für die F-15. Doch Trump machte von seinem Vetorecht Gebrauch und weigerte sich, den Waffenbann zu unterschreiben. Wie wichtig ihm die Loyalität zu Riad ist, zeigt sich darin, dass es erst das zweite Veto seiner Präsidentschaft war. Beim ersten Mal ging es darum, den Notstand an der Grenze nach Mexiko auszurufen, um Mittel für seine Mauer aus dem Bundeshaushalt herauszuschlagen. Die USA müssten weiter Waffen an die Saudis liefern, so seine Begründung, weil sonst Arbeitsplätze in der US-Rüstungsindustrie verloren gehen würden. Tatsächlich gehen zehn Prozent der amerikanischen Waffenexporte nach Saudi-Arabien. Weil Trump damit Arbeitsplätze in den USA klar über Menschenleben im Jemen stellte, wurde er von seinen Kritikern scharf angegriffen. Das sei zutiefst unmoralisch, sagten sie. Seine Verteidiger erklärten dagegen, der Präsident sage nur, was schon lange amerikanische Politik sei, aber in Washington immer heuchlerisch unausgesprochen blieb. Tatsache ist: Trump begründete seine Zurückhaltung gegenüber dem Haus Saud mit dem Ausfall von Waffenexporten aus den USA, nicht dem Ausfall von Ölimporten in die USA.

Nur wenige Jahre zuvor wäre das oberste Gebot für den US-Präsidenten gewesen, gute Beziehungen zu Riad aufrecht zu erhalten, um die für die US-Wirtschaft lebenswichtigen Öllieferungen nicht zu gefährden. Doch die Fracker im Bakken und Permian revolutionieren nicht nur die USA, sondern auch Saudi-Arabien.

Das weiß niemand besser als MBS. Schon frühere Herrscher des Königreiches versprachen die Wirtschaft weniger abhängig vom Öl zu machen. Doch MBS, der für seinen 80-jährigen Vater Salman praktisch das Tagesgeschäft übernommen hat, ist der erste, der es ernsthaft versucht. Auslöser war der Schock von 2014, als die Saudis ihre Macht einbüßten, den Ölpreis mehr oder weniger global zu setzen. Die Wirtschaft in Saudi-Reich durchläuft nach wie vor das Nachbeben des von den Frackern ausgelösten Crashs, als das Barrel auf 30 Dollar fiel.

Prinz Mohammed ist ein Millennial und einer von Hunderten Enkeln von Abd al-Aziz ibn Saud, der Saudi-Arabien in seiner aktuellen Form gründete. Es war von Anfang an mit Gewalt erkämpft. Seit dem Beginn des 19. Jahrhunderts hatte das Haus Saud versucht, die arabischen Beduinenstämme zu unterwerfen und sich aus der Oberherrschaft des osmanischen Reiches zu lösen. Al-Aziz nahm 1932 schließlich Riad ein und machte es zur Hauptstadt seiner absoluten Monarchie, die sie bis heute geblieben ist. Mohammed soll seinem Großvater ähnlich sein. In seiner Kindheit wurde der junge Prinz einerseits verwöhnt, andererseits fühlte er sich vernachlässigt. So beschreibt es Karen Elliott House, eine ehemalige Korrespondentin des *Wall Street Journal*[8], in ihrem Porträt der Dynastie. Als 11-Jähriger habe er im Palast seine Lehrer geärgert. Doch der Junge litt auch darunter, dass sich sein Vater, damals noch Kronprinz, die Nächte zwischen seiner ersten Frau und deren sechs Kindern und Mohammeds Mutter, der dritten Frau Salmans, aufteilte. Einmal, so berichtet House, die mit vielen Palastinsidern gesprochen hat, habe Salman seine Familien in den Urlaub mit nach Spanien genommen. Die erste Frau brachte er in einem Palast in Marbella unter. Mohammeds Mutter und seine fünf Geschwister dagegen mussten mit einem Hotel in Barcelona Vorlieb nehmen. Doch als zwei seiner Halbbrüder kurz hintereinander an Krankheiten starben, sah MBS seine Chance. Er tröstete den Vater, wich nicht von seiner Seite. So lernte er die Intrigen und Grabenkämpfe innerhalb des weitläufigen Clans kennen. Mohammed sah sich als Macher, als Selfmade-Businessman – nicht unähnlich dem jungen Donald Trump. Und wie Trump machte er sich die familiären Verbindungen zu nutze. 2018 berichtete das *Wall Street Journal* über Mohammeds Karriere als Geschäftsmann. Fazit: Er gründete Unternehmen, denen er dann lukrative Staatsaufträge verschaffte. Sein Vater wurde erst 2015 König, da war er bereits 80 Jahre alt. Zwei Jahre später ernannte er den damals gerade 31 Jahre alten Mohammed zum Kronprinzen. Der wartete nicht lange, die Zügel des Reiches an sich zu reißen. Zu seinen ersten Maßnahmen gehörte eine Säuberungsaktion unter den Prinzen des Hauses Saud. MBS ließ 30 von ihnen wegen angeblicher Korruption überraschend festsetzen – die einflussreichsten wie den im Ausland gut bekannten al-Walid immerhin im Ritz in Riad. Wie Donald Trump auf globaler Ebene versetzte MBS den Nahen Osten in Aufruhr, etwa durch den von ihm initiierten Boykott des OPEC-Partners Katar. 2017 kidnappte er den damaligen Premierminister des Libanon Saad al-Hariri, den er zuvor nach Riad gelockt hatte, und zwang ihn, vor laufender Kamera zurückzutreten. Erst die Intervention Frankreichs befreite Hariri. Die saudischen Kriegseinsätze im Jemen gehen ebenfalls auf MBS zurück.

Des Prinzen größter Ehrgeiz aber ist es, in die Geschichte einzugehen als der Herrscher, der Saudi-Arabien zu einem Star des 21. Jahrhunderts gemacht hat. 2016 verkündete er seinen Masterplan Vision 2030. Bis dahin soll Riad eine grüne Oase werden. Herzstück der Pläne ist NEOM – die Stadt der Zukunft, die mehr Roboter als Menschen beherbergen soll. Silicon-Valley-Größen wie Uber-Gründer Travis Kalanick und Internetpionier Marc Andreessen zeigten sich begeistert von selbstfahrenden Autos und Passagierdrohnen, die dort den Transport übernehmen sollen. 500 Milliarden Dollar soll die künstliche Megacity kosten. Mit dem Projekt hat MBS einen Deutschen beauftragt: Klaus Kleinfeld. Der war als Siemenschef über die Korruptionsaffäre gestolpert, aber weich gelandet. Der Aluminiumgigant Alcoa holte Kleinfeld als CEO in die USA. Nach einer Umstrukturierung übernahm Kleinfeld dessen abgespaltene Tochter Arconic. 2017 ging er auch dort, nachdem er dem Chef eines Hedgefonds, der ihn mangels Erfolg feuern wollte, ein Schreiben geschickt hatte, das dieser als Drohbrief auslegte. Doch Kleinfeld hatte bald wieder eine neue Aufgabe: Im August 2018 holte ihn MBS.

NEOM und Vision 2030 sollen Saudi-Arabien weniger abhängig machen vom Öl.[9] Für Mohammed, dem es nicht zuletzt um den Machterhalt seiner 300 Jahre alten Dynastie geht, haben die US-amerikanischen Fracker eine gefährliche Komponente in den Markt gebracht: schwer berechenbare Preisschwankungen. Nicht nur ist der saudische Staatshaushalt zu über 80 Prozent mit dem Export von Erdöl finanziert, die gesamte Wirtschaft hängt am Öl. Der von den Frackern in Texas verursachte Preiseinbruch 2014 traf das Königreich schmerzhaft. Noch drei Jahre später rutschte das Land in eine Rezession, von der sich die Wirtschaft nur langsam erholt. Das drängendste Problem für den Kronprinzen ist die hohe Arbeitslosigkeit. Sie stieg im Sommer 2017 auf 13 Prozent, ein Rekord. Die Jugendarbeitslosigkeit liegt sogar bei 40 Prozent. Dabei sind 60 Prozent der Bevölkerung unter 30 Jahren.[10] Verwöhnt von stetig sprudelnden Öleinnahmen gewöhnten sich immer mehr Saudis an staatliche Unterstützung. Die Arbeit überließen sie anderen. Mindestens 66 Prozent der Arbeitsplätze in der Privatwirtschaft werden von Gastarbeitern besetzt. Sie stammen aus asiatischen Ländern wie den Philippinen und aus ärmeren Nachbarländern wie Ägypten und Jordanien, dem Jemen oder dem kriegsverwüsteten Syrien. Viele schicken Geld nach Hause zu ihren Familien. Auf diese Weise konnten auch Länder ohne eigene Ölvorkommen an dem Reichtum der Scheichs teilhaben. Doch MBS will die Zahl der Gastarbeiter drastisch reduzieren und Arbeitgeber zwingen, stattdessen junge Saudis einzustellen. Im Rahmen dieser Saudiisierung werden Auflagen für Unternehmen und Gastarbeiter drastisch verschärft und hohe Abgaben für ihre Beschäftigung verlangt. Als MBS seine Reformen verkündete, arbeiteten über sieben Millionen Gastarbeiter in Saudi-Arabien. Seit die Saudiisierung begonnen hat, haben eine Million bereits das Land verlassen. Das bedeutet Milliarden an Einbußen für ihre Heimatländer, die jetzt schon wirtschaftlich angeschlagen sind: Zündstoff für mehr Unruhen in der Region.

Doch der Exodus der Gastarbeiter allein reicht nicht, um genügend Stellen für junge Saudis zu schaffen. Jedes Jahr, so hat die Unternehmensberatung McKinsey im Auftrag der saudischen Regierung kalkuliert, drängen jedes Jahr 400 000 Schulabgänger neu auf den Arbeitsmarkt, rund die Hälfte haben einen Universitätsabschluss. Mit zunehmenden gesellschaftlichen Freiheiten wollen auch Frauen einen Job.

MBS grandiose Pläne wie NEOM sollen das Problem lösen. Um die notwendigen Mittel für seine futuristischen Projekte zu erhalten, schreckt der Prinz nicht davor zurück, den Kronschatz zu versilbern. 2016 versetzte MBS die Wall Street in Euphorie, als er ankündigte, den staatlichen Ölkonzern Saudi Aramco an die Börse zu bringen. Schon träumten New Yorker Investmentbanker vom Jahrhundertdeal. Doch die von MBS verlangte Bewertung von zwei Billionen Dollar ließ sich nicht erreichen. Es schien, als ob der Börsengang eine Fata Morgana bleiben würde. Dann erschreckte der Mord an Khashoggi die ausländischen Investoren – zumindest vorerst. Doch der Prinz braucht sie dringend für seine Projekte. Ende März 2019 kündigte Aramco an, man werde Anleihen in Höhe von 10 Milliarden Dollar aufnehmen. Mit diesen Mitteln würde der Ölkonzern für knapp 70 Milliarden Dollar die ebenfalls staatliche saudische Raffinerie Sabic übernehmen. Der Verkaufserlös wiederum kommt dem saudischen Investmentfonds PIF zugute. Klingt wie eine Transaktion nach dem Motto »Linke Tasche, rechte Tasche«? Ist es auch. Aber auf diese Weise verschafft sich MBS immerhin einen Vorschuss für seine Vision 2030. Doch auch Käufer von Anleihen wollen die Katze nicht im Sack. Und so kamen ein paar ganz erstaunliche Fakten über Aramco ans Licht. Der Konzern ist mit Abstand das profitabelste Unternehmen der Welt. Angesichts der Zahlen falle einem die Kinnlade herunter, schrieb das sonst eher trockene *Wall Street Journal*. Im Jahr 2018 warf Aramco einen Gewinn von 111 Milliarden Dollar ab – so viel wie der Gewinn von Apple, Google und Exxon zusammen. Der Umsatz von 355 Milliarden Dollar entspreche den gesamten Militärausgaben aller 28 EU-Mitglieder, kalkulierte das *Journal* atemlos.[11]

Und das soll erst der Anfang sein. Denn nicht nur MBS ist ehrgeizig. In einem Interview mit der *Financial Times*,[12] kurz nachdem Aramcos Rekordzahlen bekannt wurden, erklärte der saudische Ölminister Khalid al-Falih, Aramco werde künftig international auf die Jagd nach neuen Öl- und Gasvorkommen gehen. »Die Welt wird Saudi-Aramcos Spielplatz«, so al-Falih. Vor allem bei Erdgas will der Staatskonzern zum Player werden. Im Gegensatz zu Katar, das zu den größten Produzenten gehört, sind Saudi-Arabiens eigene Gasvorkommen bescheiden. Die weltweite Nachfrage nach Gas ist jedoch schneller gestiegen als die nach Öl. Daran will auch Riad teilhaben. In Frage kämen Investitionen in Russland, den USA oder Australien, wie al-Falih den *Financial Times*-Reportern sagte.

Die Expansionspläne für Aramco stehen keinesfalls im Widerspruch zu MBS' Ankündigung, er wolle Saudi-Arabien von seiner Abhängigkeit vom Öl befreien. Was der Prinz eigentlich meint, ist die Befreiung der Abhängigkeit vom Ölpreis. Glaubt man den Angaben von al-Falih, dann liegen die saudischen Produktionskosten bei unschlagbaren vier Dollar pro Barrel. Den enormen Kostenvorteil gegenüber den Frackern und dem Rest der Welt können die Saudis jedoch nur ausspielen, wenn ihr Haushalt und ihre Wirtschaft nicht mehr auf einen Ölpreis von über 80 Dollar angewiesen sind. Und sie haben noch einen Trumpf im Ärmel: Aramco verfügt über Förderkapazitäten, die es auf Wunsch innerhalb von Wochen hochfahren kann – eine Reserve, wie sie kein anderes Lieferland hat. Die »massiven Reserven in der Wüste« seien eine Legende, an die die Branche »wie ans Evangelium« glaube, beschrieb es die Webseite Oilprice.com einmal in einem sprachlich etwas verunglückten Bild.[13] Zwar sind auch die Fracker in der Lage, schneller als konventionelle Förderer zu reagieren. Es dauert keine Jahre, bis neue Quellen erschlossen sind, aber immerhin einige Monate. Vor allem aber: Anders als Aramco handelt es sich um private Unternehmen, die nicht zentral gesteuert werden. Die Fracker legen los, wenn es sich für sie lohnt, nicht wenn es geopolitisch für die USA passt. Wie hoch die sagenhaften Reserven tatsächlich sind, das weiß allerdings niemand so genau. Die Saudis behaupten jedenfalls, sie könnten bei Bedarf mehrere Millionen Barrel zusätzlich pro Tag fließen lassen, so wie Aladdin den Dschinn aus dem Ölkännchen heraufrauchen lassen kann. Die legendären Reserven haben den Saudis auch die Möglichkeit gegeben, bei der OPEC den Ton anzugeben. Doch auch das einst so mächtige und gefürchtete Kartell der Produzenten hat die Schieferrevolution nicht unbeschadet überstanden.

Anfang vom Ende der OPEC

Nur 72 Stunden fehlten bis zur 175. OPEC-Sitzung. Die Konferenzräume im Wiener Hauptquartier in der Helferstorferstraße, etwa zehn Minuten vom Stephansdom entfernt, waren schon bereit, da schockte Saad al-Kaabi die Welt. Sein Land werde nach fast 60 Jahren im Januar 2019 aus dem Ölkartell aussteigen, kündigte Katars Energieminister an. Zwar ist die Produktionsmenge von Katar gering und es gab schon andere Aussteiger. Doch es war das erste Mal, dass ein Golfstaat den Verbund verließ. Kurz zuvor war bekannt geworden, dass selbst Saudi-Arabien, das Mitglied mit den größten Ölreserven und der lautesten Stimme im Kartell, insgeheim über eine Zukunft ohne OPEC spekuliert. Zumindest hatte das King Abdullah Petroleum Studies and Research Center – Kapsarc –, die königliche Denkfabrik, eine entsprechende Studie verfasst.

Katars Abschied war nicht der einzige Zündstoff bei jenem denkwürdigen Dezembertreffen. Obwohl der Ölpreis in den Monaten zuvor um 30 Prozent gefallen war, gelang es den 14 Mitgliedsländern erst nach einer Marathonverhandlung, sich auf eine Senkung der Förderquoten zu einigen. Ein paar Mal schien es, als ob die OPEC mit einem großen Knall implodieren würde. Doch die Einigung auf eine Produktionssenkung bedeutete nicht mehr, als dass der Abstieg sich schleichend fortsetzen würde. Dabei gehörte die OPEC einst zu den einflussreichsten Institutionen der Welt. Jahrzehntelang wurden die Treffen des Kartells in Wien von den Staatschefs der Industrieländer mit Bauchgrimmen beobachtet. Schließlich reichte es schon, wenn das Kartell ankündigte, die Produktion drosseln zu wollen, um höhere Preise zu erzielen, um die Stimmung in der Wirtschaft zu verdüstern.

Kaum eine multinationale Organisation war bis zum Auftauchen der Fracker auf dem Ölmarkt so erfolgreich wie die OPEC. Geboren wurde die Organisation aus Frust, ihre Anfänge blieben erst einmal im Verborgenen. Es begann in der Empfangshalle des Hilton in Kairo im April 1959. Dort trafen sich diskret zwei sehr unterschiedliche Männer, die denselben Job hatten und die dasselbe Ziel verfolgten. Juan Pablo Pérez Alfonso, der venezolanische Ministro de Minas e Hidrocarburos, war aus Caracas angereist, sein Amtskollege Abdullah Tariki aus Saudi-Arabien. Die arabischen Ölproduzenten hatten Alfonso eingeladen, weil sie es satt hatten, dass ausländische Ölkonzerne über ihre Ressourcen verfügten und vor allem die Preise diktierten. Die 50-50-Formel, das war der Deal, den Pérez, dem seine Landsleute später den Ehrentitel »el padre del OPEP« verliehen, den Konzernen abtrotzen wollte – 50 Prozent der Marge für die Staatskasse des Produzenten, 50 Prozent für die ausländischen Ölgesellschaften. In Kairo hatte Tariki einen Vorschlag: Wie wäre es, wenn sich die Produzenten zusammen täten und die Marktmacht an sich reißen würden? Tariki und Alfonso besiegelten ihren Pakt mit einem Handschlag. Der Rest der Welt erfuhr nichts von dem Gentlemen's Agreement. So waren Ölkonzerne und die Regierungen der Abnehmerstaaten 18 Monate später überrascht, als die »Organization« of the Petroleum Exporting Countries« in Bagdad am 10. September 1960 ihre Gründung ankündigte. Auf die Überraschung folgte später Schock, als das Embargo von 1973 die Wirtschaft rund um den Globus in eine Rezession stürzte. Bis zur Schieferrevolution in den 2000er Jahren diente der Ölschock als Warnung für alle westlichen Politiker, was passieren würde, wenn die Welt die OPEC ignorierte.

Das heißt nicht, dass sich die Mitglieder immer besonders freundlich gesonnen waren. Es war mehr *Fight Club* als *Team Spirit*. Da war nicht nur der grundsätzliche Konflikt zwischen größeren Produzenten und kleineren Förderländern, die weit abhängiger von einem stetig hohen Preis sind. Regionale Spannungen und Rivalitäten, vor allem im Nahen Osten, führten immer wieder sogar zu bewaffneten Auseinandersetzungen zwischen Mitgliedern, wie der Krieg zwischen Iran und Irak, der immerhin von 1980 bis 1988 dauerte. Doch wenn es um das für sie existenzielle Öleinkommen ging, fanden die Mitglieder immer wieder zusammen.

Die Erklärung für die schwindende Macht des Kartells findet sich aber nicht in diesen Auseinandersetzungen und nicht in Wien, sondern ist tausende Kilometer weiter westlich zu suchen. In Westtexas. Die Fracker haben die Fundamente der OPEC zum Bröckeln gebracht wie den Wüstengrund im Permian. Den Mitgliedern wird immer deutlicher, dass sie mit ihren Produktionskürzungen zwar kurzfristig den Preis nach oben drücken, aber langfristig auf diese Weise nur den Platz für Öl made in USA freiräumen.

Damit nicht genug, kann Trump mit Sanktionen inzwischen diktieren, wer pumpen darf und wer nicht. Venezuela, Iran und Russland können dank Washingtons Bann ihr Öl nicht mehr frei auf dem Weltmarkt anbieten. Keine andere Nation verfügt über ein solches Druckmittel. Dass der US-Präsident diese Macht besitzt, verdankt er den Finanzmärkten.

Der Dollar ist alternativlos – bis der Renminbi kommt

Auch Donald Trumps Vorgänger nutzten immer wieder Sanktionen, um den Einfluss der USA klarzumachen. Sie sind Teil der *Financial Weaponry*, den Finanzwaffen Washingtons. Und unter Trump sind sie immer öfter auch auf Verbündete gerichtet. Das jüngste spektakuläre Beispiel sind die Sanktionen gegen den Iran, die Trump nach seiner Kündigung des Iran-Nuklear-Abkommens wieder verhängte. Sie treffen jedes Unternehmen, das mit dem Iran Geschäfte macht. Deutsche Konzerne sollten ihre Operationen im Iran umgehend herunterfahren, ließ der US-Botschafter Richard Grenell, Anfang 2018 noch frisch im Amt, in Berlin vernehmen, wie immer mehr Befehlshaber als Diplomat. Verständlich, dass die Europäer, bisher Amerikas engste Verbündete, mit Empörung reagierten. Nicht nur die EU würde die US-Sanktionen zu gerne umgehen. Doch mehr als symbolische Maßnahmen waren bisher nicht drin. Das verhinderte nicht zuletzt die Allmacht des US-Dollars: Der Handel in Öl und anderen wichtigen Rohstoffen läuft seit Jahrzehnten maßgeblich über die US-Währung.

Die Europäer sind mit die größten Kunden für iranisches Öl. Entsprechend interessiert war die EU, das Abkommen zumindest für die restlichen Unterzeichner zu erhalten. Nach langen Vorbereitungen schaffte es die EU im Juni 2019, eine Art Tauschbörse namens Instex zu etablieren, die es Teheran ermöglichen soll, weiterhin Öl- und Gasprodukte ins Ausland zu exportieren. Selbst Befürworter des Konstrukts glauben jedoch nicht, dass über Instex bald Milliardendeals abgewickelt werden. Das US-Außenministerium hatte nur Spott für Instex übrig: »Wir sehen dafür keinerlei Nachfrage, denn jedes Unternehmen, das vor der Entscheidung steht, ob es mit den USA oder mit dem Iran Geschäfte machen will, wird immer die USA wählen.«[14]

Auf die Idee mit der Tauschbörse verfielen die Instex-Architekten, um Dollar-Transaktionen zu umgehen. Das klingt einfacher, als es ist. Rein rechtlich spricht nichts dagegen: Unternehmen und Regierungen außerhalb der USA können durchaus beschließen, iranisches Öl in Euro statt in Dollar abzurechnen. Doch es dürfte kaum möglich sein, für die Abwicklung der Zahlungen eine Bank zu finden. Denn ein Institut, das in der Lage ist, eine solche internationale Transaktion durchzuführen, hat fast ausnahmslos in irgendeiner Form auch Verbindungen zu US-Banken. Die aber werden sich hüten, auf dieses Weise indirekt zu Sanktionsbrechern zu werden. Selbst wenn die Geschäfte über eine Niederlassung im Ausland laufen, greift in dem Fall das US-Gesetz. Es reicht eine Geschäftsverbindung und die Sanktionsfalle schnappt zu. Europäische Banken, die in der Vergangenheit versucht haben, die Auflagen zu umgehen, zahlten buchstäblich einen hohen Preis. Die französische BNP Paribas musste 2014 rund neun Milliarden Dollar Strafe zahlen. Die deutsche Commerzbank hatte trotz US-Sanktionen Transaktionen für Kunden im Iran und Sudan übernommen und zahlte 2015 dafür in den USA 1,45 Milliarden Dollar Buße. Die Dominanz des Dollars im globalen Finanzsystem verleiht den US-Sanktionen ihren Biss, sagt Richard Bove, seit vierzig Jahren Bankenanalyst an der Wall Street: »Das ist die eigentliche Waffe für Trump, weil es kaum möglich ist, Banken zu finden, die keinen Berührungspunkt mit dem US-Finanzsystem haben.«

Versuche, sich im Öl- und Rohstoffgeschäft von der Leitwährung zu lösen, gab es immer wieder. Allerdings bisher von Gegnern der USA, nicht von deren Alliierten. Libyens Gaddafi etwa forderte vor seinem Sturz einen Gold-Dinar statt des ungeliebten Dollar als Abrechnungseinheit für die OPEC. Saddam Hussein verbot drei Jahre vor dem Einmarsch der US-Truppen, irakisches Öl in Dollar abzurechnen. (Eine Tatsache, in denen manche Amerikakritiker den angeblich wahren Grund für die Invasion der USA und den Sturz ihres ehemaligen Verbündeten Hussein sehen.) Russland und Venezuela verfolgen seit langem eine Ablösung vom Petrodollar. Alle zwei Jahre gebe es die Forderung, den Dollar durch eine andere Währung zu ersetzen, sagte Phillip Streible. Der Chicagoer Rohstoffhändler hält die Gefahr jedoch für gering. Schließlich sei die USA mit 18 Millionen Barrel pro Tag mit Abstand der größte Konsument von Öl. Das gibt der noch immer wichtigsten Volkswirtschaft die Nachfragemacht, eine Abrechnung in der eigenen Währung zu verlangen. Durch die Steigerung der heimischen Produktion in den vergangenen Jahren hat die USA zudem begonnen, auch wieder Öl zu exportieren. Beides zusammen sorge dafür, dass der Petrodollar so schnell nicht angreifbar sei, glaubt Streible.

Seine führende Rolle verdankt der US-Dollar der Neuordnung der Welt nach dem Krieg vor mehr als 70 Jahren. Abgeordnete aus 44 Ländern kamen 1944 in dem Wintersportort Bretton Woods im US-Bundesstaat New Hampshire zusammen. Sie einigten sich auf den Dollar als Leitwährung, weil die USA damals über die größten Goldreserven verfügten. Alle unterzeichnenden Länder verpflichteten sich auf einen festen Wechselkurs zur US-Währung, während die US-Notenbank wiederum zusagte, Dollar gegen einen festen Kurs von 35 Dollar für eine Feinunze Gold zu tauschen. Es war der Versuch, nach den Schuldenbergen und aufgeblähten Geldmengen der Vorkriegsjahre wieder zum Goldstandard und zur Stabilität auf den Märkten zurückzukehren. Doch das System fester Währungskurse kam in den 1960er Jahren unter Druck. Deutschland und Japan etwa erholten sich und wurden selbst zu wichtigen Industrie- und Exportländern. Doch über das Bretton-Woods-System blieben ihre Währungen an den Dollar gebunden. Dazu kam die wachsende politische Kritik am Primat Washingtons und am Vietnamkrieg. Im Umfeld der vorsichtigen Entspannung mit der Sowjetunion schien eine größere Unabhängigkeit von der transatlantischen Schutzmacht möglich. Es war Charles de Gaulle, der das Ende des Abkommens einläutete, indem Frankreich seine Dollarreserven gegen Gold einzutauschen verlangte. De Gaulle drohte sogar mit dem NATO-Austritt, sollten die USA nicht auszahlen. Deutschland, Japan und Kanada folgten. Die US-Goldreserven fielen. Schließlich verkündete Präsident Nixon im August 1971 das Ende des Goldstandards.

Um dennoch genügend Nachfrage für den Dollar zu schaffen, fädelte Washington unter Federführung des damaligen Außenministers Henry Kissinger ein neues Abkommen ein. Dieses Mal mit Saudi-Arabien. Die USA würden dem Königreich das Öl abkaufen und gleichzeitig Militärhilfe und Rüstungsgüter liefern. Im Gegenzug verpflichteten sich die Saudis, ihr Öl nur in der US-Währung abzugeben. Zudem würden sie die durch die Ölverkäufe erzielten Überschüsse wiederum in US-Anlagen investieren. Es war ein Finanz-Recycling der ersten Kategorie. Das Arrangement des Petrodollar lockte Nachahmer. Mitte der 1970er Jahre hatten sich alle OPEC-Länder angeschlossen. Das führte dazu, dass sich auch importierende Länder eine gewisse Dollar-Reserve anlegen mussten. Andere Rohstoffe wurden bald ebenfalls weitgehend in Dollar gehandelt. Der Kissinger-Deal etablierte den Dollar als Leitwährung.

Die Stellung des Dollar basiert jedoch nicht nur auf der weltweiten Akzeptanz – nach Schätzung der US-Notenbank sind zwei Drittel aller 100 Dollarscheine außerhalb der USA im Verkehr. Vielmehr bildet die US-Währung die Basis für das globale Finanzsystem. Die US-Staatsanleihen gelten als das sicherste Investment der Welt. In sie flüchten auch ausländische Anleger, selbst wenn die Krise in den USA herrscht, wie etwa 2008 nach dem Untergang von Lehman Brothers. Knapp 60 Prozent der Weltwährungsreserven der Zentralbanken sind in Dollar, etwa 20 Prozent in Euro und nur ein Prozent in Renminbi. Für den Handel in Dollar mag es Alternativen geben, für den sicheren Hafen der US-Staatsanleihen nicht. Was sie so attraktiv macht, ist ihre hohe Liquidität. Anleger weltweit wissen, dass sie die Papiere zu jedem Zeitpunkt wieder verkaufen können, ohne deswegen einen Wertverlust in Kauf nehmen zu müssen.

Um eine ernsthafte Konkurrenz zum Dollar zu bieten, muss eine Währung Anlagen mit einer ähnlichen Sicherheit und Liquidität bieten. Bis zur Griechenlandkrise schien der Euro dafür gut positioniert. Doch 2011 zeigte die politische Anfälligkeit der Gemeinschaftswährung. Und der Brexit bestätigte, dass es entgegen der ursprünglichen Vereinbarungen durchaus möglich ist, dass Mitgliedsländer die EU verlassen. Das alles sind für Finanzmarktteilnehmer unbekannte und deshalb schwer zu kalkulierende Risiken, die sie lieber vermeiden. Solange die Zukunft der EU und der Währungsunion unklar bleibt – und es sieht eher nach mehr Streit unter den Partnern aus – ist der Aufstieg des Euro zur Leitwährung deshalb unwahrscheinlich.

Doch es gibt eine aufstrebende Macht, die nicht nur in der Lage wäre, den Petrodollar herauszufordern, sondern dieses Ziel seit einigen Jahren sogar systematisch verfolgt. China. Das hat seinen Grund: 2017 hat China die USA als weltgrößter Ölimporteur überholt. Die Rechnung möchten die Chinesen sobald es geht in ihrer eigenen Währung begleichen. Die ersten Schritte sind getan. Im März 2018 gab die Shanghai International Energy Exchange erstmals Öl-Terminkontrakte in Renminbi aus. Was nach News aussieht, bei denen nur Finanzinsider die Augen aufreißen, hat weitreichende Folgen. Für Produzenten und Abnehmer sind diese Finanzinstrumente wichtig, weil sie helfen, sich gegen schwankende Preise abzusichern. Im Dezember 2019 lag das Handelsvolumen mit den Petro-Renminbi-Kontrakten bereits bei 500 000. Jeder einzelne Kontrakt entspricht 1 000 Barrel Erdöl. Damit hat Shanghai bereits die Konkurrenz der Börse in Dubai überholt und erreicht an manchen Tagen das Volumen der Nordseeöl-Kontrakte.

Die chinesische Regierung schafft Nachfrage nach den Terminkontrakten durch bilaterale Handelsabkommen. Der Renminbi soll als internationale Transaktionswährung etabliert werden. Wer mit China ins Geschäft kommen will, muss in Renminbi abrechnen statt wie bisher in Dollar. Einer der Faktoren für Katar, der OPEC den Rücken zu kehren, waren Handelsabkommen mit China. Der kleine Golfstaat hatte allein in den beiden vorangegangenen Jahren Geschäfte in Höhe von umgerechnet 86 Milliarden Dollar in der chinesischen Währung gemacht. Das dürfte noch deutlich anwachsen. Denn Katar sitzt – gemeinsam mit Iran – auf dem weltweit größten

Erdgasfeld. Putins Russland, immer auf der Suche nach Alternativen zum *Almighty Greenback*, hat 2016 begonnen, Renminbi als Zahlungsmittel für seine Exporte nach China zu akzeptieren. Auch für den Iran stellt der Petro-Renminbi ein willkommenes Schlupfloch aus den US-Sanktionen dar.

Doch um die Allmacht des Dollars zu brechen, müsste China noch weit mehr tun, sagt Samantha Gross, Expertin für Energie und Klima beim Washingtoner Thinktank Brookings Institution.[15] Peking müsste sein Finanzsystem transparenter machen, seinen Kapitalmarkt für Ausländer öffnen. Denn diese seien nur dann bereit, Renminbi zu halten, wenn sie die Währung frei an- und verkaufen können. Die Gewohnheit der chinesischen Regierung, bei unliebsamen Marktschwankungen einzugreifen, schreckt Handelspartner ab. Im September 2015 etwa »verschwand« Li Yifei, die Chefin der chinesischen Filiale der Man Group, einem der größten Hedgefonds der Welt. Lis geheimnisvolles Abtauchen, von dem die *Financial Times* berichtete, kam nach Wochen heftiger Turbulenzen an den chinesischen Märkten. Der Shanghai Composite Index war um 40 Prozent gefallen. Die chinesischen Kader, immer in Sorge, dass ihnen die Zügel entgleiten, griffen zu einer bewährten Methode, den Kursrutsch zu einem Stopp zu bringen: Verhaftungen. 200 Händlern, Journalisten und anderen Personen wurde nach dem Markteinbruch das Verbreiten von »Onlinegerüchten« vorgeworfen. Die Hedgefondsmanagerin beteuerte später, sie sei keineswegs verhaftet, sondern bei einer Reihe von Terminen gewesen.[16]

Für ausländische Händler ist die Gefahr, wegen eines Kurseinbruchs abgeführt zu werden, eher gering. Aber auch die finanziellen Gefahren sind nicht unerheblich. Im weltweiten Handel sind die jeweiligen Partner stets vielfältigen Risiken ausgesetzt: Liefert der Verkäufer, zahlt der Empfänger? Dazu kommen Preisschwankungen und Währungsrisiken. Die Abrechnung in Dollar ist seit Jahrzehnten eingespielt und bewährt. Geschäfte in Renminbi würden dagegen ein zusätzliches Risiko darstellen, das die Handelspartner scheuen.

Nach wie vor laufen 99 Prozent der Öltransaktionen über den Dollar. Es wird lange dauern, das zu ändern. Es gibt allerdings ein Szenario, in dem der Dollar recht kurzfristig von seinem Thron stürzen könnte. Und ausgerechnet Donald Trump hat es wahrscheinlicher gemacht. Seine Steuerreform wird das Haushaltsdefizit in den nächsten Jahren über die Billionengrenze bringen. Die Lücke muss durch neue Schulden gedeckt werden. Sollten die Investoren plötzlich an der Zahlungsfähigkeit der USA und den US-Staatsanleihen zu zweifeln, dann könnte dies das Ende der Leitwährung bedeuten. Schadenfreude wäre allerdings fehl am Platze. Weil es nicht genug sichere und liquide Währungen gibt, in die Dollar-Investoren fliehen können, könnte das zu einer Finanzkrise führen, die 2008 weit übertreffen würde.

Lieber NOPEC statt OPEC

Doch es ist nicht nur Präsident Trump, der die OPEC mit seinen Sanktionen in Bedrängnis bringt. Auch der US-Kongress will bei der Neuverteilung der Energiekarten mitreden. So diskutieren die amerikanischen Volksvertreter seit geraumer Zeit ein neues Gesetz, das offen damit droht, die OPEC zur kriminellen Vereinigung zu stempeln. Das Gesetz, das als *No Oil Producing and Exporting Cartels Act* – kurz NOPEC – bekannt ist, sieht vor, dass US-Strafverfolger gegen OPEC-Mitgliedsländer wegen illegaler Preisabsprachen vorgehen sollen. Potenziell könnten Vermögenswerte der Mitgliedsländer beschlagnahmt werden. Der Kongress war in den vergangenen Jahren so zerstritten wie selten in der modernen Geschichte der USA. Doch der NOPEC-Vorschlag erhielt die Zustimmung von Trumps Republikanern wie auch Vertretern der oppositionellen Demokraten wie der Senatorin Amy Klobuchar, die als Präsidentschaftskandidatin 2020 potenziell gegen Trump antreten wird. »Freier Wettbewerb auf den internationalen Ölmärkten ist entscheidend, um zu gewährleisten, dass amerikanische Familien einen fairen Preis an der Tankstelle zahlen.« Denn Benzinpreise sind für US-amerikanische Politiker die Messlatte für Volksnähe. Als Faustregel gilt: Alles ab drei Dollar pro Gallone ist für den Amtsinhaber toxisch. (Das entspricht 80 Cent pro Liter, für Europäer wäre das ein Spottpreis.)

Vorschläge wie NOPEC 2019 kursieren im Washingtoner Kapitol seit zwanzig Jahren. Während der Finanzkrise 2007 etwa, als die Ölpreise besonders hoch waren, hatten die Abgeordneten wieder einmal ein NOPEC-Gesetz auf den Weg gebracht. Es schaffte es sogar auf den Schreibtisch von George W. Bush – der prompt sein Veto einlegte. Denn so sehr die US-Präsidenten immer wieder gegen das Kartell wetterten, so sehr fürchteten sie, dass die OPEC zurückschlagen würde.

Doch Trump gefällt die NOPEC-Idee. Er hat sie 2011 in seinem Buch *Time to get Tough* propagiert. Immer wieder hat er schon vor der Wahl Obama vorgeworfen, dieser sei zu schwach, um sich gegen das Kartell durchzusetzen. »Neue Führung nötig«, schloss ein Tweet vom August 2011, als er darüber nachdachte, als Kandidat in der Wahl im Jahr darauf gegen Obama anzutreten. Als die Saudis 2014 ihre Offensive gegen die Fracker fuhren, reklamierte Trump den daraus resultierenden Preissturz dann als Erfolg seiner Drohungen. So twitterte er Nachrichten von zwei seiner Fans, die dem Reality-TV-Star und Immobilienunternehmer aus New York dafür dankten. »Nur einer hatte die Eier, sich mit OPEC anzulegen. Vielen Dank, Mr. Trump«, lautete eine der Nachrichten von einem Twitter-Nutzer mit dem Pseudonym Twins44.[17] Danach schien Trump eine Weile seine Lieblingsfeinde aus den Augen verloren zu haben. Bis er am 20. April 2018 – da war er schon ein Jahr im Amt –, die Marktteilnehmer morgens um 6:57 Uhr mit folgender Botschaft überraschte: »Sieht aus, als ob die OPEC wieder Ärger macht. Mit Rekordmengen an Öl überall, und vollen Tankern auf hoher See, sind Ölpreise künstlich Sehr hoch! Nicht gut und wird nicht akzeptiert!« Das kam auch deshalb überraschend, weil der Ölpreis bereits seit 2017 gestiegen war. Dass der Anstieg sich in den ersten Monaten 2018 beschleunigt hatte, lag unter anderem an Trump selbst. Dem Markt wurde klar, dass der US-Präsident die Sanktionen gegen den Iran wieder einsetzen würde. Dazu kamen noch der Syrienkrieg und fallende Produktion in Libyen und Venezuela durch innenpolitische Probleme. Hinter Trumps Obsession steckte die nicht unbegründete Sorge, dass der steigender Ölpreis die US-Wirtschaft ausbremsen und seine Chancen auf eine Wiederwahl gefährden könnte.

Der Präsident musste lernen, dass die USA zwar die Position als Nummer eins der Produzenten wieder inne hatten. Doch das ändert nichts daran, dass der Ölpreis – ähnlich wie der Goldpreis – ein weltweiter Preis ist. Trump erkannte jedoch schnell, dass er den Preis zwar nicht diktieren, aber doch dirigieren konnte. Nicht zuletzt mit seinem liebsten Instrument: Twitter. »Es ist eine billige Strategie, wenn der Preis fällt, dann kann er sich das gut schreiben. Steigt der Preis, war's die OPEC«, sagte Derek Brower, Politikanalyst beim Marktbeobachter RS Energy dem Börsensender CNBC. Für Trump gebe es dabei kein Risiko. »Recht clever«, so der Analyst anerkennend.

Die Saudis jedenfalls zeigten sich von Trumps Drohgebärden beeindruckt. Vielleicht mehr als Trump lieb sein kann. So drohte Riad im April 2019 mit der Aufkündigung der Petrodollar-Vereinbarung, sollte der Präsident ein NOPEC-Gesetz unterschreiben.

Liebesgrüße aus Moskau

Anders als in der Vergangenheit hat Saudi-Arabien neue Verbündete, die eine solche Drohung realistischer machen. Es sind die Russen. Die neue Achse Riad–Moskau ist eine weitere Folge der Schieferrevolution und des dadurch ausgelösten Preisverfalls. Auch Moskaus Haushaltskasse ist auf Öleinnahmen angewiesen. Als 2016 eine Erholung des Ölpreises nicht in Sicht war, schloss sich Moskau den Produktionssenkungen der OPEC an, obwohl Russland kein Mitgliedstaat ist. Es war der Beginn einer wunderbaren Freundschaft. Al-Falih, der saudische Energieminister, scherzte bei einer Pressekonferenz im März 2019, er spreche mehr mit dem russischen Amtskollegen Alexander Novak als mit seinen eigenen Kabinettskollegen. Man konnte den Eindruck gewinnen, er spreche von einer neuen Flamme. »Wir haben uns vergangenes Jahr zwölfmal getroffen«, sagte er.

Tatsächlich bewahrten Putin und sein Ölminister jenes OPEC-Treffen im Dezember 2018 davor, ein Desaster zu werden. So jedenfalls berichtete es das *Wall Street Journal*. Als al-Falih den Iran aufforderte, ebenfalls die Fördermenge zu drosseln, habe der iranische Ölminister Bijan Zangeneh protestiert. Die Golfstaaten würden die Sanktionen gegen sein Land nutzen, um ihr Öl zu verkaufen. »Sie sind der Feind meines Landes«, warf er Suhail al-Mazroui, dem Vertreter der Vereinigten Emirate und amtierenden OPEC-Präsidenten vor. Dann drohte Zangeneh, der Iran werde Katars Beispiel folgen und ebenfalls das Kartell verlassen. »Die Stimmung war so angespannt, dass wir uns fragten, wer als nächstes gehen würde«, sagte ein OPEC-Vertreter dem Journal.[18] Eine Einigung schien nahezu unmöglich, als Novak nach St. Petersburg flog, um mit Putin die Lage zu besprechen. Der gab grünes Licht und so konnte Novak eine Senkung der russischen Produktion anbieten, die das ursprüngliche Angebot Moskaus übertraf. Dafür sollte der Iran – mit dem Russland beste Verbindungen pflegt – wie von Zanganeh gefordert von den Produktionskürzungen ausgenommen werden. Novaks Diplomatie brachte den Durchbruch. Ab Januar drosselten die Mitglieder die Fördermenge, der Ölpreis stieg prompt um 30 Prozent an. Für Putin war das Dezembertreffen ein voller Erfolg. Es gab ihm eine Stimme in der OPEC, ohne die Verantwortung einer Mitgliedschaft. Und den so dringend benötigten höheren Ölpreis.

Das 175. Treffen der OPEC machte auch deutlich, wer die Machthaber im neuen Ölzeitalter sind: Trump, MBS und Putin.

Und Europa? Ist längst zum Schauplatz für das Tauziehen um die Energievorherrschaft geworden. Derweilen nutzen auch europäische Unternehmen gerne den einmaligen Standortvorteil der USA, den größten Erdölproduzenten mit der wichtigsten Industrienation in sich zu vereinen.

Die Auferstehung von Corpus Christi

Der Einfluss der Fracker auf den Rest der Energiemärkte wäre noch viel größer, wenn sie nicht ein Problem hätten: »We gotta get out of this place« beschrieb es John Zanner, Analyst für den Marktforscher RBN Energy in seinem Blog für die Schieferszene. Das Zitat stammt aus der Rockhymne der amerikanischen GI-Soldaten in Vietnam. Ein etwas übertriebener Vergleich, denn im Permian und Eagle Ford geht es nicht um Krieg. Es geht – um was sonst – um Pipelines. Zanner ist nicht der einzige, der Pipelines eine hohe Dringlichkeit einräumt. Denn es geht um eine Menge Dollar. Es gibt schlicht nicht genug Anschlüsse der neuen Boomregionen an die bestehende Infrastruktur. Vor allem im Permian macht sich das bemerkbar. Der Transport per Eisenbahn und Lkw treibt die Kosten nach oben. Gleich ein halbes Dutzend Unternehmen ist deshalb dabei, neue Rohre zu verlegen.

Drei Leitungen sollen bis 2019 fertiggestellt sein. Ihre Namen klingen wie Hollywood-Actionhelden: Cactus II, Epic und Gray Oak. Allein Gray Oak wird zwei Milliarden Dollar und Hunderttausende Hektar Land verschlingen.

Die drei Pipelines werden vom Permian knapp 800 Kilometer in den tiefen Süden von Texas führen, nach Corpus Christi, einem Hafen am Golf von Mexiko. Am Ende des Highway 37 ducken sich ein paar windschiefe pastellfarbene Häuschen im Kolonialstil aneinander. Ihre Nachbarn wurden abgerissen, die abgeräumten Flächen dienen als Parkplätze, auf denen vereinzelt Autos stehen. Palmen wiegen sich im Wind. Der schläfrig-tropische Eindruck täuscht. In der Hafenstadt, die ihren Namen dem spanischen Eroberer Alonzo Álvarez de Pineda verdankt, hat der Frackingboom im Permian eine historische Wende ausgelöst.

Während er per Schnellboot durch den Kanal braust, zeigt Jarl Pedersen, der Geschäftsleiter des Port of Corpus Christi, rechts und links auf die neuen Anleger für Rohöl und Erdgas, die in den vergangenen Monaten gebaut wurden. Dazu soll der Kanal tiefer ausgebaggert werden, eine höhere Brücke über die Einfahrt ist im Bau. Mit über 500 Metern wird sie die längste Kabelbrücke Nordamerikas sein, wenn sie 2020 eingeweiht wird. Alles, damit hier Suezmax, Supertanker, die eine Million Barrel fassen können, regelmäßig anlegen können. Und weil diese Supertanker bald von den Very Large Crude Carrier VLCC, Megatankern mit einem Fassungsvermögen von bis zu zwei Millionen Barrel, übertroffen werden, soll in Port Aransas, einem kleinen Fischerdorf nicht weit von Corpus Christi, ein weiterer zusätzlicher Rohölhafen entstehen. Die Finanzierung des 1,2 Milliarden-Dollar-Projektes übernimmt die Carlyle Group, eine Private-Equity-Gesellschaft, in Deutschland besser als »Heuschrecken« bekannt.[19] Damit nicht genug, plant eine Tochter des Schweizer Rohstoffhändlers Trafigura eine schwimmende Offshore-Anlegestelle, 12 Seemeilen weit in der Bucht vor Corpus Christi. Was noch vor fünf Jahren selbst Branchenkenner nicht geglaubt hätten: Erdölexporte aus den USA boomen; allein von 2017 auf 2018 stiegen sie um 73 Prozent. Das hat seinen Grund in den wachsenden Überschüssen. Die US-Ölproduktion ist in 2018 um 17 Prozent gewachsen, der heimische Verbrauch aber nur um zwei Prozent. Ein Ende ist nicht in Sicht. Bis 2024, so eine Prognose der Internationalen Energieagentur, wird es die USA mit Saudi-Arabien im Ringen um den Titel »Größter Ölexporteur« aufnehmen können.[20] Und all das Öl und Gas, das aus dem Permian nach Europa und Asien soll von Corpus Christi aus verschifft werden, hofft Pedersen, ein gebürtiger Däne: »Wir wollen der größte US-Energiehafen werden.«

Ein schlanker Schornstein ragt hinter den Hafenbecken auf, seine flackernde Flamme wie ein Begrüßungsfeuer für die einlaufenden Schiffe. Er gehört zu einer Anlage von Cheniere. 15 Milliarden Dollar hat das Unternehmen aus Houston investiert, um hier Erdgas in LNG zu verwandeln. LNG steht für Liquid Natural Gas. Erdgas, das durch chemische Prozesse auf minus 162 Grad Celsius herunter gekühlt wird, verflüssigt sich. In dieser Form lässt es sich in Spezialtanker pumpen und rund um den Globus verschiffen. Am anderen Ende wird das Flüssiggas wieder in seine ursprüngliche Gasform zurückverwandelt. Vor kurzem hat der Erdgasspezialist einen langfristigen Liefervertrag mit Polen abgeschlossen. Vor nicht einmal zehn Jahren gab es in den USA zwar LNG-Terminals, aber sie waren alle für den Import von Erdgas bestimmt. Auch Corpus Christi, sagt Pedersen, hatte sich damit abgefunden, im Wesentlichen ein Hafen zu sein, wo Tanker ihre Ladung löschten. Jetzt hat die Hafengesellschaft, Pedersens Arbeitgeber, den Ehrgeiz, mit der texanischen Energiehauptstadt Houston in Konkurrenz zu treten.

Der Tag, der für Corpus Christi und den Rest der Welt so vieles verändern sollte, war Silvester 2015. »Es war windig, unangenehm«, erinnert sich der Hafenmanager. Trotzdem hatten sich TV-Crews aus ganz Amerika eingefunden. Sie wollten live dabei sein, wenn die *Theo T*, ein Tanker der griechischen Ionia Reederei unter der Flagge der Bahamas, beladen mit Rohöl aus dem texanischen Eagle Ford mit Kurs nach Europa hier im Hafen ablegte. Kurz nach 15 Uhr lief das Schiff aus. Nur wenige Monate zuvor wäre das eine Straftat gewesen. Geschockt durch die Ölkrise hatte der US-Kongress 1975 den Export von Rohöl – mit Ausnahme von Kanada – verboten.

Der Frackingboom führte nach 40 Jahren zu einer Aufhebung des Verbots. Trump mag Energiedominanz zu seinen Erfolgen als Präsident zählen. So erklärte er während einer Pressekonferenz bei seinem Besuch in England im Juli 2018 der verdutzten britischen Premierministerin Theresa May: »Wir sind ein Ölexporteur geworden, das wäre unter dem vorherigen Regime nie passiert, es wäre auch nicht unter einem neuen Regime passiert, wenn wir es nicht gewesen wären.«

Tatsächlich ist das Verbot, Rohöl aus den USA ins Ausland zu verkaufen, unter seinem Vorgänger Obama aufgehoben worden. Ironischerweise unterzeichnete dieser das Gesetz nur Tage, nachdem er beim Pariser Klimagipfel den Anfang vom Ende fossiler Brennstoffe angekündigt hatte. Zugegeben, die Aufhebung des Exportverbots war nicht Obamas Idee gewesen. Wieder einmal spielte die Finanzkrise 2008 eine Rolle dabei. Die Lobbyisten der Fracker hatten jahrelang in Washington Druck gemacht, den »nicht mehr zeitgemäßen« Bann aus den Siebzigern endlich aufzugeben. Bei Vertretern der ölreichen Bundesstaaten wie Heidi Heitkamp, der Senatorin für North Dakota, und Alaskas Lisa Murkowski fanden sie ein offenes Ohr für ihre Forderung. Heitkamp trat sogar im Börsensender CNBC auf, um Werbung für das Ende des Exportverbots zu machen. Um die noch zögerlichen Demokraten im Kongress umzustimmen, hatten die Pro-Export-Vertreter – überwiegend Abgeordnete und Senatoren der Republikaner – gleichzeitig fünf weitere Jahre Steuervergünstigungen für Wind- und Solarenergie vereinbart. »Die einen bekamen etwas für immer, die anderen etwas auf Zeit. Das schien uns kein guter Kompromiss zu sein«, sagte Ana Unruh Cohen von der Umweltorganisation Natural Resources Defense Council gegenüber Reportern des Center for Public Integrity,[21] die die Vorgänge später auf den Einfluss der Industrie durchleuchteten. Die Befürworter schafften es, die Aufhebung zum Passus eines 1,1 Billionen Dollar schweren Haushaltsgesetzes zu machen. Ein Gesetz, von dem die weitere Finanzierung der US-Regierung abhing. Ein Veto des Präsidenten hätte möglicherweise eine Haushaltssperre ausgelöst. Doch hätte Obama im Vorfeld seine Opposition deutlich gezeigt, wäre vielleicht keine notwendige Mehrheit zustande gekommen. So erklärte Tyson Slocum, Direktor des Energieprogramms bei Public Citizen, einer Umwelt- und Verbraucherschutzorganisation, den Reportern: »Sobald das Weiße Haus signalisiert hatte, dass es nicht gegen die Aufhebung des Banns vorgehen würde, verschwand die Opposition bei den Demokraten. Jeder dachte, wenn der Präsident dafür nicht in den Ring steigt, warum soll ich das tun?«

Washington-Insider waren jedoch kaum überrascht. Denn Obamas Regierung hatte bereits zwei Jahre zuvor dem Ende des Exportverbots von Erdgas zugestimmt. Der Präsident, den viele weltweit als grünen Hoffnungsträger sahen, mag die Förderung von Öl- und Gas als politische und wirtschaftliche Notwendigkeit angesehen haben. Obama wurde gewählt, da erreichte die Finanzkrise ihren Höhepunkt. Als er sein Amt antrat, war die Große Rezession in vollem Gange. Jeden Monat schwollen die Ränge der Arbeitslosen weiter an. Zwar hatte Obama versprochen, Amerika als grüne Supermacht neu zu erfinden. »Um unsere Wirtschaft wahrhaft zu verändern, unsere Sicherheit zu garantieren und unseren Planeten vor den Verheerungen des Klimawandels zu retten, müssen wir letztlich saubere, erneuerbare Energie produzieren«, sagte er in einer Rede vor dem Kongress kurz nach seinem Amtsantritt im Januar 2009. Doch trotz eines historischen Hilfspakets von 800 Milliarden Dollar für die Wirtschaft stabilisierte sich die Lage nicht. Keine Branche, kein Sektor schien immun gegen den Jobabbau. Außer die der Fracker. Sie konnten nicht schnell genug Arbeiter einstellen. Statt der grünen Wende erklärte Obama bald die »All of the Above«-Doktrin für seine Energiepolitik. Alle Energiequellen sollten gleichermaßen gefördert werden. Um die radikale Abkehr von seinen Umweltzielen zu kaschieren, proklamierte seine Regierung Erdgas zur »sauberen«, ja geradezu grünen Alternative zur Kohle. Das war alles andere als ein Zufall.

Obamas zweiter Energieminister wurde 2013 Ernest Moniz. In seiner offiziellen Biografie, die sich auf der Webseite der Lobbyingfirma findet[22], die er nach dem Ausscheiden aus dem Amt gründete, listet Moniz, gelernter Nuklearphysiker, unter anderem seine Bemühungen um nukleare Abrüstung, die Bekämpfung des Klimawandels und seine »bescheidenen« Künste als Fliegenfischer. Zu den

Karriere-Highlights zählt allerdings vor allem eine Studie mit dem Titel: *Die Zukunft des Erdgas,* von der eine erste Fassung im Juni 2010 veröffentlicht wurde.[23] In der Studie plädiert Moniz im Kern dafür, Erdgas eine prominentere Rolle im Energiemix zukommen zu lassen, weil es sauberer als Kohle und Erdöl sei und deshalb die Rolle eines »Brücken«-Brennstoffs spielen sollte, solange, bis die Welt in der Lage sei, sich ausschließlich mit erneuerbaren Energien zu versorgen. Moniz hatte die Studie, die auch von progressiven Institutionen wie dem Brookings Institute aufgegriffen wurde, noch als Chef einer Denkfabrik verfasst, die bei der Elite-Hochschule MIT angedockt war. Gefördert wurde seine Forschung nicht nur vom Ölkonzern Hess, sondern auch von einer Stiftung mit dem verheißungsvollen Namen »American Clean Skies Foundation«.[24] Zu den Initiatoren der »Sauberer Himmel«-Stiftung gehörte niemand anderer als Aubrey McClendon, Erdgas-Promoter par excellence und damals CEO von Chesapeake.[25] Bei McClendon und seinen Industriekollegen kam Moniz Schlussfolgerung gut an, bei Umweltschützern weniger. Aber entscheidender war, dass es ihm offenbar gelang, den Präsidenten zu überzeugen. In seiner Rede zur Lage der Nation 2014 erklärte Obama: »Amerika ist heute näher an der Energieunabhängigkeit als in den Jahrzehnten zuvor. Einer der Gründe ist Erdgas, das, wenn es sicher gefördert wird, der Brückenbrennstoff ist, der unsere Wirtschaft antreibt und weniger Treibhausgasverschmutzung verusacht.«

Doch das Argument, Erdgas sei quasi eine Art grüne Kohle, war schon damals umstritten. In einer Studie mit dem Titel *Klimakonsequenzen von Erdgas als Brückenbrennstoff* kam Michael Levi, Energieexperte beim Think Tank Council on Foreign Relations, schon 2013 zu dem Schluss, dass Erdgas nur auf sehr kurze Frist eine Übergangslösung zu erneuerbaren Energien darstellen sollte.[26] Um eine Erderwärmung von mehr als 2 Grad Celsius zu verhindern, sollte Gas nur noch bis 2020 oder spätestens 2030 eingesetzt werden, schrieb Levi.

Das Brückenargument für Erdgas wird vollends brüchig, wenn man weiß, dass Hunderte Milliarden an Investitionen in Anlagen, Pipelines und Fabriken geflossen sind, deren Laufzeiten normalerweise bei einem halben Jahrhundert liegen. Ein Jahr nach Levi veröffentlichte das Wissenschaftsmagazin *Nature* eine Untersuchung, die Moniz' These, die Schiefergasrevolution sei quasi die ideale Zwischenlösung für das Klimaproblem, komplett widerlegte. Auch wenn die Verbrennung von Erdgas nur halb soviel CO_2 freisetzt wie Kohle, hieß es darin, würde der vermehrte Einsatz von Erdgas den Klimawandel nicht verlangsamen. Der Autor war Haewon McJeon – ausgerechnet ein Forscher in Moniz' eigenem Energieministerium. »Der Effekt von weitreichend vorhandenem Erdgas wird wenig beitragen, den Klimawandel zu verlangsamen«, schrieb McJeon.[27] Auch wenn die Schiefergasrevolution dafür sorgen würde, dass sich die globale Erdgasproduktion bis 2050 verdoppele, würde diese Fülle an Erdgas allein keine positive Wirkung haben. »Treibhausgas-Emissionen werden weiter zunehmen, wenn es keine Klimapolitik gibt, die CO_2-ärmere Energiequellen fördert.« Grund sei, dass die billige Gasschwemme nicht nur Kohle verdränge, sondern auch erneuerbaren Energien Konkurrenz mache.

Dabei hat McJeon noch nicht einmal einkalkuliert, dass bei der Förderung und dem Transport von Erdgas Methan frei wird. Diese Verluste sind keine Kleinigkeit. Eine Untersuchung der Umweltschutzorganisation Environmental Defense Fund im Juni 2018 ergab, dass die von der US-Erdgasindustrie an die Atmosphäre freigesetzte Menge Methan 60 Prozent höher ist als vom Umweltministerium EPA kalkuliert.[28] Methan hat einen noch höheren Klimaeffekt als CO_2. Zumindest führte die EPA unter Obama die Verpflichtung ein, die Methanfreisetzung zu minimieren und zu überwachen. Eine Maßnahme, die die Energiebranche allerdings als unzumutbare Belastung darstellte. Die britische BP, die sich gerne als der Energiekonzern mit dem grünen Gewissen gibt – »Beyond Petroleum« war ein paar Jahre lang der Slogan – setzte sich öffentlich an die Spitze einer Kampagne, Methanemissionen zu senken. Bei einer Veranstaltung im März 2019 hielt Produktionschef Bernard Looney einen Vortrag mit dem Titel »Methan – wie wir auf Null kommen«. Dumm nur, dass Greenpeace interne Dokumente ausgrub, die zeigten, dass BP gleichzeitig zu den Konzernen gehörte, die aktiv versuchten, Obamas Regulierung wieder zu lockern. Als die *Financial Times* über den Widerspruch zwischen dem öffentlichen Auftreten und dem durch Dokumente belegten Lobbying berichtete[29], wehrte sich BP.

Man sei nicht gegen Methanregulierung, man sei lediglich für eine »durchdachtere« Regulierung. Darum sei es bei den Vorstößen in Washington gegangen.[30] Darüber muss sich BP nun aber keine Sorgen mehr machen: Unter Trump wurden die Regeln teils aufgeweicht, teils komplett kassiert.

Weit gefährlicher als die Versuche, ihnen von Staats wegen strengere Regeln aufzuerlegen, war für die Schiefergasproduzenten allerdings der eigene Erfolg. Wie McClendon leidvoll erfahren musste, produzierten die Fracker eine Gasblase, die schließlich die Preise zum Einsturz brachten. So kamen sie auf eine naheliegende Idee: Wenn es gelänge, Gas zu exportieren, würde die zusätzliche Nachfrage die Preise wieder steigen lassen. Auch da fanden ihre Lobbyisten in Moniz einen verständnisvollen Ansprechpartner. 2013 war es soweit – das Exportverbot für Erdgas wurde aufgehoben.

Der Weg war frei für das Frackinggas, seinen Siegeszug um die Welt anzutreten. Nur knapp drei Jahre später schickte Cheniere den ersten LNG-Tanker von seinem Terminal in Sabine Pass im Bundesstaat Louisiana nach Übersee. Das ging deshalb relativ schnell, weil Cheniere die bestehende Anlage von Importen auf Exporte umrüstete. Inzwischen betreibt das Unternehmen, von dem libanesisch-amerikanische Erdgaspionier Charif Souki in den Neunzigern gegründet, fünf derartige Verflüssigungsanlagen an dem Standort allein. Die Konkurrenz, die kalifornische Sempra und Dominion Energy, investieren ebenfalls fleißig. Rund ein Dutzend LNG-Terminals sind im Bau. Wenn keine einschneidenden Ereignisse dazwischenkommen, werden die USA gegen Ende 2019 nach Australien und Katar die Nummer drei der LNG-Exporteure sein. Die Internationale Energieagentur prognostizierte gar, Amerika werde bis 2027 zum größten LNG-Exporteur der Welt werden. So viele amerikanische Gas-Tanker sind inzwischen in Richtung Asien unterwegs, dass es zeitweilig zu Engpässen bei der Passage durch den Panamakanal kam.[31] Vor dem Exportboom galten LNG-Tanker als eine Nische im Cargoschiffsbau. Jetzt kommen die Werften gar nicht mehr nach mit dem Bau. Dabei sind die Tanker mit bis zu 175 Millionen Dollar pro Auftrag nicht billig.[32]

Und es passt hervorragend in Trumps Strategie der Energiedominanz. Anlässlich der Einweihung eines LNG-Projekts in Freeport, einem Hafen an der texanischen Küste, verkündete der zuständige Unterstaatssekretär, solche Projekte seien entscheidend, um »Freiheitsgas in der ganzen Welt zu verbreiten und Amerikas Verbündeten den Zugang zu bezahlbarer und sauberer Energie zu ermöglichen.«[33] Sein Vorgesetzter sprach von »Freiheitsmolekülen«, die in die Welt getragen würden.[34] Ihre Inspiration dürfte Energieminister Rick Perry gewesen sein, der kurz zuvor anlässlich der Gedenkfeiern zum Ende des Zweiten Weltkriegs in Brüssel gewesen war. Dort schaffte er es, Erdgas mit dem Sieg über die Nazis in Verbindung zu bringen. 75 Jahre nach der Befreiung Europas, sagte Perry in einer Rede, seien die USA wieder dabei, eine Form der Freiheit für den europäischen Kontinent zu liefern.« Jetzt eben Flüssiggas statt Soldaten.[35]

Jobs, Jobs, Jobs

Das größte Versprechen der neuen Erdgasfülle gilt jedoch nicht den Kunden in Übersee, sondern den Arbeitnehmern im eigenen Land. Wer sich von der Landseite Corpus Christi nähert, sieht plötzlich vor sich ein Dickicht aus Stahlrohren und Schloten. Sie gehören zu den Raffinerien, die die Stadt einkesseln. Sie lassen keinen Zweifel, womit sich die Anwohner hier ihren Lebensunterhalt verdienen. Doch seit den Siebzigern stagnierte die Aktivität, jetzt laufen die Anlagen dank des Schiefer-Erdgases an der Kapazitätsgrenze. In 2018 erreichte die Produktion der US-Raffinerien das fünfte Jahr in Folge einen neuen Rekord. Täglich spuckten sie im Schnitt über 17 Millionen Barrel an Benzin, Diesel und anderen Destillaten aus. Für die Petrochemie ist das Schiefergas gleich in zweifacher Hinsicht ein Wettbewerbsvorteil. Einmal liefert es Rohstoff für die Produktion und zum anderen lassen sich mit dem Gas die Anlagen günstig mit Strom versorgen. Unternehmen aus der Petrochemie haben seit 2010 über 300 Projekte mit einem Investitionsvolumen von mehr als 200 Milliarden Dollar in den USA angekündigt, zwei Drittel haben ausländische Beteiligung, vermeldete der Washingtoner Branchenverband 2019.[36] Bis zu einer Million neuer Jobs dürften bis 2025 durch die Neuinvestitionen entstehen. In Corpus Christi baut Exxon zusammen mit Sabic, der saudischen Raffineriegesellschaft, das weltgrößte Polyethylenwerk, eine Investition von zehn Milliarden Dollar. Allein über die ersten sechs Jahre sollen dort laut der Nachrichtenagentur Bloomberg Plastikvorprodukte im Wert von rund 50 Milliarden Dollar hergestellt werden. Die Lage »an der Schwelle der schnell wachsenden Permian-Produktion verschafft diesem Projekt bedeutende Vorteile, was Größe und Rohmaterial angeht«, ließ Exxon-Boss Darren Woods in einer Pressemitteilung verlauten. Mehr als 20 Milliarden Dollar an neuen Projekten entlang der US-Golfküste hat Exxon bereits angekündigt, allein der Bau der Anlagen wird Tausende Arbeitsplätze schaffen. Big Oil setzt auf die steigende Nachfrage der Chemie. Sie werde über die nächsten Jahrzehnte die Erdölnachfrage antreiben, prognostizierte auch Spencer Dale, der Chef-Volkswirt von BP.[37]

Auch die deutschen Unternehmen wittern ihre Chance. Der deutsche Branchenverband VCI bilanzierte für die deutschen Chemieunternehmen allein 2016 Auslandsinvestitionen von weltweit 72 Milliarden Euro, davon alleine 34 Milliarden Euro in den USA. Erst dann folgt das europäische Ausland mit 13 Milliarden und China mit sechs Milliarden Euro.[38] Der Kölner Spezialchemiekonzern Lanxess – früher Teil von Bayer – kündigte im Oktober 2018 an, gut ein halbe Milliarde Euro in die Modernisierung und den Ausbau seiner US-amerikanischen Werke zu investieren. »Die Energiekosten sind nur ein Drittel von dem, was wir in Deutschland zahlen. Die Wirtschaft wächst, die Steuerreform hilft noch dazu«, sagte der Vorstandsvorsitzende Matthias Zachert dem *Handelsblatt*.[39] Auf dem Heimatmarkt hatte der Konzern in den Jahren zuvor 500 Stellen abgebaut.

Vor allem das in den USA vergleichsweise billig zu bekommende Ethan lockt deutsche Chemiekonzerne. Es ist ein Rohstoff, aus dem Plastik gemacht wird. Erdgas enthält Methan, das ist das Gas, das in privaten Haushalten zum Kochen und Heizen benutzt wird. Doch gerade das Schiefergas enthält daneben noch andere Gase wie Propan – das Gas im Campingkocher – und Butan, das in Feuerzeugen Verwendung findet. Und eben Ethan, aus dem Polyethylen hergestellt wird. Alternativ lässt sich Ethan auch aus Rohöl gewinnen. Das ist aber teurer. Denn beim Schiefergas muss es lediglich von den restlichen Gasen getrennt werden. Die USA produziert inzwischen ein Drittel des weltweiten Bedarfs an den Spezialgasen.

Kunststoffhersteller Covestro, eine weitere ehemalige Bayer-Tochter, kündigte im Oktober 2018 seine bis dahin größte Einzelinvestition an: Am Standort Baytown, nahe Houston, soll bis 2024 für 1,5 Milliarden Euro eine Produktionsanlage für den Hartschaumrohstoff MDI entstehen.[40] Fast gleichzeitig wurde bekannt, dass das Unternehmen 900 Stellen streichen würde, davon 400 in Deutschland.[41] Auch die BASF baut an der US-Golfküste: Im Nachbarstaat Louisiana entsteht eine Anlage für MDI, die die Produktionskapazitäten des Unternehmens verdoppeln soll. Rund 87 Millionen Dollar investiert der Ludwigshafener Konzern in Geismar, einem Ort im Herzen des »Chemical Corridor« von Louisiana.[42] 1 200 Mitarbeiter arbeiten dort, damit ist es das größte BASF-Werk in Nordamerika. Nur wenige Monate nach der Ankündigung des US-Projekts gab BASF ein neues Effizienzprogramm bekannt. Die Belegschaft müsse »den Gürtel enger schnallen«, erklärte der Konzernchef Martin Brudermüller in einer Videobotschaft an die Beschäftigten kurz vor Weihnachten 2018. Ein halbes Jahr später wurde bekannt, dass 6 000 Stellen bei BASF eingespart werden, die Hälfte davon an Standorten in Deutschland.[43]

Wenn er sich beim vietnamesischen Edelrestaurant, das sich im Zentrum von Corpus Christi vor ein paar Jahren im leerstehenden Gebäude einer Bank niedergelassen hat, mit Besuchern aus Übersee trifft, muss Iain Vasey nichts mehr über den größten Standortvorteil der Hafenstadt oder den USA erzählen. »Die kommen wegen des Schiefergases«, sagt der Chef der regionalen Wirtschaftsförderung REDC. Und nicht nur die Chemie- und Plastikhersteller. 2016 eröffnete der österreichische Stahlkonzern Voestalpine das nach seinen Angaben »größte und fortschrittlichste Werk für heißbrikettierten Eisenschwamm«, einem energieintensiven Stahlvorprodukt. Es war mit fast einer Milliarde Dollar die bisher größte Auslandsinvestition eines österreichischen Unternehmens.[44] 40 Prozent der Produktion schickt Voestalpine über den Atlantik in seine Stammwerke Linz und Donawitz.

Selbst der lange Transportweg rechnet sich. Während in Österreich die Stromkosten bei 96 Euro/MWh liegen, zahlen US-Unternehmen im Schnitt 62 Euro/MWh. Das sind die mit Abstand niedrigsten Industriestrompreise. Das jedenfalls ergab ein Vergleich des deutschen Arbeitgeberverbandes Gesamtmetall im Frühjahr 2019.[45] In Deutschland liegen die Strompreise für Industrie und Gewerbe bei 131 Euro/MWh und damit 23 Prozent höher als in anderen Industrienationen. (Nur in Italien mit 158 Euro/MWh und Japan mit 141 Euro/MWh zahlen Unternehmen noch mehr.) Ein ähnliches Bild ergibt sich bei Erdgas. Da liegen die Preise für die gewerblichen Kunden in Deutschland bei 27 Euro/MWh, während US-Unternehmen im Schnitt knapp 12 Euro/MWh zahlen.

Wirtschaftsförderer Vasey jedenfalls ist überzeugt: »Wir erleben eine Renaissance der US-Industrie.« Rund 1,4 Millionen neuer Jobs in der Industrieproduktion sollen dank den Frackern bis 2040 im Land entstehen, so eine Studie von PriceWaterhouseCoopers.[46] Und was ist, wenn Trump 2020 die Wahl verliert? »Diese Anlagen haben eine Laufzeit von 30 bis 40 Jahren«, sagt ein Geschäftsmann aus Corpus Christi und zuckt die Achseln. »Trump wird gehen, aber die Frackingwende bleibt.«

8 DEUTSCHLAND – INDUSTRIELAND OHNE KOHLE?

Während die USA mit Vollgas zurück in die fossile Brennstoffzukunft rast, drohen Deutschland Energieengpässe. Die Energiewende besteht bisher jedenfalls vor allem aus hehren Ansprüchen und politischen Versprechen.

Schicht im Schacht

Noch drehen sich die Räder im Förderturm, noch rast der Förderkorb – 12 Meter pro Sekunde – von Sole zu Sole. »Die Kumpels rauben«, sagt der Pförtner, der auf eine Zigarette aus seinem Glashäuschen gekommen ist. So nennt man es beim Bergbau, wenn die Anlagen, Geräte und Maschinen unter Tage abgebaut und an die Oberfläche gebracht werden. Auf der Zeche Prosper Haniel in Bottrop ist Schicht im Schacht. Zum letzten Mal regulär fuhren die Bergleute am 14. September 2018 ein. Zur offiziellen Schließung im Dezember kamen EU-Präsident Jean-Claude Juncker und Bundespräsident Steinmeier. Der nahm das letzte Stück Grubengold entgegen, das in Bottrop gefördert wurde. Grubengold, so nannte man die Steinkohle. Ein Stück deutscher Industriegeschichte sei zu Ende, sagte Steinmeier beim Festakt. »Die Politiker hätten mal ruhig sein sollen, die haben uns das ja eingebrockt«, sagt der Pförtner, der seinen Namen lieber nicht nennen will. »Schließlich zahlt die Ruhrkohle AG mich ja noch.« Was er meint: Der Verzicht auf die Steinkohle ist freiwillig. Es gäbe noch genug Kohle im Pott. Doch 2007 beschlossen Länder und die Bundesregierung, die Förderung nicht länger mit Milliarden an Steuergeldern zu subventionieren. Auf dem Weltmarkt ist die deutsche Kohle ohne die staatliche Unterstützung jedoch nicht mehr wettbewerbsfähig. Das hat geologische Gründe, die Flöze liegen über tausend Meter tief, der Abbau ist eine technische Herausforderung. Aber auch der Arbeitsschutz und die Umweltauflagen haben die deutsche Kohleproduktion teuer gemacht. Jetzt kommt die Steinkohle ausnahmslos aus dem Ausland.

Doch nicht nur für die Zechen soll Schicht im Schacht sein. Auch ihre treuen Abnehmer, die Kohlekraftwerke, sollen bald vom Netz. Die Neuauflage der großen Koalition, seit Frühjahr 2018 für die Umsetzung der Energiewende verantwortlich, zündete diese nächste Stufe. Wobei man bei dem Tempo eher von ausbrüten reden kann. Nach monatelangem Streit mit den Umweltverbänden einigten sich die Parteien auf einen mühsam errungenen Kompromiss: Kohleausstieg bis 2038. Das klingt nach einer Menge Zeit. Doch wenn es mit der Energiewende in dem Tempo wie bisher weitergeht, dann ist entweder der Termin nicht zu halten oder die Stromversorgung nicht voll zu garantieren. »Wir dürfen die Netze, die Versorger, die Unternehmen und die Verbraucher nicht überfordern«, hatte zuvor noch der Bundeswirtschaftsminister Peter Altmaier gemahnt. Befürworter wie Gegner verwiesen auf Studien, die entweder auf die Machbarkeit der kompletten Umstellung auf Erneuerbare pochten oder das Ende der Kohlekraftwerke als gefährliches Experiment darstellten. Eines steht allerdings bereits fest: Der Ausstieg aus der Kohle wird teuer. Mindestens 40 Milliarden Euro muss der deutsche Steuerzahler allein an Bundeszuschüssen für den Strukturwandel in den Kohlerevieren in Nordrhein-Westfalen, Sachsen, Sachsen-Anhalt und Brandenburg berappen. Weitere 32 Milliarden Euro für Industrie und Haushalte sowie Anpassungsgeld für die Beschäftigten. Nicht zuletzt wird eine Entschädigung für die Kraftwerksbetreiber fällig, weil ihre Anlagen ja aus politischen, nicht technologischen Gründen ausrangiert wurden.

Bisher hat noch kein Land sich an der Mammutaufgabe versucht, gleichzeitig von der Kernenergie und der Kohle loszukommen. »Industrieland ohne Kohle – Kann das wirklich gut gehen?«, fragte denn auch bang das *FAZ*-Magazin *Woche*.[1] Aber Deutschland hat noch mehr vor. Oder zumindest vollmundig angekündigt. Es ist nur ein paar Jahre her, da galten die Deutschen mit ihrer Klimapolitik als Vorbild für den Rest der Welt. Nicht nur Kanzlerin Merkel betonte das immer wieder gern. Die Welt schaue auf Deutschland, erklärte der deutsche Ableger des World Wild Life Fund.[2] »Deutschland könnte ein Modell sein, wie wir künftig Strom gewinnen«, schwärmte auch das Naturmagazin *National Geographic*.[3] Bis 2030, so die Selbstverpflichtung der Berliner Regierung, soll der Ausstoß von Kohlenstoffdioxid (CO_2) 40 Prozent unter dem Niveau von 1990 liegen. Noch ehrgeiziger ist das Ziel bis zur Mitte des Jahrhunderts. Da sollen es gegenüber dem Basisjahr 1990 mindestens 80 bis 95 Prozent weniger sein. Das Gesetz, das die deutschen Energieversorgung auf erneuerbare Energien umstellen soll, war alles andere als der Beschluss radikaler Ökos: Es wurde 2011 von einer CDU/CSU-FDP-Koalitionsregierung beschlossen. Viele Bürger wollten an ein Deutschland glauben, angetrieben von Sonne und Wind. Konzernchefs zeigten sich zwar eher skeptisch. Der ehemalige RWE-Vorsitzende Jürgen Großmann lästerte über Deutschlands Hoffnung auf den Sonnenstrom, das sei wie »Ananas züchten in Alaska«. Aber es gab auch andere Stimmen wie den Boss einer mittelständischen Firma, der in Virginia eine Filiale aufbaute. Die Expansion in die USA war für den Rheinländer nicht ganz freiwillig. Als Zulieferer eines Zulieferers des US-Einzelhandelsriesen Wal-Mart blieb ihm allerdings wenig übrig, als den Aufträgen zu folgen. Amerika fand der Firmenchef wenig beeindruckend. Die Ausbildung der Leute sei mangelhaft, die Infrastruktur unzulänglich. Nicht einmal der billige Erdgasstrom für seine Maschinen überzeugte den Mann. Im Gegenteil: Die Energiewende werde made in Germany einen uneinholbaren Vorteil sichern. »Wir werden auf Dauer saubere und bezahlbare Energie haben, während die Amis sich mit ihrem Fracking ihre Umwelt und ihr Wasser versauen«, prognostizierte er seinem Gastland.

Inzwischen ist das Vorhaben fast so peinlich wie der Berliner Flughafen. Es sei die »dümmste Energiepolitik der Welt«, spottete das *Wall Street Journal*.[4] Das Land droht an dem grünen Jahrhundertprojekt spektakulär zu scheitern. Nicht nur erreicht Deutschland die angekündigte Senkung der Treibhausgase nicht, der chaotische Umbau der Wirtschaft riskiert zudem die Fundamente von Wirtschaft und Gesellschaft zu unterminieren. Lange schenkten die heimischen Medien der Gefahr durch die misslungene Energiewende kaum Aufmerksamkeit. In Zeitabständen gab es zwar Berichte über neue Berliner Maßnahmen, Förderprogramme und Vorschriften. Demnach schien alles seinen geregelten bürokratischen Gang zu gehen. Doch immer häufiger meldeten sich Fachleute aus

Wirtschaft und Wissenschaft, die auf Probleme hinwiesen. Im April 2019 schlug der *Spiegel* schließlich Alarm. »Murks in Germany – Wie eine große Idee am deutschen Kleingeist scheitert«, lautete der Titel Anfang April 2019, der auch Nicht-*Spiegel*-Leser aufschrecken ließ. Illustriert war das Ganze mit Windmühlen, deren Rotorblätter geknickt herabhängen.[5] Die *Spiegel*-Reporter beriefen sich unter anderem auf die Unternehmensberatung McKinsey.[6] Seit 2012 verfolgen deren Analysten die Umsetzung der Energiewende. Ihr nüchternes Fazit im Frühjahr 2019: »Deutschland tritt auf der Stelle.« Zwar seien die CO_2-Emissionen rückläufig, aber weit entfernt von den selbstgesteckten Zielen. Deutschland liege »mit 854 Mio. Tonnen CO_2-Äquivalent (CO_2e) im Jahr derzeit mehr als 100 Mio. Tonnen über dem von der Bundesregierung gesteckten Ziel für 2020. Gemessen an dem Ziel für 2030 ist der Ausstoß sogar fast 300 Millionen Tonnen zu hoch.« Von den 14 Indikatoren, an denen McKinsey die Fortschritte in Richtung eines CO_2-freien Deutschlands misst, wurde nur bei sechs die Zielerreichung als »realistisch« eingestuft.

Die McKinsey-Berater waren nicht allein mit ihrer negativen Einschätzung. Noch viel vernichtender war das Urteil des Bundesrechnungshofs einige Monate zuvor ausgefallen. »Trotz des erheblichen Einsatzes von Personal und Finanzmitteln erreicht Deutschland die Ziele bei der Umsetzung der Energiewende bisher überwiegend nicht«, heißt es in dem Bericht der Staatscontroller.[7] Die Liste der Versäumnisse und Mängel, die sie aufstellen, ist 40 Seiten lang. Dabei ist eine hohe Zahl Beamter mit dem Thema befasst. Allein im Bundesministerium für Wirtschaft und Energie (BMWi), das seit 2013 die Federführung der Umsetzung der Energiewende inne hat, zählten die Kontrolleure 34 Referate in vier Abteilungen, dazu fünf weitere Bundesministerien und alle Länder, die alle mit an der Umsetzung beteiligt sind. Allerdings darf offenbar jede Stelle vor sich hinwursteln, wie sie es für richtig hält. Denn, so heißt es im Bericht: »Eine gesamtverantwortliche Organisationsform gibt es bis heute nicht.« Und obwohl dem BMWi 48 verschiedene Datenquellen und 72 Indikatoren zur Verfügung stehen, um den Fortschritt zu messen, gibt es laut dem Bundesrechnungshof keine quantitative Messlatte für so entscheidende Faktoren wie »Versorgungssicherheit« und »Bezahlbarkeit«. Das Fazit der Prüfer: »Solange das BMWi aber nicht alle Ziele der Energiewende messbar und überprüfbar ausgestaltet, ist eine wirksame Steuerung kaum möglich.« Woran es die zuständigen Minister und ihre Beamten offenbar nicht mangeln ließen, waren neue Regeln. 26 Gesetze und 33 Verordnungen zählten die Kontrolleure. Sie regelten »mit teils hohem Detaillierungsgrad«, wie der Bericht bemerkt, Erzeugung, Speicherung, Übertragung, Verteilung und Verbrauch von Energie. Das bürokratische Kleinklein erschwere die flexible Anpassung an die dynamische Entwicklung, die die Energiewende mit sich bringe. Note für die BMWi-Lenker: mangelhaft. Und der Rechnungshof hält fest, was auf dem Spiel steht: »Für die gesellschaftliche Akzeptanz der Energiewende ist es wesentlich, dass das BMWi finanzielle Auswirkungen der Energiewende eindeutig und nachvollziehbar darstellt.« Dabei geht es nicht um Kleingeld: In den fünf Jahren seit 2013 hat die Energiewende 160 Milliarden Euro gekostet. Der Aufwand, fasste es Kay Scheller, Präsident des Bundesrechnungshofes im Herbst 2018 zusammen, stehe »im krassen Missverhältnis zum bisher dürftigen Ertrag.«

Mit den EU-Partnern hat Berlin zudem für Emissionen aus Transport, Gebäuden und Landwirtschaft jährliche Reduktionsziele vereinbart. Bleibt ein Land unter der erlaubten CO_2-Menge, dann wird die Differenz gutgeschrieben, wird mehr als erlaubt ausgestoßen, muss die Regierung zusätzliche Emissionsrechte kaufen. Bis 2015 schaffte es Deutschland noch, Gutschriften zu erhalten, die es in den Jahren darauf einsetzen konnte. Doch in den kommenden Jahren wird das Land aller Voraussicht nach Emissionsrechte zukaufen müssen. Der Finanzminister hat deshalb bis 2022 bereits 300 Millionen Euro in den Haushalt eingestellt, um dafür zu bezahlen. Ein Ende der Sanktionen ist nicht in Sicht, ohne eine Wende bei der Energiewende können deutsche Steuerzahler Milliarden auf diese Weise verlieren.

Gegen den Wind

Zwar verweist die Regierung immer wieder gerne darauf, dass Deutschland bereits 40 Prozent seines Strombedarfs aus erneuerbaren Quellen erzeugt. (In den USA sind es 18 Prozent.) Bis 2030 soll der Anteil zwei Drittel betragen. Doch der Ausbau von Windparks und Solaranlagen ist ins Stocken geraten. 2018 kamen bei der Photovoltaik 2,3 Gigawatt neu ans Netz. Um die beim Klimagipfel in Paris von Kanzlerin Merkel zugesicherten Klimaziele erreichen zu können, müssen laut dem Fraunhofer Institut jedes Jahr bis 2030 aber mindestens 8,5 GW dazukommen.[8]

Die wichtigste Quelle für den Ökostrom in Deutschland ist jedoch Wind. Rund 30 000 Windräder stehen bereits, der größte Teil in Niedersachsen. Aber auch hier ist die Entwicklung ins Stocken geraten. Bei der Windenergie kamen 2018 rund 3,8 GW zusätzliche Leistung dazu. Doch laut den Frauenhofer-Experten müssten bis 2030 jährlich dreimal so viele Neuinstallationen ans Netz gehen.

Vielfach scheitert es am Widerstand der Anwohner. Selbst wenn neue Windparks nach langen Verfahren eine Genehmigung der Behörden bekommen, folgen fast immer Klagen von Bürgerinitiativen gegen das Projekt. Schuld ist nicht selten der rote Milan. Der bedrohte Greifvogel ist so etwas wie das Wappentier der Anti-Windkraftbewegung geworden. Zwischen 12 000 und 18 000 Brutpaare – mehr als die Hälfte des weltweiten Bestandes – nisten nach Schätzungen des Nabu in Deutschland. Dummerweise bevorzugt er als Jagdrevier Wiesen und Brachen, wo sich Mäuse, Feldhamster und Maulwürfe von oben leichter erkennen lassen. Auch um viele Windmühlen ist das Gelände baumlos und wäre ideal für den Milan, wenn er dadurch nicht zu nah an die Flügel geraten würde. Bis zu 1 000 Milane werden durch die Windkraftanlagen jährlich getötet, so schätzen die Naturschützer. Bei anderen Arten sind die Zahlen noch dramatischer. Nach einer Studie des BMWi sterben jedes Jahr bis zu 12 000 Mäusebussarde durch eine Kollision mit den Rotoren. In Schleswig-Holstein droht deshalb der Bestand zu kollabieren.[9] So sind die Windmühlen als »Vogelschredder« in Verruf geraten. Sogar die Drehbuchschreiber des Tatorts nahmen sich schon des Themas an. Darin ließen sich Naturschützer durch einen skrupellosen Windparkbetreiber bestechen, um von einer Klage abzusehen. Der Krimi basiere auf Recherchen, behauptete der Autor. Andere stören sich vor allem an der Optik. Die höchsten Windräder ragen bis zu 240 Meter hoch auf. Der Konflikt stellt zunehmend Natur- gegen Umweltschützer.

Und nicht nur gegen die »Verspargelung der Landschaft« machen Bürger mobil, auch gegen die Leitungen, die den Strom von den Windparks im Norden zu den Industrieanlagen im Süden bringen sollen, wächst der Widerstand. »Strom-Supertrasse führt durch Osthessen«, titelte etwa die Regionalausgabe der *Bild* im Februar 2019, nachdem bekannt wurde, dass 59 Kilometer der insgesamt 700 Kilometer langen SüdLink-Leitung durch das Bundesland geführt werden sollen. »Inakzeptabel«, wies laut *Bild* der Landrat des betroffenen Kreises umgehend den Entwurf zurück. »Schon aus naturschutzfachlicher Sicht.« Dabei waren die Planer von ihrer ursprünglichen Idee, die Leitungen über Überlandmasten zu ziehen, abgerückt. Stattdessen soll die Trasse als Erdkabel in Tunnelbaumanier verlegt werden. Das ist allerdings nicht nur aufwendiger, sondern auch um ein Vielfaches teurer. Die Bundesnetzagentur hat errechnet, dass 7 700 Kilometer an neuen Stromtrassen gebaut werden müssen. Genehmigt waren davon bis Ende 2018 rund 1 800, gebaut gerade einmal 950 Kilometer. Einst war die Energiewende getragen durch eine breite Zustimmung der Bevölkerung. Jetzt, wo die Belastungen deutlicher werden, schwindet diese.

Am Anfang war das Unglück

Das liegt nicht zuletzt an ihrer Entstehungsgeschichte: Die Energiewende in ihrer aktuellen Form verdankt ihren Start weniger der Tatsache, dass eine Mehrheit der Bürger auf eine Ökotransformation drängte, sondern dass eine Mehrheit fast über Nacht gegen Atomkraft war. Um 14:46 Uhr Ortszeit erschütterte ein Erdbeben die Pazifikküste Japans. Es war so heftig, dass es die Erdachse um 10 Zentimeter verschob und einen Tsunami mit einer bis zu 40 Meter hohen Welle auslöste, der bis zu zehn Kilometer Land überspülte und nahezu alles darauf vollständig zerstörte. Auch das Atomkraftwerk in Fukushima wurde betroffen. Es kam zum GAU: der Kernschmelze in drei Reaktoren. In Deutschland folgte dem Unglück eine politische Welle, die noch verbliebene Unterstützung für die einheimische Kernenergie wegspülte. Keine vier Monate später beschloss Merkels Kabinett das sofortige Aus für acht deutsche Atommeiler. Am 30. Juni 2011 leitete der Bundestag mit breiter Mehrheit den vollständigen Abschied aus der Kernenergie ein. Selten in der Geschichte der Bundesrepublik wurde eine derart weitreichende Entscheidung so oft revidiert und wieder in Kraft gesetzt. Denn bereits die rot-grüne Regierung unter Gerhard Schröder und Joschka Fischer hatte im Jahr 2000 den Atomausstieg beschlossen. Schon damals sollten erneuerbare Energien die entstehende Lücke in der Stromerzeugung auffangen. Um sie zu fördern, wurde das Erneuerbare-Energien-Gesetz erlassen. Wer Ökostrom produzierte, erhielt eine zusätzliche Vergütung dafür. Bezahlt wurde die Zulage für die eingespeisten Kilowattstunden durch höhere Strompreise. Photovoltaik wurde mit dem 100 000-Dächer-Programm, über das günstige Kredite für Hausbesitzer erhältlich waren, besonders stark gefördert. Dank der Förderung erlebte ausgerechnet das nicht besonders sonnige Deutschland einen weltweit bewunderten Solarboom. Doch als ab 2009 die CDU/CSU wieder mit der FDP die Regierung stellte, wurde vor allem auf Druck der um die Versorgung und Strompreise besorgten Industrie der Ausstieg aus dem Ausstieg beschlossen.

Die Wurzeln der Energiewende lassen sich zurückverfolgen bis in die 1970er Jahre, genauer gesagt, den damaligen Ölschock. Genau wie in den USA erkannten die Deutschen, wie verwundbar sie ihre Abhängigkeit von Energieimporten machte. In Kalifornien begannen Forscher und Tüftler mit Sonnenkollektoren und Windrädern zu experimentieren. Ideen, die von deutschen Ingenieuren aufgegriffen wurden. Der Unfall 1979 im Atommeiler in Harrisburg im US-Bundesstaat Pennsylvania entfachte auch in Deutschland eine heftige Debatte über die Sicherheit der Kernenergie. Die Gegner begannen sich zu organisieren. So entstand eine Bewegung, die nach Alternativen zu den fossilen Brennstoffen suchte. Es war jedoch das Waldsterben, das schließlich den Umweltschutz zu einem breiteren politischen und gesellschaftlichen Anliegen machte. Dem verdankten letztlich die Grünen ihren Aufstieg. Erst zogen sie in die Landtage, dann 1983 schließlich auch in den Bundestag ein. Das einige Jahre zuvor gegründete Freiburger Ökoinstitut veröffentlichte eine Studie, die den Alternativen ein konzeptionelles Fundament geben sollte. Ihr Titel lautete: *Energiewende. Wachstum und Wohlstand ohne*

Erdöl und Uran. Den Verfassern ging es darin nicht nur um alternative Energiequellen, sondern vor allem auch ums Energiesparen. Der geringere Verbrauch sollte dann durch die heimische Kohle statt durch Atomkraft und Öl gedeckt werden. Denn die Kohle war damals als Klimakiller noch nicht in Verruf.

Und genau dieser Grundidee – Atomkraft raus, Kohle rein – folgte die so rasch eingeleitete Wende der Energiewende 2011. Für den US-Klimaforscher James Hansen, der bereits 1988 mit seinem Auftritt vor dem US-Senat als einer der ersten Wissenschaftler lautstark und öffentlich vor dem kommenden Klimawandel warnte, war Berlins Atomausstieg allerdings ein schwerer Fehler. »Das ist eine emotionale und irrationale Entscheidung. Das zeigt sich schon daran, dass der Anlass eine Reaktion auf das Unglück in Fukushima war. Neuere Generationen von Kernkraftwerken haben ein Kühlsystem, das ohne Elektrizität auskommt. Die Debatte über die Atomenergie erinnert mich an die Luftfahrt. Flugzeugunglücke machen Schlagzeilen, dabei ist das Flugzeug erwiesenermaßen das sicherste Verkehrsmittel«, sagte er 2011 im Interview mit der *Zeit*.[10] Denn um die entstehenden Lücken in der Stromerzeugung zu decken, begann Deutschland, wie von Hansen befürchtet, mehr Kohle zu verbrennen. Nicht nur Steinkohle, sondern auch die besonders schmutzige heimische Braunkohle. Das ist mit einer der Gründe, warum Deutschland seine Emissionsziele nicht erreichen kann.

Wovor allen graut, ist die Dunkelflaute. Die Wortschöpfung, die wie aus Grimms Märchen klingt, bezeichnet die Zeiten, wenn weder die Sonne scheint noch der Wind weht. Im Februar 2017 etwa, als es tagelang kalt, starr und grau draußen blieb. Noch war das kein Problem. Kein Haushalt blieb deshalb jedoch ohne Licht, kein Roboterarm bei Daimler oder VW stand still. Denn noch sind genügend Kohlekraftwerke und Atommeiler am deutschen Netz. Doch in der Energiewendezukunft droht an solchen Tagen eine gefährliche Lücke. Dann müssten entweder andere Kraftwerke, etwa mit Gasturbinen, einspringen. Davon abgesehen, dass mehr Gasverstromung das Ziel in Frage stellt, ganz von fossilen Brennstoffen loszukommen, sind von den geplanten 64 neuen Gaskraftwerken erst zehn im Bau. Eine andere Möglichkeit wäre, genug Energie zu speichern, die in diesen

Zeiten angezapft werden kann. Abgesehen von wenigen lokalen Pilotprojekten zur Wärmespeicherung hat sich da aber noch nicht allzu viel getan. Eine Idee der Energiewende-Vertreter klingt eher nach einem Drehbucheinfall für einen grünen Science-Fiction-Film: Die Batterien von Elektroautos könnten als Reservekapazität eingesetzt werden. Wie das koordiniert werden soll, ist allerdings die Frage. Laut dem Ifo-Institut wird Deutschland deshalb bei Stromengpässen künftig abhängig sein vom Ausland – von Strom aus polnischen und tschechischen Kohlekraftwerken oder Atommeilern.

Bisher geht es bei der Debatte um die ins Schlingern geratene Energiewende vorwiegend um die Stromversorgung. Doch das ist nur ein Teilaspekt. Denn um das Land versorgungstechnisch klimafreundlich aufzustellen, müssen auch die Bereiche Gebäude und Verkehr einbezogen werden. Da sieht es allerdings noch düsterer aus als beim grünen Strom.[11] Noch immer heizt ein Viertel aller Haushalte in Deutschland mit Öl. Und klimatechnisch noch bedenklicher: Bei den neuen Installationen haben die Ölbrenner noch immer neun Prozent, so der Bundesverband der deutschen Heizungsindustrie. Zwei Drittel der verkauften Heizungen waren 2018 Gasbrenner – die zwar deutlich umweltfreundlicher als Ölheizungen sind, aber dennoch CO_2 ausstoßen. Die vor einigen Jahren als nachhaltige Alternative zum Öl angepriesenen Biomassekessel, die mit Pellets, Holz oder Hackschnitzeln angefeuert werden, verloren sieben Prozent Marktanteil. Den größten Einbruch zeigten jedoch thermische Solaranlagen, die um 12 Prozent weniger nachgefragt wurden.[12]

Um die Klimaziele zu erreichen, müssten laut dem grünen Thinktank Agora bis 2030 bei den 20 Millionen Heizungssystemen Deutschlands in 16 Millionen Wärmepumpen installiert sein. Doch bisher sind es 880 000. Selbst der Branchenverband ist pessimistisch. Bei derzeitigen Rahmenbedingungen, so steht es in einer Pressemitteilung des Bundesverbands Wärmepumpen, werden bis in 30 Jahren nicht einmal vier Millionen verbaut sein. Und noch ein Problem gibt es:

Wärmepumpen zählen zwar zu den effizientesten Heiztechniken, weil sie bis zu 80 Prozent der benötigten Energie einfach aus der Umwelt entziehen – je nach Pumpenart aus dem Boden, dem Grundwasser oder der Luft. Aber um die Temperatur der kostenlosen

Wärmequellen auf das notwendige Niveau hochzuziehen, benötigen die Pumpen Antriebsenergie: Strom. Nur wenn der aus erneuerbaren Quellen stammt, sind die Wärmepumpen wirklich grün.[13] Das heißt, dass zusätzlich zu dem bereits bestehenden Bedarf an Ökostrom noch weitere Nachfrage für Heizungssysteme oben drauf kommt.

Umso wichtiger ist es, den Energiebedarf von Gebäuden zu senken, der immerhin 40 Prozent des gesamten Bedarfs ausmacht. Doch auch bei dieser Aufgabe bleibt die notwendige Klimaoptimierung hinter den angepeilten Zielen zurück. Dabei hat sich die Bundesregierung mit den EU-Nachbarn längst auf entsprechende Vorgaben geeinigt. Demnach sollen alle Gebäude bis 2050 Niedrigstenergiehäuser und ihre Energieversorgung CO_2-frei sein. Doch drei Viertel des Gebäudebestands in Deutschland ist nach einer Studie der Deutschen-Energie-Agentur, des BDI und mehrerer Forschungsinstitute kaum oder gar nicht saniert. Noch bedenklicher: Die Hausbesitzer scheinen immer weniger Lust auf eine »Unser Klima soll schöner werden«-Renovierung zu haben. 2015 lag die Sanierungsquote bei 1,5 Prozent, inzwischen ist sie auf ein Prozent zusammengeschmolzen. Bleibt es bei dem Tempo, dann werden nur etwas über die Hälfte aller Gebäude bis zur Mitte des Jahrhunderts den EU-Vorgaben entsprechen.

Einige wichtige Technologien, von denen ein Erfolg der Energiewende abhängt, sind zum Teil noch nicht ausgereift oder noch gar nicht erfunden. Eine große Hoffnung basiert auf Wasserstoff, aus dem sich unter anderem Biosprit gewinnen ließe. Das würde bedeuten, dass bestehende Infrastruktur wie Pipelines weiter benutzbar blieben. Technologisch sind solche Verfahren zwar ausgereift, doch sie rechnen sich wegen des hohen Strombedarfs für die Prozesse noch nicht. Vielleicht werden es jedoch Mikroorganismen sein, die aus organischer Biomasse das grüne Benzin erzeugen. Noch wichtiger jedoch sind bessere Speicher. Weil die Stromproduktion mit Wind und Sonne Schwankungen unterworfen ist, müssen auch die Verbraucher flexibler sein – E-Fahrzeuge und Wärmepumpen etwa haben unabhängige Speicher, die solche Aufs und Abs ausgleichen können. Materialforscher tüfteln an emissionsarmem Zement und Experten spekulieren über Effizienzsteigerungen durch künstliche Intelligenz. Die deutsche Energiewende ist der Welt größtes Versuchslabor.[14] Und das ist erst der Anfang. Die zweite Stufe, wenn die verschiedenen Bereiche von Mobilität, Wohnen, Industrieproduktion bis hin zu Landwirtschaft – im Expertensprech Sektorenkoppelung genannt – zu einer grünen Volkswirtschaft verwoben werden sollen, stellt Deutschland vor die bisher größte Herausforderung seit dem Wiederaufbau nach dem Zweiten Weltkrieg.

Und dann ist da noch der Deutschen Liebstes: das Auto.

Im Reformstau

Wenn es um Umwelt und Auto geht, denken die meisten Deutschen inzwischen an den andauernden Streit über die Fahrverbote für Dieselfahrzeuge. Gestritten wird darüber, ob sie juristisch zulässig sind, ob die Messgeräte an der falschen Stelle stehen und ob ein solcher Bann sozial ungerecht ist. Nicht einmal darüber, wie gefährlich die Abgase sind, herrscht Einigkeit. Nachdem 107 Lungenärzte Zweifel an den Grenzwerten angemeldet hatten, titelte die Bild prompt: »Ärzte-Aufstand gegen Feinstaub-Hysterie«. Die Entwarnung der Fachleute war allerdings etwas vorschnell. Wie die *taz* feststellte, hatten sich die Kritiker verrechnet. Das Hin und Her beherrschte von *RTL* bis *Tagesschau*, von *FAZ* bis *Bild* wochenlang die Medien.

Worüber nicht so gerne diskutiert wird, ist dagegen die Zukunft des Autos mit Verbrennungsmotor – oder besser gesagt, die Zukunft ohne Verbrennungsmotor. Der Beitrag des Verkehrs zum menschengemachten Klimawandel ist erheblich. Weshalb der CO_2-Ausstoß in dem Sektor bis zur Deadline 2030 um 42 Prozent gegenüber 1990 sinken soll. Stattdessen ist er im Vergleich zum Basisjahr sogar noch gestiegen.

Um dem Problem beizukommen, hat die Bundesregierung wie bei vielen heiklen Themen erst einmal eine Kommission ins Leben gerufen. Doch als die »Nationale Plattform Zukunft der Mobilität« ihre Ergebnisse vorlegte, war die Aufregung groß. Eine der Ideen war nämlich die Einführung eines bundesweiten Tempolimits von 130 Kilometer pro Stunde. CSU-Verkehrsminister Andreas Scheuer bezeichnete dies umgehend als »gegen jeden Menschenverstand«.

Die Zukunft der Mobilität, so der Fachminister, liege nicht in der Einschränkung. Die Debatte endete mit Regierungssprecher Steffen Seibert, der bei einer Pressekonferenz verkündete, ein allgemeines Tempolimit sei nicht geplant. Deutsche Autofahrer und Geschwindigkeitsbegrenzungen seien ein wenig wie Amerikaner und ihr Recht, Waffen zu tragen, kommentierte Grünen-Politiker Cem Özdemir die rasche Beerdigung des Vorschlags.

Tempo 130 hätte sowieso nur einen geringen Beitrag geleistet. Eigentlich muss auch die Mobilität komplett umgekrempelt werden. Dafür braucht es mehr Elektroautos. Doch von den 64 Millionen zugelassenen Fahrzeugen auf deutschen Straßen sind gerade einmal 83 000 Elektroautos.[15] Bis 2020, so das ursprüngliche Ziel der Bundesregierung, sollten es eigentlich eine Million sein. Das ist nun Utopie. Damit nicht genug. Der Schwerverkehr müsste ebenfalls auf Elektroantrieb umgestellt werden. Doch es mangelt an Alternativen zum Kraftfahrzeug. Die Bahn hält trotz Milliardeninvestitionen gerade einmal 18 Prozent am Güterverkehr und zehn Prozent am Personenverkehr.

Autobauerdämmerung

Noch schwerer wiegt, dass Deutschlands Industrie zu spät auf die sich abzeichnende Mobilitätswende eingestiegen ist. Das Auto ist mehr denn je der Motor der deutschen Wirtschaft. Seit den Erfindungen von Benz, Daimler und Diesel sind rund 150 Jahre vergangen und lange Jahrzehnte dominierten Autos made in Germany den Markt. Jetzt steht ein neuer Innovationssprung an und es sieht nicht danach aus, als ob sich diese Stellung halten ließe. Zu lange haben die Chefs von Daimler, VW und Co. Elektroautos nicht ernst genommen. Auf den glitzernden internationalen Auto-Shows parkten sie bis vor kurzem ihre E-Modelle verschämt versteckt hinter den Benzinern oder Diesel-Modellen. Es ließ sich tatsächlich kein Staat machen mit diesen Gefährten, die am ehesten Einkaufswagen mit einem Dach und einer Batterie ähnelten. Sie waren ja auch nicht wirklich dafür gedacht, Kunden anzulocken, sondern dienten vornehmlich der Einhaltung der Abgasquote. Die immer strikteren Abgaslimits der EU sind auf die Modellflotte der Hersteller bezogen. Entwickelt wurden die abgasfreien Kleinwagen deshalb vor allem, um für die PS-starken Modelle einen Ausgleich zu schaffen. Ganz anders Tesla, dessen Frontmann Elon Musk die Chance sah, einen grünen Luxusschlitten anzubieten, mit dem auch autoverliebte Umweltschützer unbedenklich aufs Gas, pardon, auf den Akku drücken konnten. In Stuttgart und Wolfsburg belächelte man den schrägen Amerikaner, der sein Geld mit der Investition in den Internetbezahldienst Paypal gemacht hat und der über keinerlei Autobauerfahrung verfügte. Doch willige Käufer standen vor Tesla-Vertretungen in den USA Schlange, um eine Order für ein Fahrzeug abzugeben, bevor es überhaupt in Kalifornien vom Band rollte.

Nicht das Ende des Verbrennungsmotors, sondern zu scharfe Klimaauflagen für Autos scheinen deutschen Autochefs offenbar nach wie vor die größte Bedrohung. »Die Transformation in der Geschwindigkeit und mit den Auswirkungen ist kaum zu managen«, klagte VW-Boss Herbert Diess im Herbst 2018 der *Süddeutschen Zeitung* angesichts neuer EU-Vorgaben. Bis zu 100 000 Arbeitsplätze könnten durch zu strikte Emissionsvorgaben vernichtet werden. »So eine Industrie kann schneller abstürzen, als viele glauben wollen«, warnte er im *Süddeutsche*-Interview.[16] Damit dürfte er wohl Recht haben.

Es wäre ein brutaler Absturz. Ein Drittel der weltweiten Autoentwicklung findet in Deutschland statt. Rund 800 Zulieferer sind dort zu Hause. Die Branche stemmt rund ein Fünftel der deutschen Exporte. Wie eng Deutschlands Wohlstand mit dem Auto verknüpft ist, zeigt eine Analyse von Accenture mit dem Titel *Götterdämmerung in der deutschen Wirtschaft*? Die Beratungsfirma verglich die Umsätze der 50 größten deutschen Unternehmen im Jahr 2007 mit denen des Jahres 2017. Fazit: Ein Großteil – 60 Prozent – des gesamten Umsatzzuwachses entfällt auf die Automobilindustrie (325,2 Milliarden Euro).[17] Nach einer Untersuchung von IG Metall und dem Fraunhofer-Institut könnte der Aufstieg des Elektroautos schon bis 2030 zur Massenvernichtung von Jobs führen: »Danach werden in Deutschland durch Elektrifizierung und Produktivität per Saldo – bei als wahrscheinlich angenommenen Entwicklungen – rund 75 000

Arbeitsplätze in der Antriebstechnik wegfallen. Darin ist schon eingerechnet, dass rund 25 000 neue Stellen für Komponenten wie Batterien oder Leistungselektronik entstehen werden.«[18]

Die Technologien, die deutsche Unternehmen wie sonst niemand auf der Welt beherrscht haben, sie werden schlicht von gestern sein. Software und Batterien sind dann gefragt. Da sind andere führend: die USA und China. Frech fragte die *Financial Times* denn auch: »Kann Deutschland das iPhone-Moment des Autos überleben?«

Als es 2007 eingeführt wurde, sei das iPhone nicht deshalb so eingeschlagen, weil es ein besseres Telefon oder eine überlegenere Kamera oder ein getunter MP3-Player war, so das Argument der *FT*.[19] Es waren auch nicht der Touchscreen, die breite Benutzeroberfläche oder die Apps. Es sei die Tatsache gewesen, dass es all das war in einem Produkt. Einen solchen Moment, wenn verschiedene neue Technologien in einem neuen Produkt zusammenfinden, hat es im Autosektor bisher nicht gegeben. Noch nicht. Noch sei nicht klar, wer dieses Fahrzeug bauen wird, schreibt die *FT*. Um dann zum K. o. auszuholen: »Aber der Markt ist sich sicher, dass es nicht die Deutschen sein werden.«

Wenn es nach Peking geht, dann steht schon fest, wo die künftigen Meister der Mobilität zu Hause sind. Die Chinesen haben sich vorgenommen, die Zukunftstechnologien für sich zu reklamieren.

9 CHINAS ÖKO-EHRGEIZ

Keine andere Nation hat bisher derart große Anstrengungen unternommen, erneuerbare Energiequellen zu fördern. Kein Wunder, dass Chinas Ökoaufstieg demokratischen Regierungen im Westen von Klimaschützern gerne als Vorbild vorgehalten wird.

Auf der technologischen Überholspur

Shunde New Energy Vehicle Town hat ehrgeizige Pläne. Die Kunststadt im Süden Chinas, bisher eine Handvoll Wolkenkratzer auf der grünen Wiese, will so etwas werden wie Detroit, das traditionelle Zentrum der US-Autoindustrie, allerdings für Elektroautos. Nicht nur die Fabrikation, sondern auch das Design und die Entwicklung sollen hier stattfinden. Doch Shunde hat noch gar nicht richtig mit dem Aufbau angefangen, da hat es schon mächtig Konkurrenz – mindestens 20 andere solcher E-Auto-Ansiedlungen in China wollen ebenfalls zum Zentrum für die neue Industrie werden.[1] Angeschoben werden diese Anstrengungen von der Regierung in Peking. Elektromobilität gehört zu den Technologien, die China in Zukunft beherrschen will. Im Rahmen der Offensive »Made in China 2025« sind in den vergangenen Jahren bis zu 60 Milliarden Dollar an Subventionen für Hersteller, Entwickler und eben Kommunen geflossen. Nach dem Prinzip Zuckerbrot und Peitsche hat die Regierung von Präsident Xi zusätzlich neue Regeln eingeführt, die den E-Vehikeln helfen sollen. Neben zunehmend strikteren Abgaslimits für Fahrzeuge mit Verbrennungsmotoren müssen chinesische Autokäufer bis zu einem Jahr auf ein Nummernschild und die Zulassung warten, wenn sie ein herkömmliches Modell erwerben. Bei den E-Pkw wird das Nummernschild zusammen mit dem Wagen ausgegeben. Der staatliche Rückenwind hat dazu geführt, dass es sage und schreibe 500 E-Autobauer im Land gibt. Selbst optimistische Beobachter rechnen damit, dass den meisten der Saft ausgehen wird: *Survival of the Fittest,* heißt die Devise.[2] Die Gewinner lockt ein Milliardenmarkt. Das Potenzial für E-Fahrzeuge ist gewaltig, schließlich werden in China inzwischen weltweit die meisten Autos verkauft. 2018 waren es 23 Millionen. Zum Vergleich: In den USA waren es 17 Millionen.[3] Im Jahr 2018 wurden in China mehr E-Autos verkauft als im gesamten Rest der Welt. Und es gibt anders als im nahezu saturierten Westen noch Millionen Chinesen, die kein Auto besitzen.[4] Während chinesische Autos mit Verbrennungsmotor im Westen nicht mit den etablierten Marken mithalten können, sieht es bei der Elektroantriebstechnik anders aus. Zumal bereits mehr als die Hälfte der Batterien für E-Fahrzeuge hier hergestellt werden. Analysten prognostizieren, dass es bis 2021 sogar bis zu 70 Prozent sein werden. Und nicht nur das, die Chinesen dominieren auch die Lieferkette für die wesentlichen Bestandteile der Batterien – Anode, Kathode, Separator und Elektrolyt – so die Marktforscher von Yano Research Institute.[5]

Es wäre nicht das erste Mal, dass es chinesischen Herstellern gelingt, eine ganze Industrie für sich zu reklamieren. Ein dramatisches Beispiel sind Solarzellen. Ironischerweise brachten deutsche Steuergelder die Chinesen dazu, sich für Photovoltaik zu interessieren. Ende der Neunziger konnten deutsche und europäische Hersteller den Bedarf an Solarzellen und -modulen, der durch das 100 000-Dächer-Förderprogramm generiert wurde, nicht mehr befriedigen. Chinesische Hersteller begannen eine Produktion für den Export aufzuziehen. Als später auch Spanien und Italien eigene Solarförderprogramme auflegten, sahen sie eine Gelegenheit zur Expansion. Das nötige Know-how fanden sie unter anderem in den USA. Gezielt habe Peking Anfang der 2000er Jahre junge chinesische Wissenschaftler aus dem Ausland zurück in die Heimat gelockt, so berichtet Mary Lovely, Handelsexpertin beim konservativen Thinktank Peterson Institute in Washington.[6] Die Heimkehrer erhielten nicht nur Finanzmittel, sondern auch den Zugang zu Ressourcen wie Laboren. So schafften es chinesische Start-ups in nur wenigen Jahren, den Markt für Solartechnologie aufzurollen. 2001 belief sich der Marktanteil der Chinesen am Solarzellenmarkt auf ein Prozent, 2012 dominierten sie ihn mit einem Anteil von 65 Pozent.

Die Strafzölle auf Solarzellen, die Präsident Obama schließlich 2012 einführte, um die US-Hersteller zu schützen, kamen nicht nur zu spät. Sie führten zu Gegenmaßnahmen der Chinesen, die Polysilizium, ein wichtiges Rohmaterial für Solarzellen, mit Einfuhrzöllen belegten. Die Folge: Amerikanische Polysilizium-Hersteller verloren auf dem chinesischen Solarzellenmarkt. Die Zahl der US-Anbieter des Rohmaterials schrumpfte nun ebenfalls. Damit gingen noch mehr Arbeitsplätze verloren.

Dabei hatten die Amerikaner einst die Technologie entwickelt, über Jahrzehnte hatten sie die Branche dominiert. Doch die chinesischen Neueinsteiger schafften es, den Weltmarktpreis für Solarmodule zwischen 2008 und 2013 um 80 Prozent zu reduzieren.[7] Dann überschwemmten sie mit ihren Billigmodulen förmlich den Markt.

Das Resultat: Auch bei den deutschen Unternehmen gingen die Lichter aus. Ihr Abstieg verlief parallel zum Aufstieg der Chinesen. Namen wie Solarhybrid, Solar Millenium, Solon, Phoenix Solar und Q-Cells sind nur noch ihren frustrierten Ex-Mitarbeitern und enttäuschten Investoren ein Begriff. Nur Solarworld AG, einst der größte Photovoltaikanbieter der Welt, angeführt vom schillernden Branchenstar Frank Asbeck, hat sich in die kollektive Erinnerung eingegraben. Das mag auch daran liegen, dass Asbeck mit seinem Unternehmen gleich zweimal in die Insolvenz ging.[8] Besonders bitter: Die Solarindustrie hatte sich vorwiegend in Ostdeutschland angesiedelt. Hätten deutsche Politiker sie mehr unterstützt, dann wären »die ehemals gerade in der ostdeutschen Braunkohleregion aufblühenden Solarfabriken in Frankfurt/Oder, Bitterfeld oder Freiberg nicht Geschichte, sondern exakt die Basis für den vielgesuchten Strukturwandel beim notwendigen Schließen der Braunkohlewirtschaft«, klagt der Grünenpolitiker Hans-Josef Fell in seinem Blog. Kommt der Kohleausstieg, werden jetzt dafür wohl Hunderte Millionen Euro an Steuergeldern aufgebracht werden müssen. Immerhin, etwas Gutes hat der Triumph der chinesischen Solarindustrie: Ihr massiver Aufbau von Kapazitäten hat die Photovoltaik in relativ kurzer Zeit erschwinglich gemacht.

Auch bei Windkraft ist China inzwischen führend.[9] Während Turbinenbauer im Rest der Welt in den vergangenen Jahren immer weiter konsolidieren mussten, konkurriert in China nach wie vor eine

Vielzahl von Anbietern. Über die kommenden zehn Jahre ist allein die Installation von 40 Gigawatt an Offshore-Windfarmen geplant. – das sind nur 11 Gigawatt weniger als die gesamte Off-Shore-Kapazität Europas. Zwar sind die Turbinen made in China noch nicht so effektiv wie die westliche Konkurrenz. Doch der heimische Markt ist so enorm, dass die chinesischen Anbieter Weltmarktführer werden dürften, ohne in den Export zu gehen. Fünf der zehn Anbieter mit den weltweit dicksten Auftragsbüchern im ersten Quartal 2019 stammten aus China, so der Energie-Marktanalyst Wood Mackenzie Power & Renewables.

Dahinter steht für die Regierung der Druck, etwas gegen die Umweltverschmutzung im Land zu tun. Gleichzeitig schaffen es immer mehr Chinesen, in die Mittelschicht aufzusteigen. Deren wachsende Ansprüche an Lebensqualität haben letztlich auch zur Folge, dass der Energiebedarf weiter steigt. Um ihn zu befriedigen, reichen aus der Sicht der Zentralregierung die erneuerbaren Quellen nicht aus.

Chinas Teerseite

Chinas Präsident Xi verfolgt für seinen weiteren Aufstieg zur wirtschaftlichen und militärischen Supermacht einen ähnlichen Ansatz wie einst Präsident Obama: »All of the above«, lautete das Motto von dessen Energiepolitik. Aus allen verfügbaren Quellen sollte die Energie kommen – auch fossile Brennstoffe gehörten zu seiner Agenda. Anders als Obama wollen die Chinesen allerdings nicht einmal auf die Kohle verzichten. Je nach Schätzung werden 50 bis 70 Prozent des chinesischen Energiebedarfs durch Kohle gedeckt. Klar ist aber: Die zunehmende Elektrifizierung des Transports – die Millionen E-Autos – werden den Strombedarf noch einmal steigern. Im März 2019 wurde bekannt, dass der China Electricity Council, der einflussreiche Verband der Stromproduzenten, in seiner Antwort auf den jüngsten Fünfjahresplan der Regierung den Bau von Hunderten neuer Kohlekraftwerke gefordert hatte. Über die nächsten 12 Jahre würde demnach alle zwei Wochen ein neues Kohlekraftwerk dazu kommen.

China ist nicht nur der größte Automarkt, sondern inzwischen auch der größte Ölimporteur geworden. Über zehn Millionen Barrel Rohöl kauft der asiatische Gigant täglich an. Der größte Lieferant der Chinesen: Saudi-Arabien. Während die Einfuhren von saudischem Öl in die USA so niedrig sind wie in vierzig Jahren nicht, hat Riad still und diskret die Tanker nach Fernost umgelenkt.[10] Bisher hat Peking sich aus den Wirren des Nahen Ostens fein herausgehalten. Praktischerweise legte sich ja auch Trump immer wieder mit der OPEC an, damit die Lieferländer die Pumpen anwerfen und die Preise entsprechend günstig für die Abnehmerländer blieben. Nach wie vor garantieren die USA die Transportsicherheit etwa in der Straße von Hormus. Nicht ganz so erfolgreich verlief das 60-Milliarden-Dollar-Engagement in Venezuela, mit dem sich die Chinesen weitere Ölquellen sichern wollten. Der Kollaps der Ölförderung dort dürfte Peking eine herbe Enttäuschung bereiten. Dafür tun sich buchstäblich neue Wege auf. Die zunehmende Erwärmung in der Arktis eröffnet bisher durch Eis blockierte Seewege. Im Sommer manövrieren nun chinesische Frachter zwischen den Schollen. Die Chinesen haben ehrgeizige Pläne im kalten Norden.[11] *Xuelong 2*, der Schneedrache 2, lief im September 2018 in Shanghai vom Stapel. Es ist der erste Eisbrecher, den die Chinesen selber bauen. Damit verfügt das Land bereits über zwei Eisbrecher. Peking hat auch schon einen Namen für die neue Route: die Polar-Seidenstraße.

Damit nicht genug, haben die Chinesen begonnen, unter dem Eismeer nach Gas zu bohren. China hat enormes Interesse nach dem saubereren fossilen Brennstoff. Allein China National Petroleum hat vier Milliarden Dollar in Erdgasfracking im Sechuan-Becken investiert. Vor allem aber baut Peking die Flüssiggasinfrastruktur aus. Denn nur rund 60 Prozent des Erdgasbedarfs können mit heimischem Gas gedeckt werden. Über die kommenden 20 Jahre soll sich deshalb die Kapazität der Importterminals für LNG vervierfachen. Beim jährlichen Jahrestreffen der kanadischen Erdgasbranche im Mai 2019 zeigten sich einige Produzenten besorgt, dass der massive Ausbau der erneuerbaren Energien in China sie bald einen ihrer besten Kunden kosten könnte. Yao Li konnte sie beruhigen. China sei weiterhin mitten in der Umstellung von Kohle zu Erdgas, erklärte die Chefin der Energieberatungsfirma SIA in ihrer Rede. Chinas Nachfrage nach LNG sei »fast grenzenlos«.

Kaum eine andere Nation wird derart großen Einfluss auf den Klimawandel haben wie China. Sollte etwa der massive Ausbau von Kohlekraftwerken tatsächlich kommen, würde das allein ausreichen, das Ziel zu torpedieren, die Erderwärmung auf 1,5 Grad über dem vorindustriellen Niveau zu halten. Angesichts von Trumps fossiler Energiedominanz-Strategie und dem sich zuspitzenden Disput zwischen den beiden Supermächten wird sich Peking wohl kaum noch an Vereinbarungen mit dem Westen gebunden sehen. Auch Deutschlands Ringen mit der Energiewende dürfte die Führung um Xi nicht inspirieren.

Noch bekennt sich die Regierung zu den Klimazielen, auch weil die Unzufriedenheit in der Bevölkerung über die Umweltverschmutzung wächst. Aber viel Zeit bleibt nicht.

Denn die Folgen des Klimawandels sind bereits heute spürbar.

10 FLAMMENDE VORBOTEN

Was der Bankrott eines Stromversorgers aus San Francisco über die Risiken und die Kosten des Klimawandels zeigt. Es sind Konflikte, die bald nicht nur in Kalifornien ausgetragen werden.

Amerikas Klimaflüchtlinge

Seit den Tagen des Goldrausches hat die Pacific Gas and Electric Company, besser bekannt als PG&E, Kalifornien mit Energie versorgt. 1901 spannten die Gründer des Unternehmens von ihrem Wasserkraftwerk in den Ausläufern der Sierra Nevada eine 230 Kilometer lange Hochspannungsleitung bis nach Oakland, um die Straßenbahn in der Hafenstadt anzutreiben. Die Trasse war die erste dieser Dimension und eine Sensation. Hundertachtzehn Jahre später, im Januar 2019, meldete der Konzern, mit 16 Millionen Kunden einer der größten privaten Stromversorger des Landes, Insolvenz an. Es ist nicht nur die bisher größte Pleite einer börsennotierten Elektrizitätsgesellschaft im Land. Es ist die erste Milliardenpleite, bei der der Klimawandel eine führende Rolle spielt. Die Schuld an dem Zusammenbruch trifft ausgerechnet PG&Es Überlandleitungen, auf die man früher so stolz war.

Wie im Fall von Yuba County, wo noch heute, versteckt in einer Klamm, jenes Kraftwerk steht, mit dem PG&Es Aufstieg zum Stromkonzern einst anfing. Es war der 8. Oktober 2017. An den Wind erinnern sich später alle. Böen fegten mit bis zu 100 Kilometer pro Stunde durch die Foothills, wie die Vorberge der Sierra Nevada genannt werden. Wer hier lebt, sucht die Abgeschiedenheit der Hügel, die mit Blaueichen, Kiefern und Chaparral bewachsen sind. Um 23:03 Uhr geht der Anruf bei der Feuerwache ein: Feuer am Cascade Way. Bald fliegen brennende Büsche und Äste durch die Gegend. Wenn sie in einem der Häuser einschlagen, stehen diese bald in Flammen.

»Am Himmel war ein orangenes Glühen und eine Aschewolke, es war ein dämonischer Anblick«, erinnert sich Cheryl Syring. In der Panik bekommt sie die Garagentür nicht auf. Sie flieht zu Fuß, auf der Hauptstraße nimmt sie eine Autofahrerin mit.

Nicht allen Anwohnern gelang die Flucht. Vier Tote waren es am Ende, 264 Gebäude wurden vom Feuer zerstört. Ausgelöst wurde die Tragödie von tiefhängenden Stromleitungen, die durch die Windstöße aneinander gerieten. Der dadurch entstehende Funkenflug setzte trockenes Gebüsch darunter in Brand. So steht es im Abschlussbericht von Cal Fire, Kaliforniens staatlicher Feuerwehr. Die Stromleitungen gehörten PG&E. Der Cascade-Brand war nur einer von über 1 500 Waldbränden, die nach Analysen von Brandexperten durch PG&Es Transmissionsleitungen und Hochspannungsmasten seit 2014 ausgelöst wurden. Es war nicht einmal der einzige Brand, den die Anlagen von PG&E an diesem stürmischen Oktobertag verursachten. Allein in diesen 24 Stunden starben bei sechs weiteren Bränden neun Menschen, die Flammen zerstörten Tausende Eigenheime in Sonoma County, dem Herzen der kalifornischen Weinanbauregion. Insgesamt verbrannten im Oktober 2017 rund 1 000 Quadratkilometer des Bundesstaates – das ist mehr als sechsmal die Fläche von Liechtenstein.

Die Feuersbrünste holten schließlich PG&E selbst ein. Der potenzielle Schaden, für den PG&E wegen der Brände allein 2017 und 2018 belangt werden könnte, so kalkulierte der Konzern, belaufe sich auf mehr als 30 Milliarden Dollar.[1] Zum Vergleich: Die Ölpest, die durch die Explosion der Plattform Deepwater Horizon im Golf von Mexiko ausgelöst wurde, kostete den Betreiber BP rund 62 Milliarden Dollar. Die Zukunft sieht düster aus, sollte dem Klimawandel nicht Einhalt geboten werden, so die Prognose des Stromversorgers: »Kalifornien sieht sich einer immer weiter steigenden Bedrohung durch katastrophale Waldbrände, extremes Wetter und höhere Temperaturen ausgesetzt«, heißt es im Klimabericht von PG&E. Die durchschnittliche verbrannte Fläche in dem Bundesstaat werde um 77 Prozent steigen, wenn Treibhausgase weiter freigesetzt werden, Dürre und höhere Temperaturen die Häufigkeit von Waldbränden verdreifachen.

Das Klimarisiko für PG&E stellen die rund 200 000 Kilometer an Überlandleitungen in Kalifornien dar – eine Strecke, die fünfmal

um den Äquator reichen würde. An Tausenden Holzmasten aufge-
hängt durchkreuzen sie Berge und Täler, die in den vergangenen
Jahren immer trockener wurden. 2017 war der heißeste Sommer,
den Meteorologen für den Bundesstaat bisher aufgezeichnet haben.
Erst im September brach die Hitzewelle ab. 2018 schmachteten Kalifornier durch den bis dato heißesten Juli mit einer Durchschnittstemperatur von 27 Grad.[2] Kaliforniens staatliche Feuerwehr Cal
Fire heuert zusätzliche saisonale Einsatzkräfte an, wenn die Gefahr
von Bränden am höchsten ist. Früher war deren Job auf die Som-
mermonate beschränkt. Doch die Waldbrandsaison zieht sich nun
viel länger hin und damit auch der Bedarf an Feuerwehrleuten. »In
einem Jahr waren wir noch immer im Dienst, da stand schon der
Weihnachtsbaum in der Wache«, sagt Briana Schuette, Notfallkoor-
dinatorin in Yuba County, die zuvor als Saisoneinsatzkraft für Cal
Fire gearbeitet hatte.

Waldbrände gab es schon immer in Kalifornien, langjährige Bewohner von Yuba County sind die ersten, die das einräumen. Ab
und an wurden sie von Stromleitungen ausgelöst. Doch von den 20
schlimmsten Waldbränden in der Geschichte Kaliforniens ereigne-
te sich die Hälfte seit 2015. Und die Intensität ist neu. Die Hitze der
Feuerwalze, die an jenem Oktobertag über die Hügel der Foothills
raste, ließ Wasser in Pools verdampfen und Fenster bersten. Von
den baumdicken Balken, aus denen Julie LaBudde und ihr Mann ein
Blockhaus gebaut hatten, blieb nicht einmal Asche. Außer einem Be-
cher, den ihr verstorbener Mann getöpfert hatte, blieben der damals
72-Jährigen nur das graue T-Shirt, das sie trug, als sie die Flammen
über den Bergrücken kommen sah. Auch ihre Katze musste sie in
dem Inferno zurücklassen. Bis heute lebt sie in einem Raum in der
Garage einer Nachbarin, deren Haus wie durch ein Wunder unver-
sehrt blieb. »Ich hatte Glück und bin mit dem Leben davon gekommen«, sagt sie und beginnt trotzdem zu weinen.

LaBudde gehört zu Amerikas Klimaflüchtlingen. Deren Zahl
steigt mit jedem Jahr. Noch vor einem Jahrzehnt gehörte etwa Phoenix in Kaliforniens Nachbarstaat Arizona zu den Orten, die regen
Zuzug vor allem aus den nördlichen Bundesstaaten verzeichneten.
Die Lebenshaltungskosten waren günstiger und das Wetter trockener

als dort. Tatsächlich wird es immer heißer. Phoenix gehört zu den US-Städten, in denen die Durchschnittstemperatur mit am schnellsten steigt. Den bisherigen Rekord erreichte Arizonas Hauptstadt im Juni 2017 mit 48 Grad Celsius. Autofahrer trugen Ofenhandschuhe, um glühende Lenkräder anfassen zu können, Straßenschilder und die typisch amerikanischen Briefkästen am Ende der Einfahrt schmolzen.[3] Flugzeuge konnten nicht mehr starten, weil sie auf den Betrieb in diesen Temperaturen nicht ausgelegt sind. 155 Menschen starben. Bleibt es bei den Trends, dann werden in Phoenix in 30 Jahren rund sechs Monate im Jahr 38 Grad Celsius herrschen. Viele Anwohner haben jetzt schon genug von der Hitze. Wer es sich leisten kann, weicht nach Flagstaff im kühleren Norden von Arizona aus, 2 000 Meter hoch und idyllisch inmitten von Pinienwäldern gelegen. Doch die 70 000 Einwohner der Mittelstadt sind nicht begeistert von dem Zuzug. Sie fordern eine »Mauer«, die die – meist weißen und wohlhabenderen – Klimaflüchtlinge aus dem Süden ihres Bundesstaates zurückhält. Noch ist das nur eine scherzhafte Anspielung der meist liberalen Flagstaffer auf die Befestigung, die Präsident Trump an der mexikanisch-amerikanische Grenze bauen lassen will. Coral Evans findet das allerdings nicht so lustig. »Je heißer es wird, desto mehr Klimaflüchtlinge kommen zu uns«, sagte Flagstaffs Bürgermeisterin dem britischen *Guardian*.[4] An sich habe man nichts gegen Neubürger. Aber 25 Prozent der Wohnungen werde nur noch als Zweitwohnung genutzt. Gleichzeitig stiegen die Mieten und die Lebenshaltungskosten. »Wir reden zu wenig über die sozialen Auswirkungen des Klimawandels. Wo sollen Menschen mit niedrigem Einkommen leben? Wie können sie weiter in dieser Stadt bleiben?«

Auch in den USA trifft der Klimawandel die Schwächsten am härtesten. Als die ersten »offiziellen« Klimaflüchtlinge der USA gelten die Bewohner von Isle de Jean Charles. Nach der Ankunft der Europäer, die sie im frühen 19. Jahrhundert von ihrem angestammten Gebiet vertrieben, siedelten die Angehörigen der Biloxi, Chitimacha und Choctaw auf der Insel vor der Küste Louisianas. Doch der steigende Meeresspiegel und die immer brutaler wütenden Hurrikane haben einen großen Teil der Marschen und Sümpfe dauerhaft überspült. Noch in den 1950er Jahren war die Insel etwa so groß wie Sylt, jetzt ist sie so klein wie Helgoland. Von den rund 90 Quadratkilometern ist lediglich ein Streifen von nicht einmal ganz zwei Quadratkilometern übrig geblieben. Die Erdarbeiten der Öl- und Gasgesellschaften, die dort Pipelines verlegten und Kanäle zogen, taten ihr Übriges, indem sie den Inselbewohnern buchstäblich das Süßwasser abgruben. 2016 erhielten die Inselstämme 48 Millionen Dollar an Fördermitteln aus Washington für einen Umzug auf das Festland zugesprochen. (Verwaltet wird das Geld allerdings vom Bundesstaat Louisiana, was die Stammesvertreter als Fortsetzung ihrer Unterdrückung kritisieren.)[5] Damit sollen neue Häuser auf dem Gebiet einer ehemaligen Zuckerrohrplantage gebaut werden. Umsiedlungen ganzer Gemeinden werden in dem Bundesstaat bald zur Tagesordnung gehören, denn Louisiana verliert über 60 Quadratkilometer Küste pro Jahr. Selbst Avery Island, Heimat der berühmten Tabascosauce, könnte in nicht allzu ferner Zeit im Golf versinken. Konflikte zeichnen sich jetzt schon ab. Abgesehen von den Kosten für den Steuerzahler sind viele Anwohner nicht bereit, ihre traditionelle Heimat aufzugeben.

Aber das könnte sich ändern. Sollte die Erwärmung der Meere ungebremst so weitergehen, dann werden bereits in drei Jahrzehnten über 300 000 Eigenheime in US-Küstenregionen alle zwei Wochen unter Wasser stehen. »Diese Überflutungen könnten die Bewohner dieser Gebiete dazu bringen, ihre Siedlungen aufzugeben«, so Kristina Dahl, Klimaforscherin bei der Union of Concerned Scientists (UCS), einer Umweltorganisation von Wissenschaftlern. Ohne einschneidende Änderungen werden der UCS-Studie zufolge gegen Ende des Jahrhunderts 2,4 Millionen Immobilien – im Wert von einer Billion Dollar – dauerhaft überflutet werden.[6] Amerikas Umrisse würden neu gezogen. Die Südspitze Floridas, Teile der Küste North Carolinas würden versinken, Boston zum Atlantis des 22. Jahrhunderts werden. In seinem Migrationsszenario geht Mat Hauer, Soziologe an der Florida State University, bei weiter steigendem Meeresspiegel von einem Massenexodus weg von den bröckelnden Rändern des Kontinents aus. Rund 13 Millionen Amerikaner, davon allein sechs Millionen aus Florida, könnten sich laut Hauer nach einem trockeneren Wohnort im Inneren des Landes umschauen.[7] Kaum anzunehmen allerdings, dass die Zielorte den Zustrom ohne

Probleme wegstecken. Schon die knapp über hunderttausend Puerto Ricaner, die nach der Verwüstung der Karibikinsel durch Maria im Herbst 2017 nach Florida und New York flohen, erhielten so gut wie keine Unterstützung. Noch Monate später waren viele obdach- und arbeitslos. Die zurückgebliebenen Bewohner der Karibikinsel mussten indessen eineinhalb Jahre auf Hilfsgelder aus Washington warten.

Schon jetzt zeichnet sich ab, dass der Klimawandel die soziale Ungleichheit noch potenzieren wird. Silicon-Valley-Investor Peter Thiel, der mit einer frühen Wette auf den Onlinebezahldienst Paypal milliardenschwer wurde, hat sich für den Fall der Fälle schon einmal eine Farm in Neuseeland sowie einen Pass des Landes besorgt, das Filmfans als die wildromantische Kulisse für die *Lord-of-the-Rings*-Streifen kennen. Aber auch bloß alltäglich Wohlhabende haben begonnen, sich einen Zufluchtsort für den Fall der Klimaapokalypse zu sichern. Wie etwa Mark Dalski, der Inhaber einer Firma, die Dächer in New York begrünt. Er habe nach einem »sicheren Ort« gesucht, vertraute er der *New York Times* an. Den fand er in den Catskills, einem Mittelgebirge zwei Autostunden nördlich von New York. Dort baut Dalski nun ein 120 Quadratmeter großes Haus, das möglichst ohne Zivilisation auskommt – etwa unabhängig von Strom- und Wasseranschlüssen sein wird.[8] Die *Times*, die dem Thema eine ganze Ausgabe ihrer viel gelesenen Immobilienseiten der Wochenendausgabe widmete, zitierte auch Dave Anderson, einen Großvater aus Houston, der für sich und die Familie seiner Tochter gleich eine ganze Ranch in Oregon erwarb. Mit Hinweis auf die Forellen in den Bächen und dem Wild im Wald habe ihm ein Nachbar dort gesagt: »Sie werden vielleicht nicht immer mögen, was Sie essen, aber Sie werden immer zu essen haben.« Andersons Ängste sind nachvollziehbar angesichts von Hurrikan Harvey, der Houston im Sommer 2017 mit sintflutartigen Regenfällen in ein toxisches Binnenmeer verwandelte. Der Schaden von 125 Milliarden Dollar wird nur von Katrina übertroffen, der Sturm, der 2005 New Orleans zerstörte. Hurrikane waren auch früher keine Seltenheit. Doch gleich zwei Studien kamen zu dem Ergebnis, dass Harvey durch die Erwärmung der Ozeane 40 Prozent mehr Regen mit sich brachte als frühere Stürme und sich überdies die Wahrscheinlichkeit für solche Monsterstürme verdreifacht hat.[9]

Es gibt auch schon einen Namen für die klimatologische Aufspaltung der Gesellschaft: Climate Gentrification. In Miami hat die Stadtverwaltung eine Studie in Auftrag gegeben, die genau dieses Phänomen unter die Lupe nehmen soll, nachdem Bauunternehmer in den vergangenen Jahren begonnen haben, reihenweise Häuser in Stadtteilen wie Liberty City, Little Havana und Little Haiti aufzukaufen, um dort Luxusapartments zu errichten.[10] Bisher wohnen in diesen Vierteln, die wegen ihrer Entfernung zum Strand als weniger attraktiv galten, vor allem Minderheiten. Doch nun sehen die Immobilienunternehmer offenbar gerade in der etwas erhöhten Innenstadtlage einen Vorteil. Obamas Regierung startete eine Initiative, die einen besseren Schutz vor Überflutungen bieten sollte. In einer seiner ersten Amtshandlungen strich sein Nachfolger Donald Trump die geplanten Maßnahmen, die unter anderem Mar-a-Lago, sein Resort in Palm Beach, schützen würden. Werden die pessimistischten Szenarios wahr, schauen vom Kronjuwel in Trumps Immobilienportfolio bereits in 15 Jahren nur noch die Terracottadächer aus der Lagune.[11] »Wenn jemand den Mut aufbrächte, dem Obereigentümer zu erklären, was der Klimawandel mit Mar-a-Lago anrichten wird, würde er plötzlich aufwachen und seine Position in dieser existenziellen Frage ändern. Ich denke, er wird die Bedeutung eines abgesoffenen Investments verstehen«, schrieb eine Leserin der *East Bay Times*, einer regionalen Zeitung, nachdem diese über weiter steigende Treibhausgasemissionen berichtet hatte.

Der Klimawandel verschärft jedoch nicht nur in Florida bestehende Fehlentwicklungen. Die Waldbrände in Kalifornien etwa fordern mehr Opfer und verursachen höhere Schäden als früher, weil immer mehr Menschen in zuvor nur spärlich besiedelte Gebiete gezogen sind. So verbreitet ist das Phänomen, dass es bereits einen Begriff dafür gibt: Wildland Urban Interface – kurz WUI. 60 Prozent aller neuen Eigenheime in den USA werden in Siedlungen gebaut, die von Wildnis umgeben sind. Ganz vorne mit dabei beim Trend zum naturnahen Wohnen ist Kalifornien. Schätzungen zufolge leben mehr als elf Millionen Kalifornier in WUI-Gebieten. Mehr als sieben Millionen Immobilien in dem Bundesstaat befinden sich inzwischen in Gebieten mit hoher Waldbrandgefahr, so eine Studie der Villanova

University aus dem Jahr 2018. Das ist ein Anstieg um 1 000 Prozent seit den 1940er Jahren.[12] Grund ist auch die Verdrängung. In den Metropolen an der Küste ist Wohnraum in den vergangenen Jahren stetig teurer geworden. In San Francisco liegt der mittlere Preis für eine Zweizimmerwohnung bei 1,6 Millionen Dollar, die mittlere Miete bei 3 700 Dollar im Monat.

Die Foothills in Yuba County, wo das Cascade-Feuer tobte, sind ein klassisches Beispiel für WUI. Für Cheryl Syring sind es die Stille und die Sonnenuntergänge, für die die ehemalige Flugbegleiterin ihr Stadtleben aufgab. Und deshalb hat sie ein neues Haus gebaut, genau an der Stelle, wo ihr altes stand. Finanziert hat sie den Neubau mit dem Geld, das ihre Feuerversicherung für den Verlust des abgebrannten Heimes auszahlte. Versicherer in Kalifornien haben allein für die Jahre 2017 und 2018 zusammen über 24 Milliarden Dollar Verluste durch Waldbrände begleichen müssen. Immer häufiger lehnen die Versicherer deshalb eine Deckung ab. Die Zahl der Hausbesitzer, die keine Police mehr bekommen haben, hat sich seit 2010 verdreifacht.[13] In solchen Fällen springt der staatliche Versicherer FAIR ein. Doch die Prämien sind hoch und die Deckung weniger umfänglich als bei privaten Anbietern.

PG&E hat dagegen keine Wahl, der Stromversorger muss seine Kunden auch in den WUI-Siedlungen ans Netz anschließen. Im Gegenzug genießt er eine Monopolstellung. Gerne würde das Unternehmen das erhöhte Risiko auf den Steuerzahler abwälzen. Nach kalifornischem Recht ist die Elektrizitätsgesellschaft auch dann für den Schaden verantwortlich, wenn dem Unternehmen kein direktes Fehlverhalten vorzuwerfen ist. Es genügt, dass seine Trassen oder Transformatoren den zündenden Funken lieferten. PG&E will die Haftung auf nachweisliches Fehlverhalten begrenzen. Dafür hat das Unternehmen seine Lobbyisten nach Sacramento, Kaliforniens Hauptstadt, geschickt. Eine Änderung der Haftpflicht müsste nämlich per Gesetz beschlossen werden. Der Staat hat noch andere Möglichkeiten, dem angeschlagenen Unternehmen zu helfen. Kaliforniens Volksvertreter genehmigten beispielsweise, Kosten für die Waldbrände 2017 über höhere Preise auf die Stromkunden umzulegen. Doch eine Umlegung der Schadenssummen, die durch die Brände im Jahr 2018 entstanden sind, würde die Strompreise, die im

US-Vergleich bereits zu den höchsten zählen, noch einmal deutlich nach oben treiben. Der Bundesstaat hat seinen wichtigsten privaten Versorger in der Vergangenheit immer wieder mit solchen Maßnahmen unterstützt, nicht zuletzt, weil die Manager zu den eifrigsten Wahlkampfspendern der lokalen Politiker gehören und man auch sonst einen engen Umgang pflegt.

Bei den Bürgern ist das Unternehmen dagegen denkbar unbeliebt. Ein besonders unzufriedener Zeitgenosse gab sogar Schüsse auf eine PG&E-Anlage ab, was nicht besonders clever war, denn es löste wiederum einen Brand aus. Al Weinrub strebt ebenfalls eine drastische Lösung an, wenn er diese auch ohne Schusswaffengebrauch durchsetzen will. Der Nuklearphysiker, der als junger Mann in den 1960er Jahren gegen den Vietnamkrieg protestierte, fordert: Statt mit immer neuen teuren Staatsaktionen gerettet, sollte PG&E zerschlagen werden. Weinrub ist Koordinator von Local Clean Energy, einer Bürgerinitiative in Oakland, der Hafenstadt an der Ostseite der Bucht von San Francisco. Das Büro der Organisation – quasi der David zum Goliath PG&E – liegt in einer Graffiti-besprayten Straße im zweiten Stock eines betagten Stadthauses. Drinnen bilden Topfpflanzen und gespendete Büromöbel ein innenarchitektonisches Chaos. Es liegt praktisch in Sichtweite vom Hauptquartier des Stromkonzerns, einem 34 Stockwerke hohen Wolkenkratzer, der im Geschäftsviertel von San Francisco aufragt. Weinrubs Organisation setzt sich dafür ein, Gebietsmonopolisten wie PG&E durch kleinere städtische Stromversorger abzulösen. Nicht nur das Geschäftsmodell des 166 Jahre alten Energiekonzerns habe sich überlebt, sagt Weinrub. »Der entfesselte Kapitalismus hat uns an den Rand der Katastrophe gebracht.« Es gehe ihm und seiner Initiative nicht nur um Stromerzeugung, sondern auch um demokratische Selbstbestimmung und soziale Gerechtigkeit. In Oakland ist der Bürgerstrom bereits ans Netz gegangen. Langfristig soll er zu 100 Prozent aus erneuerbaren Quellen stammen. Auch in San Francisco gibt es eine wachsende Bewegung, die eine gemeinnützige Alternative zu PG&E fordert.

Doch Weinrubs lokale grüne Lösung würde auf eine Abtrennung der Metropolen vom waldbrandgefährdeten Hinterland hinauslaufen. Das wirft wiederum neue Verteilungsfragen auf. Für PG&E würde es bedeuten, nur noch die riskantesten Kunden zu behalten – das würden jedoch weder Versicherer noch Anleger mittragen. Schon jetzt kann der Konzern seiner Versorgungspflicht nur noch eingeschränkt nachkommen. Nach dem Konkurs kündigte PG&E an, bei hoher Brandgefahr und starken Winden buchstäblich den Stecker zu ziehen und keinen Strom mehr in die WUI-Gebiete zu schicken. Für die Bewohner heißt das, entweder einen Notstromgenerator anzuschaffen oder bei Kerzenschein zu sitzen. Wer über das nötige Kleingeld verfügt, kann auf Solarstrom ausweichen. Denkbar wären staatliche Förderprogramme, die Solardächer fördern, wie Umweltaktivisten vorschlugen. Aber für sie braucht es Steuergeld und mehr noch politischen Willen und das scheint nicht einmal im grünen Kalifornien ausreichend vorhanden zu sein. So zeigt der Fall PG&E, wie schnell der Klimawandel die Solidargemeinschaft sprengen kann. Das sind heute schon die sozialen Kosten der schleichenden Katastrophe.

Doch noch immer glauben viele, der Klimawandel finde erst in Jahrzehnten und in Entwicklungsländern statt. Selbst die Manager von Unternehmen, deren Aufgabe es ist, Risiken rechtzeitig zu erkennen, tun sich schwer mit den Gefahren durch die Erderwärmung.

Risiko? Welches Risiko?

Obwohl PG&E wie die meisten Unternehmen heute ganze Webseiten mit Berichten über grünen Strom, Nachhaltigkeit und Klimaschutz füllt, war das Unternehmen nicht in der Lage, das eigene daraus resultierende Risiko zu beherrschen. Mit fatalen Folgen. Der verheerendste Waldbrand, den PG&E verursacht hat, war das Camp Fire im November 2018. Das Feuer vernichtete die komplette Stadt Paradise im Nachbarbezirk von Yuba County. 18 804 abgebrannte Gebäude zählte die Feuerwehr, 85 Menschen kamen darin um. Wer nach der Katastrophe durch die Straßen von Paradise fuhr, sah ein modernes Pompeji. Ausgeglühte Autos, Treppen, die im Nichts enden, Vogeltränken vor verkohlten Trümmern. Von den Häusern stand oft nur noch der gemauerte Kamin. Die Ermittlungen der Behörden ergaben später, dass Installationen von PG&E an dem Unglück schuld waren. PG&E hatte bereits vorher eingeräumt, dass sich kurz vor dem Brand Kabel von einem der Hochspannungsmasten des Unternehmens gelöst hatten. Der Mast war über 50 Jahre alt.[14]

Er war keine Ausnahme. Während die Gefahr fataler Waldbrände wuchs, kam PG&E mit der notwendigen Wartung und Instandhaltung seiner Infrastruktur nicht mehr hinterher. Um die Gefahr von elektrischen Feuern zu mindern, ist PG&E zwar verpflichtet, regelmäßig Bäume und Gebüsch um die Leitungen herum zu beschneiden. Doch selbst nach eigener Einschätzung ist das eine schier unmögliche Mammutaufgabe. Anfang 2018 erklärte PG&E, bei 120 Millionen Bäumen bestünde das Risiko, dass sie in Berührung mit den Transmissionsleitungen des Unternehmens kommen könnten.[15] Das Unternehmen fasste einen Plan, 1,4 Millionen Bäume jährlich entsprechend zu stutzen.[16] Demnach würde es 85 Jahre dauern, bis alle gefährliche Vegetation beseitigt ist. Stromleitungen in den USA verlaufen in der Regel oberirdisch. Das hat damit zu tun, dass das Land groß ist – Kalifornien allein hat eine größere Fläche als Deutschland. PG&E hat damit begonnen, einen Teil der Trassen unterirdisch zu verlegen. Doch das ist aufwändig und teuer. Pro Kilometer kostet es in ländlichen Gebieten rund 900 000 Dollar, im Vergleich zu den Holzmasten, die pro Kilometer auf nur rund 100 000 Dollar kommen. Und PG&E ist ein börsennotiertes Unternehmen, von dem Anleger Gewinne erwarten. PG&E habe die Interessen der Investoren über die Sicherheit der Anwohner Kaliforniens gestellt. Das ist der Vorwurf, den William Alsup dem Unternehmen macht. Von 2014 bis 2018, der Zeitraum, in dem die Anlagen des Unternehmens 1 500 Waldbrände verursachten, hat PG&E rund 3,5 Milliarden Dollar an Dividenden ausgeschüttet. Mittel, die der Stromversorger besser für Präventionsmaßnahmen verwendet hätte, so Alsup. Der Bundesrichter, ein passionierter Wanderer und Naturfreund, dessen Fotos kalifornischer Flora und Fauna in den Gängen des Gerichts in San Francisco hängen, überwacht PG&Es Aktivitäten, nachdem bei der Explosion einer Gasleitung des Unternehmens 2010 acht Menschen umkamen. Im April untersagte er PG&E bis auf weiteres Gewinne auszuschütten, bis die Elektrizitätsgesellschaft alle Bäume gestutzt hat, die gefährlich werden könnten. Einen solchen richterlichen Bann auf Dividenden, um ein Unternehmen zu Präventionsmaßnahmen zu zwingen, hat es in den USA, der Bastion des Kapitalismus, bisher noch nicht gegeben.[17]

Für Investoren ist der Kollaps von PG&E, einer börsennotierten Aktiengesellschaft, tatsächlich eine böse Überraschung. Gerade Versorger mit ihrer Monopolstellung und garantierten Einnahmen galten bisher als Witwen- und Waisenpapiere, langweilig, aber sicher und mit zuverlässiger Rendite. »Investoren haben das physische Risiko durch den Klimawandel unterschätzt, das ändert sich nun«, sagt Michael Wara, Spezialist für Umwelt und Recht an der Stanford University. Das gilt besonders für die Versicherer. Am Beispiel Kaliforniens könnte das bedeuten, dass sie sich weiter zurückziehen. Das wiederum drückt auf die Immobilienwerte. Banken gewähren ohne Versicherung keine Kredite. Gewerbetreibende wandern an sichere und billigere Standorte ab. »Damit gerät der breitere Wohlstand Kaliforniens in Gefahr«, sagte Klimarisikoexperte Wara. Eine Verstaatlichung von Stromerzeugern wie PG&E oder Krankenhausbetreibern oder anderen privat betriebenen Einrichtungen würde das Problem jedoch nur verlagern. Städte und Gemeinden müssten dann regelmäßig für die Schäden durch Waldbrände, Stürme oder Überflutungen aufkommen. Angesichts chronisch angespannter öffentlicher Haushalte könnte das eine kommunale Pleitewelle auslösen – nicht nur in Kalifornien. Anfang April 2019 schockte der weltgrößte Vermögensverwalter BlackRock Anleger mit der Warnung, in dem 3,8 Billionen schweren Markt für US-amerikanische Kommunalobligationen müssten sich Investoren heute schon auf Verluste durch die Folgen des Klimawandels einstellen. Das trifft Ruheständler und deren Pensionskassen, die in diesen Papieren eine stabile Altersvorsorge gesehen hatten.[18]

Für andere Unternehmen sollte PG&E ein flammendes Menetekel sein. Denn das Beispiel zeigt, dass die Risiken und Kosten des Klimawandels nicht unbestimmt in der Zukunft liegen, sondern die Bilanzen jetzt schon treffen können. Überflutungen, Stürme und extreme Temperaturen verursachten allein 2018 Schäden in Höhe von 160 Milliarden Dollar, so der Jahresbericht des Rückversicherers Munich Re. Kein Kontinent blieb dabei verschont. Die Dürre und Hitzewelle in Europa kosteten immerhin rund vier Milliarden

Dollar. Deutschland erlebte den längsten und trockensten Sommer, seit es darüber Aufzeichnungen gibt. Der Wasserstand im Rhein sank so tief, dass die Binnenschifffahrt beinahe zum Erliegen kam. Die Schiffe konnten nur bis zu 80 Prozent beladen werden. Dadurch mussten mehr Schiffe eingesetzt werden. Der Transport wurde teurer und dauerte länger. Bei Öl und Benzin kam es zu Nachschubproblemen und einzelne Zapfsäulen blieben leer. Der Rhein und seine Zuflüsse wie Neckar, Mosel und Main stellen 80 Prozent des Flussverkehrs in Deutschland dar.[19] Die extrem niedrigen Pegelstände entblößten – ähnlich wie bei PG&E – eine vernachlässigte Infrastruktur. Sollten sich solche Dürreperioden wiederholen, dann müsse der Rhein durch neue Staustufen schiffbar gehalten werden, so der Bundesverband der Deutschen Binnenschifffahrt.[20] Landwirte mussten zusehen, wie ihre Felder verdorrten. Kühe wurden notgeschlachtet.[21] Die Modebranche litt darunter, dass vor allem T-Shirt und Shorts gefragt waren, höchstens noch Bikini und Badehose. Die Hamburger Kette Tom Tailor verfehlte das Umsatzziel, auch Gerry Weber und dem Onlineshop Zalando vermasselte die Hitze das Geschäft.[22]

Das Katastrophenjahr 2018 folgte dem Desasterjahr 2017, das noch teurer für die Assekuranz war. Die globale Schadenssumme lag mit 360 Milliarden Dollar sogar mehr als doppelt so hoch.

Glaubt man Unternehmensverlautbarungen, sind die Manager längst wach geworden. Bei einer Erhebung von CDP, einer britischen Umweltorganisation, erklärten 21 von 25 US-Großkonzernen, sie seien »inhärenten Klimarisiken mit beträchtlichen finanziellen oder strategischen Folgen« ausgesetzt. So sorgt sich etwa Coca-Cola um das nötige saubere Trinkwasser für die braune Brause. Hitzewellen könnten die Besucherzahlen in Disneys Vergnügungsparks sinken lassen. Bank of America, der zweitgrößte Finanzkonzern der USA, wiederum fürchtet, dass Hauseigentümer ihre Hypotheken nicht mehr bezahlen können, wenn die Frequenz und Stärke von Überflutungen weiter zunimmt. Schon jetzt befinden sich vier Prozent der von der Bank finanzierten Objekte in überschwemmungsgefährdeten Gebieten. Die Telefongesellschaft AT&T hat allein 2017 rund 627 Millionen Dollar ausgegeben, um durch Stürme geknickte Sendemasten zu reparieren. Kosten, von denen das Unternehmen erwartet, dass sie mit zunehmender Häufigkeit von Hurrikanen und Tornados weiter steigen werden. Visa malt in seiner Meldung an das CDP ein Schreckensszenario von Kriegen und Epidemien rund um den Globus, was nach Einschätzung des Kreditkartenherausgebers die Reisefreudigkeit kräftig dämpfen wird. Das wiederum würde bedeuten, dass weniger Touristen das Plastikgeld zücken, um Hotelrechnungen, Speisen und Getränke sowie das eine oder andere Souvenir zu bezahlen.[23]

Auch 850 europäische Unternehmen nahmen an der CDP-Umfrage teil.[24] Demnach sieht der Schweizer Lebensmittelkonzern Nestlé ein steigendes Risiko durch Überflutungen bei 44 seiner Fabriken. Höhere Temperaturen und sich verändernde Niederschlagsmuster könnten den Anbau von Kaffee, Zucker, Kakao und anderen Zutaten beeinträchtigen.[25] Autobauer BMW fürchtet angesichts der steigenden Frequenz von Tornados und anderen Stürmen um sein Werk in Spartanburg in South Carolina. Dort rollen immerhin 20 Prozent der Fahrzeuge des bayerischen Herstellers vom Band. Sollte die Fabrik zerstört werden und auf Monate ausfallen, würde das bis zu acht Milliarden Dollar kosten.

Zu den Gefahren, die die befragten Manager nannten, gehörte Wasser: 62 Prozent fürchten Einbußen durch Dürre oder Überschwemmungen. Bereits 2018 berichteten 22 Prozent von Problemen mit zuviel oder zuwenig Wasser, die zu rund vier Milliarden Euro an finanziellen Mehrbelastungen geführt hätten. Doch das größte Risiko sahen die Unternehmenslenker interessanterweise nicht in den Folgen des Klimawandels, sondern in dessen Bekämpfung. In ihren CDP-Berichten sorgten sie sich um die Auswirkungen von neuen Regulierungen – etwa Emissionsbeschränkungen – und weit weniger um physische Risiken wie steigende Temperaturen oder extreme Wetterereignisse. Gerade einmal elf Prozent der Umfrageteilnehmer schätzten die physischen Risiken für die Geschäfte als »hoch« ein. 14 Prozent schätzten es sogar »niedrig« ein. Dagegen identifizierten immerhin 18 Prozent »Übergangsrisiken« als hoch ein. Unter Übergangsrisiken fassen die CDP-Verfasser neue Regeln, Technologiewandel und sich verändernde Verbrauchernachfrage zusammen. Zu einem ähnlichen Ergebnis kommt auch das »Climate Risk Disclosure Barometer«, das die Beratungsgesellschaft EY – früher Ernst & Young – herausgibt und an dem 2018 rund 500 Unternehmen aus 18 Ländern teilnahmen. Physische Risiken, so heißt es in dem Bericht, würden nicht nur bei der Unternehmensbewertung übersehen, sondern fehlten oft komplett bei der Erstellung von Strategien für die Zukunft sowie dem Risikomanagement. Ziemlich kurzsichtig, finden die EY-Berater: »Physische Risiken sind langfristig der Schlüssel für viele Bereiche mit hohem Risiko, und das Fehlen von Verständnis und Transparenz in dieser Hinsicht zeigt ein deutliches Qualitätsdefizit bei den heutigen Unternehmensinformationen.«[26]

Das hindert die Manager jedoch nicht daran, der kommenden Krise auch gute Seiten abzugewinnen. Im CDP-Report haben 71 Prozent der Unternehmen angegeben, durch den Klimawandel Chancen für neue Produkte und Dienstleistungen zu erwarten. Die kalifornische Großbank Wells Fargo erwartet beispielsweise eine höhere Nachfrage nach Baukrediten – schließlich werden viele Gebäude nach Wetterkatastrophen wieder neu aufgebaut werden müssen. Die höheren Temperaturen dürften Klimaanlagen und Ventilatoren zu Verkaufsschlagern machen, glaubt die Baumarktkette Home Depot. Auch Smartphonehersteller Apple ist überzeugt, dass die kommenden Desaster das iPhone nur noch wichtiger für den Verbraucher machen wird. »Mit zunehmender Frequenz und Schwere von Wetterextremen erwarten wir eine wachsende Nachfrage nach Zuverlässigkeit und Vorbereitung für die eigene Sicherheit und die der Angehörigen«, schrieb Apple in seiner CDP-Antwort. Apples Telefone könnten sowohl als Taschenlampe sowie als Sirene eingesetzt werden. Mag die Welt auch untergehen, man kann immerhin sein Smartphone heulen lassen.

Wer die Schlagzeilen der Wirtschaftspresse liest, könnte den Eindruck gewinnen, Klimawandel genieße inzwischen oberste Priorität in der Chefetage. »Klimarisiko Top-Sorge – Noch vor Cyberkriminalität und Datensicherheit«, lautete etwa die Schlagzeile des Weltwirtschaftsforums – von Insidern knapp WEF genannt – im Januar 2019, wo sich Konzernlenker, Banker, Finanziers und Staatsmänner sowie U2-Frontmann Bono im Schweizer Feriendorf Davos zum jährlichen Austausch bei Fingerfood treffen. Und während der Musiker das handverlesene Alpen-Publikum in bewährter Form so richtig ins Gebet nahm, den Kapitalismus »amoralisch« und ein »wildes

Tier« nannte, plagten Andy Christie, den Betreiber eines Flugservices, andere Sorgen. Er musste rund 1 500 Privatjets koordinieren, mit denen die CEOs und Chairmen zum WEF einflogen. Der Trend gehe zu größeren Fliegern, zu Modellen wie dem Gulfstream GV und Global Express, erklärte der Mann dem britischen *Independent.* »Teilweise liegt das an den zurückzulegenden Distanzen, aber möglicherweise will man sich auch nicht durch die Konkurrenz übertrumpft sehen.«[27] Bei der Veranstaltung selbst erntete der 93-jährige Naturforscher Sir David Attenborough dann stehende Ovationen von den Versammelten, als er im Interview mit Prinz William vor der bevorstehenden Vernichtung des Planeten warnte, sollte nichts geschehen. Auch Greta Thunberg, per Zug aus Schweden angereist, las der selbsternannten Elite die Leviten, nachdem sie zuvor ein paar Schneeengel auf einer verschneiten Wiese hinterlassen hatte. So mahnten Vertreter aus drei Generationen. Das hätte es eigentlich gar nicht gebraucht, schließlich gab es vom Hedgefondsmanager bis zum Autochef Bekenntnisse zum Kampf gegen den Klimawandel. Längst kommt ihnen Biodiversity und Sustainability so flüssig von den Lippen wie Return-on-Investment oder EBITDA.

Klimabündnisse, Nachhaltigkeitsbarometer und Kohlenstofftracker vermehren sich schneller als jede Algenpest im Mittelmeer. Es gibt die Climate Action 100+, die dafür sorgen will, dass 100 »systemisch wichtige Emittenten mehr unternehmen, um Emissionen zu senken«. Danone, Mars, Nestlé und Unilever haben zusammen die Sustainable Food Policy Alliance gegründet. Selbst die Ölkonzerne – darunter Exxon, Chevron, BP, die brasilianische Petrobras und die mexikanische Pemex – haben ihren eigenen Klimaclub, die OGCI – Oil and Gas Climate Initiative. Da will wohl auch das deutsche Bundesentwicklungsministerium nicht zurückstehen. Kurz vor Weihnachten 2018 startete das Ministerium die »Allianz für Entwicklung und Klima«.[28] Mit dabei sind Unternehmen wie SAP, Commerzbank, Bosch und der Rückversicherer Munich Re. »Schutz des Klimas ist Überlebensfrage der Menschheit«, heißt es auf der Webseite der freiwilligen Initiative. Die Projekte befinden sich vor allem in Entwicklungsländern und sollen »perspektivisch zur Erreichung von Klimaneutralität oder gar Klimapositivität beitragen«, was auch immer unter Klimapositivität zu verstehen ist.

Positiv bleiben lautet nicht nur bei der aus Berlin gesteuerten Initiative die Devise. Auf den jeweiligen Webseiten der Organisationen finden sich nur Erfolgsmeldungen: Immer mehr teilnehmende Unternehmen, immer mehr Selbstverpflichtungen, immer mehr Sustainability-Berichte. Die Unternehmen feiern gerne mit. Bayer etwa zeigt sich per Twitter »hocherfreut« über die Auszeichnung des CDP für »nachhaltiges Liefermanagement«. Dr. Wolfgang Grosse Entrup, der »Head of Corporate Sustainability & Business Stewardship« lächelt daneben auf einem Foto und versichert: »Bei Bayer sehen wir Nachhaltigkeit als Rundherum-Verantwortung.« Mit seinem englischen Titel klingt das alles viel gewichtiger. Wer sich eine Weile in dieser grünen Echokammer aufhält, wird sich bald fragen, warum die Treibhausgasemissionen nach wie vor steigen, der Amazonas weiter abgeholzt wird und Wale mit den Eingeweiden voller Plastikmüll am Strand verenden. Glaubt man den professionellen Klimakämpfern, ist der ganze fossile Brennstoffsektor dem Untergang geweiht. Denn was den Kohlebaronen, Frackern, Raffineriebetreibern, Gasturbinenbauern sowie deren Geldgebern lieb und vor allem teuer ist, wird sich demnach demnächst in die buchhalterische Entsprechung von Asche verwandeln.

11 WERBEN UM DIE WALL STREET

Die Zukunft der Fracker hängt davon ab, ob sie genug Kapital bekommen. Die Zukunft des Planeten auch.

Die einstigen Börsenlieblinge müssen Klinken putzen

Kurz vor neun Uhr schoben sich Gäste im Central Park Ballroom im New Yorker Sheraton Hotel die letzten Bissen Rührei und Speck des »Networking Breakfast« in den Mund, dann sprangen sie auf. Es wartete ein anstrengender Tag auf die Teilnehmer des Oil & Gas Investment Symposium. Es gab Vorträge wie »Aktuelle fundamentale Öl- und Gasmarktentwicklungen« und »Bewertungsmetrik: optimale Anwendung«. Aber eigentlich ging es den Anwesenden nur um eines: Cash. Mehr als zwei Dutzend Förderfirmen aus Texas, Colorado, North Dakota und Kalifornien waren an die Wall Street gekommen, um Geldgeber für mehr Fracking zu finden.

Im Metropolitan-West-Saal versucht das Management von Abraxas Petroleum mit seinem Power-Point-Vortrag mit vielen Tabellen und Landkarten das Publikum davon zu überzeugen, dass die Aktien des Unternehmens aus San Antonio ein Schnäppchen sind. Zwar haben die an der Nasdaq notierten Anteile von Abraxas in den vergangenen fünf Jahren mehr als 70 Prozent verloren, doch das Unternehmen – so versichert der Chef – habe praktisch alles, was ein Fracker braucht, um langfristig Gewinne abzuwerfen. Die richtige Infrastruktur etwa, mit Zugang zu Frischwasser und Brauchwasser. Das bedeutet geringere Erschließungskosten. Abraxas sitze auf Schürfrechten am idealen Ort – in den ergiebigen Wolfcamp- und Bone-Spring-Formationen. Man verfüge über einen Förderturm mit der Kapazität, bis zu vier Kilometer seitwärts zu bohren. Die Stimmung im Metropolitan West bleibt kühl, vielleicht liegt es auch an der Klimaanlage, die wie in New York üblich auf gefühlte 16 Grad eingestellt ist. Das Publikum aus Vertretern von Investmentfonds, Pensionskassen, Brokern und Scouts von Beteiligungsgesellschaften besteht fast ausschließlich aus männlichen Anzugträgern. Einige machen sich immerhin Notizen, andere klicken sich während des Vortrags auf ihren Laptops durch die jüngsten Meldungen des Nachrichtendienstes Bloomberg.

Es ist noch nicht lange her, da herrschte bei solchen »Geniale Anlage sucht großzügigen Anleger«-Events der Branche Partylaune. Die Finanzprofis konnten gar nicht genug von den Produktionsprognosen der Ölmänner bekommen, deren Kurvengrafiken abhoben wie die Kondensstreifen von Düsenjets. Nicht einmal der Einbruch des Ölpreises schreckte die Investoren. Allein 2016, als der Ölpreis auf das legendäre Tief von 30 Dollar gefallen war, flossen rund 60 Milliarden Dollar von Anlegern in die Frackingfirmen. Das war fast doppelt so viel wie die Branche 2011 an frischem Kapital erhalten hatte – obwohl damals der Ölpreis bei 110 Dollar pro Barrel gelegen hatte. Die Anleger kauften Aktien, das meiste war jedoch geliehenes Geld – vor allem Junk Bonds, aber auch alle Arten von Krediten. Insgesamt haben die Fracker rund 300 Milliarden Dollar an Schulden angehäuft, seit die Schieferrevolution begonnen hat. Das ist mehr, als Chile in einem Jahr erwirtschaftet.

Wie einst beim Dotcom-Boom liebte die Wall Street die Geschichte vom Wachstum. Ob die Unternehmen je Gewinne abwerfen würden, war zweitrangig. Es war nicht einmal von Belang, ob sie den Schuldenberg jemals abbauen würden. Das Geschäft der Wall Street geht ja nicht darum, langfristig die US-Energieversorgung zu finanzieren, sondern lediglich Aktien mit einem »Upward Potential« zu haben oder Kredite und Anleihen, die sich an Pensionskassen oder Stiftungen losschlagen lassen. Und die Fracker nahmen das Geld und bohrten, bohrten, bohrten. So überschwänglich waren die Finanziers, dass es den Frackern schließlich sogar unheimlich wurde. »Das größte Problem unserer Branche seid ihr, Jungs«, verblüffte Al Walker, der Chef von Anadarko Petroleum bei einer Konferenz 2017 seine Zuhörer. Investoren, so Walker, würden nur Wachstum belohnen, nicht Effizienz. Und so trieben sie die Fracker dazu, Quellen zu erschließen buchstäblich um jeden Preis. Wie Alkoholiker, denen der

Barkeeper immer noch einen nachgießt. Um von der Wachstumssucht loszukommen, müssten die Investoren die Fracker zwingen, auf Kostendeckung und schließlich auf Gewinne hinzuarbeiten. »Wir brauchen eure Hilfe, es ist wie bei den Anonymen Alkoholikern«, appellierte der Anadarko-Chef.

Walkers Wunsch ging in Erfüllung. Die Wall Street hat die Fracker mittlerweile auf Entzug gesetzt. 2018 investierten sie gerade noch drei Milliarden in Öl- und Gasaktien – nur ein Bruchteil der Summe, die sie im Krisenjahr 2016 in Papiere des Sektors gesteckt hatten. »Die einst so starke Verbindung zwischen Wall Street und der Frackingbranche ist brüchig geworden«, urteilte das *Wall Street Journal* im Frühjahr 2019.[1] Und auch die Analysten der Energieberatungsfirma Enercom stellten in ihrem Newsletter fest: »Wall Street dreht Öl & Gas den Hahn zu.« Bei Börsendebüts von Frackern lehnten Investoren, die sich kurz zuvor noch überboten, um sich Anteile an vielversprechenden Börsenneulingen zu sichern, nun dankend ab. So wenige Öl- und Gasfirmen trauten sich an die Börse wie zuletzt 2003, noch bevor Frackingvater Mitchell seinen technologischen Durchbruch erreichte. Auch bei den Banken, einst willige Geldgeber, mussten viele Finanzchefs der Branche plötzlich feststellen, dass sie Persona non grata geworden waren. Das lag auch daran, dass die Regulierer schließlich auf die Bremse traten. Sie fürchteten, dass die Banken statt auf Wackelhypotheken wie einst bei der Immobilienkrise nun auf Zitterdarlehen für Öl- und Gasunternehmen sitzen bleiben würden. Unternehmen, deren Schulden das Dreieinhalbfache des Einkommens überschritten, gelten als »angeschlagen« und müssen von der Bank entsprechend durch höhere Rücklagen abgesichert werden. So bestimmte es das US-Finanzministerium noch unter Obama. Das macht Darlehen zumindest an die am höchsten verschuldeten Frackingfirmen unattraktiv.

Da fehlte gerade noch, dass sich das Superfracking, auf das die Branche fest gesetzt hatte und in das sie Hunderte Millionen investiert hatte, vorsichtig ausgedrückt als problematisch herausstellte. Die Idee, eine Förderplattform zu erstellen und darunter möglichst viele Quellen anzulegen, hatte eine bestechende Logik. Leider zeigte es sich, dass häufig die Geologie nicht mitspielt. Die Fracker bekamen ein »Eltern-Kind«-Problem. Nicht nur, dass die zusätzlichen

Quellen – die »Kinder« – weniger ergiebig sind. Geraten die Bohrungen zu nahe aneinander, können die »Kinder« – ganz wie im wirklichen Leben – die Produktivität der Eltern senken. Das mindert die Produktion, teilweise um bis zu 50 Prozent. Superfracking »turned out to be a bust« in den Worten des *Wall Street Journal,* was mit Enttäuschung nur unzureichend wiedergegeben ist.[2] Als Beispiel nennt das Finanzblatt Laredo Petroleum, ein Fracker im Permian, der angekündigt hatte, gleich 32 Quellen auf eine Förderplattform zu quetschen. Die Anleger zeigten sich begeistert, der Marktwert Laredos stieg auf drei Milliarden Dollar. Wenige Monate später, im November 2018, musste Laredo einräumen, dass die Quellen 11 Prozent weniger produzierten als den Anlegern versprochen. Um das Eltern-Kind-Problem zu vermeiden, will das Unternehmen nun nur noch 16 bis maximal 24 Quellen pro Plattform drillen. Den Anlegern gefiel das überhaupt nicht. Die Entscheidung, die Quellen so dicht zu setzen, habe die Anteilseigner enorm gekostet, beschwerte sich etwa die Beteiligungsgesellschaft SailingStone Capital Partners, einer von Laredos größten Anteilseignern. Tatsächlich war der Marktwert um 75 Prozent auf 800 Millionen Dollar eingebrochen, nachdem Laredo das Eltern-Kind-Problem eingestanden hatte. Laredo ist kein Einzelfall. »Wenn es nicht einen massiven technologischen Durchbruch gibt, dann werden die Kinderquellen weniger abwerfen«, zitiert das *Wall Street Journal* Robert Clarke, Analyst beim Energiemarktforscher Wood Mackenzie. Das bedeutet jedoch, dass Tausende neuer Quellen nicht so viel abwerfen wie von den Frackern versprochen.

Nun ist die Geschichte von Öl und Gas voll von unwahrscheinlichen Durchbrüchen. Aber der technologische Rückschlag kommt zu einer Zeit, in der die Aufmerksamkeit der Wall Street weitergewandert ist. Nicht mehr Fracker und ihre Stunts auf dem Ölfeld sind nun heiß, sondern Kryptowährungen und künstliche Intelligenz.

So müssen diese kleineren »Independents«, die nicht zu einem der großen Energiekonzerne gehören, auf Veranstaltungen wie der im Sheraton in New York die verbliebenen aktiven Investoren auf sich aufmerksam machen. Ihre CEOs versprechen Schürfrechte in Toplagen, ihre Finanzchefs Disziplin und einen »laserscharfen Fokus« auf das Interesse der Aktionäre. Beim Lunch hält ein Experte von IHS, einer Beratungsfirma, einen Vortrag. Der hebt die Stimmung im Speisesaal, indem er den Frackern vorhersagt, in den kommenden Jahren trotz des milliardenschweren Vordringens von Big Oil im Permian und anderswo die US-Ölproduktion zu dominieren. Dann hat er allerdings ein paar warnende Worte. Um die Quellen weiter sprudeln zu lassen, müssen die Fracker 100 Milliarden Dollar im Jahr an frischem Kapital auftreiben. Das ist eine Menge Kapital, selbst für Wall-Street-Verhältnisse. Die Anwesenden nicken wissend und löffeln ihre Burrata mit Favabohnencreme und Fenchelpollen. Und dann verschlucken sie sich beinahe, was nicht an den Pollen liegt. Der Experte hat plötzlich begonnen, vom Klimawandel zu sprechen. Damit nicht genug, beschwört er die Gefahr, die die Branche noch heftiger zu ignorieren versucht: Die Gefahr, dass sich all die Schürfrechte, die Ölquellen und die Fördertürme in die finanzielle Version von totem Holz verwandeln könnten. Wie immer hat die Wall Street einen Begriff, der das Ganze wesentlich harmloser klingen lässt. Dort heißen die wertlos gewordenen Vermögenswerte Stranded Assets. Da denkt man an einen Wal, den es an den Strand verschlagen hat. Doch diesen Wal wollen die Naturschützer auf gar keinen Fall wieder zum Schwimmen bringen.

Stranded Assets: Die Hoffnung der Klimaschützer

Stranded Assets ist der Begriff für die Entwertung. Gemeint ist, dass die Welt durch Einsparungen beim Verbrauch und den Ausbau von erneuerbaren Energiequellen fossile Brennstoffe zunehmend überflüssig und vergleichsweise teuer macht. Gleichzeitig sollen immer strengere gesetzliche Emissionsbeschränkungen den Einsatz von fossilen Brennstoffen immer weiter senken. Damit würden nicht nur Industrieanlagen und Infrastruktur obsolet, auch die Vorkommen an Kohle, Öl und Erdgas, die noch im Boden stecken, wären praktisch überflüssig. Die Klimaschützer haben sogar ein verbleibendes »Kohlenstoffbudget« für die Welt ausgerechnet. Wenn etwa die Ziele des Pariser Klimaabkommen erreicht werden sollen, die Erderwärmung auf 1,5 beziehungsweise zwei Grad Celsius zu beschränken, dann würde dies bedeuten, dass rund ein Drittel des

Erdöls, die Hälfte des Erdgases und 80 Prozent der Kohlevorkommen nie gefördert werden dürfen. Damit wären sie für die Eigentümer wirtschaftlich wertlos. Hört man Klimaschützer und Vertreter von internationalen Gremien und Organisationen wie der UN oder der EU auf Veranstaltungen oder liest ihre Studien, dann klingt es, als ob es nur noch eine Frage der – eher kurz bemessenen – Zeit ist, bis Tausende Milliarden an Vermögenswerten der Ölkonzerne, Chemiefabrikanten und Kohleminenbetreiber abgeschrieben werden müssen. Ihre Aktionäre täten deshalb gut daran, jetzt schon ihr Kapital aus diesen Unternehmen abzuziehen oder dem Klimaruin entgegen zu sehen. Der *Tipping Point*, wenn Politiker aufhörten, grüne Energiequellen als teure Subventionsprojekte zu sehen und anfangen, fossile Brennstoffe mit einer Strafsteuer zu belegen, stehe kurz bevor, heißt es etwa in einer Analyse der Carbon Tracker Initiative vom Januar 2019.[3] Die Londoner Denkfabrik beschäftigt sich mit dem Klimarisiko in den Finanzmärkten. Die Autoren kommen zu dem Schluss, dass nicht nur die Kosten für Ökoenergie so weit gefallen sind, dass sie billiger als fossile Alternativen ist, sondern deren weitere Vorteile wie Energiesicherheit und soziale Gerechtigkeit den politischen Wandel herbeiführen werden. Länder, die sich dem Wandel hin zu einer »Entkarbonisierung« verweigerten, müssen demnach mit schwerwiegenden Konsequenzen rechnen, darunter nicht nur mehr Tote durch Umweltverschmutzung und technologische Überalterung, sondern nicht zuletzt »die Ächtung durch die internationale Gemeinschaft«. Dahinter steckt eine Theorie, die ein Investorennetzwerk namens UN Principles for Responsible Investment (UN PRI) entwickelt hat. UN PRI kam auf Initiative des damaligen UN-Generalsekretärs Kofi Annan 2005 zustande. Annan lud Vertreter großer institutioneller Investoren wie Pensionskassen, Investmentfonds und Stiftungen ein, sich Gedanken über nachhaltiges Anlegen zu machen. Anlagemanager, die insgesamt 83 Billionen Dollar verwalten, sollen die UN PRI-Prinzipien mittlerweile unterzeichnet haben.[4] Wie UN PRI einräumt, sind die Fortschritte seit der Unterzeichnung des Pariser Klimaabkommens 2015 nicht gerade überwältigend. Die grünen Vordenker umschreiben das vornehm mit einem »policy ambition gap« – dem fehlenden Antrieb bei der Umsetzung der neuen Regulierungen und Emissionsbeschränkungen.

Doch – so die Theorie – Faktoren wie zunehmende Wetterextreme und astronomische Versicherungskosten werden die Regierungen schließlich zwingen, aktiv zu werden und endlich mit der notwendigen Eile die versäumten Klimaregulierungen und den Wandel hin zu den Erneuerbaren umzusetzen. Nach der Inevitable-Policy-Response-Theorie, die das UN-unterstützte Netzwerk im Herbst 2018 vorstellte[5], wird das um das Jahr 2025 einsetzen. Der Wandel wird so schnell stattfinden, dass unvorbereitete Investmentmanager herbe Verluste durch Stranded Assets und überholte Strategien hinnehmen müssen. Das könnte eine Finanzkrise vom Ausmaß des Lehman-Debakels auslösen und bis zu vier Billionen Dollar vernichten – eine Summe, die dem Bruttoinlandsprodukt von Deutschland entspricht. So jedenfalls der alarmierende Befund einer Studie von Forschern aus den Niederlanden, Macao und Großbritannien, die im Juni 2018 von der Umweltorganisation Nature Climate Change veröffentlicht wurde. Weil Anleger weiterhin in fossile Brennstoffe investieren, entstehe eine gefährliche »Kohlenstoffblase«.[6] Andere Experten warnen vor einer Pipelineblase und einem Plastikboom. Vor allem die jüngere Generation lehne Plastik ab und weltweit gebe es immer mehr Verbote etwa von Plastiktüten, so eine Analyse des Center for International Environmental Law.[7] Deshalb sei der jüngste von den Frackern angetriebene Ausbau von Produktionskapazitäten für das Material eine gigantische Fehlinvestition. Sogar die kanadische Notenbank zeigte sich von drohenden Stranded Assets alarmiert. So könnte die Dekarbonisierung der Wirtschaft zum Einbruch der Öl- und Gassektoren führen, was zu Verkaufswellen von Aktien führen und eine generelle Destabilisierung des Finanzmarktes zur Folge haben könnte, erklärte die Bank of Canada im Mai 2018. Der erste Notenbanker, der mit solchen düsteren Mahnungen Schlagzeilen machte, war Mark Carney. Der Gouverneur der Bank of England hielt im Vorfeld des Pariser Klimagipfels 2015 eine Rede vor den britischen Versicherern Lloyd's of London, in der er die Klimagefahren für Unternehmen und Banken aufzählte. Carney war auch deshalb in der Lage, in der Finanzindustrie Gehör zu finden, weil er gleichzeitig der Chef des Financial Stability Board, dem internationalen Wachhund der Branche war. Doch nicht alle in der City zeigten sich überzeugt. Das sei definitiv ein politisches Thema, räumte ein an-

onymer Banker gegenüber der europäischen Ausgabe von *Politico*
ein, »Aber es gibt anderes, was uns nachts wach hält – Brexit etwa.«
Tony Yates, Professor an der University of Birmingham und selbst
einst bei der Bank of England, wies die Idee, dass Klimawandel ein
Problem sei, das einen systemischen Schock auslösen könne, zurück. Carneys Vorstoß diene wohl eher der Befriedigung von dessen Eitelkeit, lästerte der Professor gegenüber *Politico*.[8] »Es ist ein
sexy Thema, das die Notenbank grün und modern aussehen lässt.«
Jegliches finanzielle Risiko durch Klimawandel oder den Übergang
zu einer dekarbonisierten Wirtschaft werde jedoch nicht so schnell
auftreten. Es sei kaum vorstellbar, dass sich etwa die Umweltpoli-
tik so schnell verändere, dass zum Beispiel ein Ölkonzern seinen
Zahlungsverpflichtungen gegenüber der Bank plötzlich nicht mehr
nachkommen könne.

Vor allem aber wird es diese Zwangsläufigkeit nur geben, wenn
Regierungen und Gesetzgeber Beschränkungen für Treibhausgas-
emissionen strikt und überzeugend einführen. Auch eine CO_2-Ab-
gabe kann den Effekt haben, dass fossile Brennstoffe dadurch zu teuer werden und nicht mehr wettbewerbsfähig sind. Und es darf nicht
nur eine Regierung sein, die die Vorgaben ändert, sondern es müsste
zumindest von den G20 mehr oder weniger parallel eingeführt werden. Doch danach sieht es derzeit nicht aus. Im Gegenteil. Trumps
Umweltministerium machte im Juni 2019 Obamas Clean Power Plan
rückgängig, der nach und nach eine Reduzierung des CO_2-Ausstoßes
bei der US-Stromerzeugung vorsah. Umweltminister und Ex-Kohle-
lobbyist Andrew Wheeler löste die Klimaschutzmaßnahme mit dem
Affordable Clean Energy Plan ab, der laut Wheeler immer noch für
saubere Energie sorgen wird, aber eben zu »bezahlbaren« Preisen.
Dafür werden die Abgasvorschriften so geändert, dass sie günstig für
Kohlekraftwerke wirken. Das Umweltministerium erhofft sich sogar,
dass neue Kohlekraftwerke durch Trumps »Bezahlbare und Saubere
Energie«-Plan gebaut werden. (Es kann allerdings dauern, bis Trumps
Hilfe für die Kohle ankommt. Umweltschützer und der Bundesstaat
New York kündigten noch am selben Tag eine Klage gegen den Plan
an.) Aber auch der Kohleausstieg in Deutschland ist bisher nur eine
Ankündigung, bis 2038 sind noch einige Legislaturperioden, die der
Plan überstehen muss. Ein Ausstieg vom Ausstieg ist keineswegs un-

denkbar, man denke nur an das Atomaus, das von wechselnden Regierungen bereits mehrmals rückgängig gemacht worden ist.

Mit höheren Steuern auf Benzin und Diesel sowie Strom- und Gas versuchte Frankreichs Präsident Macron genau die Umsteuerung, die notwendig wäre, um die Wirtschaft zu überzeugen, dass die Politik entschlossen ist, von fossilen Brennstoffen wegzukommen. Doch nachdem Zehntausende Demonstranten in gelben Warnwesten wochenlang und zum Teil gewalttätig auf die Straße gingen, zuckte Macron zurück. Die Maßnahmen wurden ausgesetzt. Es sind aber eher selten Demonstrationen, die Volksvertreter zum Einknicken bewegen. Die Wirtschaft hat andere Methoden. In Brüssel etwa sind laut der gemeinnützigen Initiative LobbyControl etwa 25 000 Lobbyisten gemeldet.[9] Zwei Drittel davon arbeiten im Auftrag eines Unternehmens. Mit einem Jahresetat von 12 Millionen Euro lag die Chemiebranche im Berichtszeitraum ganz vorn bei den Ausgaben für die Einflussnahme.

Das Geld fließt nicht vergeblich. Im Schnitt finden 70 Prozent der veröffentlichten Treffen der EU-Kommission mit Unternehmensvertretern statt, stellte die Organisation in ihrem Lobbyreport 2019 fest. Das heißt, Umweltgruppen, Gewerkschaften, Verbraucherschützer und andere Vertreter der Zivilgesellschaft haben Schwierigkeiten, ausgewogen gehört zu werden. Zu den Top Ten der EU-Generaldirektionen, die sich sogar zu 75 Prozent mit Wirtschaftsvertretern trafen, gehören unter anderem Energie und Transport. Weiter heißt es in dem Report: »Auch wenn die EU-Kommission Expertise einholt, sind Unternehmen ganz wichtige Ansprechpartner für sie. Zu häufig haben dann diejenigen entscheidendes Mitspracherecht, die eigentlich reguliert werden sollen.« Ein Beispiel: Die Expertengruppe, die die EU-Kommission dabei unterstützen sollte, realistischere Abgastests für Fahrzeuge zu entwickeln, bestand laut LobbyControl zu 70 Prozent aus Vertretern der Automobilindustrie. Manchmal sind es auch die Regierungen der einzelnen Mitgliedsstaaten, die sich zugunsten ihrer heimischen Industrie in Brüssel einsetzen. So kritisiert die Organisation, dass die Bundesregierung unter anderem wirksame Abgastests verwässert oder verzögert hat. Ein Resultat, das den Autobauern in München, Stuttgart und Wolfsburg sicher gefallen hat.

Gegenüber dem, was Unternehmen in Washington ausgeben, um Einfluss auszuüben, sind die Brüsseler Etats allerdings Kleingeld. Allein im Jahr 2018 beliefen sich laut der Datenbank von Open Secrets, einer gemeinnützigen Organisation, die Ausgaben für Lobbying der US-Öl- und Gasindustrie auf 125 Millionen Dollar.[10] Zu den Unternehmen, die am meisten für die professionellen Einflüsterer ausgaben, gehörten Exxon Mobil, Koch Industries und Chevron. Darüber hinaus spendeten Branchenvertreter laut Open Secrets weitere 84 Millionen Dollar an Kandidaten, Parteien und andere politische Organisationen. Der überwiegende Teil der Spenden floss an Kandidaten und Organisationen der Republikaner.[11]

Die Lobbyisten haben auch deshalb wohl leichteres Spiel, weil die Klimaziele – bisher zumindest – kaum mehr als Versprechen und Ankündigungen sind. Es braucht nicht einmal besonders heftigen Gegenwind. Kurz nach der Europawahl im Mai, aus der vor allem die Grünen gestärkt hervorgingen, scheiterte der Versuch der EU-Regierungschefs, sich auf 2050 als Termin für die Klimaneutralität für den Block zu einigen. Vor allem die osteuropäischen Länder Polen, Tschechien und Ungarn wollten ihre Kohle nicht so schnell aufgeben. Man einigte sich darauf, ein konkretes Datum einfach wegzulassen. Alles, was von dem ehrgeizigen Klimazielen blieb, war eine Fußnote. In der hieß es, »eine große Anzahl« von Mitgliedstaaten wolle es bis 2050 versuchen.[12]

Vor allem aber hat Präsident Trump spektakulär vorgeführt, dass all die mühsam ausgehandelten Abkommen und Vereinbarungen mit dem nötigen politischen Eigenwillen eines Populisten wieder vom Tisch sind.

Money makes the world go green?

Abgesehen von der Politik gibt es nur noch eine Macht, die tatsächlich dafür sorgen könnte, dass Öl, Gas und Kohle bald zu Fossilien des Industriezeitalters werden: ihre Geldgeber.

Wenn Banken und Investoren den Förderfirmen und Minenbetreibern kein Kapital mehr zukommen lassen würden, wäre die Branche bald vor dem Aus. Vor allem die Fracker mit ihrem stetigen Milliardenbedarf an frischem Cash sind verwundbar. Doch es sieht nicht danach aus, als ob die Finanziers der Branche den Rücken kehren würden. Im Gegenteil.

Vor dem Pariser Klimagipfel versprachen die globalen Finanzkonzerne, dem Klimaschutz finanziell beizustehen. Als Trump das Pariser Abkommen aufkündigte, erklärte Jamie Dimon, Chef der größten US-Bank JP Morgan Chase öffentlich, er sei mit der Entscheidung des Präsidenten nicht einverstanden. »Wir haben eine Verantwortung, unsere Volksvertreter dazu anzuhalten, konstruktiv zusammenzuarbeiten und sich für Maßnahmen einzusetzen, die Menschenleben und unsere Umwelt schützen«, schrieb er in seiner Stellungnahme.[13]

Doch ausgerechnet sein Institut gehört zu den größten Finanziers fossiler Brennstoffe. Seit dem Klimaschutzabkommen hat die Bank unter seiner Führung 196 Milliarden Dollar an die fossile Brennstoffindustrie ausgereicht. Insgesamt flossen seit dem Pariser Abkommen 1,9 Billionen Dollar von den 33 Top-Finanzkonzernen in die Branche.[14] Das ist fünfmal so viel wie der deutsche Bundeshaushalt. Das meiste kommt von US-amerikanischen Banken – neben JP Morgan sind es die kalifornische Wells Fargo, die Citigroup und Bank of America. Auch Goldman Sachs und Morgan Stanley sind dabei. (Alles Namen, die noch aus der Finanzkrise geläufig sind.) In Europa gehört die britische Barclays Bank mit 85 Milliarden Dollar zu den aktivsten Geldgebern von Öl und Gas. Aber auch die Deutsche Bank ist mit immerhin 54 Milliarden Dollar dabei. Das ergab der Bericht von BankTrack.[15] Die Initiative hat es sich zur Aufgabe gemacht, die Aktivitäten der Finanzbranche im Zusammenhang mit Klimaschutz zu beobachten. »Allgemein ergibt sich das Bild, dass die Finanzinstitute dem Klimadesaster Vorschub leisten«, so das Fazit der Untersuchung. Dabei schrecken die Institute auch vor den dreckigsten Projekten offenbar nicht zurück. So verschafften die Banker Unternehmen, die im kanadischen Ölsand aktiv sind, über 70 Milliarden Dollar an Finanzierungen. Auch vor der Unterstützung von Förderfirmen, die die Erschließung von Öl- und Gasvorkommen in der fragilen Umwelt der Arktis vorantreiben, machten die Institute nicht halt. Die Deutsche Bank war mit knapp einer Milliarde Dollar ebenfalls dabei. Die britische HSBC sowie die französischen Banken Société Général und BNP Paribas haben laut BankTrack immerhin ausgeschlossen, Unternehmen zu finanzieren, die sich an der Erschließung des bisher unberührten Schutzgebietes Arctic National Wildlife Refuge zu beteiligen, das die Trump-Regierung mit großer Priorität für die Bohrplattformen und Pipelines öffnen will. Die Fracker erhielten über die drei Jahre von 2016 bis 2018 rund 215 Milliarden Dollar, das meiste von Wells Fargo, JP Morgan und Bank of America. Für die Deutsche Bank verzeichnete BankTrack immerhin sechs Milliarden Dollar für Frackingfirmen. Auf dem ersten Platz landeten die Frankfurter aber als Hausbank für den Energieversorger RWE, der für den Braunkohleabbau den Jahrhunderte alten Hambacher Forst vernichten will. Auf Platz zwei der RWE-Banken fand sich die Schweizer Credit Suisse, während BNP Paribas auf Platz drei landete. Auch Goldman Sachs und die UBS machten in den Jahren 2016 bis 2018 Bankgeschäfte mit RWE.[16]

In der Finanzbranche gibt es den Ausdruck »Wall Street Walk«. Gemeint ist, dass Investoren, die mit dem Management eines börsennotierten Unternehmens nicht einverstanden sind, ihre Aktien abstoßen. Um ein Umdenken bei Vorständen und Aufsichtsräten auszulösen, bedürfte es geradezu eines Wall-Street-Exodus. Bisher gibt es aber nur einzelne Beispiele, wie etwa der New Yorker Pensionsfonds, der die Altersvorsorgegelder für die öffentlichen Angestellten des Bundesstaates New York verwaltet. Bis 2030 soll der Fonds, mit 210 Milliarden Dollar immerhin die drittgrößte öffentliche Pensionskasse in den USA, zu 100 Prozent in nachhaltige Investments investiert sein. Nachhaltig heißt in diesem Fall, dass die Anlagen mit dem Klimaziel von 1,5 Grad Celsius vereinbar sein müssen.[17]

Der eine Billion Dollar schwere norwegische Staatsfonds, der ironischerweise aus den staatlichen Öleinnahmen des Landes gespeist wird, hat nach einer längeren politischen Debatte entschlossen, sich aus Unternehmen zu verabschieden, die mehr als 30 Prozent ihres Umsatzes in irgendeiner Form mit Kohle machen.

Pensions- und Staatsfonds verwalten weltweit 30 Billionen Dollar und sind entsprechend einflussreich. Doch nur wenige haben klare Klimaziele.

Dabei ist es nicht so, dass die Wall Street das Thema ignorieren würde. Tatsächlich gehören ESG-Investments zu den am schnellsten wachsenden Sektoren. ESG steht für Environmental Social Governance. Die Anlageprodukte oder Wertpapiere sollen umweltverträglich, nachhaltig und sozial sein. Dazu gehören zum Beispiel Green Bonds, für die vor allem Deutschland der Finanzplatz werden möchte. Unternehmen, Kommunen oder ganze Länder finanzieren Umweltprojekte und Klimaschutzmaßnahmen über solche grünen Anleihen. Mehr als 260 Milliarden an solchen Schuldpapieren sind in den Jahren 2017 und 2018 ausgegeben worden, berichtete der Finanznachrichtendienst Bloomberg.[18] Die Niederlande gaben als erstes Land mit einem Triple AAA, der besten Kreditbewertung, eine Anleihe in Höhe von rund 6 Milliarden Euro aus. In nur zwei Stunden waren die Wertpapiere von Anlegern aufgeschnappt. Mit den eingesammelten Mitteln sollen staatliche Umweltmaßnahmen finanziert werden. Chile und der US-Bundesstaat Connecticut haben ebenfalls bereits Ökoanleihen ausgegeben. Auch die KfW-Bank, einst nach dem Krieg als Kreditanstalt für Wiederaufbau gegründet, gehört zu den aktiven Herausgebern. 2019 plante die staatliche Bank, über die die Bundesregierung förderungswürdige Projekte finanziert, rund sechs Milliarden Euro an grünen Bonds herauszugeben. Da will auch die deutsche Regierung selbst nicht zurückstehen. Die Finanzagentur liebäugelt mit einer grünen Bundesanleihe. Das *Handelsblatt* rügte das Vorhaben schon mal als »reine Symbolpolitik«, die Ökopapiere würden nicht zu mehr staatlichem Klimaschutz führen.[19] Auch das Deutsche Institut für Entwicklungspolitik, ein Thinktank zu Fragen globaler Entwicklung, zeigte sich 2017 in einer Studie mit dem bezeichnenden Titel *Grüne Anleihen: Ohne rosarote Brille betrachtet* eher skeptisch. Noch fehlten vor allem durchgängige Standards für die Finanzinstrumente. Bisher gilt, salopp gesagt, in vielen Fällen als grün, was von den Herausgebern der Wertpapiere als grün eingeschätzt wird.[20] Weil es keinen einheitlichen Standard für ESG gibt, steht auch nicht fest, wie groß der Anteil der ethischen, nachhaltigen Anlagen tatsächlich ist. Die Global Sustainable Investment Alliance oder GSIA, deren Mission es laut der Webseite ist »die Wirkung und die Sichtbarkeit von nachhaltigen Investmentorganisationen zu verstärken«, schätzt, dass sich ESG-Investitionen auf 31 Billionen Dollar belaufen. JP Morgan Chase dagegen ist weit konservativer und erkennt nur drei Billionen Dollar als »echte« ESG-Vermögenswerte an. Eine ganze Industrie von Beratern, Analysten und Organisationen müht sich derweilen, mehr Informationen dazu zu beschaffen. Auch das ist ein blühender Geschäftszweig. Und natürlich sind die Medien auf den Trend eingestiegen. ESG-Investieren habe einen Tipping Point erreicht, erklärte etwa Gillian Tett, viel gelesene Kolumnistin bei der *Financial Times*. »Die Geschichte zeigt, dass Revolutionen passieren, wenn die Mehrheit der Gesellschaft der Meinung ist, dass das Risiko an der Seitenlinie zu warten größer ist als das Risiko, dabei zu sein«, schrieb sie im Juni 2019.[21] Die Wall Street liebt ESG. Wie einst die Fracker und die Schieferrevolution nach der Finanzkrise stellen die drei Buchstaben wieder eine Gelegenheit dar, Kunden etwas Neues zu verkaufen. ESG sei die heißeste Abkürzung in der Branche der Vermögensverwalter, stellten auch die Reporter von *Reuters* fest.[22] Ein Grund dafür seien die demografischen Veränderungen. Die Millennial-Generation verlangt nicht nur nach nachhaltigen Lebensmitteln, sondern auch nach entsprechenden Geldanlagen. Die Babyboomer, die Generation, die jetzt in ihren Sechzigern und Siebzigern ist, erinnern sich an die Proteste ihrer Jugend und können ihr Engagement nun in Dollar oder Euro ausdrücken. »Vermögensverwalter preisen diesen Sektor entsprechend an, um diese Zielgruppen zu erreichen«, so das Fazit der *Reuters*-Reporter.

Auch bei BlackRock ist man auf das Interesse an ESG aufmerksam geworden. BlackRock ist nicht irgendein Vermögensverwalter. Es ist der mächtigste Investor der Welt. Die New Yorker verwalten über sechs Billionen Dollar. Das ist eine schier unvorstellbare Summe. 6 000 000 000 000. Das ist mehr als doppelt so viel wie die gesamte jährliche Wirtschaftsleistung Frankreichs. Eine solche geballte Finanzmacht hat es bisher noch nie gegeben. Jahrelang gelang es dem Unternehmen trotz seiner Dimension diskret im Hintergrund zu bleiben.[23]

In Deutschland änderte sich das allerdings, nachdem BlackRock den CDU-Politiker Friedrich Merz in den Aufsichtsrat des deutschen Ablegers holte. Weltweit gehört es zur Strategie des Unternehmens, gut vernetzte Politiker und Offizielle einzustellen. Diese Drehtür zwischen Politik und Geldverwalter funktioniert auch in die umgekehrte Richtung. Im Herbst 2018 trat Merz als möglicher Nachfolger von Angela Merkel an. Erst einmal ging es um den Parteivorsitz, aber mit der Aussicht, später für das Kanzleramt zu kandidieren. In seiner Eigenschaft als Kandidat forderte Merz unter anderem, die Deutschen sollten mehr in Aktien anlegen. Die Anlage in private Fonds wollte der Noch-BlackRock-Aufsichtsrat mit den Kanzlerambitionen sogar zur Bürgerpflicht machen. BlackRock sah sich zuletzt auch im medialen Scheinwerferlicht in der Debatte um die Wohnungsnot. Die New Yorker gehören zu den führenden Anteilseignern deutscher Wohnbaugesellschaften wie etwa der Vonovia, die wegen ihrer Geschäftspraktiken wie schlechtem Service, teurer Modernisierung und fehlerhaften Nebenkostenabrechnungen in die Kritik geraten ist.

Überhaupt gibt es keine Branche, keinen Markt und nur wenige Länder, in denen BlackRock nicht aktiv ist. Der Vermögensverwalter ist an Tausenden Unternehmen weltweit beteiligt, oft gehören seine Fonds zu den Top Ten der Anteilseigner. Gerne spricht Larry Fink, der BlackRock 1988 gestartet hat, von der großen Verantwortung, die damit einhergehe. Anfang jedes Jahres landet bei den Chefs von Großkonzernen ein Brief von ihm mit vielen mahnenden Worten im Briefkasten. Der wird natürlich auch gerne an die Medien gespielt. »Um zu gedeihen, muss ein Unternehmen nicht nur finanzielle Resultate liefern, sondern auch zeigen, dass es einen positiven Beitrag zur Gesellschaft leistet. Unternehmen müssen all ihren Interessengruppen dienen, darunter Aktionäre, Mitarbeiter, Kunden und das Umfeld, in dem sie tätig sind«, schrieb Fink in einem viel beachteten Schreiben 2018.[24] Auf der deutschen Webseite heißt es unter der Überschrift »Nachhaltiges Investment«: »Langfristiges Denken und Handeln spielt für uns eine wichtige Rolle, nicht nur im alltäglichen Geschäft, bei der Auswahl und Verwaltung der Anlagen und Betreuung unserer Kunden, sondern auch in unserem Bestreben, der Gesellschaft, in der wir und unsere Kunden leben, etwas zurückzugeben.«[25]

Dabei kann das Unternehmen das Nützliche mit dem Angenehmen verbinden. Die Hälfte aller Großinvestoren in Europa will bis

2025 mehr als die Hälfte ihres Kapitals nach ESG-Kriterien anlegen, so eine Befragung des Finanzanalysten Greenwich Associates. Das heißt, die Nachfrage wächst rasant.[26] Bisher allerdings sind nur 28 BlackRock-Fonds nach ESG-Kriterien investiert – von insgesamt 800 Fonds, die das Unternehmen anbietet. Aber BlackRock erwartet, dass die Einlagen in seinen ESG-Fonds von heute 12 Milliarden Dollar sich bis 2028 auf 250 Milliarden verzwanzigfachen.

Doch so eindrucksvoll diese Summen klingen, die Internationale Energieagentur IEA schätzt, dass es pro Jahr mindestens eine Billion Dollar an Investments kosten dürfte, um den Übergang zu einer nachhaltigen Wirtschaft zu schaffen.

Und so begrüßenswert die Ansätze von Fink & Co auch sein mögen – sie können nicht darüber hinwegtäuschen, dass BlackRock neben den grünen Fonds auch Fonds hat wie den iShares US Oil & Gas Exploration & Production, einem »exzellenten Investment für risiko-averse Ölinvestoren« wie ihn die Finanzwebseite *Motley Fool* beschreibt. Angelegt war der Fonds im Juni 2019 zu fast 40 Prozent in Ölkonzernen wie ConocoPhilips, dem Fracker Pioneer Natural Resource, dem Raffinerieriesen Valero sowie EOG, der ehemaligen Öl-und-Gas-Tochter des 2001 nach einem Buchhaltungsskandal spektakulär implodierten Energieriesen Enron. Tatsächlich ist BlackRock zuletzt mehr und mehr ins Visier der Umweltschützer geraten. »BlackRock ist der größte Verursacher von Klimazerstörung auf dem Planeten«, behauptet etwa die Initiative BlackRock's Big Problem, die auch Proteste vor dem New Yorker Hauptquartier des Finanzriesen organisiert hat. Dahinter steht ein Netzwerk von Organisationen wie Friends of the Earth, Amazon Watch, Divest Network und dem Sierra Club, dem größten Naturschutzverbund der USA. Nicht nur ist BlackRock laut der Webseite der Big-Problem-Initiative[27] einer der führenden Investoren in Öl- und Gasunternehmen, sondern auch ganz vorne mit dabei bei der Erschließung neuer Kohlevorkommen sowie der größte US-Anleger, der für die Vernichtung des Regenwalds mitverantwortlich ist.

Das »dicke Problem« für BlackRock ist, dass sein Geschäftsmodell dieses Engagement geradezu unvermeidlich macht. Das liegt an einem fundamentalen Wandel an der Wall Street, dem scheinbar unaufhaltsamen Aufstieg der Indexfonds.

ETF: Die erfolgreichste Innovation seit dem Geldautomaten

Indexfonds begannen wie viele Geschichten der Wall Street mit einer guten Idee. 1976 startete John Bogle, ein bis dahin nahezu unbekannter Vermögensverwalter aus Philadelphia, einen Fonds, dessen Portfolio den Aktienindex S&P 500 nachbildete. Das heißt, Bogles Fonds kaufte Aktien aller Unternehmen, die nach Umsatz und Börsenwert zu den 500 wichtigsten US-Unternehmen zählen. Es gibt viele Indizes wie den S&P 500, die sich auf nationale Märkte oder einzelne Branchen beziehen, in Deutschland etwa den Deutschen Aktienindex Dax. Ursprünglich sollten sich damit die Aktien einzelner Unternehmen vergleichen lassen. Bogle stellte nun einen Fonds aus den Aktien dieser Listen zusammen und investierte das Geld von Anlegern auf diese Weise. Das hat viele Vorteile: Es ist nicht nötig, sich mit einzelnen Unternehmen und deren Aussichten ausführlich zu beschäftigen – eine Aufgabe, die vor allem Kleinanleger in der Regel überfordert. Und es muss auch kein Finanzprofi dafür bezahlt werden. Bogles Indexfonds wurden ein großer Erfolg – zumal viele Vergleiche Bogles Annahme bestätigen, dass Anleger mit ihnen langfristig besser abschneiden als mit Fonds, die Finanzmanager aktiv führen, indem sie versuchen, Wertpapiere zu kaufen und zu verkaufen und besser zu sein als der Markt. Wer etwa an das Potenzial der Biotechnologie glaubt, aber nicht auf einzelne Unternehmen setzen will, kann nun den entsprechenden Branchenindex kaufen. Dadurch können zum Beispiel Rentner so breit anlegen, wie es bis dahin nur Multimillionären und Pensionskassen vorbehalten war.

An der Wall Street entwickelten Finanzingenieure Bogles Konstrukt allerdings bald weiter. Oder, wie Bogle, der bis zu seinem Tod im Januar 2019 mit 90 Jahren ein Kritiker blieb, gerne schimpfte: Sie verkomplizierten es, weil es ihnen zu wenig Gelegenheit zum Abkassieren bot. So wurden die ETFs erfunden – Indexfonds, deren Anteile an der Börse wie Aktien gehandelt werden können. Damit bot sich den Händlern wieder die Möglichkeit, mit OPM – Other People's Money – zu jonglieren. Es gibt außer dem Geldautomaten wohl kein Finanzprodukt, das bei den Kunden derart eingeschlagen hat. Im Mai 2019 erreichten die passiven Fonds knapp sechs Billionen Dollar. Noch lagen die aktiv gemanagten Fonds mit sieben Billionen vorn. Doch bis 2021 wird sich das Verhältnis von aktiv geführten Fonds zugunsten der Indexfonds umgekehrt haben, so die Prognose der Ratingagentur Moody's.

Passiv anlegen heißt inzwischen überwiegend »in ETFs« anlegen. Und der führende Anbieter von ETFs weltweit ist BlackRock. Das erklärt, warum BlackRock an Tausenden Unternehmen beteiligt ist und eben auch an denjenigen, die von den Umweltschützern als klimazerstörend angeprangert werden. Solange Anleger die entsprechenden Indexfonds mit diesen Unternehmen kaufen, wird auch BlackRock bei dem Investment in die unterliegenden Aktien bleiben. Allerdings könnte der Gigant mehr tun, um die Welt in Richtung Nachhaltigkeit zu bewegen. Nach Analysen der Big-Problem-Umweltorganisatione hat BlackRock absolut gesehen die höchsten Anlagen in fossile Brennstoffvorkommen. Die New Yorker sind über ihre Fonds auch die größten Investoren in Kohlekraftwerke. Rund 11 Milliarden Dollar haben BlackRock-Fonds in Unternehmen gesteckt, die neue Kohlekraftwerke bauen, so die Analyse von Coalexit, einer Initiative, die von der deutschen Umweltorganisation Urgewald angeführt wird. Coalexit hat die Anlagen von über 1 000 Großinvestoren auf frisches Kapital für Kohle überprüft. BlackRock landete auf dem ersten Platz. (Auf Platz 2 der staatliche japanische Pensionsfonds.)[28] »Fairerweise muss man sagen, dass dieses Engagement durch BlackRocks passive Investmentfonds getrieben wird, die traditionellen Indizes folgen«, schreiben Analysten für das World Resources Institute, einem Öko-Thinktank in Washington.[29]

Aber, so die grünen Vordenker, BlackRock könnte zumindest aufhören, Fonds anzubieten, die Indizes mit besonders vielen Klimasündern abbilden. »Das dürfte allerdings unwahrscheinlich sein, solange Kunden diese Produkte verlangen«, schließen die Analysten resigniert in ihrem Bericht. So sieht es ganz danach aus, als ob Kohleminen, Ölkonzerne und Fracker ihre Billionen an neuem Investment bekommen werden. Grüne Geldanlagen sind nur ein Angebot für eine bestimmte Zielgruppe, eine Geschmackssorte im Sortiment. Ähnlich wie die Politiker, die von niemandem Opfer verlangen wollen, stützen die Finanziers auf diese Weise den Status quo.

UND WAS JETZT?

Das Diorama des neuen Ölzeitalters ist nun in all seinen Facetten ausgebreitet. Doch anders als im Petroleum Museum in Texas zeigt es nicht die Urwelt, die sich nicht mehr ändern lässt. Es zeigt die Gegenwart. Und Hinweise auf eine Zukunft, die wir alle als Konsumenten, Wähler und Anleger in der Hand haben.

2019

Die Ausläufer des Ölbebens ziehen sich um den Globus. Sie erreichen auch Deutschland. Sie treffen unsere Sicherheit, unsere Energieversorgung, unsere Arbeitsplätze. Sie werden fundamentale Veränderungen mit sich bringen. Weitgehend unbemerkt vom Rest der Welt haben die Fracker im einsamen Westen von Texas mit ihren sprudelnden Ölquellen die Annahme hinweggepült, dass unsere Wirtschaft durch das langsame Versiegen des schwarzen Rohstoffs zwangsläufig grüner und nachhaltiger werden würde. Statt des Sachzwangs, der die Energiewende bringt, kommt es jetzt auf den politischen Willen an. Ist das schon eine historische Herausforderung, ist gleichzeitig die geopolitische Balance durch die Schieferrevolution grundlegend erschüttert. Schon vor der Wahl von Donald Trump begannen sich die USA von den westlichen Institutionen abzuwenden, die ausgerechnet Washington über Jahrzehnte aufgebaut hatte. Trump hat diese Abkehr mit seiner nationalistischen Politik lediglich potenziert. Auch hierbei spielt der neu gefundene Öl- und Gasreichtum des Landes eine entscheidende Schlüsselrolle. Trumps fixe Idee der Energiedominanz hat das Verhältnis zu Freund und Feind neu definiert. Und er trifft damit auf einen Energiemarkt, der so volatil ist wie seit den 1970er Jahren nicht. So sehr die Industrieländer die OPEC fürchteten, das Kartell brachte doch – wie einst Rockefellers Standard Oil – ein gewisses Maß an Berechenbarkeit und Stabilität in die Ölwelt. Der Bedeutungsverlust der OPEC kann nur noch durch die OPEC plus I – im Zusammenspiel mit Russland – gebremst werden, verhindert lässt er sich nicht. Auch das ist das Werk der Fracker. Vor allem aber wird der immer noch wachsende Energiedurst der Chinesen die Neuordnung in den kommenden Jahren bestimmen. Ein Land, das hin- und hergerissen ist zwischen raschem Wachstum, um die junge Generation zu befriedigen, und der gefährlichen Zerstörung ihrer Umwelt.

Und Europa findet sich zunehmend an den Rand gedrängt. Im großen Energiemachtspiel, das immer noch von den fossilen Brennstoffen bestimmt wird, können die Europäer weder als Anbieter noch als Nachfrager dominieren.

Da könnte die Energiewende, der Abschied von Kohle, Öl und schließlich Gas, eine einmalige Chance sein, gerade für die wohlhabende Industrienation Deutschland. Hier gibt es nicht nur finanzielle Mittel, sondern auch das nötige technologische Know-how. Oder vielmehr gäbe es. Denn die Energiewende wird nicht ohne Verzicht und ohne Opfer gelingen. Sie wird umso schwerer sein, weil Deutschland in vielerlei Hinsicht alleine dastehen wird. Es ist eine Herausforderung, ähnlich dem Wiederaufbau nach dem Zweiten Weltkrieg, die die Anstrengung aller einfordern wird. Und selbst im besten Fall wird das Deutschland, das wir heute kennen, verschwinden.

2050

USA. 31.9453611,-103.0093889. Die Koordinaten führen auf immer schmaleren Straßen immer tiefer in eine karge steinige Landschaft, spärlich bewachsen mit Mesquitesträucher und Yucca. Wer ihnen folgt, landet schließlich vor den rostigen Silos einer ehemaligen Sandmine. Auf dem Weg dahin kommt der Besucher an vielen solcher verlassenen Überreste des Ölbooms im Permian in Westtexas vorbei. Chris Junior ist der Betreiber einer Solarfarm, die das Gelände aufgelassener Sandminen nutzt. Sein Vater hat noch als Ölarbeiter gearbeitet. »Wir waren Fracker, wir haben hier richtig Geld verdient«, sagt der 70-Jährige, der eine speckige rote Baseballkappe trägt, auf der man mit Mühe »Make America Great Again« entziffern kann. »Dass es hier mal so aussieht, hätte ich mir nicht träumen lassen.« Er meint die Windmühlen, die heute da stehen, wo einst die Fördertürme aufragten. Hochspannungsleitungen durchkreuzen die Wüste, verschwinden über den Horizont, dahin, wo die Städte im Landesinneren sind. Chris und sein Vater gehören zu einer Minderheit, die schon in der zweiten Generation in Midland zu Hause ist, das aufstrebende Zentrum der Region. Solar Center City – die Stadt im Zentrum des Sonnensystems, so nennt sich die einstige *Oil Town* inzwischen. Die meisten Arbeiter, die die Solarpanel und die Turbinen pflegen, kommen aus den Küstenregionen der USA, vor allem aus Florida. Die immer heftigeren Stürme und Überflutungen dort haben viele Anwohner vertrieben. Der Großteil der Klimaflüchtlinge ist in die neuen Metropolen im Landesinneren gegangen. Aber Arbeitsplatz- und Wohnungsmangel machen es für die Neuankömmlinge schwer, dort Fuß zu fassen. Zumal einige Städte keine Neubürger mehr akzeptieren. Zu den Industrien, die florieren, gehören Proteinfabriken. Sie stellen die Rohstoffe für den Fleischersatz her, der dann für Hamburger, Chicken Nuggets und ähnliche Produkte verwendet wird. Teurer und exklusiver ist das aus Zellen gezüchtete Fleisch, das dem ursprünglichen Geschmack und der Konsistenz am nächsten kommt. Sehr Wohlhabende leisten sich auch weiterhin Fleisch von geschlachteten Tieren, die in bioethischer Weise auf Farmen in der inzwischen menschenleeren Prärie gezüchtet werden. Einer der großen Rinderzüchter ist Jeff Bezos, der einst Amazon aufbaute, ein Unternehmen, das bis heute fast den kompletten Einzelhandel und weite Teile der Informationsbranche dominiert.

China. Die Nation wird immer wieder von Umweltaufständen erschüttert, weil sich die jungen Chinesen nicht mit den häufigen Krankheiten durch Luft- und Wasserverschmutzung abfinden wollen. Peking hat es versäumt, die Umstellung auf erneuerbare Energien und nachhaltige Industrien im nötigen Tempo durchzuziehen. Noch immer laufen Kohlekraftwerke, die im Westen seit Jahren komplett verbannt wurden. Bisher hat die Regierung in Peking die Proteste mit brutaler Härte unterdrückt. Doch Beobachter des Landes glauben, dass ein Umbruch kurz bevor steht. Niemand weiß allerdings, was die Pläne der Ökorebellen sind.

Saudi-Arabien. In Riad regiert der 64-jährige Mohammed bin Salman, kurz MBS genannt, nach dem Tode seines Vaters als absoluter Herrscher. Das Königreich gehört zu den wenigen verbliebenen Ölproduzenten. Die niedrigen Produktionskosten pro Barrel machen es den Saudis möglich, auch bei schwindender Nachfrage und sinkenden Preisen im Ölgeschäft noch Geld zu verdienen. Noch haben sich nicht in allen Ländern die E-Autos durchgesetzt. Auch die Chemieindustrie in China gehört noch zu den Abnehmern. Doch die Erlöse lassen sich nicht vergleichen mit den einstigen Reichtümern, die der Rohstoff dem Land brachte. Die grüne Megacity NEOM, die MBS einst plante und die das Königreich von der Abhängigkeit vom Öl befreien sollte, ist über die erste Bauphase nicht hinausgekommen. Ab und zu lässt sich MBS, der seit dem Beginn des seit zehn Jahren tobenden Bürgerkriegs kaum noch öffentlich auftritt, zu den Bauruinen fahren.

Deutschland. Die Küsten der Bundesrepublik umsäumen Offshore-Windparks. Auch an Land ist die Windkraft fast überall Teil der Landschaft geworden. Vor allem in den windreichen Bundesländern klagen Anwohner noch immer über die »Verspargelung« ihrer Heimat. Es sind jedoch nicht nur die Windräder, die sie stören. Daneben stehen oft Wasserstoffspalter. Die Anlagen, von denen es bereits Tausende im Land gibt, spalten mit Hilfe des Windstroms Wasser in Wasserstoff und Sauerstoff. Deutschlands Industrie ist führend in der Technologie. So gut wie jedes Dach im Land ist mit Solarpanelen gedeckt. Vogelschützer geben den Turbinen und den vielen Hektar an Solarmodulen mit ihrer glitzernden Oberfläche die Schuld am jährlichen Sterben der noch verbliebenen Zugvögel. Noch gibt es trotz aller Bemühungen keine Methode, die das Vogelsterben wirksam verhindern kann. Das Thema haben die Gelbwesten für sich entdeckt. Sie sind mittlerweile die stärkste Oppositionspartei im Land. Deutschland sei eine Ökodiktatur, behauptet ihre Parteichefin und Spitzenkandidatin. Autos und Urlaubsflüge könne sich nur die Klasse der Privilegierten leisten. »Für die meisten Bürgerinnen und Bürger bedeutet die Energiewende Verzicht – auf Mobilität, auf Freiheit«, sagte sie der *Zeit*. Vor allem die Massenarbeitslosigkeit in der Autoindustrie stelle das Land vor enorme Probleme. »Wir haben unsere wichtigste Industrie zerstört.« Besonders bitter sei die jüngste Übernahme von Daimler durch die chinesische BYD, so die Frontfrau der Gelbwesten. »Dabei geht es nur um die Marke Mercedes, das Schicksal des Unternehmens und der Beschäftigten ist den Chinesen egal.« Die Grünen, unter deren Regierung der massive Umbau der Wirtschaft erfolgte, feiern die Energiewende jedoch als Erfolg. »Es ist nicht ohne Opfer gegangen, aber wir können stolz sein auf das, was wir gemeinsam erreicht haben«, sagte Alt-Kanzler Robert Habeck bei den Feierlichkeiten zur »Energieneutralität 2050« in Berlin. Ohne die CO_2-Steuer wäre das allerdings nicht machbar gewesen. Zu der Veranstaltung ist auch Greta Thunberg angereist. Sie hatte einst als 16-Jährige mit der Fridays-for-Future-Bewegung vor allem die junge Generation für den Klimaschutz gewonnen. In ihrer Rede wies sie Kritiker der Energiewende zurecht. »Diese Leute müssen sich überlegen, wie die Welt aussehen würde, wenn wir all diese Veränderungen nicht geschafft hätten«, so die 47-jährige Schwedin. Und die Klimarevolution sei noch längst nicht zu Ende. »Wir müssen weitermachen, solange bis kein Kohlekraftwerk mehr qualmt, solange bis kein Verbrennungsmotor auf der Welt mehr knattert.«

Wie die Welt 2050 wirklich aussieht, ist offen. Fest steht, dass unsere Zukunft von unserer Energiepolitik bestimmt werden wird. Vielleicht wie nie zuvor in der Menschheitsgeschichte. Was sich mit Sicherheit sagen lässt: Sollten wir uns für die Energiewende entscheiden, dann wird auch das unser Leben und unsere Umgebung dramatisch verändern. Doch sollten wir sie nicht schaffen, dann werden wir unseren Planeten zerstören.

ANMERKUNGEN

Grün ist die Hoffnung

1 https://www.adidas-group.com/de/nachhaltigkeit/nachhaltigkeitsmanage ment/allgemeiner-ansatz/ (abgerufen am 1.7.2019)

2 https://de.fashionnetwork.com/news/Pfand-aufs-Paket-Zalando-soll-umwelt freundlicher-werden,1101677.html#.XRDsOLwZ43E (abgerufen am 1.7.2019)

3 https://www.beiersdorf.de/nachhaltigkeit/ueberblick (abgerufen am 1.7.2019)

4 https://www.lufthansagroup.com/de/verantwortung/klima-umwelt.html (abgerufen am 1.7.2019)

5 https://www.haribo.com/deDE/karriere/stellenmarkt/job/4991/title/assistent-in-corporate-social-responsibility.html (abgerufen am 1.7.2019)

6 https://www.spiegel.de/wirtschaft/unternehmen/strom-2018-gab-es-erstmals-mehr-als-40-prozent-oekostrom-a-1246124.html (abgerufen am 1.7.2019)

7 https://www.umweltbundesamt.de/daten/energie/stromerzeugung-erneuer bar-konventionell#textpart-3, https://www.umweltbundesamt.de/themen/kli ma-energie/erneuerbare-energien/erneuerbare-energien-in-zahlen (abgerufen am 1.7.2019)

8 https://www.wiwo.de/technologie/green/energie-oekostrom-anteil-in-deutsch land-2018-erstmals-ueber-40-prozent/23823074.html (abgerufen am 1.7.2019)

9 https://heizung.de/heizung/wissen/heizen-in-zahlen-daten-und-fakten-im-ue berblick/ (abgerufen am 1.7.2019)

10 https://www.theguardian.com/environment/2016/sep/03/breakthrough-us-china-agree-ratify-paris-climate-change-deal (abgerufen am 1.7.2019)

11 https://petroleummuseum.org/ (abgerufen am 1.7.2019)

12 https://www.smithsonianmag.com/travel/when-texas-was-bottom-sea-180953 653/ (abgerufen am 1.7.2019)

1 Mit Vollgas ins neue Ölzeitalter

1 https://www.npr.org/2017/06/01/531090243/trumps-speech-on-paris-climate-agreement-withdrawal-annotated (abgerufen am 1.7.2019)

2 https://www.umweltbundesamt.de/daten/energie/primaerenergiegewinnung-importe (abgerufen am 1.7.2019)

3 https://www.reuters.com/article/us-usa-oil-eia-outlook/u-s-oil-output-to-hit-new-record-above-13-million-bpd-in-2020-eia-idUSKCN1Q12C3 (abgerufen am 1.7.2019)

4 https://www.prnewswire.com/news-releases/us-chemical-industry-investment-linked-to-shale-gas-reaches-200-billion-300710371.html (abgerufen am 1.7.2019)

5 https://www.spiegel.de/wirtschaft/unternehmen/lng-deutsche-gaskunden-sollen-trumps-terminals-bezahlen-a-1258452.html (abgerufen am 1.7.2019)

6 https://www.csis.org/analysis/trade-war-hitting-fever-pitch (abgerufen am 1.7.2019)

7 Larry McMurtry: *Walter Benjamin at the Dairy Queen: Reflections at Sixty and Beyond* New York 1999

8 https://www.forbes.com/sites/rrapier/2017/02/12/the-worlds-hottest-oil-play/#55cdf6be1d33 (abgerufen am 1.7.2019)

9 https://www.houstonchronicle.com/business/energy/article/fracking-2018-american-crude-oil-production-12524642.php (abgerufen am 1.7.2019)

10 https://www.eia.gov/todayinenergy/detail.php?id=38732 (abgerufen am 1.7.2019)

11 https://www.houstonchronicle.com/business/energy/article/fracking-2018-american-crude-oil-production-12524642.php (abgerufen am 1.7.2019)

12 http://fortune.com/longform/permian-basin-oil-fortune-500/ (abgerufen am 1.7.2019)

13 https://www.usgs.gov/news/usgs-announces-largest-continuous-oil-assessment-texas-and-new-mexico (abgerufen am 1.7.2019)

14 https://www.mrt.com/news/article/City-has-had-many-nicknames-through-its-history-7425443.php (abgerufen am 1.7.2019, Seite aus Urheberrechtsgründen außerhalb der USA nicht aufrufbar)

15 https://www.mrt.com/news/article/Census-Bureau-Midland-posts-largest-population-13779066.php (abgerufen am 1.7.2019, Seite aus Urheberrechtsgründen außerhalb der USA nicht aufrufbar)

16 https://tshaonline.org/handbook/online/articles/fri30, https://tshaonline.org/handbook/online/articles/ryp02 (abgerufen am 1.7.2019)

17 https://aoghs.org/petroleum-pioneers/west-texas-petroleum/ (abgerufen am 1.7.2019)

18 https://www.newyorker.com/magazine/2000/10/16/a-place-called-midland (abgerufen am 1.7.2019)

19 https://www.mrt.com/news/article/MOTRAN-Midland-County-has-most-fa tal-crashes-in-13105919.php (abgerufen am 1.7.2019, Seite aus Urheberrechts-gründen außerhalb der USA nicht aufrufbar)

20 https://publicintegrity.org/environment/a-brief-history-of-bush-harken-and-the-sec/ (abgerufen am 1.7.2019)

21 http://www.texasescapes.com/ClayCoppedge/Big-Boom-of-1882.htm (abgeru-fen am 1.7.2019)

2 Fracking, bis die Erde bebt

1 https://www.wsj.com/articles/the-texas-well-that-started-a-revolution-15302700 10 (abgerufen am 1.7.2019)

2 https://www.economist.com/business/2013/08/03/the-father-of-fracking (ab-gerufen am 1.7.2019)

3 https://www.forbes.com/sites/davidblackmon/2013/07/30/george-p-mit chell-a-visionary-life/#55f574b01340 (abgerufen am 1.7.2019)

4 https://www.forbes.com/sites/christopherhelman/2013/07/27/father-of-the-fracking-boom-dies-george-mitchell-urged-greater-regulation-of-drilling/#1 b4761d61978 (abgerufen am 1.7.2019)

5 https://www.independent.co.uk/news/obituaries/george-mitchell-fracking-pio neer-and-philanthropist-8760105.html (abgerufen am 1.7.2019)

6 https://www.theatlantic.com/business/archive/2013/11/breakthrough-the-acci dental-discovery-that-revolutionized-american-energy/281193/ (abgerufen am 1.7.2019)

7 https://oilprice.com/Energy/Crude-Oil/The-Real-History-Of-Fracking.html (abgerufen am 1.7.2019)

8 https://www.geoexpro.com/articles/2014/02/unlocking-the-earth-a-short-his tory-of-hydraulic-fracturing (abgerufen am 1.7.2019)

9 Gary G. Lash, Eileen P. Lash: *Early History of the Natural Gas Industry*, Search and Discovery Article #70000, 29.8.2014, auf: http://www.searchanddiscovery. com/pdfz/documents/2014/70168lash/ndx_lash.pdf.html (abgerufen am 1.7.2019)

10 https://www.theatlantic.com/technology/archive/2013/08/shooting-the-well-the-petroleum-torpedoes-of-the-early-oil-fields/278901/ (abgerufen am 1.7.2019)

11 http://d3n8a8pro7vhmx.cloudfront.net/themes/55dc9a8f2213933dc0000001/

attachments/original/1464723479/BarnettShale.pdf?1464723479 (abgerufen
am 1.7.2019)

12 https://www.theatlantic.com/business/archive/2013/11/breakthrough-the-acci
dental-discovery-that-revolutionized-american-energy/281193/ (abgerufen am
1.7.2019)

13 https://www.washingtonpost.com/opinions/fracking-is-too-important-to-foul-
up/2012/08/23/d320e6ee-ea0e-11e1-a80b-9f898562d010_story.html?utm_term
=.1241f0438026 (abgerufen am 1.7.2019)

14 https://www.bloomberg.com/news/articles/2016-03-09/death-of-a-shale-man-
the-final-days-of-aubrey-mcclendon, https://www.texasmonthly.com/articles/
the-fall-of-aubrey-mcclendon/ (abgerufen am 1.7.2019)

15 https://www.rollingstone.com/politics/politics-news/the-big-fracking-bubble-
the-scam-behind-aubrey-mcclendons-gas-boom-231551/ (abgerufen am
1.7.2019)

16 https://www.vanityfair.com/hollywood/2017/12/all-the-money-in-the-world-
getty-kidnapping (abgerufen am 1.7.2019)

17 https://www.rollingstone.com/politics/politics-news/the-big-fracking-bubble-
the-scam-behind-aubrey-mcclendons-gas-boom-231551/ (abgerufen am
1.7.2019)

18 Ebd.

19 https://www.reuters.com/article/us-chesapeake-wallstreet-machine-idUSBRE
84900620120510 (abgerufen am 1.7.2019)

20 https://www.businesswire.com/news/home/20080102005206/en/Chesapeake-
Energy-Corporation-Announces-Monetization-Producing-Properties (abgerufen am 1.7.2019)

21 https://www.reuters.com/article/us-chesapeake-mcclendon-loans-idUSBRE83
H0GA20120418 (abgerufen am 1.7.2019)

22 https://www.chicagotribune.com/news/ct-xpm-1987-03-20-8701210932-story.
html (abgerufen am 1.7.2019, Seite aus Urheberrechtsgründen außerhalb der
USA nicht aufrufbar)

23 https://www.forbes.com/sites/christopherhelman/2012/05/14/as-icahn-looms-
chesapeakes-mcclendon-taps-friends-for-3b-emergency-loan/#4cd4d1c631b0
(abgerufen am 1.7.2019)

24 http://www.na-businesspress.com/JABE/GoodrichJ_Web19_4_.pdf (abgerufen
am 1.7.2019)

25 https://www.thestreet.com/story/13964208/1/jefferies-banks-on-permian-oil-
rush.html (abgerufen am 1.7.2019)

26 https://www.sifma.org/wp-content/uploads/2017/08/Corporate-US-Corporate-
Issuance-SIFMA.xls (abgerufen am 1.7.2019)

27 https://www.tulsaworld.com/business/energy/master-limited-partnerships-
big-draw-for-energy-businesses-investors/article_05c07926-4abe-591a-ace6-c61

aaf1b7e68.html (abgerufen am 1.7.2019, Seite aus Urheberrechtsgründen außerhalb der USA nicht aufrufbar)

28 https://opportune.com/Energy-Sector-Insights-Events/Insights/The-Role-of-Private-Equity-in-Oil-Gas-Funding/ (abgerufen am 1.7.2019)

29 https://www.nytimes.com/2011/06/26/us/26gas.html, https://archive.nytimes.com/www.nytimes.com/interactive/us/natural-gas-drilling-down-documents-4.html#annotation/a22692 (abgerufen am 1.7.2019)

30 https://www.wsj.com/articles/frackings-secret-problemoil-wells-arent-producing-as-much-as-forecast-11546450162 (abgerufen am 1.7.2019)

31 https://www.wsj.com/articles/wall-streets-fracking-frenzy-runs-dry-as-profits-fail-to-materialize-1512577420 (abgerufen am 1.7.2019)

32 https://www.reuters.com/article/us-chesapeake-wallstreet-machine-idUSBRE84900620120510 (abgerufen am 1.7.2019)

33 https://www.bloomberg.com/features/2016-aubrey-mcclendon/ (abgerufen am 1.7.2019)

34 https://www.reuters.com/article/us-aubrey-mcclendon-specialreport-idUSKCN0WD27N (abgerufen am 1.7.2019)

35 https://www.nytimes.com/2017/06/15/business/energy-environment/gas-oil-petrol-opec.html (abgerufen am 1.7.2019)

36 https://www.bloomberg.com/news/articles/2018-10-16/the-permian-oil-boom-is-showing-signs-of-overheating (abgerufen am 1.7.2019)

37 https://hbr.org/2018/03/oils-boom-and-bust-cycle-may-be-over-heres-why (abgerufen am 1.7.2019)

38 https://www.huffpost.com/entry/odessa-west-texas-oil-town_n_59e65086e4b00905bdad10e8 (abgerufen am 1.7.2019)

39 https://www.jwnenergy.com/article/2016/7/here-are-five-main-costs-frac-job-us/ (abgerufen am 1.7.2019)

40 https://www.wsj.com/articles/the-next-big-bet-in-fracking-water-1534930200 (abgerufen am 1.7.2019)

41 https://www.eia.gov/analysis/studies/drilling/pdf/upstream.pdf (abgerufen am 1.7.2019)

42 https://www.wsj.com/articles/in-this-oil-boom-town-even-a-barber-can-make-180-000-11551436210 (abgerufen am 1.7.2019)

43 https://www.wsj.com/articles/oils-new-technology-spells-end-of-boom-for-roughnecks-1531233085 (abgerufen am 1.7.2019)

44 https://www.worldoil.com/blog/2017/06/05/anadarko-s-walker-industry-poised-to-capitalize-on-terabytes-of-unused-data (abgerufen am 1.7.2019)

45 https://www.ft.com/content/b45eccee-025d-11e9-9d01-cd4d49afbbe3 (abgerufen am 1.7.2019)

46 https://www.bloomberg.com/news/articles/2018-02-22/permian-s-mammoth-cubes-herald-supersized-future-for-shale-boom (abgerufen am 1.7.2019)

47 https://www.devonenergy.com/news/2017/Devon-Energy-Announces-Record-STACK-Well-Reaching-6000-BOE-per-Day-Provides-Development-Update (abgerufen am 1.7.2019)

48 https://oilprice.com/Energy/Energy-General/Trouble-In-Paradise-For-US-Frackers.html (abgerufen am 1.7.2019)

49 https://www.houstonchronicle.com/business/energy/article/As-oil-majors-move-into-Permian-cool-efficiency-12495086.php (abgerufen am 1.7.2019)

50 https://www.bloomberg.com/news/articles/2018-03-07/was-chevron-smart-or-just-lucky-in-the-permian-basin (abgerufen am 1.7.2019)

51 https://corporate.exxonmobil.com/en/news/newsroom/news-releases/2019/0305_exxonmobil-to-increase-accelerate-permian-output-to-1-million-barrels-per-day-by-2024 (abgerufen am 1.7.2019)

52 http://fortune.com/longform/permian-basin-oil-fortune-500/ (abgerufen am 1.7.2019)

53 https://oilprice.com/Latest-Energy-News/World-News/IMF-Saudi-Arabia-Needs-80-85-Oil-Price-To-Balance-2019-Budget.html (abgerufen am 1.7.2019)

3 Öl – Schmierstoff der Moderne

1 https://www.wietze.de/portal/seiten/hornbosteler-hutweide-908000181-22050.html

2 Rainer Karlsch, Raymond G. Stokes: *Faktor Öl. Die Mineralölwirtschaft in Deutschland 1859–1974*, München 2003

3 Stephan Lütgert: »Die Vorgeschichte der industriellen Erdölgewinnung in Norddeutschland am Beispiel Wietze: eine grundlegende Neubewertung anhand bislang unbekannter historischer Quellen«, in: *Der Anschnitt*, 69. Jg, 1.2017, S. 10–17

4 Lütgert, Vorgeschichte

5 Ebd.

6 Karlsch/Stokes, *Faktor Öl*

7 Ebd.

8 *Der Kulturkämpfer, Zeitschrift für öffentliche Angelegenheiten*, 4. Band, 2. Halbjahr 1881

9 Ron Chernow: *Titan. The life of John D. Rockefeller, Sr.*, New York 1998

10 Ebd. S. 68

11 Ebd. S. 22

12 Ebd.

13 American Oil & Gas Historical Society https://aoghs.org/petroleum-pioneers/american-oil-history/ (abgerufen am 1.7.2019)

14 https://www.geoexpro.com/articles/2009/03/the-birth-of-the-modern-oil-industry (abgerufen am 1.7.2019)

15 Ebd.

16 Chernow, *Titan*

17 Ebd.

18 https://www.crf-usa.org/bill-of-rights-in-action/bria-16-2-b-rockefeller-and-the-standard-oil-monopoly.html (abgerufen am 1.7.2019)

19 Ebd.

20 Chernow, *Titan*

21 https://www.press.uillinois.edu/books/catalog/38xck2bq9780252069864.html (abgerufen am 1.7.2019)

22 https://www.smithsonianmag.com/history/the-woman-who-took-on-the-tycoon-651396/ (abgerufen am 1.7.2019)

23 https://connecticuthistory.org/ida-tarbell-the-woman-who-took-on-standard-oil/ (abgerufen am 1.7.2019)

24 https://www.npr.org/2019/03/14/703535364/the-evolution-of-antitrust-laws-in-america (abgerufen am 1.7.2019)

25 Chernow, *Titan*

26 https://historycooperative.org/biggest-oil-john-d-rockefellers-life-story/ (abgerufen am 1.7.2019)

27 Karlsch/Stokes, *Faktor Öl*

28 Ebd.

29 »Weltmacht Öl«, in: *Spiegel* Ausgabe 50 vom 10.12.1973 https://www.spiegel.de/spiegel/print/d-41810413.html (abgerufen am 1.7.2019)

30 »The International Oil Industry«, Sir Henry Deterding Obituary, in: *The Times of London* vom 6.2.1939

31 *Spiegel*, »Weltmacht Öl«

32 Karlsch/Stokes, *Faktor Öl*

33 Ebd.

34 Ebd.

35 https://www.freitag.de/autoren/der-freitag/schule-demo-krieg (abgerufen am 1.7.2019)

36 https://www.eia.gov/tools/faqs/faq.php?id=709&t=6 (abgerufen am 1.7.2019)

37 Daniel Yergin: *The Quest, Energy, Security, and the Remaking of the Modern World*, New York 2011

38 https://www.futuremylove.com/technocracy (abgerufen am 1.7.2019)

39 https://www.forbes.com/sites/michaellynch/2018/06/29/what-ever-happened-to-peak-oil/#210cc90f731a (abgerufen am 1.7.2019)

4 Trumps brandheiße Freundschaften

1 https://www.nydailynews.com/new-york/charred-body-found-prospect-park-walking-path-article-1.3933598 (abgerufen am 1.7.2019, Seite aus Urheberrechtsgründen außerhalb der USA nicht aufrufbar)

2 https://www.nytimes.com/2018/05/28/nyregion/david-buckel-fire-prospect-park-fossil-fuels.html (abgerufen am 1.7.2019)

3 https://www.forbes.com/sites/christopherhelman/2014/04/16/harold-hamm-billionaire-fueling-americas-recovery/#7edeeb38ac8e (abgerufen am 1.7.2019)

4 https://www.forbes.com/sites/christopherhelman/2012/12/06/birth-of-a-wild-catter/#1db4989c57cf (abgerufen am 1.7.2019)

5 Ebd.

6 https://www.wsj.com/articles/SB10001424052970204226204576602524023932438 (abgerufen am 1.7.2019)

7 Ebd.

8 https://www.washingtonpost.com/news/post-politics/wp/2016/07/20/heres-the-back-story-on-how-donald-trump-won-over-oil-billionaire-harold-hamm/ (abgerufen am 1.7.2019)

9 https://www.thedickinsonpress.com/news/4041606-trump-ready-unleash-oil-industry (abgerufen am 1.7.2019)

10 https://www.minotdailynews.com/news/local-news/2018/09/nd-oil-production-tops-record/ (abgerufen am 1.7.2019, Seite aus Urheberrechtsgründen außerhalb der USA nicht aufrufbar)

11 https://www.whitehouse.gov/briefings-statements/remarks-president-trump-antiquities-act-designations/ (abgerufen am 1.7.2019)

12 https://www.outsideonline.com/2278981/its-d-day-bears-ears (abgerufen am 1.7.2019)

13 https://www.reuters.com/article/us-usa-interior-methane/trump-administration-eases-rule-on-methane-leaks-on-public-land-idUSKCN1LY2N7 (abgerufen am 1.7.2019)

14 https://www.politico.com/story/2018/07/18/ryan-zinke-interior-probe-732005 (abgerufen am 1.7.2019)

15 https://www.revealnews.org/article/oil-executives-predicted-expanded-influence-in-trumps-interior-department (abgerufen am 1.7.2019)

16 https://www.nationalgeographic.com/animals/2018/07/american-west-sage-grouse-sagebrush-sea-fate/ (abgerufen am 1.7.2019)

17 https://www.reuters.com/article/us-usa-drilling-sale/u-s-holds-major-oil-and-gas-lease-sale-in-sage-grouse-habitat-idUSKCN1QH2PB (abgerufen am 1.7.2019)

18 https://www.huffpost.com/entry/daniel-jorjani-interior-solicitor-hearing_n_5ccb3aeae4b0e4d7572faef9 (abgerufen am 1.7.2019)

19 https://response.restoration.noaa.gov/about/media/wake-deepwater-horizon-oil-spill-gulf-dolphins-found-sick-and-dying-larger-numbers-ever. (abgerufen am 1.7.2019)

20 https://www.documentcloud.org/documents/3936141-Murray-s-letters-to-Trump-administration.html (abgerufen am 1.7.2019)

21 https://www.washingtonpost.com/politics/the-rise-of-gop-mega-donor-rebe kah-mercer/2016/09/13/85ae3c32-79bf-11e6-beac-57a4a412e93a_story.html? utm_term=.ba59e14b8115 (abgerufen am 1.7.2019)

22 Ebd.

23 https://www.bloomberg.com/news/articles/2016-12-01/trump-villains-and-heroes-to-mingle-at-mercers-costume-party (abgerufen am 1.7.2019)

24 https://science.house.gov/imo/media/doc/2.28.19%20Letter%20to%20Trump %20Secret%20Climate%20Panel.pdf (abgerufen am 1.7.2019)

25 https://www.bizjournals.com/nashville/news/2017/11/14/transit-expert-slams-nashvilles-light-rail-plan-in.html (abgerufen am 1.7.2019)

26 https://www.nytimes.com/2018/06/19/climate/koch-brothers-public-transit. html

5 Röhren, die die Welt beherrschen

1 https://hanginghco.com/natural-gas-pipeline-construction-cost-per-mile/ (ab-gerufen am 1.7.2019)

2 https://globalenergymonitor.org/pipeline-bubble/ (abgerufen am 1.7.2019)

3 https://www.whitehouse.gov/briefings-statements/remarks-president-trump-unleashing-american-energy-event/ (abgerufen am 1.7.2019)

4 https://www.thenation.com/article/donald-trumps-extract-everything-energy-policy-dooms-us-all/ (abgerufen am 1.7.2019)

5 https://www.whitehouse.gov/wp-content/uploads/2017/12/NSS-Final-12-18-20 17-0905.pdf (abgerufen am 1.7.2019)

6 https://www.independent.co.uk/news/world/americas/dakota-access-pipeline-protests-native-americans-attacked-dogs-north-dakota-sioux-a7225571.html (abgerufen am 1.7.2019)

7 https://theintercept.com/2017/05/27/leaked-documents-reveal-security-firms-counterterrorism-tactics-at-standing-rock-to-defeat-pipeline-insurgencies/ (ab-gerufen am 1.7.2019)

8 https://www.mprnews.org/story/2019/02/12/north-dakota-to-sue-feds-over-pipeline-protest-police-costs (abgerufen am 1.7.2019)

9 https://okcfox.com/news/local/oklahomans-join-protest-against-pipeline-that-will-cross-trail-of-tears (abgerufen am 1.7.2019)

10 https://insideclimatenews.org/news/22082018/pipeline-protest-laws-felony-free-speech-arrests-first-amendment-oklahoma-iowa-louisiana (abgerufen am 1.7.2019)

11 https://insideclimatenews.org/news/24082018/pipeline-protests-new-louisiana-law-activist-arrests-oil-bayou-bridge-energy-transfer-partners (abgerufen am 1.7.2019)

12 Ebd.

13 https://www.thenation.com/article/alec-exposed-koch-connection/ (abgerufen am 1.7.2019)

14 https://www.gq.com/story/criminalizing-pipeline-protests (abgerufen am 1.7.2019)

15 https://www.ogj.com/articles/2018/01/us-chamber-chief-wants-energy-included-in-infrastructure-discussions.html (abgerufen am 1.7.2019)

16 https://www.theguardian.com/commentisfree/2017/nov/14/canadas-shameful-environmental-secret-tar-sands-tailings-ponds (abgerufen am 1.7.2019)

17 https://www.imperialoil.ca/en-ca/company/operations/oil-sands/kearl?parentId=16eb4764-215a-42bf-ba5b-ec1bab575a08 (abgerufen am 1.7.2019)

18 https://www.pri.org/stories/2015-02-19/alberta-tar-sands-pollution-suspected-rare-cancer-cases (abgerufen am 1.7.2019)

19 https://edmontonsun.com/2014/07/07/study-says-oil-sands-affecting-fort-chip-residents-health/wcm/fcd86d68-b661-42e2-8e19-b1f8b202e48b, und https://news.umanitoba.ca/study-finds-oil-sands-creating-perfect-storm-of-danger-to-flora-fauna-and-people/ (abgerufen am 1.7.2019)

20 https://www.youtube.com/watch?v=K__JC4agw0o (abgerufen am 1.7.2019)

21 https://www.newyorker.com/news/news-desk/rex-tillerson-from-a-corporate-oil-sovereign-to-the-state-department (abgerufen am 1.7.2019)

22 https://www.pembina.org/pub/203 (abgerufen am 1.7.2019)

23 https://www.reuters.com/article/us-southkorea-usa-energy-analysis/south-koreas-big-buys-on-us-oil-gas-to-keep-bilateral-ties-strong-idUSKCN1PN339 (abgerufen am 1.7.2019)

24 https://www.reuters.com/article/us-usa-crude-india/u-s-oil-exports-to-india-soar-ahead-of-sanctions-on-iran-idUSKBN1K20AS (abgerufen am 1.7.2019)

6 Kalter (Energie)Krieger

1 https://www.spiegel.de/wirtschaft/ostsee-pipeline-regierung-schroeder-soll-buergschaft-fuer-gasprom-uebernommen-haben-a-409063.html (abgerufen am 1.7.2019)

2 https://www.tagesspiegel.de/themen/agenda/pipeline-nord-stream-2-wie-ger

hard-schroeder-als-tueroeffner-fuer-gazprom-agiert/20739366.html (abgerufen am 1.7.2019)

3 https://www.unian.info/politics/10037915-parliament-speakers-from-five-euro pean-countries-sign-letter-about-nord-stream-2-threats.html (abgerufen am 1.7.2019)

4 https://www.baltic-pipe.eu/gaz-system-the-agreement-regarding-eu-support-for-the-baltic-pipe-signed-5/ (abgerufen am 1.7.2019)

5 https://www.welt.de/politik/deutschland/plus171601464/Brisante-Naehe.html (abgerufen am 1.7.2019)

6 https://www.zeit.de/2018/41/nordstream-2-konflikt-polen-usa-deutschland-gas pipeline/seite-2 (abgerufen am 1.7.2019)

7 https://www.usatoday.com/story/news/politics/2018/07/11/trumps-nato-break fast-germany-controlled-russia/774447002/ (abgerufen am 1.7.2019)

8 https://www.spiegel.de/wirtschaft/soziales/deutschland-ein-gefangener-russ lands-donald-trumps-aussagen-im-faktencheck-a-1217900.html (abgerufen am 1.7.2019)

9 https://www.auswaertiges-amt.de/de/newsroom/170615-kern-russland/2906 64 (abgerufen am 1.7.2019)

10 https://watson.brown.edu/costsofwar/ (abgerufen am 1.7.2019)

11 https://www.forbes.com/sites/daneberhart/2018/07/10/why-president-trump-is-the-biggest-player-in-world-oil-markets-today/#51be073f724e (abgerufen am 1.7.2019)

12 https://www.bloomberg.com/news/articles/2019-02-01/the-great-oil-paradox-too-many-good-crudes-not-enough-bad-ones (abgerufen am 1.7.2019)

13 https://www.t-online.de/nachrichten/ausland/krisen/id_84163776/revolution-putsch-geiselnahme-warum-iran-und-die-usa-erzfeinde-sind.html (abgerufen am 1.7.2019)

14 https://www.cicero.de/aussenpolitik/islamische-welt-islam-iranische-revolu tion-irak-arabischer-fruehling-usa-krieg-fanatismus-fluechtlinge/plus (abgeru fen am 1.7.2019)

15 https://www.nytimes.com/2018/09/22/us/politics/adelson-trump-republican-donor.html (abgerufen am 1.7.2019)

7 Unter Hochdruck – Risse im Ölkartell

1 https://www.nytimes.com/1999/06/26/nyregion/fred-c-trump-postwar-master-builder-of-housing-for-middle-class-dies-at-93.html (abgerufen am 1.7.2019)

2 https://www.businessinsider.com/trump-has-deep-ties-with-saudis-from-sel ling-yacht-to-sword-dancing-2018-10 (abgerufen am 1.7.2019)

3   https://qz.com/1425852/a-saudi-prince-helped-save-trump-from-bankruptcy-twice/ (abgerufen am 1.7.2019)

4   https://www.washingtonpost.com/business/economy/a-scramble-to-assess-the-dangers-of-president-elects-global-business-empire/2016/11/20/1bbdc2a2-ad18-11e6-a31b-4b6397e625d0_story.html?utm_term=.0d62001ed197 (abgerufen am 1.7.2019)

5   https://www.washingtonpost.com/politics/saudi-funded-lobbyist-paid-for-500-rooms-at-trumps-hotel-after-2016-election/2018/12/05/29603a64-f417-11e8-bc79-68604ed88993_story.html?utm_term=.33029e690078 (abgerufen am 1.7.2019)

6   https://www.washingtonpost.com/politics/at-president-trumps-hotel-in-new-york-revenue-went-up-this-spring--thanks-to-a-visit-from-big-spending-saudis/2018/08/03/58755392-9112-11e8-bcd5-9d911c784c38_story.html?utm_term=.761710d04af5 (abgerufen am 1.7.2019)

7   https://www.citizensforethics.org/presidential-profiteering-trumps-conflicts-got-worse/ (abgerufen am 1.7.2019)

8   https://www.wsj.com/articles/the-making-of-saudi-arabias-energetic-ruthless-crown-prince-11555082281 (abgerufen am 1.7.2019)

9   https://www.wsj.com/articles/saudi-arabias-economic-overhaul-is-backfiring-11553338819 (abgerufen am 1.7.2019)

10 https://www.ft.com/content/fc240c0e-29fb-11e9-88a4-c32129756dd8 (abgerufen am 1.7.2019)

11 https://www.wsj.com/articles/aramco-is-the-most-profitable-company-on-earth-ratings-agencies-say-11554102173 (abgerufen am 1.7.2019)

12 https://www.ft.com/content/e0a6775c-2e4f-11e9-ba00-0251022932c8 (abgerufen am 1.7.2019)

13 https://oilprice.com/Energy/Crude-Oil/How-Much-Spare-Capacity-Does-Saudi-Arabia-Really-Have18418.html (abgerufen am 1.7.2019)

14 https://www.dw.com/en/eu-mechanism-for-trade-with-iran-now-operational/a-49407662 (abgerufen am 1.7.2019)

15 https://www.zeit.de/2018/23/us-dollar-leitwaehrung-welt-macht-finanzkrise (abgerufen am 1.7.2019)

16 https://www.ft.com/content/f68ca2c2-55f8-11e5-9846-de406ccb37f2 (abgerufen am 1.7.2019)

17 https://www.cnbc.com/2018/12/04/an-annotated-guide-to-trumps-2018-opec-tweets.html (abgerufen am 1.7.2019)

18 https://www.wsj.com/articles/opec-has-a-new-best-friendrussia-11555340752 (abgerufen am 1.7.2019)

19 https://www.waterwaysjournal.net/2018/11/09/port-of-corpus-christi-carlyle-group-to-develop-crude-oil-export-terminal/ (abgerufen am 1.7.2019)

20 http://fortune.com/2019/03/11/u-s-top-oil-exporter-by-2024/ (abgerufen am 1.7.2019)

21 https://www.apnews.com/0998c52d79974f41927e8dcfdf3976a0 (abgerufen am 1.7.2019)

22 https://www.nti.org/about/leadership-and-staff/ernest-moniz/ (abgerufen am 1.7.2019)

23 http://energy.mit.edu/research/future-natural-gas/ (abgerufen am 1.7.2019)

24 https://phys.org/news/2010-06-mit-major-future-natural-gas.html (abgerufen am 1.7.2019)

25 http://www.cleanskies.org/about/ (abgerufen am 1.7.2019)

26 https://www.researchgate.net/publication/257548159_Climate_consequen ces_of_natural_gas_as_a_bridge_fuel (abgerufen am 1.7.2019)

27 https://www.nature.com/articles/nature13837 (abgerufen am 1.7.2019)

28 https://www.edf.org/media/new-study-finds-us-oil-and-gas-methane-emissi ons-are-60-percent-higher-epa-reports-0 (abgerufen am 1.7.2019)

29 https://www.ft.com/content/695b9e2a-435d-11e9-b168-96a37d002cd3?desktop =true (abgerufen am 1.7.2019)

30 https://www.bp.com/en/global/corporate/news-and-insights/bp-responds-to-ft-article-on-methane-rules.html (abgerufen am 1.7.2019)

31 https://oilprice.com/Energy/Natural-Gas/Panama-Canal-Cant-Handle-US-LNG-Boom.html (abgerufen am 1.7.2019)

32 https://www.wsj.com/articles/shipping-companies-banking-on-gas-carriers-as-lng-demand-grows-11552555800 (abgerufen am 1.7.2019)

33 https://www.energy.gov/articles/department-energy-authorizes-additional-lng-exports-freeport-lng (abgerufen am 1.7.2019)

34 https://www.nytimes.com/2019/05/29/us/freedom-gas-energy-department. html (abgerufen am 1.7.2019)

35 https://www.euractiv.com/section/energy/news/freedom-gas-us-opens-lng-floodgates-to-europe/ (abgerufen am 1.7.2019)

36 https://www.woodmac.com/press-releases/afpm-2019-over-$200-billion-to-be-invested-in-u.s.-petrochemical-industry/ (abgerufen am 1.7.2019)

37 https://www.bloombergquint.com/business/exxon-sabic-greenlight-new-texas-plant-to-process-shale-output (abgerufen am 1.7.2019)

38 https://www.chemietechnik.de/vci-zahlen-belegen-rege-investitionstaetigkeit-megaprojekte-in-deutschland-und-usa/ (abgerufen am 1.7.2019)

39 https://www.handelsblatt.com/unternehmen/industrie/chemiekonzern-lan xess-laesst-sich-von-investitionen-in-den-usa-nicht-abhalten/22805134.html?ti cket=ST-851408-oHGffFfihVx5IORVkdQE-ap1 (abgerufen am 1.7.2019)

40 https://press.covestro.com/news.nsf/id/covestro-to-invest-eur-15-billion-in-new-world-scale-mdi-plant-in-baytown-usa (abgerufen am 1.7.2019)

41 https://www.wiwo.de/unternehmen/industrie/sparprogramm-covestro-will-900-stellen-streichen/23228376.html (abgerufen am 1.7.2019)

42 https://www.theadvocate.com/baton_rouge/news/business/article_580f653a-5ca7-11e9-b545-8b2b7fa7e6db.html (abgerufen am 1.7.2019)

43 https://www.handelsblatt.com/unternehmen/industrie/chemiekonzern-basf-chef-geht-die-schwaechen-des-konzerns-an-6-000-stellen-fallen-weg/24501708.html (abgerufen am 1.7.2019)

44 https://www.voestalpine.com/group/en/media/press-releases/2016-10-26-opening-of-the-hbi-plant-in-texas-marks-start-of-a-new-era-at-voestalpine/ (abgerufen am 1.7.2019)

45 https://www.gesamtmetall.de/sites/default/files/downloads/me_wettbewerber_20190304.pdf (abgerufen am 1.7.2019)

46 https://www.industryweek.com/energy/pwc-study-increases-projected-shale-benefits-manufacturers (abgerufen am 1.7.2019)

8 Deutschland – Industrieland ohne Kohle?

1 *FAZ Woche*, Nr. 6 vom 1.2.2019

2 https://www.wwf.de/themen-projekte/klima-energie/energiepolitik/energiewende/ (abgerufen am 1.7.2019)

3 https://www.nationalgeographic.com/magazine/2015/11/germany-renewable-energy-revolution/ (abgerufen am 1.7.2019)

4 https://www.wsj.com/articles/worlds-dumbest-energy-policy-11548807424 (abgerufen am 1.7.2019)

5 https://www.spiegel.de/plus/energiewende-in-deutschland-murks-in-germany-a-00000000-0002-0001-0000-000163724123 (abgerufen am 1.7.2019)

6 https://www.mckinsey.de/news/presse/2019-03-25-energiewende-index (abgerufen am 1.7.2019)

7 https://www.bundesrechnungshof.de/de/veroeffentlichun-gen/produkte/sonderberichte/energiewende (abgerufen am 1.7.2019)

8 https://www.pv-magazine.de/2019/05/10/fraunhofer-energiewende-barometer-zubau-von-photovoltaik-und-windkraft-fuer-pariser-klimaziele-zu-gering/ (abgerufen am 1.7.2019)

9 https://schleswig-holstein.nabu.de/politik-und-umwelt/energie/windenergie/22684.html (abgerufen am 1.7.2019)

10 https://www.zeit.de/2011/44/GL-Interview-Hansen/seite-2 (abgerufen am 1.7.2019)

11 https://bizz-energy.com/klimaschutz_gebaeudesektor_ist_deutschlands_achillesferse (abgerufen am 1.7.2019)

12 https://www.energieverbraucher.de/de/daten-und-statistiken__1277/NewsDe
tail__18154/ (abgerufen am 1.7.2019)

13 https://www.polarstern-energie.de/magazin/waermepumpe-nur-mit-oeko
strom-sinnvoll/ (abgerufen am 1.7.2019)

14 https://www.zvei.org/fileadmin/user_upload/Presse_und_Medien/Publikatio
nen/2018/Januar/Klimapfade_fuer_Deutschland_BDI-Studie_/Klimapfade-
fuer-Deutschland-BDI-Studie-12-01-2018.pdf (abgerufen am 1.7.2019)

15 https://www.kba.de/DE/Statistik/Fahrzeuge/Bestand/b_jahresbilanz.html;j
sessionid=7E9F7FFAA52765FC064F67753549BD30.live21301?nn=644526 (abgerufen am 1.7.2019)

16 https://www.sueddeutsche.de/wirtschaft/vw-stellenabbau-co2-grenzwerte-1.
4164002 (abgerufen am 1.7.2019)

17 https://www.accenture.com/t00010101T000000Z__w__/de-de/_acnmedia/
PDF-92/Accenture-Top-500-Deutschland-German.pdf (abgerufen am 1.7.2019)

18 https://www.iao.fraunhofer.de/lang-de/presse-und-medien/aktuelles/2037-
weichenstellung-fuer-die-automobilindustrie.html (abgerufen am 1.7.2019)

19 https://www.ft.com/content/61684fa6-d2f6-11e8-a9f2-7574db66bcd5 (abgerufen am 1.7.2019)

9 Chinas Öko-Ehrgeiz

1 https://www.bloombergquint.com/global-economics/china-s-spending-30-bil
lion-to-assemble-its-electric-detroits (abgerufen am 1.7.2019)

2 https://knowledge.wharton.upenn.edu/article/chinas-ev-market/ (abgerufen
am 1.7.2019)

3 https://www.marketwatch.com/story/china-not-tesla-will-drive-the-electric-
car-revolution-2019-05-14 (abgerufen am 1.7.2019)

4 https://qz.com/1517557/five-things-to-know-about-chinas-electric-car-boom/
(abgerufen am 1.7.2019)

5 https://www.ft.com/content/e9b83834-155b-11e8-9376-4a6390addb44 (abgerufen am 1.7.2019)

6 Ebd.

7 https://www.scientificamerican.com/article/why-china-is-dominating-the-so
lar-industry/ (abgerufen am 1.7.2019)

8 https://www.handelsblatt.com/unternehmen/energie/solarmodul-hersteller-
solarworld-ist-schon-wieder-pleite/21122208.html?ticket=ST-866106-dHy1Rm
ApbMPZ0YFk5GGG-ap1 (abgerufen am 1.7.2019)

9 https://singularityhub.com/2019/04/04/china-is-taking-the-worldwide-lead-in-
wind-power/ (abgerufen am 1.7.2019)

10 https://www.cfr.org/blog/opec-chinas-problem (abgerufen am 1.7.2019)

11 https://www.nytimes.com/2019/05/24/climate/china-arctic.html?rref=collec
    tion%2Ftimestopic%2FArctic%20Regions&action=click&contentCollection=
    world&region=stream&module=stream_unit&version=latest&contentPlace
    ment=3&pgtype=collection (abgerufen am 1.7.2019)

10 Flammende Vorboten

1 http://fortune.com/2019/01/29/pge-bankruptcy-filing-wildfire-bill/ (abgerufen
   am 1.7.2019)

2 https://www.usatoday.com/story/news/nation/2018/08/08/california-heat-july-
   state-hottest-month-ever-recorded/934540002/ (abgerufen am 1.7.2019)

3 http://www.ladbible.com/more/weird-the-arizona-heat-is-forcing-some-people-
   to-wear-oven-gloves-to-drive-20170626 (abgerufen am 1.7.2019)

4 https://www.theguardian.com/environment/2018/sep/25/climate-gentrifica
   tion-phoenix-flagstaff-miami-rich-poor (abgerufen am 1.7.2019)

5 https://www.nytimes.com/2016/05/03/us/resettling-the-first-american-cli
   mate-refugees.html (abgerufen am 1.7.2019)

6 https://ucsusa.maps.arcgis.com/apps/MapJournal/index.html?appid=b53e9dd
   7a85a44488466e1a38de87601 (abgerufen am 1.7.2019)

7 https://www.researchgate.net/publication/316178479_Migration_induced_by_
   sea-level_rise_could_reshape_the_US_population_landscape (abgerufen am
   1.7.2019)

8 https://www.nytimes.com/2018/11/30/realestate/climate-change-insurance-
   buy-land-somewhere-else.html, https://www.scientificamerican.com/article/
   global-warming-tied-to-hurricane-harvey/ (abgerufen am 1.7.2019)

9 http://www.cgd.ucar.edu/staff/trenbert/trenberth.pdf/2018_Trenberth_et_al-
   Earths_Future.pdf (abgerufen am 1.7.2019)

10 https://www.miamiherald.com/news/local/environment/article222547640.
    html (abgerufen am 1.7.2019)

11 https://www.businessinsider.com/trump-climate-change-sea-level-rise-south-
    florida-mar-a-lago-2017-7 (abgerufen am 1.7.2019)

12 https://docs.wixstatic.com/ugd/fc36a1_9415de656b0445b09ba1022078f8a6d5.
    pdf (abgerufen am 1.7.2019)

13 https://www.latimes.com/local/lanow/la-me-ln-wildfire-homeowners-insu
    rance-20180830-story.html (abgerufen am 1.7.2019)

14 https://www.pge.com/en/about/newsroom/newsdetails/index.page?title=
    20190515_pge_responds_to_camp_fire_announcement_from_cal_fire (abge-
    rufen am 1.7.2019)

15 https://www.pge.com/en/about/newsroom/newsdetails/index.page?title=2018
1213_pge_proposes_critical_investments_to_enhance_wildfire_safety_and_
help_reduce_wildfire_risk (abgerufen am 1.7.2019)

16 https://www.pge.com/en/about/newsroom/newsdetails/index.page?title=2018
0327_pge_working_to_reduce_wildfire_risks_by_increasing_distances_bet
ween_trees_and_power_lines_and_reducing_fuels (abgerufen am 1.7.2019)

17 https://www.cnbc.com/2019/04/03/us-judge-orders-pge-to-use-dividends-to-
pay-for-efforts-to-reduce-wildfire-risks.html (abgerufen am 1.7.2019)

18 https://www.blackrock.com/corporate/newsroom/press-releases/article/corpo
rate-one/press-releases/investors-underappreciate-climate-related-risks-in-
their-portfolios (abgerufen am 1.7.2019)

19 https://www.welt.de/wirtschaft/article182131982/Binnenschifffahrt-Trocken-
heit-bringt-Branche-in-Schwierigkeiten.html (abgerufen am 1.7.2019)

20 https://binnenschifffahrt-online.de/2019/04/haefen-wasserstrassen/6818/bdb-
warnt-vor-einem-weiteren-duerre-jahr/ (abgerufen am 1.7.2019)

21 https://www.welt.de/wissenschaft/article181616914/Duerre-in-Deutschland-
Was-der-trockene-Sommer-bewirkt-hat.html (abgerufen am 1.7.2019)

22 https://www.fr.de/wirtschaft/kein-schoener-sommer-10968963.html (abgerufen am 1.7.2019)

23 https://www.bloomberg.com/news/articles/2019-01-22/muggy-disney-parks-
downed-at-t-towers-firms-tally-climate-risk (abgerufen am 1.7.2019)

24 https://www.cdp.net/en/research/global-reports/europe-report-2018 (abgerufen am 1.7.2019)

25 https://www.nestle.com/asset-library/documents/creating-shared-value/cdp-
nestle-climate-change-2018.pdf (abgerufen am 1.7.2019)

26 https://www.ey.com/en_us/assurance/climate-change-disclosures-revealing-
risks-opportunities (abgerufen am 1.7.2019)

27 https://www.independent.co.uk/environment/davos-2019-private-jets-climate-
change-world-economic-forum-summit-attenborough-a8742681.html (abgerufen am 1.7.2019)

28 http://www.bmz.de/de/themen/klimaschutz/AllianzfuerEntwicklungundKli
ma/index.html (abgerufen am 1.7.2019)

11 Werben um die Wall Street

1 https://www.wsj.com/articles/frackers-face-harsh-reality-as-wall-street-backs-
away-11551009601 (abgerufen am 1.7.2019)

2 Ebd.

3 https://www.carbontracker.org/reports/the-political-tipping-point/ (abgerufen am 1.7.2019)

4 https://www.breakingviews.com/features/breakdown-esg-investing-faces-sustainability-test/ (abgerufen am 1.7.2019)

5 https://www.unpri.org/download?ac=5363 (abgerufen am 1.7.2019)

6 https://www.sciencedaily.com/releases/2018/06/180604121041.htm (abgerufen am 1.7.2019)

7 https://www.ciel.org/wp-content/uploads/2018/04/Fueling-Plastics-Untested-Assumptions-and-Unanswered-Questions-in-the-Plastics-Boom.pdf (abgerufen am 1.7.2019)

8 https://www.politico.eu/article/bank-of-england-mark-carney-eco-warrior-climate-change-sustainable-finance-banks-investors/ (abgerufen am 1.7.2019)

9 https://www.lobbycontrol.de/2019/04/eu-lobbyreport-konzerne-haben-zu-viel-macht-in-europa/ (abgerufen am 1.7.2019)

10 https://www.opensecrets.org/industries/lobbying.php?cycle=2018&ind=e01 (abgerufen am 1.7.2019)

11 https://www.opensecrets.org/industries/summary.php?cycle=2018&ind=e01 (abgerufen am 1.7.2019)

12 https://www.tagesschau.de/ausland/eu-gipfel-klimaziele-101.html (abgerufen am 1.7.2019)

13 https://www.scmp.com/business/companies/article/2096653/jpmorgans-dimon-says-he-disagrees-trumps-paris-climate-accord (abgerufen am 1.7.2019)

14 https://www.banktrack.org/article/banking_on_climate_change_fossil_fuel_finance_report_card_2019 (abgerufen am 1.7.2019)

15 https://www.banktrack.org/download/banking_on_climate_change_2019_fossil_fuel_finance_report_card/banking_on_climate_change_2019.pdf (abgerufen am 1.7.2019)

16 Ebd.

17 https://www.osc.state.ny.us/press/releases/apr19/041619.htm (abgerufen am 1.7.2019)

18 https://www.bloomberg.com/opinion/articles/2019-06-18/green-bonds-are-finally-sprouting-up-all-over-the-globe (abgerufen am 1.7.2019)

19 https://www.handelsblatt.com/meinung/kommentare/kommentar-die-gruene-bundesanleihe-ist-reine-symbolpolitik/24324182.html?ticket=ST-1111531-7xqgUVchJW9QAbqWyhFx-ap1 (abgerufen am 1.7.2019)

20 https://www.die-gdi.de/analysen-und-stellungnahmen/article/gruene-anleihen-ohne-rosarote-brille-betrachtet/ (abgerufen am 1.7.2019)

21 https://www.ft.com/content/7d64d1d8-91a6-11e9-b7ea-60e35ef678d2 (abgerufen am 1.7.2019)

22 https://www.reuters.com/article/us-global-asset-management-breakingviews/

breakingviews-breakdown-esg-investing-faces-sustainability-test-idUSKCN1SY
1VM (abgerufen am 1.7.2019)

23 Heike Buchter: *BlackRock. Eine heimliche Weltmacht greift nach unserem Geld,*
Frankfurt a. M. 2015

24 https://www.blackrock.com/corporate/investor-relations/2018-larry-fink-ceo-
letter (abgerufen am 1.7.2019)

25 https://www.blackrock.com/de/privatanleger/themen/nachhaltig-investieren/
esg?siteEntryPassthrough=true&locale=de_DE&userType=individual (abgerufen am 1.7.2019)

26 http://www.ethicalcorp.com/blackrock-push-make-sustainable-investment-
mainstream (abgerufen am 1.7.2019)

27 https://www.blackrocksbigproblem.com/ (abgerufen am 1.7.2019)

28 https://coalexit.org/report-investments (abgerufen am 1.7.2019)

29 https://www.greenbiz.com/article/blackrock-serious-about-sustainability (abgerufen am 1.7.2019)

QUELLEN UND WEITERE LITERATUR

Aboutenergy.com: »The Energy Dominance Agenda: Myth vs. Reality«, 11. Januar 2019, auf: https://www.aboutenergy.com/en_IT/topics/energy-dominance.shtml#

Agora Energiewende: »Was die Bundesregierung jetzt tun muss, um das Klimaschutzziel 2030 sozial ausgewogen zu erreichen«, Pressemitteilung, 13. Mai 2019, auf: https://www.agora-energiewende.de/presse/neuigkeiten-archiv/was-die-bundesregierung-jetzt-tun-muss-um-das-klimaschutzziel-2030-sozial-ausgewogen-zu-erreichen-u/

Ball, Jeffrey: *Inside America's Oil Boom*, Brookings Institution, 1. Juni 2018, auf: https://www.brookings.edu/blog/planetpolicy/2018/06/01/inside-americas-oil-boom/

Bloomberg: »Hidden Pitfalls Could Hamstring America's Hottest Oilfield«, 26. Februar 2018, auf: https://www.bloomberg.com/news/articles/2018-02-26/permian-pitfalls-world-s-hottest-oil-field-also-carries-risks

Bloomberg: »Exxon Mobil Begins Production at Kearl Oil Sands«, 28. April 2018, auf: https://www.bloomberg.com/news/articles/2013-04-27/exxon-mobil-begins-production-at-kearl-oil-sands-after-delays

Bloomberg: »Exxon Doubles Down on Oil«, 15. Juni 2018, auf: https://www.bloomberg.com/news/articles/2018-06-15/exxon-doubles-down-on-oil

Bloomberg BusinessWeek: »The Dark Side of America's Rise to Oil Superpower«, 25. Januar 2018, auf: https://www.bloomberg.com/news/articles/2018-01-25/the-dark-side-of-america-s-rise-to-oil-superpower

Bloomberg Businessweek: »The Twilight of Combustion Comes for Germany's Empire of Cars«, 1. April 2019, auf: https://www.bloomberg.com/features/2019-bmw-electric-car-german-engines/

Bluma, Lars, Michael Farrenkopf, Stefan Przigoda: *Geschichte des Bergbaus*. Berlin: L&H Verlag 2018

Businessinsider: »The Wrong Kind of Oil is Flooding the Market«, 19. April 2018, auf: https://markets.businessinsider.com/commodities/news/us-oil-industry-mismatch-to-benefit-some-shale-producers-2018-4-1021516367

Carbon Tracker: »The $2 Trillion Stranded Assets Danger Zone«, 24. November 2015, auf: https://www.carbontracker.org/reports/stranded-assets-danger-zone/

Chernow, Ron: Titan. *The Life of John D. Rockefeller, Sr.* New York: Vintage Books 1998

Council on Foreign Relations: »Opec in a Changing World«, 18. Januar, 2019, auf: https://www.cfr.org/backgrounder/opec-changing-world

DeSmogBlog: »How Wall Street Enabled the Fracking ›Revolution‹ that's Losing Shale Oil Companies Billions«, 4. Mai 2018, auf: https://www.desmogblog.com/2018/05/04/wall-street-shale-oil-fracking-revolution-losing-billions-continen tal-resources

Energy Realpolitik: »The New Oil Darwinism«, Council on Foreign Relations, 26. März 2019, auf: https://www.cfr.org/blog/new-oil-darwinism

Financial Times: »Nord Stream 2 Is a Trap of Germany's Own Making«, 5. Dezember 2018, auf: https://www.ft.com/content/37c7670e-f7d1-11e8-a154-2b65ddf314e9

Financial Times: »›Ostpolitik‹ Breathes its Last in the Nord Stream 2 Pipeline Controversy«, 12. Februar 2019, auf: https://www.ft.com/content/04903cb0-2eb0-11e9-ba00-0251022932c8

Financial Times: »Nord Stream 2 Marks a Failure for EU Energy Policy«, 13. Februar 2019, auf: https://www.ft.com/content/4fae0a48-2f9a-11e9-ba00-0251022932c8

FT Alphaville: »Hello World I Am the PetroEuro!«, 25. Juni 2015, auf: https://ftalpha ville.ft.com/2015/06/25/2132956/hello-world-im-the-petroeuro/

Forbes: »Why Donald Trump Is the Biggest Player in the World Oil Markets Today«, 20. März 2018, auf: https://www.forbes.com/sites/daneberhart/2018/07/10/why-president-trump-is-the-biggest-player-in-world-oil-markets-today/#2a521964724e

Forbes: »Can Anyone Catch America in Plastics?«, 1. Oktober 2018, auf: https://www.forbes.com/sites/simonlack/2018/10/01/can-anyone-catch-america-in-plastics/

Foreign Policy: »How Venezuela Struck it Poor, 16. Juli 2018, auf: https://foreignpolicy.com/2018/07/16/how-venezuela-struck-it-poor-oil-energy-chavez/

George, Eric, Jaqueline George: *Fracking 101, A Beginners Guide to Hydraulic Fracturing.* Australia: Q Press 2016

Houston Chronicle: »Permian Oil Headed for Corpus Christi Export Terminals as US Upends Global Markets«, 6. März 2018, auf: https://www.houstonchronicle.com/news/article/Permian-oil-headed-for-Corpus-Christi-export-12741617.php

Jones, Bruce, David Steven, and Emily O'Brien: *Fueling a New Order, The New Geopolitical and Security Consequences of Energy.* Brookings Institution, 15. April 2014, auf: https://www.brookings.edu/research/fueling-a-new-order-the-new-geopoliti cal-and-security-consequences-of-energy/

Karlsch, Rainer, Raymond G. Stokes: *Faktor Öl. Die Mineralölwirtschaft in Deutschland 1859 – 1974.* München: C. H. Beck 2003

Klare, Michael: *Donald Trump's Energy Nostalgia and the Path to Hell,* TomDispatch.com, 15. Dezember 2016, auf: http://www.tomdispatch.com/post/176222/tomgram%3A_michael_klare,_donald_trump%27s_energy_nostalgia_and_the_path_to_hell/

McLean, Bethany: *Saudi America, The Truth about Fracking and How it's Changing the World.* Columbia Global Reports 2018

The Narwhal: »Latest Oilsands Mega Mine Proposal a Reality Check for Alberta's Emissions Cap«, 24. September 2018, auf: https://thenarwhal.ca/latest-oilsands-mega-mine-proposal-a-reality-check-for-albertas-emissions-cap/

The New Yorker: »There's a Dangerous Bubble in the Fossil Fuel Economy, and the Trump Administration is Making it Worse«, 19. Oktober 2017, auf: https://www.newyorker.com/tech/annals-of-technology/theres-a-dangerous-bubble-in-the-fossil-fuel-economy-and-the-trump-administration-is-making-it-worse

The New Yorker: »The Dark Bounty of Texas Oil«, 25. Dezember 2017, auf: https://www.newyorker.com/magazine/2018/01/01/the-dark-bounty-of-texas-oil

The New Yorker: »The PG&E Bankruptcy and the Coming Climate-related Business Failures«, 26. Februar 2019, auf: https://www.newyorker.com/business/currency/the-pg-and-e-bankruptcy-and-the-coming-climate-related-business-failures

New York Times: »Oil Exports, Illegal for Decades, Now Fuel a Texas Port Boom«, 15. Juli 2017, auf: https://www.nytimes.com/2017/07/05/business/energy-environment/oil-exports-corpus-christi-texas.html

New York Times: »Trump Fracking Boom Imperils Landscape of American West«, 28. Oktober 2018, auf: https://www.nytimes.com/2018/10/27/climate/trump-fracking-drilling-oil-gas.html

New York Times: »The High Costs of Climate Risk«, 30. Januar 2019, auf: https://www.nytimes.com/2019/01/29/opinion/climate-wildfires-bankruptcy-california.html

New York Times: »How a ›Monster‹ Texas Oil Field Made the US a Star in the World Market«, 3. Februar 2019, auf: https://www.nytimes.com/2019/02/03/business/energy-environment/texas-permian-field-oil.html

NPR Radio: »Midland, Texas, is Booming as Oil Prices Rise«, Marketplace, 24. April 2018, auf: https://www.marketplace.org/2018/04/24/midland-texas-booming-oil-prices-rise/

Olien, Roger: *Black Gold. The Story of Texas Oil & Gas.* Texas Energy Museum & the Petroleum Museum 2011

O'Sullivan, Meghan L.: *Windfall: How the New Energy Abundance Upends Global Politics and Strengthens America's Power.* New York: Simon & Schuster 2017

Paeger, Jürgen: *Die Energiewende*, auf: http://www.oekosystem-erde.de/html/energiewende.html

Quantum Diaries: »Superfracking and Physics«, 5. August 2014, auf: https://www.quantumdiaries.org/2014/08/05/super-fracking-and-physics/

Solarenergie Förderverein Deutschland: »Au Weihe! Dem Roten Milan wird von Windgegnern ein Bärendienst erwiesen«, 15. Februar 2016, auf: https://w3.windmesse.de/windenergie/news/20918-sfv-dem-roten-milan-wird-von-windgegnern-ein-barendienst-erwiesen

Texas Tribune: »How Washington Unleashed Fossil-fuel Exports and Sold Out on Climate«, 16. Oktober 2018, auf: https://www.texastribune.org/2018/10/16/how-washington-unleashed-fossil-fuel-exports-and-sold-out-climate/

Texas Tribune: »Surge of Oil and Gas Flowing to Texas Coastline Triggers Building Boom, Tensions«, 29. November 2018, auf: https://www.texastribune.org/2018/11/29/oil-and-gas-surge-texas-coastline-triggers-building-boom-tensions/

Wall Street Journal: »Exxon is Running Low«, 14. Juli 2018, auf: https://www.wsj.com/articles/exxon-once-a-perfect-machine-is-running-dry-1531490901

Wall Street Journal: »Opec vs. Shale: the Battle for Oil Price Supremacy«, 18. April 2019, auf: https://www.wsj.com/articles/opec-vs-shale-the-battle-for-oil-price-supremacy-11555588826

Washington Examiner: »Inside Trump's Energy Dominance 2.0 Agenda«, 22. Februar 2019, auf: https://www.washingtonexaminer.com/daily-on-energy-presented-by-gain-inside-trumps-energy-dominance-2-0-agenda

Washington Post: »The Energy 202: The GOP Tax Plan is a Windfall for Oil and Gas Industry«, 21. Dezember 2017, auf: https://www.washingtonpost.com/news/powerpost/paloma/the-energy-202/2017/12/21/the-energy-202-the-gop-tax-plan-is-a-windfall-for-oil-and-gas-industry/5a3afa4d30fb0469e883fd40/

Yergin, Daniel: *The Quest, Energy, Security and the Remaking of the Modern World*. New York: The Penguin Press 2011

Zeihan, Peter: The Absent Super Power, The Shale Revolution and a World Without America. Zeihan on Geopolitics 2016

Die Zeit: »Ein Land wird umgekrempelt«, 22. November 2017, auf: https://www.zeit.de/2017/48/energiewende-deutschland-windparks-solarparks-studie

Kai-Fu Lee

AI Super-Powers
China, Silicon Valley und die neue
Weltordnung

2019. 320 Seiten, gebunden
Auch als E-Book erhältlich

China, USA und die künstliche Intelligenz

Wer wissen will, wie sich in der Welt die Gewichte verschieben, muss
sich die Künstliche-Intelligenz-Industrie (AI-Industrie) anschauen.
Kai-Fu Lee, Ex-Google-China-CEO, milliardenschwerer Start-up-Investor
und einer der weltweit renommiertesten AI-Experten, bietet in seinem
Buch erstmals die chinesisch-amerikanische Perspektive. Er berichtet
aus erster Hand,

- wie die Business-Kulturen aufeinanderprallen,
- warum die Silicon-Valley- Strategien in China scheitern mussten,
- wie ein chinesisches Google (Baidu), Facebook (WeChat) und Amazon
 (Alibaba) sowie tausende kleine AI-Unternehmen längst Maßstäbe
 setzen und sich ungebremst an die Weltspitze arbeiten.

Lee fordert, dass die Weltmächte gemeinsam die Verantwortung für die
sich neu formierende Wirtschaft übernehmen.

campus.de

Frankfurt. New York